Helmut Digel

Quergedacht
Essays zum Sport

Helmut Digel

QUER GEDACHT

Essays zum Sport

hofmann.

Bibliografische Information der Deutschen Nationalbibliothek
Die Deutsche Nationalbibliothek verzeichnet diese Publikation in der Deutschen Nationalbibliografie; detaillierte bibliografische Daten sind im Internet über http://dnb.d-nb.de abrufbar.

Bestellnummer 8530

© 2008 by Hofmann-Verlag, Schorndorf

www.hofmann-verlag.de

Alle Rechte vorbehalten. Ohne ausdrückliche Genehmigung des Verlags ist es nicht gestattet, die Schrift oder Teile daraus auf fototechnischem Wege zu vervielfältigen. Dieses Verbot – ausgenommen die in §§ 53, 54 URG genannten Sonderfälle – erstreckt sich auch auf die Vervielfältigung für Zwecke der Unterrichtsgestaltung. Dies gilt insbesondere für Übersetzungen, Vervielfältigungen, Mikroverfilmungen und die Einspeicherung und Verarbeitung in elektronischen Systemen.

Umschlaggestaltung: Prof. Marion Digel

Gesamtherstellung: Druckerei Hofmann, Schorndorf
Printed in Germany · ISBN 978-3-7780-8530-1

Inhaltsverzeichnis

Vorwort 9

Sport ist mehr…
Der Sportverein – eine nicht nur private Erinnerung 15
Mit anderen Sport treiben – fremde Kulturen verstehen 23
Golf-Faszination oder Sport ist nicht gleich Sport 29
Leichtathletik auf Arabisch 33
Der Verein als heimatlicher Ort 37
Die kurze Karriere des 1. FC Spitalhof 39
Der Beitrag des Sports für eine lebenswerte Gesellschaft 43
Warum Athletendörfer auch zukünftig erwünscht sind 45

Sport exzessiv
Römische Zeiten 53
Spieglein, Spieglein an der Wand … Spieltage in der Bundesliga der Eitelkeiten 59
Über Macht und Abhängigkeit oder Kolonialismus im Sport ist überwindbar 61
Das Gerede von der großen Sportfamilie 67

Auf dem Weg zur Selbstzerstörung
Zur Gleichzeitigkeit von Progression und Regression – befindet sich der moderne Wettkampfsport auf dem Wege zur Selbstzerstörung? 73
Handball fatal 79
Die Menschenwürde ist gefährdet 83
Wachstum ohne Ziel – Beschleunigung um ihrer selbst willen 87

Doping – Geißel des modernen Hochleistungssports
Amnesie und Amnestie sind zweierlei – die Aufarbeitung der Dopingvergangenheit ist unverzichtbar 93
Das Dopingproblem bedarf einer differenzierten Analyse 95
Nicht Rhetorik, sondern Taten sind gefordert 101
Ein Meilenstein im Kampf gegen Doping 107
Der Staat ist gefordert 111
Brauchen wir ein Anti-Doping-Gesetz? 113
Der Gegner ist übermächtig 119
Eine groß angelegte Heuchelei 125
Doping – ein kommunikatives Dilemma 129

Pyrrhus trifft Hornberg oder warum ein Sieg eine Niederlage sein kann 133
Die Rekorde müssen neu geordnet werden 137
Täter sind keine Opfer 143

Sport und Massenmedien – eine problematische Beziehung
Randale beim Fußball – trägt die Sportberichterstattung eine Mitschuld? 149
Doping-Fälle sind auch Fälle des deutschen Sportjournalismus 153
Das öffentlich-rechtliche Fernsehen und die Sportverbände: Anmerkungen zu einem zerrütteten Verhältnis 155
Die Unersättlichen oder wie der Egoismus das Ego zerstört 161
Doping-Kampf als Medien- und Politikspektakel 165
Der Tibetkonflikt und die Rolle der Massenmedien 169
Sportfunktionäre und Massenmedien 173

Sport und Wissenschaft – zwischen Schuld und Unschuld
Ganzheitliche Bildung – Schulsport zwischen Anspruch und Wirklichkeit 179
Zum Verhältnis von Wissenschaft und Hochleistungssport 183
Das Doping-Problem und die Verantwortung der Wissenschaft 187

Sportorganisationen auf dem Prüfstand
Der Sport im Paragraphendschungel 195
Das Nationale Olympische Komitee für Deutschland bedarf dringend einer Reform 201
Der deutsche Sport nach Athen 205
Sportorganisationen und das „Burnout-Syndrom" 211
Zur Situation des Trainerberufs in Deutschland 213
Fußball WM 2006 – ein kritisches Lob 217
Nicht die Strukturen, die Menschen sind das Problem 221
Mitgliederwachstum im Verein oder Zahlen können trügerisch sein 225

Olympische Herausforderungen
Zwischen Skepsis und Optimismus: Zur Zukunft der olympischen Bewegung 231
Risiken Olympischer Spiele für Jugendliche 235
Olympische Spiele für Jugendliche – ein Thema von hoher Dringlichkeit und großer Diskussionsbedürftigkeit 243
Menschenrechte und olympischer Sport 247
Pingpongspiel der Heuchelei 251
Olympische Spiele 2028 255

Hochleistungssport als Chance
Über die Zukunft des Spitzensports und die Macht der Solidargemeinschaft 263
Die Krise des Leistungssports – eine Chance zum Neuanfang 267
Athletenorientierte Sportförderung 273
Management des Erfolgs im Spitzensport 277
Über die Motive des Leistungsstrebens im Spitzensport 281
Sport als Kulturgut hat gute Perspektiven 285

Vorwort

Seit meiner Kindheit ist mein Leben mit dem Sport verbunden. Als ich zum ersten Mal das Trikot meines Heimatvereins überstreifte, um an einem Handballturnier der C-Jugend teilzunehmen, war dies eines der bedeutsamsten Ereignisse meines Sportlebens. Aktiv Sport zu treiben, ist seit dieser Zeit für mich ein besonderes Lebenselixier. Waren es zunächst das Handball- und das Fußballspiel, die mich besonders begeisterten, so kamen später Leichtathletik, Basketball, Tischtennis, Skifahren, Tennis, Badminton, aber auch anstrengende und intensive Erfahrungen und Erlebnisse am und auf den Bergen während meiner Zeit als Gebirgsjäger hinzu.

Angesichts dieses sportlichen Werdegangs war das Studium der Sportwissenschaft in Tübingen nahe liegend. Auch dabei prägten mich zunächst die praktischen Erfahrungen einer vielfältigen Sportausbildung. Ommo Grupe, mein sportwissenschaftlicher Lehrer, war es, der mir die Augen öffnete und einen neuen Weg aufzeigte, der sich gelohnt hat, dass ich ihn gegangen bin. Wodurch unterscheidet sich Sport vom Spiel, wodurch von der Arbeit, was geschieht mit unserem Körper, wenn wir ihn sportlich ertüchtigen, welche Erfahrungen sind im Sport machbar, welche werden verstellt? Mit solchen und ähnlichen Fragen begann für mich eine neue Phase in meinem Leben mit dem Sport, die bis heute anhalten sollte.

Besonders nachhaltig wurde diese Phase von den Ereignissen des Jahres 1968 geprägt. Zum ersten Mal wurde ich in meinem Leben mit dem Begriff der Gesellschaft konfrontiert und meine Lektüre als Student der Empirischen Kulturwissenschaft, der Germanistik und der Sportwissenschaft bekam eine neue Qualität. Es faszinierten mich die Beiträge von Herbert Marcuse und Jürgen Habermas; Ulrich Oevermann mit seinem für uns neuartigen sozialisationstheoretischen Denken beeindruckte die Studentenschaft in Tübingen. Psychoanalytische Literatur von Reich, Fromm und Freud wurde gelesen. Auf der Grundlage neuer Theorien wurde über Schule und Erziehung nachgedacht. Eine kleine studentische Minderheit versuchte, dieses neue Ideengut auch in die Lehrveranstaltungen des Instituts für Sportwissenschaft hineinzutragen. Die Dozenten waren irritiert, einige auch empört. Ihrer Liberalität war es jedoch zu verdanken, dass sich an diesem Institut schnell ein neues Nachdenken über den Wandel des Sports entwickeln konnte, das es bis heute auszeichnet.

Für mich war damit schon früh die Entscheidung gefallen, dass ich in dieser Art von gesellschaftlich und kulturell orientierter Nachdenklichkeit mein zukünftiges berufliches Leben verbringen wollte. Mich beschäftigte die Frage, welchen Platz der Sport in unserer Gesellschaft einnimmt, aber noch mehr, welchen Platz er einnehmen sollte und wie man ihn gestalten und entwickeln müsste, damit er seine pädagogisch und kulturell bedeutsamen Möglichkeiten entfalten kann. Das Phänomen der Kommunikation im Sport schien mir dabei besonders zentral zu sein, weil alles, was der Sport war und geworden ist und welche Perspektiven er zukünftig aufweist, letztlich an Kommunikation gebunden ist. Groß geworden in einem Verein, lange Jahre als Spieler aktiv, später als Trainer tätig: bei all dem war die Organisation des Sports eine weitere wichtige Herausforderung. Auch Sportorganisationen entwickeln sich, können an Bedeutung gewinnen, aber auch bedeutungslos sein oder werden. Die freiwilligen Vereinigungen von Menschen zugunsten einer aktiven Sportausübung – allen voran die mehr als 90.000 Turn- und Sportvereine – sind dabei das tragende Element für das Gelingen vieler sportpraktischer Handlungen und deren Ziele. Das Nachdenken über diese Zusammenhänge führte notwendigerweise zur Reflexion über die Regeln im Sport, die dem Sport seinen Eigenweltcharakter geben und ihn zu etwas Besonderem in unserer Gesellschaft machen.

Vor diesem Hintergrund war das Jahr 1976 ein weiterer wichtiger Einschnitt in meinem Leben. Bei den Olympischen Spielen von Montreal kam es aus meiner Sicht zum ersten Mal zu einem umfassenden Doping-Betrug, verursacht durch deutsche Athleten. Vom Deutschen Sportbund wurde eine Untersuchungskommission berufen. Deren Vorsitzender war Ommo Grupe, der mir mittlerweile über mehr als zehn Jahre auf vielfältige Weise die Bedeutung des Fair Play-Prinzips als Grundprinzip des Sports offen gelegt hatte. Als sein Assistent war es meine Aufgabe, in dieser Kommission die Untersuchungen als Geschäftsführer zu betreuen, die Anhörungen zu protokollieren und weiterführende Recherchen durchzuführen. Das Ergebnis war eine Grundsatzerklärung für den Spitzensport, die in mehrere Sprachen übersetzt wurde und die meines Erachtens auch heute noch Gültigkeit für sich beanspruchen kann.

Seit dieser Zeit hat mich das Phänomen des Regelverstoßes, das in besonderer Weise im Doping-Betrug zum Ausdruck kommt, in meinem Nachdenken über den Sport nicht mehr los gelassen. Der in den Sportverbänden nach wie vor wachsende Doping-Betrug hat auch dazu geführt, dass ich Verantwortung in den Organisationen des Sports selbst übernommen habe und das Doping-Thema war nicht zuletzt auch ausschlaggebend, dass ich mich vermehrt in meiner Nachdenklichkeit über den Sport an die Öffentlichkeit wandte.

Neben wissenschaftlichen Untersuchungen, Buchpublikationen und Veröffentlichungen in Fachzeitschriften habe ich es als einen besonderen Auftrag empfunden, mich aus kritischer Distanz mit meinen Beobachtungen über und in der Welt des Hochleistungssports über Zeitschriftenbeiträge, Hörfunk- und Fernsehsendungen, vor allem aber auch über Magazinbeiträge an die Öffentlichkeit zu wenden. In den Organisationen des Sports ist mir dabei mancher Widerstand entgegengebracht worden. „Querdenker" – wie ich von einigen Medien bezeichnet wurde – sind nicht nur in der Welt des Sports eher unerwünscht. Der Etikette des Querdenkens habe ich mich nicht widersetzt, wenngleich ich immer wieder darauf hingewiesen habe, dass es mir auf ein gradliniges Denken ankommt und genau diese Art des Denkens in den Sportorganisationen meist nicht erwünscht ist. Dennoch glaube ich, dass nicht nur in diesen Tagen der Sport auf eine kritische Begleitung zwingend angewiesen ist. Dies ist umso mehr hilfreich, wenn man dabei das Besondere des Sports schätzt, wenn man selbst die schönen Seiten, die der Sport einem geben kann, erfahren hat, wenn man also auch die „Innenseite" des Sports kennt, jedoch nicht verblendet ist. Nur aus der Distanz heraus lassen sich die Probleme des Sports genauer erkennen. Mit Distanz lässt sich auch jene Freiheit finden, die uns Wege zu Lösungen eröffnet.

Die in diesem Band ausgewählten Anmerkungen zum Sport sind in einem Zeitraum von mehr als dreißig Jahren entstanden. In diese Zeit fallen wichtige Ereignisse, die Anlass für die Texte waren und die bis heute nachwirken. Die Zuspitzung des Doping-Problems von Krabbe bis Ullrich, die Verschmelzung von DSB und NOK, der Wandel vom Stadion zur Arena, die immer gefährlicher werdende Kommerzialisierung, die fragwürdige Inanspruchnahme durch Politik und Wirtschaft und die immer fragwürdiger werdende Sportberichterstattung: das alles sind Themen, die Probleme kennzeichnen, die bis heute noch nicht gelöst sind. Viele meiner Vermutungen zu diesen Problemen erheben dabei keinen wissenschaftlichen Anspruch, sie beruhen vielmehr auf einer sorgfältigen sportpolitischen Beobachtung und Analyse, die ich meiner Rolle als Sportfunktionär verdanke. Manche dabei geäußerte Kritik muss auch als eine Selbstkritik verstanden werden, denn ich war und bin ehrenamtliches Mitglied nationaler und internationaler Sportgremien. Die meisten Beiträge wurden verkürzt in Tageszeitungen oder Magazinen publiziert. Teilweise wurden sie aktualisiert und überarbeitet. Unter inhaltlichen Gesichtspunkten wurden sie neu geordnet. Es wird jedoch bewusst auf das jeweilige Jahr hingewiesen, in dem sie zum ersten Mal verfasst wurden. Auf diese Weise lassen sich die behandelten Themen zeitlich einordnen und auf einen gesellschaftlichen Kontext beziehen, der für das Verständnis der Entwicklung des modernen Sports hilfreich und notwendig ist.

Danken möchte ich Ommo Grupe. Er hat mich immer wieder freundschaftlich ermutigt, den von mir eingeschlagenen Weg in der Welt des Sports zu gehen. Verena Burk und Isabelle Kaiser gebühren Anerkennung für ihre editorischen Arbeiten, Marion Digel für die Umschlaggestaltung. Als eine besondere Auszeichnung habe ich es empfunden, dass mein Nachdenken über den Sport mit Karikaturen von Sepp Buchegger begleitet wird. Als Ehemaliger des Instituts für Sportwissenschaft der Universität Tübingen kann er auf vielfältige praktische Erfahrungen im Sport verweisen. Als Künstler hat sein distanzierter Blick auf den Sport eine kritische Klarheit erhalten.

Sport ist mehr…

Der Sportverein – eine nicht nur private Erinnerung

Eine für mich wichtige Begegnung mit dem Sport war jener Tag, als mein erster Trainer mir ein schwarzes Spieltrikot – damals noch ohne Nummer – überreichte, damit ich wenige Minuten später in diesem Hemd mein erstes Spiel für „meinen Verein" bestreite. Gerade elf Jahre alt war ich zu diesem Zeitpunkt und der Sportverein bedeutete für mich lediglich Handball, eine Übungshalle, den Sportplatz und das gezielte Üben und Trainieren auf die samstäglichen Wettkämpfe und Turniere. Mein Handeln war dabei ausgerichtet an den Spielern unserer 1. Mannschaft und hier vor allem an einem Nationalspieler, dessen Erfolge ich in der Zeitung auf Schritt und Tritt verfolgte und der nicht nur mich als Vorbild bis hinein in unsere Trainingsabende begleitete. Seinen Laufstil und seine Wurftechnik versuchten wir ebenso zu imitieren wie seine Sportkleidung und sein äußeres Auftreten. Was hat meine erste Sporterinnerung mit dem Sportverein zu tun? Inwiefern ist diese Erinnerung typisch? Worin liegt ihr deutender Wert für die aktuelle Situation der deutschen Sportvereine?

Zunächst ist es eine Kindheitserinnerung, die mir als dem Schreibenden dieser Zeilen sehr wichtig geworden ist. Seit dieser Trikotübergabe bin ich Mitglied in ein und demselben Verein geblieben und habe viele Freunde in diesem Verein gefunden, die mir auch heute, trotz vielfältiger beruflicher Veränderungen und häufigen Wohnortwechsels, immer noch als Freunde gelten. Heute ist der Nationalspieler, an dem sich damals die Elfjährigen orientierten, nahezu 50 Jahre alt und 30 Jahre sind vergangen, seitdem ich mein erstes Spiel für die C-Jugend meines Vereins bestritt. Spiele in der B- und A-Jugend, in verschiedenen aktiven Mannschaften und nicht zuletzt die Meisterschafts- und Turnierspiele in der Altherrenmannschaft haben mir zwischenzeitlich eine Vielzahl an wichtigen Erfahrungen im Sport ermöglicht. Nicht zuletzt war es meine Begegnung mit dem Sport in der Jugend, die mich veranlasst hat, mich auch beruflich mit dem Sport auseinanderzusetzen. Die dabei erforderliche Distanz macht es mir möglich, den Sportverein in seiner Allgemeinheit, aber auch meinen eigenen Verein sehr viel differenzierter zu betrachten. Aus pädagogischem Blickwinkel zeigt sich der Sportverein dabei nicht weniger schillernd in seiner Wirkung als aus einer soziologischen Perspektive.

Eines scheint dabei sicher zu sein: Die gängigen Klischees von der Vereinsmeierei und der Leistungsfabrik treffen auf die alltägliche Situation des Sportvereins nicht mehr zu. Gewiss ist auch heute noch der deutsche Sportverein eine Besonderheit, die auf historischer Tradition beruht und in der Geselligkeit und Gesinnung ebenso ihren Platz haben wie ein modern organisierter Wettkampfbetrieb. Die historische Auseinandersetzung zwischen den Turnvereinen auf der einen und den Sportvereinen auf der anderen Seite ist jedoch längst überwunden. Schadete 1923 dem Turnen die „Reinliche Scheidung" weit mehr als dem Sport, so können heute die deutschen Sportvereine zumeist nachhaltig vom Ideenreichtum und von der Vielfalt ihrer Turnabteilungen profitieren. Mittlerweile gibt es mehr als 50.000 Turn- und Sportvereine in der Bundesrepublik Deutschland und mehr als 18 Millionen betreiben in den verschiedenen Abteilungen dieser Vereine Sport. Von Vereinsmüdigkeit kann also nicht die Rede sein, wenngleich es offensichtlich ist, dass die Vielzahl der neuen Vereinsgründungen sich auch im Konflikt zur traditionellen Vereinsstruktur beschreiben lässt.

Dem Sportverein als Massenphänomen – das kann kaum überraschen – wird mittlerweile eine Vielfalt von sozialen Funktionen zugewiesen. So nimmt der Deutsche Sportbund als die Dachorganisation der deutschen Vereine für sich in Anspruch, den größten Beitrag zur Gesundheit des deutschen Volkes zu leisten und er glaubt, mit der Stärkung des Gemeinschaftsbewusstseins eine wichtige soziale Funktion und volkspädagogische Aufgabe zu erfüllen. Auf der Grundlage dieser Auffassung wird vom Gesetzgeber den deutschen Sportvereinen der Status der Gemeinnützigkeit zugebilligt und daraus resultiert auch die Forderung nach Unterstützung beim Bau der Sportstätten und der Vereinsheime.

Die traditionsreiche Idee der Sportvereine ist dabei jene angeblich moderne Idee, die heute in vielen Bürgerinitiativen zum Tragen kommt. Der Sportbetrieb in den Sportvereinen ist eine Sache der Initiative freier Bürger. Deshalb fordert die deutsche Vereinsbewegung, dass neben den eigenen Leistungen (Mitgliedsbeiträge) zu diesem Zweck subsidiär öffentliche Mittel bereitgestellt werden und die Bewirtschaftung dieser Mittel in eigener Regie erfolgt. Turn- und Sportvereine beschäftigen auf diese Weise haupt- und nebenamtliche Übungsleiter und unterbreiten ein vielfältiges Freizeitangebot für die Bürger von Gemeinden. Das Prinzip der Subsidiarität, das sich auch in anderen gesellschaftlichen Sektoren bewährt hat, kennzeichnet auf diese Weise das Verhältnis der deutschen Sportvereine zur Gesellschaft und zum Staat.

Das tragende Prinzip der Vereine ist jedoch nach wie vor das „Tun um seiner selbst willen", das selbstlose Sicheinsetzen für die Belange des Sports und hier vor allem für den Sport der Jugendlichen, das Prinzip der Ehrenamtlichkeit also.

Jüngste Entwicklungen machen freilich deutlich, dass beide Prinzipien durchaus gefährdet werden können. Die wachsende politische Bevormundung des Sports gefährdet das Prinzip der Subsidiarität und der Modernisierungstrend, dem nahezu alle Vereine mittlerweile ausgeliefert sind – insbesondere die drohende Kommerzialisierung –, rüttelt am Prinzip der Gemeinnützigkeit. Werden die deutschen Sportvereine in der Zukunft Handelsgesellschaften sein? Müssen sich zukünftig Vereinsmitglieder zwangsläufig als lebende Litfasssäulen zur Verfügung stellen? Solche und ähnliche Fragen stellen sich bereits heute in all jenen Vereinen, die sich in ihrer Finanzierung von der Basis des Mitgliedsbeitrags und der öffentlichen Zuschüsse gelöst und neue risikoträchtigere Finanzierungsquellen erschlossen haben.

Dessen ungeachtet sind auch heute noch die Turn- und Sportvereine bedeutsame „intermediäre Gebilde", die zwischen dem Individuum und unserer Gesellschaft vermitteln, anregen, ausgleichen und integrieren können und die große Kluft zwischen privatem und öffentlichem Raum überbrücken helfen.

Ohne Zweifel stellt das Sporttreiben im Verein für den Sporttreibenden selbst einen wichtigen Ausgleich und eine Regenerationsmöglichkeil gegenüber den Belastungen durch die industrielle und bürokratisierte Arbeitswelt dar. Ausgleich und Regeneration bietet er aber nicht nur für all jene, die stundenlang eine sitzende Tätigkeit am Schreibtisch, vor einer Maschine oder im Wagen ausüben, er kann auch alten Menschen, Schülern und Jugendlichen, unter bestimmten Umständen auch Arbeitslosen, eine Ausgleichs- und Regenerationsmöglichkeit bieten.

Gewiss wird die Gesundheitsfunktion des Sports in unserer Gesellschaft (aber auch von Sportfunktionären) überschätzt; doch zweifelsohne trägt ein aktives Tun im Sport zum Wohlbefinden bei und Herz-Kreislauf-Erkrankungen kann durch ein geregeltes Engagement zumindest nachhaltig vorgebeugt werden. Heute ist es mehr denn je ein Motiv, Sport aus Gesundheitsgründen zu treiben. Ein langfristiges Engagement im Sportverein als aktiver Sportler ist jedoch meist nur sehr selten mit diesem Motiv allein zu erklären.

Die Möglichkeit zu körperlicher Bewegung im Sportverein ist immer auch eine Gelegenheit zur seelischen und erzieherischen Weiterentwicklung. Wer Samstag für Samstag in einer Wettkampfmannschaft um Punkte spielt, erfährt und übt das Spannungsverhältnis von Konkurrenz und Solidarität auf eine spielerische Weise.

Insofern kann dem Sportverein eine charakterprägende Wirkung zugesprochen werden. Hinzu kommt, dass im Sportverein die soziale Begegnung und Integration unterschiedlicher Bevölkerungsgruppen, d. h. unterschiedlicher Berufs- und Bildungsschichten, in unterschiedlichem Lebensalter und verschiedenen Geschlechts, möglich ist.

Doch auch diese Möglichkeit wird von den Verantwortlichen im deutschen Sport häufig überschätzt; soziale Unterschichten sind bis heute noch weitgehend aus den Sportvereinen ausgeschlossen, wenngleich gerade in den letzten Jahren hier ein positiver Wandel zu beobachten ist. Ohne Zweifel ist es jedoch den Vereinen gelungen, einen wichtigen Beitrag zur Integration von Heimatvertriebenen und Ausgebombten nach dem Zweiten Weltkrieg zu leisten und auch heute gelingt es ihnen noch, bei einer zunehmenden beruflichen und örtlichen Mobilität der Bevölkerung, Zugereisten eine heimatliche Eingewöhnung zu bieten und eine Eingliederung in das Gemeinwesen der Gemeinde zu eröffnen. Insofern stellen Sportvereine einen „Verdichtungs- und Aktivitätskern" – so der Soziologe Wurzbacher – im gemeindlichen Leben dar. Mit den Namen von Gemeinden werden nicht selten Vereinsnamen verbunden, die im Wettkampf besonders erfolgreich abgeschnitten haben. Gemeindemitglieder identifizieren sich mit den Erfolgen der Vereine und die geselligen Veranstaltungen der Vereine sind bedeutsame Termine im kulturellen Jahreskalender vieler Gemeinden. Schließlich bietet der Verein seinen Mitgliedern auch ein Feld für die Einübung wichtiger sozialpolitischer Handlungsmuster. Im Verein können sich Persönlichkeiten des öffentlichen Lebens bewähren, politisches Handeln kann im Verein gelernt werden, zumal alle deutschen Sportvereine über ihre Satzungen die entsprechenden Ziele und Verfahrensweisen aufweisen. Demokratische Formen der Führung und Verwaltung kommen täglich in der Vereinspraxis zum Tragen, wobei dies alles auf der Basis der Ehrenamtlichkeit geschieht. Auf diese Weise ist der Sportverein ein bedeutsames Symbolsystem für unsere Gesellschaft, in dem ein „Tun um seiner selbst willen" möglich ist und nicht zwangsläufig das Prinzip „Arbeit gegen Bezahlung" im Vordergrund zu stehen hat. Dies wird auch zukünftig ein wichtiges Überlebensprinzip der deutschen Sportvereine sein. Möglicherweise kann gerade in den Sportvereinen aufgezeigt werden, wie menschliches Zusammenleben auch vor dem Hintergrund knapper werdender Ressourcen möglich ist.

Kommen wir noch einmal auf meine Kindheitserinnerung zurück: Bei aller differenzierten Betrachtungsweise, die zusätzlich in Bezug auf die Geschichte des Sportvereins, dessen aktuelle politische und organisatorische Verfasstheit notwendig wird, weist diese Erinnerung auf wesentliche Aspekte des deutschen Sportvereinsgedankens hin. Im Mittelpunkt des Vereins stand und steht bis heute der sportliche Wettkampf und dessen implizite Idee, dass eine faire Auseinandersetzung mit dem Gegner immer nur dann möglich ist, wenn man erkennt, dass man auch auf den Gegner angewiesen ist. Die Erinnerung macht auch deutlich, dass das Sportvereinsmitglied seinen Verein in erster Linie über eine Sportart erlebt. Die Sportabteilung ist gleichsam der Verein im Verein; in ihr lebt die Idee des deutschen Sportvereins. Schließlich macht das Beispiel auch deutlich, dass sich im Zentrum der Organisation des Vereins die Wettkampfmannschaften der Aktiven befinden. An ihnen orientiert sich der Jugendsport und von ihrer Qualität hängt es ab, ob es auch nach Beendigung der aktiven Sportlerkarriere noch einen aktiven Vereinssport für die älteren Vereinsmitglieder gibt. Die Kindheitserinnerung macht aber auch deutlich, wer die wichtigen Personen im Vereinsleben sind. In erster Linie sind es die Aktiven selbst; sind sie erfolgreich, so sind sie die Idole der Kinder und Jugendlichen. Daneben sind es die Jugendleiter und Trainer, mit denen man als Vereinsmitglied ganz unmittelbar in Berührung treten kann. Weit weniger bedeutsam sind die so genannten Funktionäre, jene Männer im Hintergrund, die es ermöglichen, dass im Verein Sport getrieben werden kann. Damit verweist das Kindheitsbild auch auf die aktuellen Probleme der Vereinsorganisation. Ehrenamtliche Mitarbeiter zu rekrutieren, ohne ihnen Anerkennung anbieten zu können, scheint zunehmend zu einem Problem der Vereine geworden zu sein. Findet sich relativ leicht ein Kandidat für den Posten des Vereinspräsidenten, der die Möglichkeit zur Repräsentation nach innen und außen hin verspricht, so sind die weniger attraktiven Posten im Verein nicht selten lediglich mit Hilfe von Überredungskünsten zu besetzen.

Die Annahme, dass man für jedes Amt einen Experten benötigt und die damit verbundene Zunahme der Anforderungen, die an ein Amt im Verein gestellt werden, haben die Einstellung der Mitglieder zum Ehrenamt beeinflusst und verändert. Nicht mehr die Bereitschaft, ein Amt zu übernehmen, ist entscheidend; erst muss die Angst überwunden werden, den überzogenen Erwartungen seiner Freunde nicht gewachsen zu sein. Gerade in diesem Zusammenhang wurde meines Erachtens in den letzten Jahren erheblich gesündigt. Man sollte sich in Zukunft vor Augen halten, dass in der Organisation des Sports ein hohes Maß an Koordinationsbedarf erforderlich ist, wie es in Organisationen anderer Systeme eher die Ausnahme darstellt. In den Vereinen wirft man sich dies meist gegenseitig vor und verweist auf bessere Organisationsmodelle aus dem Bereich des Geschäftslebens; hierbei wird aber meist übersehen, dass eine Sportvereinsorganisation mit professionellen Organisationssystemen außerhalb des Sports eigentlich nicht vergleichbar ist. Der Sport ist kein Produkt vergleichbar mit einem Waschmittel, das ein Industriebetrieb produziert. Ein Sportverein ist eine freiwillige Organisation, die in erster Linie auf dem Prinzip der Ehrenamtlichkeit basiert. Sind einem diese Merkmale wichtig, und ich meine, sie sollten es sein, so wird sich eben vieles weniger leicht organisieren und anbieten lassen als in einer technisch perfekten Organisation. Dafür lassen sich in unseren Vereinen aber Einstellungen und Werte tradieren, die – so meine ich – heute mehr denn je wichtig geworden sind. Es wäre fatal, würden wir die Effizienz unserer Vereine nur noch an den Mitgliederzahlen messen. Effizienzkriterien, denen sich Vereine selbst zu stellen haben, sollten in erster Linie am Auftrag der Vereine orientiert werden und der heißt keineswegs, dass wir mit möglichst geringem Aufwand möglichst viele Menschen durch die Sportangebote unserer Vereine schleusen. Dort, wo Vereine nur noch unter dem Aspekt der Rationalisierung und ökonomischen Wirtschaftsführung handeln, wo sie also einem allgemeinen Modernisierungsdruck unserer Gesellschaft nachgeben, dort ist in der Regel die Ehrenamtlichkeit gefährdet.

Tun das die Vereine, und einige haben es ja getan, so wird die ehrenamtliche Organisation auf lange Sicht kaum überleben können. Die Vereinsarbeit wird dann nämlich Qualifikationen erfordern, die nur noch wenige erbringen werden. Wer sie erbringt, unterliegt dabei der Gefahr, durch sein Engagement im Verein Erfolg und Karriere im Beruf zurückstehen zu lassen. Für die Mitglieder wären die Konsequenzen aber ebenso weitreichend. Nimmt das Zugehörigkeitsgefühl zu einem Sportverein ab, so verringert sich auch die Möglichkeit, im Verein seine emotionalen Bedürfnisse auszuleben. Bereits heute kann man erkennen, dass in Vereinen, die lediglich auf Mitgliederzuwachs gesetzt haben, wichtige Erlebnisse und Erfahrungen verloren gegangen sind, die man einstmals in diesen Vereinen noch machen konnte. Solche Vereine haben nur noch begrenzt sozialintegrative Wirkungen, sie sind nur noch selten das lokale Informationssystem einer Gemeinde, wo man das Neueste am Vereinsstammtisch aushandelt und nur noch am Rande sind solche Vereine ein Erprobungsfeld für den Erwerb wichtiger demokratischer Fähigkeiten. Es wird nicht mehr unmittelbar erfahren, wie Entscheidungen getroffen werden, wie delegiert und gewählt wird, wie die Finanzmittel verteilt werden, wie also im Kleinen demokratisch regiert wird. Sollen sich unsere Vereine durch diese Merkmale auszeichnen, so können sie dies freilich nur, wenn wir akzeptieren, dass nicht alles perfekt sein kann, wenn Ehrenamtliche einen Verein führen. Es ist dann zu akzeptieren, dass auch skurrile Persönlichkeiten Vereinsämter ausfüllen, dass manche Posten mit Nieten besetzt sind und dass sich ehrenamtliche Funktionäre eben auch ganz einfach irren können.

Meine Kindheitserinnerung ist dennoch nicht objektiv. Als Jugendlicher, für den sein Sportengagement nur an einem Ziel ausgerichtet war, nämlich einen Platz in der Bundesligamannschaft seines Vereins zu finden, war ich kurzsichtig genug, eine Vielzahl von Problemen zu übersehen, die sich bereits zu jener Zeit um mein Engagement herum in vielen Sportvereinen entwickelt hatten. Meine wissenschaftliche Auseinandersetzung mit dem Phänomen des Sports macht es mir jedoch möglich, heute auch einige weniger positive Erinnerungen wachzurufen. Erinnere ich mich richtig, so sind z. B. die aktuellen Probleme der Jugendvereinsarbeit auch die historischen Probleme des Sportvereins. Das Angebot in den Jugendabteilungen ist meist ein Abklatsch des Erwachsenenangebots. Die Sportdisziplinen der Erwachsenen betreiben auch die Jugendlichen und sie tun dies meist nach den gleichen Prinzipien und Organisationsformen. Es geht also um Konkurrenz und Leistung, man trainiert und betreibt Wettkämpfe. Der ökologische Rahmen der Jugendarbeit entspricht meist ebenfalls dem des Erwachsenensports. Die Hallen und übrigen Sportanlagen haben – wenn überhaupt – internationale Erwachsenenmaße. Die Sportgeräte werden an den Erwachsenenmaßen ausgerichtet. Die Sportgaststätten sind in erster Linie die Begegnungsstätten für Erwachsene und so sind sie auch konzipiert. Auf einen

Nenner gebracht heißt das: Die Vereinswelt ist von Erwachsenen dominiert und zwar so dominant, dass davon selbst die Farbe der Wände, das Mobiliar, die Sitzordnung, die Musik bei den Vereinsgesellligkeiten und das Essen in den Vereinslokalen bestimmt werden.

Von besonderer Problematik ist die Situation der weiblichen Jugendlichen im Verein. Das ausgeprägte Mittelschicht-Syndrom deutscher Sportvereine zeigt sich bei dieser Gruppe besonders deutlich. Das Sportangebot ist offensichtlich für Mädchen unterer sozialer Schichten nicht attraktiv; das pubertätsbedingte verstellte Verhältnis zur körperlichen Bewegung wird bei dieser Gruppe nur selten aufgefangen und bewirkt eine völlige Bewegungsabstinenz. Dies hängt nicht zuletzt auch damit zusammen, dass die Jugendlichen in den Vereinen nach echten Sportlern und „Flaschen" sortiert werden. Das Fehlen weiblicher Jugendlicher ist auch deshalb um ein Vielfaches höher als der männlicher. Keineswegs neu ist auch das Problem der Kommerzialisierung, die Frage der Konkurrenz zwischen Freizeit- und Wettkampfsport und bereits zu jener Zeit stellte sich die Frage, inwieweit der Sportverein seiner Integrationsaufgabe gerecht wird. Jugendliche, die in unsere Vereinsübungsabende kamen, die aber weniger leistungsfähig als die Stammspieler gewesen sind, wurden nicht selten mit Unterstützung der Übungsleiter von dem Verein „getrennt".

Sport wurde von uns Jungen als „Männersache" empfunden, er war ein Männlichkeitsritual, das nicht zuletzt auch durch alkoholische Zeremonien gefeiert wurde.

Sehr früh stellte sich auch die Frage nach der Entschädigung für das sportliche Tun. Fahrtkostenerstattung war das moderne Thema und kostenlose Sportkleidung (was schon damals mit Werbetätigkeit gekoppelt war) der hohe Anreiz für ein höheres Trainingspensum. Der Abstieg aus der Bundesliga und die damit verbundenen Bemühungen um einen Wiederaufstieg machten zu dieser Zeit bereits auch drastisch deutlich, dass mit guter Aufbauarbeit im Jugendbereich im nationalen Wettkampfsport nur noch im Ausnahmefall Lorbeeren zu ernten sind. Spielerabwerbungen, Spielereinkäufe, die Suche nach finanzkräftigen Sponsoren, der Versuch einer Finanzierung über Banden- und Trikotwerbung zeigten bereits damals, wo langfristig Probleme der Sportvereine liegen würden. Meine Abteilung hat sich dabei für den Weg der ehrenamtlichen Selbstfinanzierung entschieden. Sie hatte sich gegen das Modernisierungskonzept ausgesprochen, das sich zu dieser Zeit auf dem Siegeszug befand. Dies hat zum Verlust der Wettbewerbsfähigkeit geführt. Heute spielt die 1. Mannschaft dieser Abteilung in der Kreisklasse und tut dies mit mehr oder weniger großem Erfolg. Zwei weitere Aktiven-Mannschaften befinden sich im Wettkampfbetrieb und es gibt keineswegs weniger Jugendmannschaften, als es sie zur Zeit der Bundesligaära gegeben hatte. Das Vereinsleben wird geprägt durch gemeinsame Ausflüge, Jahresfeiern, Frühlingsfeste, Tanzabende; Bergtouren und Radwanderfahrten ergänzen das Programm. Noch immer ist es eine dominante Männergesellschaft, Frauen sind gleichsam zierliche Garnierung.

Angesichts des allgemeinen Wertewandels in unserer Gesellschaft scheint es heute sehr viel schwieriger zu sein, eine Antwort auf die Frage zu finden, ob diese Abteilung den richtigen Weg gegangen ist. Jene Vereine, die dem Modernisierungstrend folgten, konnten ganz ohne Zweifel den Konkurrenzansprüchen des modernen Wettkampfsports besser genügen. Letztlich wird in diesen Mannschaften jedoch auch nur Handball gespielt. Die Frage muss gestellt werden, in welchen Spielen die Akteure mehr den eigentlichen Sinn des Spielens erfahren. Gewiss tragen die Wettkampfspiele der kommerziell geführten Mannschaften durch ihren Unterhaltungswert dazu bei, dass Menschen Spaß am Sport finden.

Das Spiel der Akteure selbst ist jedoch zunehmend ergebnisorientiert. Im Extremfall führt dies bereits soweit, dass selbst die Mitspieler der eigenen Mannschaft als Konkurrenten betrachtet werden, da es ja um Geldprämien und um Karriere geht. In vielen Fällen hat diese Entwicklung dazu geführt, dass die gesellige Funktion des Sporttreibens auf der Strecke bleibt und nach Beendigung der sportlichen Karriere die Sportgemeinschaft aufgelöst wird.

Will man beide Entwicklungen bilanzierend miteinander vergleichen, so scheint eines ganz ohne Zweifel feststellbar zu sein: Der Vereinssport befindet sich in einer konfliktträchtigen Auseinandersetzung. Widmet er sich in letzter Konsequenz dem Spitzensport, so gefährdet er seinen selbstgestellten sozialpolitischen Auftrag. Gibt er sich jedoch nur dem so genannten Freizeitsport hin, so entzieht er sich jener Idee, die bis heute seine Identität gekennzeichnet hat: der Idee des Wettkampfs und der sportlichen Leistung. Die Zukunft des Sportvereins wird nicht zuletzt dann gesichert sein, wenn er zwischen diesen Aufgaben vermittelnd balancieren kann. Das eine tun, heißt das andere nicht lassen.

Auch heute brauchen Jugendliche möglicherweise mehr denn je ihre Vorbilder und auch heute kann es ein elementares Erlebnis für Kinder und Jugendliche sein, wenn sie zum ersten Mal das Sporttrikot einer Mannschaft tragen dürfen. Die fröhlichen Augen von Kindern, die Samstag für Samstag diese für sie neue Erfahrung machen, sind ein hinreichendes Indiz dafür, dass der Vereinssport eine große Zukunft hat. Nicht weniger strahlend sind jedoch die Augen all der Behinderten, der motorisch Gehemmten oder all jener Menschen, die aus Altersgründen in ihren motorischen Fähigkeiten eingeschränkt sind. Bei ihnen geht es nur bedingt um das Überbieten, um das Bessersein, um den Tabellenstand, um den Rekord, wenn sie Sport treiben. Individuelles Leisten im Sport muss sich nicht in Sportarten vollziehen. Dies zeigt sich bei einer Stuhlgymnastik im Altersheim und bei einem geglückten einbeinigen Halteversuch von Behinderten ebenso wie bei einer gekonnten Vorführung einer Kinderspielgruppe bei der Vorweihnachtsfeier. Auch darin liegt die Zukunft der Sportvereine.

Die strahlenden Augen dieser Erwachsenen und die strahlenden Kinderaugen begründen auch zukünftig den Auftrag der Sportvereine, ein Sportangebot nach dem Bedürfnis der Menschen zu unterbreiten. Dies alles ist jedoch nur dann möglich, wenn es auch künftig jene Menschen in den Sportvereinen gibt, die um nichts als um der Ehre willen sich für andere Menschen engagieren.

Auch in unseren Sportvereinen zeigt sich zunehmend die Einstellung, dass man alles nur fordert. Die Mitglieder fordern die perfekte Ausstattung ihrer Übungsabende, die qualifizierten Übungsleiter, die das Angebot auf dem Tablett zu servieren haben, die perfekten Vorstände, perfekte Sportstätten und perfekte Verbände, die für eine kontinuierliche Finanzierung dieser Arbeit sorgen. Diese Forderungen mögen nicht unberechtigt sein. Wenn aber Fordern und Erfüllen der Forderungen zum alleinigen Handlungsmuster der Vereine wird, so wird meines

Erachtens langfristig einiges von dem auf der Strecke bleiben, worauf die Vereine der Vergangenheit zu Recht stolz waren. Dazu gehört auch, dass sich die Verantwortlichen in den Vereinen den großen gesellschaftlichen Herausforderungen unserer Zeit stellen.
Was uns heute gefährdet, ist weniger die fehlende Fitness und Abhärtung als die übermächtig ungesunden Verhältnisse, in denen wir leben. Sport lediglich als Immunisierungsmaßnahme veranstaltet, lenkt vom Kampf gegen die Vergiftung, Verödung, Verstraßung unserer Umwelt ab, mahnte bereits 1972 der Bielefelder Pädagoge von Hentig und fügte hinzu: Welcher Sportverein ließe sich nicht durch eine schöne Halle, ein automatisch gereinigtes Schwimmbecken, ein geschlossenes Sportzentrum korrumpieren, während draußen die Axt an die Wälder gelegt und der See wegen Verschmutzung durch die benachbarte Industrie gesperrt wird. Ich glaube, dass diese Frage auch heute noch beispielhafte Bedeutung hat.
Vereine sind, das sollte man nicht übersehen, immer auch politische Institutionen und vieles deutet darauf hin, dass Vereine einen entscheidenden Beitrag zu der Frage leisten können, welche Wertvorstellungen in einer Gemeinde oder in einer Stadt vorherrschen. Dabei zeigt sich die Macht der Vereine meist nicht bei der Fassung konkreter Entscheidungen, vielmehr ist es eher so, dass durch ein vorherrschendes Wertsystem ganz bestimmte Themen erst gar nicht zugelassen werden, andere Themen werden als utopisch, als nicht machbar oder als unsachlich abgestempelt. Gerade in diesem Zusammenhang scheint es mir angebracht zu sein, derartige Entscheidungen erneut zu prüfen. Vereine werden auch in Zukunft eine dringende Notwendigkeit sein. Unsere Gesellschaft drängt vermehrt auf Komplexität und gerade die Komplexität drängt auf die Gründung überschaubarer Bezugssysteme, wie sie unsere Vereine darstellen. Vereine bieten eine Möglichkeit, die gleichermaßen innere wie äußere Verhaltensunsicherheit vieler Menschen auszugleichen, welche im Gefolge der immer noch zunehmenden Differenzierungsprozesse unserer Gesellschaft entstanden ist. Deshalb sind Zeiten gehäufter Vereinsgründungen immer auch Phasen starken gesellschaftlichen Wandels. Vieles deutet darauf hin, dass wir uns im Moment in einer derartigen Phase befinden.

(1984)

Mit anderen Sport treiben – fremde Kulturen verstehen

"Sport ist mehr". Mehr als was? Sport ist mehr als 1:0, mehr als Boris Becker, mehr als Trimm-Trab und mehr als Zeugnisturnen; mehr als Auf- und Abstieg, mehr als Gagen in Millionenhöhe und mehr als dressierte Kinder im Leistungssport. Ich möchte eine weitere Antwort hinzufügen. Sport ist mehr als Sport in Deutschland, in Europa, in den USA und der UdSSR. Vom Sport in Afrika, in Asien und in Lateinamerika – oder, etwas ungenauer, aber einfacher ausgedrückt – vom Sport in der Dritten Welt soll die Rede sein. Ich möchte damit zum Ausdruck bringen, dass Sport auch gegenseitige Verständigung, gegenseitiges Lernen, Kommunikation zwischen Kulturen und freudvolle Begegnungen und Erfahrungen mit Menschen aus einer uns fremden Welt sein kann. Leider ist die Begegnung des Sports aus der Ersten Welt mit dem der Dritten Welt bis heute noch viel zu oft durch Bevormundung, Besserwisserei, imperiales Gehabe oder gar neokoloniale Großmannsucht geprägt. Dies abzubauen soll Anliegen der folgenden Überlegungen sein.

Handball ist nicht gleich Handball
Vor mehr als zehn Jahren war es mir vergönnt, zum ersten Mal im Auftrag des Nationalen Olympischen Komitees der Bundesrepublik Deutschland nach Afrika zu reisen, um afrikanische Sportlehrer, Trainer und solche, die es werden wollten, in die Geheimnisse des modernen Handballspiels einzuführen. Vor meiner Ausreise hatte ich damals mindestens zwei grundsätzliche Annahmen akzeptiert. Ich glaubte, gemeinsam mit meinem Auftraggeber, dass es für Afrikaner sinnvoll sein könnte, in der Schule und in der Freizeit Handball spielen zu können. Zum anderen glaubte ich, dass man Handball in Afrika zumindest ähnlich wie in Europa unterrichten könne und man aus diesem Grunde als europäischer Handballlehrer solch einen Auftrag guten Gewissens übernehmen könne. Dass beide Annahmen nur sehr begrenzt berechtigt sind, musste ich bei meinem ersten Einsatz als so genannter Sportexperte während eines Fortbildungslehrgangs für afrikanische Sportlehrer in Togo und während eines Auswahllehrgangs in Ghana schnell und vor allem auch leibhaftig erfahren.
Handball in Afrika – so war meine Vorstellung – ist Handball unter weniger idealen Bedingungen. Es würden gute Spielanlagen fehlen und zu wenig Bälle zur Verfügung stehen. Beim Anblick des Handballstadions in Lomé (Togo) kamen solche Vorstellungen schnell ins Wanken. Unter geradezu idealen Bedingungen stand mir für meine Lehrgangsarbeit ein Handballstadion mit regulärem Spielfeld, befestigten Toren und einem farblich abgehobenen Spielfeld aus Asphalt zur Verfügung. Und auf der überdachten Tribüne war genügend Platz und auch die entsprechende Ruhe zu finden, um die theoretischen Lehrveranstaltungen durchzuführen. So sah es in Togo, einem der kleinsten afrikanischen Staaten, mit den Bedingungen für das Handballspielen aus.
In Ghana, nur wenige hundert Kilometer entfernt, aber auch in einigen Heimatländern meiner Lehrgangsteilnehmer, so in Benin, Niger oder Mali, ließen sich hingegen weder ein Stadion für Handball noch ein reguläres Handballfeld finden. Sandplätze oder Parkplätze in den Städten sind

Mangelware, in der Schule wird mit improvisierten Sportgeräten gearbeitet, Sportschuhe sind für Schüler und Sporttreibende unerschwinglich und Tore bestehen allenfalls aus zwei Pfosten. Bereits die äußeren Bedingungen für das Handballspielen machten also deutlich, dass es *den* afrikanischen Handball nicht gibt, dass Handball in Burkina Faso und Benin, in Ländern, in denen mehr als die Hälfte der Bevölkerung an Unterernährung leidet, etwas anderes ist als Handball an der Elfenbeinküste oder in Togo, dass der Handball in Tunesien und Ägypten wiederum ungleich weiterentwickelt ist als in allen übrigen schwarzafrikanischen Staaten. Nicht zuletzt war dabei die je unterschiedliche Kolonialgeschichte der einzelnen afrikanischen Staaten von Einfluss für die Entwicklung des Handballspiels.

Merkmale der Andersartigkeit
Dass Sporttreiben in Afrika, Asien oder Lateinamerika etwas anderes ist als Sporttreiben in England, Österreich oder Deutschland, hängt in erster Linie mit den schwierigen Rahmenbedingungen zusammen, unter denen der Sport in der Dritten Welt meist auszuüben ist. Mein erster Trainingstag in Togo hatte einen Wasserverlust meines Körpers zur Folge, wie er in Europa allenfalls beim „Abkochen" von Ringern zugunsten einer niedrigeren Gewichtsklasse zu beobachten ist. Lediglich zwischen sechs und neun Uhr und zwischen 17 und 19 Uhr war praktische Trainingsarbeit möglich. Die Sonne mit ihrer brühenden Hitze und die Dämmerung, die sehr schnell in schwarze Nacht übergeht, die oft nur durch Kerzenschein und offenes Feuer zu erhellen ist – dies war der Rahmen, in dem ich mich selbst und mein Lehrgangskonzept habe einpassen müssen. Handballspielen und Trainieren unter tropischen Bedingungen, bei 38 Grad im Schatten, 85% Luftfeuchtigkeit, kann nur mit Schwerstarbeit im Hochbau bei hochsommerlichen Temperaturen in einer Großstadt der Bundesrepublik verglichen werden. Trainingsintensität und Trainingsumfang haben sich diesen äußeren Bedingungen unterzuordnen und schon aus diesem Grund werden die Leistungsfähigkeit und das Spielniveau von Athleten und Mannschaften aus den Tropen nur in einem begrenzten Umfang so zu entwickeln und zu steigern sein, wie es in Europa üblich ist. Die Gesundheits- und Ernährungssituation der Bevölkerung hat ebenfalls Einfluss auf die Entwicklung des Handballspiels.
Spieler, denen nicht selten über längere Zeiträume die nötigsten Grundnahrungsmittel fehlen, können an einem regelmäßigen, belastungsintensiven Trainingsbetrieb nicht teilnehmen. Es stellt sich hier sogar die Frage, ob es unter solchen Bedingungen überhaupt sinnvoll ist, die Entwicklung eines Systems für Leistungssport zu fördern, wenn gleichzeitig die Sportler durch die sportlichen Belastungen ihre Gesundheit in noch nicht übersehbarer Weise gefährden. Unabhängig davon, welche Antwort auf diese Frage gefunden wird, sind mit dem Hinweis auf Klima und Ernährung zwei Faktoren genannt, die die Sensibilität der europäischen Sportexperten herausfordern, wollen sie wirklich Partner für Athleten der Dritten Welt sein. Die beiden Faktoren lassen aber auch bereits ahnen, aus welchem Grund Sport in der Dritten Welt sich immer ganz wesentlich vom Sport in unserem Kulturkreis unterscheiden wird.
Dass der Sport sich in den Ländern der Dritten Welt relativ eigenständig entwickelt, hängt vor allem damit zusammen, dass die Menschen, die ihn betreiben, einer anderen Kultur, einer

anderen Lebenswelt und damit auch einer anderen Gesellschaft angehören. Ethnische Unterschiede sind dabei ebenso bedeutsam wie religiöse. Basketball in Nigeria ist vor diesem Hintergrund etwas anderes als Basketball in Malaysia. Islamischer Glaube beeinflusst die Einstellung zur Körperlichkeit und damit zum Sporttreiben in anderer Weise als Buddhismus oder Hinduismus. Sozialerfahrungen, erworben in der Großfamilie, in einer auf Subsistenzwirtschaft angelegten agrarischen Produktion, eröffnen einen anderen Zugang zum Sport als ein Leben im Großstadtghetto ohne formelle Bildung, ohne familiäre Aufsicht und ohne Perspektiven. Dass der Sport in den Ländern der Dritten Welt sich anders als bei uns entwickelt, hängt aber auch damit zusammen, dass Menschen in anderen Gesellschaften und Kulturen nicht notwendig denselben Sinn im Leben suchen, wie es z. B. für Deutsche üblich ist.

Im Sport zeigen sich solche Unterschiede in vielfältiger Weise. Warum spielen in Malaysia, einem Land, in den 55% Malaien, 34% Chinesen und 10% Inder wohnen, Inder eher Hockey, warum sind sie nicht selten die erfolgreicheren Leichtathleten? Chinesen hingegen treffen sich meist beim Basketball, beim Tischtennis und beim Badminton, während die Malaien in diesem Vielvölkerstaat eher Fußball spielen, dem Radfahren und den Kampfsportarten zugetan sind. Warum marschieren Schulklassen, Banken, Betriebe in Indonesien auf öffentlichen Straßen in farbenträchtigen Uniformen, tragen dabei Wettkämpfe aus und haben sich in einem nationalen Sportverband organisiert? Warum finden in Südostasien bei den Asienspielen Sepak-Takraw-Meisterschaften statt? Warum wird die Nutzung von Sportstätten in einigen saudi-arabischen Ländern so organisiert, dass niemals Frauen und Männer gemeinsam in den Sportanlagen anwesend sind? Entwickelt sich der Sport in islamischen Ländern je nach vorherrschendem Glaubensbekenntnis unterschiedlich? Ist Sporttreiben für Sunniten ebenso akzeptabel wie für Schiiten? Solche und ähnliche Fragen stellen sich, wenn man die Vielfalt des Sports in der Dritten Welt, wie sie sich heute beobachten lässt, etwas genauer betrachtet und sie mit dem Sport in unserer Kultur vergleicht. Dabei ist es wichtig, dass man in seinem Vergleich davon ausgeht, dass nicht alles so sein muss, wie es in Europa üblich ist. Tut man dies, so lässt sich mit einer solchen Einstellung nicht nur den Partner in der Dritten Welt angemessener helfen und die Begegnung zwischen dem Sport der Ersten Welt und dem Sport der Dritten Welt kann zu einer besonderen Form der interkulturellen Kommunikation werden.

Im Sport kann man von anderen Kulturen lernen
In der Ausbildung deutscher Sportstudenten, die für das Handballspiel nicht selten weniger Talent und Begeisterung als ihre afrikanischen Kommilitonen mitbringen, hat es sich bewährt, zur Überprüfung der Frage, ob die Sportstudenten die Spielidee des Handballspiels verstanden haben, sie mit einer besonderen Aufgabenstellung zu konfrontieren. Sie haben das Handballspiel pantomimisch zu spielen; dabei leite ich das Spiel als Schiedsrichter, alle üblichen Handballregeln haben Gültigkeit. Den Spielern steht lediglich kein Ball zur Verfügung. Im Vergleich zum Handballspiel mit Ball muss ich dabei sehr oft die Beobachtung machen, dass vor allem spielstarke Mannschaften nahezu unfähig sind, Handball pantomimisch zu spielen. Spätestens nach einer Minute wissen sie nicht mehr, wer im Ballbesitz ist. Plötzlich sind zwei oder drei

Bälle im Spiel und keiner der Spieler weiß noch, was er zu tun hat. Beim oben erwähnten Handballlehrgang in Togo habe ich den afrikanischen Kollegen dieselbe Aufgabe gestellt, das Ergebnis war jedoch ein anderes. Handball pantomimisch – von afrikanischen Spielern gespielt – unterschied sich vom deutschen Spiel ganz wesentlich. Ausgelassene Freude und viel Gelächter kennzeichneten das Spiel, das mehr als zehn Minuten dauerte. Eine Mannschaft spielte gegen die andere auf zwei Tore, auf einem regulären Spielfeld und nie wurde der Ball verloren. Wenn ein Angriffsspieler eine Finte vorgab, so verteidigte der Abwehrspieler mit den entsprechenden Bewegungsmustern. Wenn ein Angreifer auf das Tor warf, so versuchte der Torwart, den Ball zu fangen. Das pantomimische Handballspiel der afrikanischen Handballspieler stellte sich mir als ein perfektes nichtsprachliches System der Kommunikation dar. Haben Afrikaner eine spezielle Fähigkeit für Pantomime? Unterscheidet sich die Spielidee von Afrikanern von der Idee des Spielens in Europa? Wollen Europäer gewinnen, möchte jeder Spieler im europäischen Spiel in erster Linie ein Tor erzielen, während Afrikaner in erster Linie spielen möchten? Ist das Spiel dort weniger wettbewerbsorientiert, mehr kooperativ, auf Solidarität angelegt? Was ist der Zweck des afrikanischen Spiels? Was ist der Grund, dass Afrikaner ohne Ball taktisch spielen können, während sie mit Ball eher zum Einzelspiel, zum Alleingang und weniger zur Kooperation neigen? Der Stuttgarter Verhaltensforscher Nietschke hat eine wichtige Beobachtung in diesem Zusammenhang gemacht: In den meisten europäischen Sportarten wird die Aufmerksamkeit des Sportlers auf ein Ziel gerichtet, das außerhalb seines Körpers liegt. So ist z. B. beim Hochsprung eine Latte möglichst hoch zu überspringen. In den meisten nichteuropäischen Bewegungskulturen richtet sich hingegen die Aufmerksamkeit des Übenden auf den eigenen Körper. Es kommt zur Erfahrung des Leibes von innen heraus, wie in den Formen des traditionellen Judos, aber auch in vielen afrikanischen Tänzen. Beim Judo steht nicht das Prinzip des Überbietens im Zentrum der Bemühungen. Die Erfahrung des Nachgebens und Umlenkens sind die besonderen Merkmale dieser asiatischen Kampfsportart. In nichteuropäischen Bewegungsmustern können Menschen offensichtlich andere Erfahrungen als im Sport machen. Können solche Erfahrungen auch Europäern nützen? Indische Yoga-Übungen, asiatischer Kampfsport und afrikanische Tänze scheinen Beleg genug dafür zu sein. Doch machen Europäer dabei auch die gleichen Erfahrungen wie Chinesen, Schwarze oder Inder? Viele Fragen stellen sich. Sie scheinen wert, dass man sie diskutiert.

Unsere Werte müssen nicht die der Partner sein
Das nächste Beispiel handelt ebenfalls vom Handballspielen. Von Togo mehr als 10.000km entfernt, in Padang, auf der Insel Sumatra, stand Handballspielen auf dem Lehrgangsprogramm. Indonesische Nachwuchsdozenten spielten zum Abschluss eines anstrengenden Vorlesungstages gemeinsam mit drei deutschen Kollegen Hallenhandball. In das Spiel waren sie von einem deutschen Sportexperten kurz zuvor eingewiesen worden. Die Dozenten hatten an dem Spiel Interesse gefunden und waren auch bereit, gleichsam als erste indonesische Handballmannschaft an einem freien Nachmittag einen geregelten Trainingsbetrieb durchzuführen. Die Spielweise war in erster Linie von den ihnen bekannten Bewegungsmustern des Basket-

balls geprägt. Für akrobatische Würfe zeigten die Spieler aber ein ähnliches Talent wie ihre afrikanischen Kollegen. Das Spiel selbst stellte sich den anwesenden Europäern, die den Sport, beruflich bedingt, immer auch mit pädagogischen Zielen verknüpfen, in vieler Hinsicht als problematisch dar. Passierte in dem Handballspiel der Indonesier einem Spieler ein Missgeschick, so war Schadenfreude die übliche Reaktion. Im Angriff versuchten die Spieler, einmal in Ballbesitz gekommen, möglichst im Alleingang ein Tor zu erzielen. Selbst aus völlig hoffnungslosen Positionen wurde auf das Tor geworfen. Das europädagogisch belastete Urteil für solches Spiel lautet: unfair, unsozial. Soziales Lernen wäre demnach das Gebot der Stunde für solche Spieler.

Sowohl die Analyse als auch die Schlussfolgerung ist aber mehr als vorschnell, aus der Sicht der indonesischen Kollegen sogar falsch. Als ich sie nach dem Spiel auf meine Beobachtungen hinwies, waren die indonesischen Kollegen über meine Sorgen verwundert. Sie sahen in ihren Handlungen kein Problem und auch der Alleingang oder der angeblich unfaire Wurf über den Scheitel des Torwarts wurde keineswegs so bewertet, wie es für uns als Europäer üblich ist. Was ist daraus zu lernen? Gewiss wäre es falsch, wenn daraus gefolgert würde, dass alles relativ, alles so oder so sein kann und letztlich universelle Verbindlichkeiten nicht existieren. Zu lernen ist, dass in anderen Kulturen andere Normen und Werte gelten und damit auch in einer Sport- und Bewegungskultur nicht notwendig jene Normen und Werte gelten müssen, die wir für richtig halten. Dies scheint mir eine lohnenswerte Schlussfolgerung aus diesem Ereignis zu sein.

Sie gilt nicht nur für die interkulturelle Begegnung im Sport. Was im Sport wünschenswert ist, ist nicht weniger im politischen Umgang mit der Dritten Welt in gleicher Weise geboten, was abschließend mit einigen bemerkenswerten Ausführungen von Bundespräsident Richard von Weizäcker verdeutlicht werden soll:

„Wenn wir den Menschen in den Entwicklungsländern nur Geld und technische Hilfsmittel bringen, werden sie es genauso passiv entgegennehmen wie heute die Not und Abhängigkeit. Wenn wir kommen, um sie religiös zu bekehren, dann werden sie es nicht verstehen. Wenn wir aber lernen, dass z. B. in ihrem Koran die ethischen Antriebe und Ratschläge bis hin zur Familienplanung enthalten sind, können wir sie besser unterstützen, selbst aktiv zu werden und sich dabei unserer Hilfsmittel zu bedienen. Hier beginnt Entwicklungszusammenarbeit zum wechselseitigen Geben und Nehmen zu werden. Unsere eigene Kultur hat sich im Laufe der Zeit immer stärker vom Denken bestimmen lassen und ist zu einer Art wissenschaftlich-technischer Zivilisation geworden. Nach und nach hat dieses Denken alle ihm fremden Elemente ausgeschieden und mündet konsequenterweise im Computer. Von daher bestimmen sich die meisten unserer Bedürfnisse und Ziele. Wir fühlen uns in dieser Entwicklung anderen Kulturen überlegen. Diese anderen Kulturen aber haben andere Maßstäbe. Für sie ist nicht das Gesetz von Ursache und Wirkung maßgebend. Sie bringen keine rechten Winkel hervor. Sie haben ein anderes Verhältnis zu Zeit und Raum, zu lebenden und verstorbenen Ahnen, zum Wesen des Todes. Sie denken an Kräfte und Mächte, die mit dem Falsch-richtig-Test nicht zu erfassen sind, die wir zu unserem eigenen Unglück oft nicht sehen und die doch ein Verhältnis zur Natur, zum Rang und Wert eines Menschen, zur Ethik des Zusammenlebens erschließen, das wahrhaft menschenwürdig ist. Und jedes Wertmuster, das menschliche Würde ermöglicht, ist richtig, ist lebensspendend" (Richard von Weizäcker In: Der Spiegel, 2/1986).

(1988)

Golf-Faszination oder Sport ist nicht gleich Sport

Sport ist nicht gleich Sport. Deutlicher kann diese banale Aussage in ihrer Gültigkeit kaum aufgezeigt werden, wenn man Golf mit jener Sportart vergleicht, aus der ich komme – aus dem Handballspiel. Allein die schriftliche Einladung zu einer Golf-Veranstaltung, die mir zuteil wurde, ist bereits kennzeichnend für das, was das Golfspiel ausmacht. Papier, Druckbild und Aufmachung deuten auf Eleganz, vornehmes Leben, auf ein Bedürfnis des sich Unterscheidens hin. Damit ist wohl das wesentlichste Merkmal benannt, durch das sich der Golfsport in der Bundesrepublik auszeichnet. Kommt man dem Sportereignis näher, zu Fuß oder im eigenen Wagen, so wird dies immer deutlicher. Wegweiser führen den Besucher auf einen Parkplatz, der erfreulich weit – den Grünen wird das gefallen – vom eigentlichen Sportwettkampf entfernt ist. Doch auch Parkplatz ist nicht gleich Parkplatz in unserer Gesellschaft. Das, was sich auf einem Golf-Parkplatz ereignet, hat vielmehr Zeichen-Charakter für das Ereignis, das Anlass für das Parken ist. Allein die Autos machen deutlich, dass jene, die Golf spielen oder lediglich passiv daran teilhaben, kaum Sympathien für Tempo 120 haben können. Mein schwerer Volvo ist im Kreise erlauchter Nobelmarken eine Billigkarosse; zumindest dürfte es das langsamste Fahrzeug sein, das in Golfkreisen geduldet werden kann. Standesgemäß scheint auch der Transport vom Parkplatz zur Golfanlage zu sein. Hauptsponsor Daimler Benz stellt bestausgestattete Busse zur Verfügung und ein erster Blick auf die mitfahrenden Gäste macht dem Neuling klar: er bewegt sich ab sofort unter Bürgern, die nur wenig mit jenem Publikum gemein haben, das Handballarenen besucht. Die Ankunft auf der Golfanlage hat nicht weniger wichtige Überraschungen parat. Da ist zunächst eine Kartenverkaufsstelle mit weiblichem Personal, das Modebewusstsein signalisiert. Besonders ins Auge fällt eine große Anzeigetafel, die voll mit Namen und Zahlen den bereits zwei Tage andauernden Wettkampf dokumentiert. Dies tut sie freilich nur für jene, die in einer Geheimsprache über Löcher, Birdies, Par und Bogey kommunizieren können. „Veuve Cliquot", die berühmte französische Champagnermarke, tritt dann nicht weniger auffällig ins Blickfeld des Betrachters wie der „gute Stern aus Stuttgart". In weißen Zelten, wie man sie wohl auf Einladung eines Scheichs oder bei orientalischen Parties mit arabischen Prinzessinnen kennen lernen kann, wird „Haute Cuisine" zelebriert.
Englische Schrift scheint jenes Kommunikationsmedium zu sein, das für das deutsche Publikum problemlos Verständigung ermöglicht. „Draw", „round", „competitor", „source", „hole" sind zumindest Begriffe, deren deutsche Bedeutung für Golfbesucher vorausgesetzt werden kann. Kommunikation mittels Schrift und Zahlen ist angesagt. Grölende Musik aus Lautsprechern ist ebenso wenig gefragt wie aufpeitschende oder informative Ansagen des Sprechers. Fotografieren ist nicht gestattet. Im Umfeld von Champagner, Hummer und Lachs scheint der Verkauf von Golf-Immobilien nahe liegend zu sein. Eine Traumwelt in Glanzbroschüre wird deshalb zentnerweise verteilt.
Schon länger als eine halbe Stunde habe ich Zutritt zu den „German Open" gefunden. Die eigentliche Arena des Wettkampfsports Golf habe ich jedoch noch nicht entdecken können. Hatte ich bislang geglaubt, dass jene Frauen und Männer, die man in „Elle" und „Lui", in „Petra"

und „Brigitte" betrachten kann, lediglich Bilder einer Scheinwelt seien, so musste ich schnell erkennen, dass es diese Menschen leibhaftig gibt. Englische Lambswool prägt die Männerkörper, nicht weniger gediegen tragen sich Frauen zu Markte. Gold und Silber liegen nicht nur in den Auslagen der Juweliere, werden nicht nur bei Oper und Gala-Empfängen getragen; auf der grünen Wiese des Golfs sollen Rolex, Cartier und Dupont von Geschmack, Stil und Reichtum zeugen. Aufrechter Gang ist angesagt; nicht zu hastig bewegt man sich. Sehen und Gesehenwerden ist angesagt. Der wirkliche Golfexperte zeichnet sich dabei dadurch aus, dass er bestgekleidet echte Golfschuhe trägt, ohne selbst Golf zuspielen. Endlich ist nun die Golfarena erreicht. Ruhe ist angesagt, auch dies nicht über Lautsprecher, sondern dezent signalisiert durch in die Luft gestreckte Tafeln, getragen von ehrenamtlichen Helfern. Das ehrenamtliche Personal ist vornehm, nicht zu vergleichen mit jenem beim Fußball oder Handball, es ist wohl Teil der Inszenierung selbst. Mittels einer großen Videowand nehme ich nun teil an den Problemen berühmter Golfer am Loch 18, werde in eine Zahlendramaturgie hineingeführt, die es möglich macht, dass im Halbton Chancen und Unmöglichkeiten der einzelnen Wettkämpfer von einem kundigen Publikum diskutiert werden können. Fahnen wehen im Wind. Sie weisen auf die wichtigsten Sponsoren des Ereignisses hin. Die Fahne des Deutschen Golf-Verbands hat sich dabei bescheiden eingereiht.

Nun plötzlich ist es soweit: Ein leibhaftiger Golfer kommt mit seinem Caddy zum letzten Loch. Dem Athleten gilt meine besondere Aufmerksamkeit, vor allem aber meine unmittelbare Sympathie. Er scheint zu einer anderen Welt zu gehören. Er ist leibhaftiger Sportler, durch und durch, ruhig, gelassen, angespannt, zeigt aber auch Emotionen, wenn ein Schlag nicht gelingt. Der ruhige Gang über die Wiese bis zu jener ominösen Stelle, die man als „Green" bezeichnet, wirkt auf mich überzeugend, nicht weniger überzeugend seine Geste, nachdem es ihm gelungen ist, den weißen Ball in das letzte Loch zu stoßen, pardon zu „putten". Applaus ertönt, der Spieler verneigt sich vor dem Publikum und zieht sich zurück in den Kreis jener, die den eigentlichen Golfsport ausmachen.

Meine Beobachtungen werden zu einer inneren Herausforderung. Distanz und Nähe konkurrieren miteinander. „Probieren müsste man diesen Sport zumindest einmal". „Dieser Sport ist arrogant und elitär zugleich; zumindest ist er mir fremd; jener Sport, dem ich mich zugehörig fühle, ist der eigentliche Sport". Meine Faszination ist unverkennbar. Könnte ich Golf spielen, ohne dass ich von jenen gesehen würde, denen ich glaube zuzugehören, ich würde meinen ersten Schlag versuchen. Neugier und Schamgefühl, Golfspiel und sozialer Aufstieg auf der einen, Golfspiel und sozialer Verlust auf der anderen Seite – welch eine Nachdenklichkeit ein deutscher Golfprofi, der einst Caddy und Sohn unterprivilegierter Eltern war, beim sich annähernden Beobachter des Golfspiels hervorrufen kann!

Ich gehe zurück in die kleine Zeltstadt, in die Clublounge, in den Presseclub, in das Gourmet-Dorf, in die künstliche Immobilienwelt, lese Tabellen vom Rayderscup, vom Team Championship in St. Andrews und von den Ladies Classics, werde mit Prospekten überhäuft, bin mit der Hintergrundindustrie des Golfs konfrontiert, vom T-Shirt bis zum Schläger. Deutlich wird dabei aber auch, in welch spannendem Gefüge zwischen „ökologischer Kritik" und „ökonomischer Begünstigung" sich der deutsche Golfsport befindet. Die Unternehmensgruppe Tengelmann sponsert die Umweltrechtfertigungsanzeige auf der einen Seite des offiziellen Meisterschaftsprogramms, auf der anderen Seite bieten Daimler Benz, Boss, Dominion Management, Johnnie Walker, Laurent Perrier, Etienne Aigner und die Deutsche Bank Assoziationen, die wohl irgendetwas mit jener Welt des Golfs zu tun haben, wie sie sich tatsächlich ereignet. Dabei scheint das Ganze glanzvoll in ein schwarz-weiß abgebildetes historisches Bewusstsein von der Frage „wie alles anfing" eingebunden zu sein. Tradition und Moderne scheinen beim Golf eine glückliche Ehe zu führen, wobei das Geld das tragfähige Medium der gegenseitigen Liebe ist.

Endlich habe ich es geschafft, habe den Ausgang erreicht und werde per Chauffeur zu meinem Ausgangspunkt zurückgefahren. Bei den German Open bin ich gewesen! Welch ein Unterschied, wenn ich mein Erlebnis an diesem Ort vergleiche mit jenen vielen Erlebnissen, die ich hatte, wenn ich zu einem Handballspiel der Bundesliga gefahren bin, wenn ich selbst gespielt habe, eine Mannschaft betreut habe oder lediglich als Zuschauer bei einem Handballspiel dabei gewesen bin. Proletengeschrei, Saufgelage, obszöne Witze, Schlägereien, Siegestaumel, überfüllte Busse, Bratwurst und Bier, Fanblock, billige Fanutensilien, in Schweiß gebadete Körper, Schnulzen und Schlager, Verletzungen, Fair Play, Finten und Tricks, taktische Spielzüge und Manipulation, Schiedsrichter und Proteste – Merkmale einer Sportart, die kaum etwas gemeinsam hat mit jenem Sport, den ich zum ersten Mal beobachten konnte. Sport ist nicht gleich Sport. Deutlicher habe ich dies selten begriffen als an jenem Nachmittag, an dem ich eine erste Ahnung davon bekam, warum für immer mehr Menschen der Golfsport eine Faszination bedeutet und mich selbst in seinen Bann gezogen hat.

(1990)

Leichtathletik auf Arabisch

Katar, der wohl kleinste Staat am Golf, ein Emirat wie Oman, Bahrain oder Dubai, geführt von einer königlichen Familie, die 30.000 Menschen umfasst und die ihren Wohlstand und ihre Macht den Bodenschätzen, dem Erdöl und dem Erdgas verdankt. Mit dem Begriff der Autokratie wird auf äußerst beschönigende Weise zum Ausdruck gebracht, wie in solchen Staaten Macht ausgeübt wird, wer das Sagen hat, wer die Last der täglichen Arbeit zu tragen hat, wer die Privilegien genießen darf und wie mit Andersdenkenden umgegangen wird. Katar ist wie die vergleichbaren Emirate von einem enormen Wohlstand gekennzeichnet. Die Besitztümer sind in der Hand weniger, das Oben wird geprägt von der Familie Al-Thani, unten sind, wie überall auf der Welt, die dunkleren Hautfarben überproportional vertreten. Inder, Sudanesen, Somali, das sind die Arbeitskräfte für das Handwerk. Die in weißen und langen Kaftangewändern gekleideten Kataris lassen auf jeder Ebene der Gesellschaft, in jeder Institution, in allen Lebensbereichen für sich arbeiten. Selbst die Militärführung und der einfache Militärdienst werden von Ausländern erledigt. Der Sport spielt dabei keine Ausnahme. So wie Kamele den Reichen für ihr Freizeitvergnügen zur Verfügung stehen, so ist auch der Sport ein Teil einer Vergnügungskultur, die sich durch Überfluss bei gleichzeitiger Reizarmut auszeichnet.
Die Kataris, allen voran der Emir mit seinen Prinzen und seinen Verwandten, haben die Leichtathletik entdeckt. Leichtathletik wurde nunmehr über viele Jahre systematisch gefördert und die erwünschten Erfolge sind nicht ausgeblieben. Katar ist mit seiner Hauptstadt Doha zum Ausrichter eines Grand-Prix-Meetings geworden. Allein dies ist ein besonderer Sachverhalt. Die Nachbarn, allen voran Saudi Arabien, blicken mit Neid auf das kleine Emirat. Auch sportlich ist Katar in der Leichtathletik erfolgreich. Mansour heißt ein schneller Sprinter und bereits dieser Name verrät, dass es sich in der Regel um eingebürgerte Katari handelt, die die Leichtathletik erfolgreich betreiben. Leichtathletik ist der Zeitvertreib reicher Kataris, doch sie selbst betreiben diese mit Anstrengung und hartem Training verbundene Sportart meist nicht. Leichtathletik in Katar, das ist eine Leichtathletik, wie sie sonst in der Welt nur selten anzutreffen ist. Sie findet auf perfekten Sportanlagen statt, nur umgeben von Sand und Steinen. Die Landschaft Katars ist äußerst unwirtlich, touristisch kaum erschlossen, sie gilt selbst aus der Perspektive der Kataris als wenig attraktiv. Die Mehrheit der Bürger Katars wohnt in der Hauptstadt Doha, einer modernen Stadt mit allen Einkaufsmöglichkeiten, die den Wohlstand der Kataris widerspiegeln. Leichtathletik zu betreiben bei 40° im Schatten, bei Monaten mit höchster Luftfeuchtigkeit ist das anstrengende Bemühen einer Minderheit, hingeführt von Funktionären, die einen Platz auf der Weltkarte des Sports erlangen wollen. Trainer aus Deutschland sind für das Training der Athleten verantwortlich, aber auch Experten aus der ehemaligen Sowjetunion, aus Algerien, Ägypten und Marokko sind bemüht, den Wünschen der Funktionäre zu entsprechen.
Geld zu besitzen bedeutet, auch im Sport Einfluss zu haben. Deshalb war es nahe liegend, dass die Katari die höchsten Ämter im Nationalen Olympischen Komitee und in den nationalen Sportverbänden mit Repräsentanten aus der Armee oder aus der königlichen Familie besetzten. Nicht weniger nahe liegend ist es, dass man bemüht ist, in internationalen Sportorganisationen füh-

rende Positionen einzunehmen. Scheich Khalid Al-Thani wurde auserwählt, den Weg in das höchste Gremium der IAAF zu gehen. In Göteborg stand der junge Scheich im Alter von 27 Jahren zum ersten Mal als Kandidat zur Wahl. Im ersten Anlauf wurde er gewählt und viele fragten, wie es möglich war, dass ein völlig unbekannter Kandidat mehr als 100 Stimmen auf sich vereinen konnte. Aus gut unterrichteten Kreisen – so heißt es in der Welt der Politik – musste man nach der Wahl hören, dass angeblich sehr viel Geld im Spiel war. Insbesondere die armen Mitgliedsstaaten des Internationalen Leichtathletik-Verbands und deren Delegierte waren offensichtlich sehr gerne bereit, dem jungen Scheich ihre Stimme zu geben. Scheich Al-Thani sitzt nunmehr im vierten Jahr im Rat des Internationalen Leichtathletik-Verbands. Zu wichtigen Sitzungen reist er mit einem eigenen Fernsehteam an, um seinen Kataris zu dokumentieren, in welch bedeutender Welt ihr junger Scheich Verantwortung übernommen hat. Ist er in Katar eine bedeutsame Persönlichkeit, so ist er im Internationalen Leichtathletik-Verband einer unter 25 Personen. Nur bei außergewöhnlichen Ereignissen trägt er seinen Kaftan mit der typischen arabischen Kopfbedeckung. Sonst ist er eher wie der wohlhabende Sohn eines westeuropäischen Millionärs gekleidet. Der Sport mit all seinen Problemen und Fragestellungen ist Scheich Al-Thani nach wie vor eher etwas Fremdes. Auf der internationalen Bühne präsent zu sein, das ist für ihn ein Wert an sich und so ist es nicht überraschend, dass er sich nach dem Weg erkundigt, wie man möglichst schnell IOC-Mitglied werden könnte. Da sich diese Organisation vor allem für die Reichen der Welt als eine interessante Spielwiese erweist, wird es nicht unmöglich sein, dass Scheich Al-Thani auch diesen Plan erfolgreich in die Tat umsetzen wird.

Das Leichtathletik-Grand-Prix-Meeting von Doha 1998, bei dem ich als Gast anwesend sein durfte, ist dabei lediglich ein erfolgreiches Beispiel von vielen. Weltklasse-Athleten sind der Einladung nach Doha zu diesem Meeting gefolgt, angeführt von Donovan Bailey, Butch Reynolds, Bruni Surin und Colin Jackson war die Sprintelite nach Doha gekommen. Aber auch Sven-Oliver Buder hatte sich in einer international herausragenden Konkurrenz im Kugelstoßen zu bewähren und selbstverständlich waren die Top-Läufer aus Kenia und Marokko anwesend. Auch Sergej Bubka ließ es sich nicht nehmen, den Stabhochsprung-Wettbewerb mit der bescheidenen Höhe von 5,80 m zu gewinnen. Die Leistungen der Athleten waren meist nicht als herausragend zu bezeichnen. Das Meeting war dennoch für alle Athleten eine Reise wert. Dabei muss vor allem von den Athletinnen gesprochen werden, denn das Grand-Prix-Meeting von Doha 1998 war ein historisches Ereignis. Zum ersten Mal in der Geschichte fand ein Leichtathletik-Sportfest in einem arabischen Lande statt, bei dem Männer und Frauen gemeinsam an den Start gingen. Die amerikanischen Sprinterinnen waren sich ganz offensichtlich dieser Herausforderung bewusst, denn ihre Kleidung war weder aufreizend noch der Temperatur gemäß. Mit langen Tights haben die Weltklasse-Athletinnen ihren Respekt gegenüber der islamischen Kultur bewiesen. Gleichzeitig haben sie mit ihrem Start für viele moslemische Mädchen und Frauen die Tür geöffnet, die interessiert sind, sich in der internationalen Leichtathletik mit anderen zu messen.

Organisatorisch und sportlich war das Meeting von Doha ein Erfolg für alle arabischen Leichtathleten. Nahezu 28.000 Zuschauer beklatschten respektvoll die Leistungen der Athleten, ohne dass freilich eine besondere Stimmung diese Veranstaltung begleitete. Auf der Ehrentribüne saßen in voluminösen Sesseln die politischen Eliten Katars. Überlebensgroß das Bild des Emir im Stadion, in allen öffentlichen Räumen und in der luxuriösen VIP-Lounge. Alles war dabei anders als sonst in der internationalen Leichtathletik. Sponsoren standen dabei ebenso wie die Offiziellen der Leichtathletik im Hintergrund der königlichen Familie. Das Protokoll war von Langsamkeit geprägt und wie bei jedem Empfang in einer arabischen Residenz der königlichen Familie wurde ein für Katar typisches Kräutergetränk gereicht, gefolgt von der immer präsenten arabischen Teezeremonie. Dem Koran folgend war alles andere auf dieser öffentlichen Bühne, was sonst im Sport üblich ist, ausgeschlossen. Das Sportstadion war kein Ort der Schlemmerei, schon gar nicht alkoholischer Genüsse. Die ausländischen Gäste hatten sich wie selbstverständlich den moslemischen Vorgaben unterzuordnen und nicht zuletzt deshalb zeichneten sich alle arabischen Rituale durch eine besondere Würde aus. Der Prinz von Katar eröffnete feierlich den Grand-Prix und mit dem Verlassen der königlichen Familie war der Grand-Prix beendet.

„Inshallah": mit diesem Wort machen sich Europäer meist über Araber lustig, wenn Termine nicht eingehalten werden. In der Tat ist das Zeitverständnis der Araber für viele Europäer nur mit Mühe nachzuvollziehen. „Komm' ich heut' nicht, komm' ich morgen" – ist ein geflügeltes Wort in Katar. Vor dem Meeting musste man immer wieder beobachten, dass vereinbarte Besprechungen nicht eingehalten wurden, dass Termine, die für Treffen festgelegt waren, höchst variabel sein konnten, dass man sich eine arabische Geduld anzueignen hatte, wollte man sich nicht selbst mit unnötigem Ärger belasten. Das Meeting jedoch war mehr als pünktlich, es begann wie im Programm ausgewiesen und endete exakt zu jener Minute, die im Programm als Ende festgelegt war. Verträge mit dem Fernsehen haben ganz offensichtlich ihre Wirkung hinterlassen. Aber damit kommt noch mehr zum Ausdruck: Europäer müssen immer wieder überrascht zur Kenntnis nehmen, dass vieles trotz einer zunächst bestehenden Skepsis gelingt, dass man sich wundert, wie perfekt am Ende alles klappt, obgleich in der Vorbereitung aus der Sicht der Europäer alles darauf hingedeutet hatte, dass das Ereignis selbst zu einem Desaster wird.

In Katar konnte man nicht nur auf diesem Gebiet als Fremder von Fremden sehr viel lernen. Gewiss ist ein 100-m-Lauf in Katar nichts anderes als ein 100-m-Lauf in Köln und Sven-Oliver Buders 20,88 m sind eine Leistung, wie er sie schon in vielen Stadien der Welt erbracht hat. Doch nicht nur für die Athleten wurde deutlich, dass sich die Leichtathletik bei aller Identität der einzelnen Wettkämpfe durch eine äußerst vielfältige kulturelle Variabilität auszeichnet und dass man sich davor hüten muss, die Maßstäbe aus der europäischen Welt auf die Sportkulturen anderer Kontinente anzuwenden. Wer sich wie alle männlichen Gäste dieses Grand-Prix-Meetings von Doha in einen Araber hat verkleiden dürfen, der konnte am eigenen Leibe verspüren, was es heißt, plötzlich einer Gemeinschaft von Gleichen anzugehören, bei der die Mode nicht Unterschiede erzeugt. Die Frauen dieser arabischen Männer haben die ausländischen Gäste nicht zu Gesicht bekommen, denn den Frauen war der Zugang zum Athletenhotel ebenso verwehrt wie der Zugang zum Stadion. Offiziell war wohl davon die Rede, dass zum ersten Mal auch Frauen als Zuschauer bei diesem Leichtathletik-Meeting teilnehmen dürfen, doch möglicherweise gab es einen freiwilligen Verzicht, denn im Stadion selbst waren die Frauen der Kataris nicht anzutreffen. Ein Seminar für Frauen in der Leichtathletik ging dem Grand-Prix voraus und auch dabei wurde deutlich, dass die Trennung zwischen Männern und Frauen für die Kataris nach wie vor ein äußerst wichtiges Anliegen ist. Das Seminar fand unter Ausschluss von Männern statt und entsprach damit genau jener Exegese des Korans, wie sie für den saudi-arabischen Raum gültig ist.

Ich selbst hatte die Gelegenheit, einen Vortrag vor Repräsentanten der arabischen Leichtathletik zu halten und war mit dem Gegenteil konfrontiert. Frauen waren nicht zugelassen, es war ein Referat eines Mannes für Männer und es wurde dabei deutlich, dass für die verantwortlichen arabischen Funktionäre auch zukünftig die Leichtathletik eine Sache der Männer sein sollte. Dies schließt ein Engagement von arabischen Frauen im arabischen Sport nicht aus. Im Gegenteil. Frauen sollen ihren Frauensport organisieren, Männer ihren Männersport. Und eine getrennt-geschlechtliche Ausübung der Sportarten gemäß der Vorschriften des Koran ist jene Körperkultur, die von beiden Seiten gefordert und gefördert wird. Der Islam ist keineswegs körperfeindlich und er kann schon gar nicht als eine Religion interpretiert werden, die sich gegen ein aktives Sporttreiben ausspricht. Muslime verweisen mit Stolz auf Mohammed, dem sie eine Reihe von sportlichen Aktivitäten zuschreiben. Sie weisen auf die Wichtigkeit des Wohlbefindens und der körperlichen Fitness hin, die gerade auch für den gläubigen Mohammedaner von grundlegender Bedeutung ist. Sie lehnen aber ebenso entschieden ab, wenn der Sport zum Glücksspiel verkommt, wenn der Sport zum Vehikel für Sünden und Gefährdungen wird. Im Alkoholgenuss sehen Moslems eine Bedrohung des Sports und selbstverständlich wird von den Sporttreibenden erwartet, dass sie ihren Pflichten, insbesondere dem täglichen Gebet, entsprechen, so wie der Koran sie vorgibt. Wenn der Sport solche bedeutsamen Werte der islamischen Gesellschaft gefährdet, so kann er keine Zustimmung finden. Wenn er sich auf einem ethischen Fundament des Korans ereignet, so findet er die volle Unterstützung der islamischen Religion. Auch diese von Europäern oft missverstandenen Auffassungen konnten die Athleten, Trainer, Funktionäre und Manager in den Tagen von Doha lernen. In jeder Sprache stand im Athleten-Hotel für jeden Athleten ein Buch zur Verfügung, mit dem er in die Grundlagen und in die wichtigsten Suren des Korans eingeführt werden konnte. „So viel Wasser, Tee und Orangensaft habe ich noch nie in meinem Leben innerhalb von wenigen Tagen getrunken, wie es in Doha der Fall war." So und ähnlich wurden die Gebote des Korans kommentiert. Für alle, die in Doha waren, war es eindrucksvoll, in eine fremde Kultur einzutauchen, mit Bräuchen, Ritualen, Überzeugungen und Meinungen konfrontiert zu sein. Mittelalter und Moderne treffen bei diesen Erfahrungen in einer Intensität aufeinander, wie es wohl an keinem anderen Ort der Welt noch möglich ist. In die europäische Heimat fliegt man zurück mit tiefen Eindrücken, mit intensiven Erlebnissen und mit vielen Fragen, auf die es sich lohnt, eine Antwort zu finden.

(1998)

Der Verein als heimatlicher Ort

Immer mehr Vereine und Verbände des Sports definieren sich als Teil eines allgemeinen Sportmarktes, der nach ökonomischen Regeln verlaufen soll. Die Vereine betrachten immer häufiger alle übrigen Anbieter im Sportsystem als ihre Konkurrenten, sowohl andere Vereine und Verbände als auch kommerzielle und kommunale Anbieter. Man bemüht sich darum, hauptamtliches Personal zu gewinnen, die Sportanlagen anzupassen und nicht zuletzt entsteht eine neue finanzielle und vereinsrechtliche Struktur. Im Alltag der Vereine bedeutet dies, dass ein Fußballverein neben Fußball auch Volleyball und Gymnastik für Frauen anbietet, in großen Turnvereinen werden Fitness-Studios eingerichtet und Atemgymnastik wird in Sportvereinen wie an der Volkshochschule angeboten.

Auch Vereine wollen nun ein Ort sein, der „in" ist, wo etwas los, wo Fitness zu Hause ist, wo Mann und Frau im neuesten Freizeitlook gesehen werden möchten. Sie wollen nicht mehr mit dem Geruch einer altmodischen Organisation belastet werden. In der Tendenz werden die Clubs zum Supermarkt für Sportaktivitäten. Nicht wenige bezeichnen sich selbst als Dienstleistungsunternehmen.

Einige dieser Vereine arbeiten mit Konzepten der Werbebranche. Das Führungshandeln der neuen Ehrenamtsgeneration und neuen Hauptamtlichen in solchen Vereinen folgt der Ideologie des Managements. Die Sport-für-alle-Idee, in neue Marketingstrategien verpackt, wird zum angeblich dringend erforderlichen Überlebenskonzept.

Die Ausdifferenzierung des Sportsystems bewirkt nicht nur einen Wandel des Sportangebots in den Vereinen, sie ruft in erster Linie eine schleichende Anpassung hervor. Die Organisationen, die in unserer Gesellschaft Sport anbieten, werden sich immer ähnlicher. Dies gilt sowohl für deren Organisationsform als auch für deren Inhalte und Angebote. Besonders deutlich wird es, wenn man die Vereine mit den privaten Anbietern und den kommunalen und staatlichen Sportorganisationen vergleicht. Während früher Sportfachverbände und Sportvereine sich von jenen durch verschiedene Ideologien und Wertorientierungen unterschieden, hat nun die Ausweitung des Sportangebots unter Hinzunahme neuer sportiver Dienstleistungen dazu geführt, dass die Differenzen immer weiter vermischt werden, die zwischen den Turn- und Sportvereinen und den übrigen Sportanbietern bestehen. Im Prozess der Anpassung übernehmen Vereine vorrangig die Ideen und Absichten ihrer angeblichen Konkurrenten.

Für den Vereinssport kann diese Vereinheitlichung erhebliche negative Folgen haben. Die Vereinsarbeit wird überlagert von Einflüssen, die nur im Ausnahmefall reflexiv erfasst werden. Ein entsprechendes institutionelles Sensorium ist nicht vorhanden und in den bestehenden Entscheidungsinstanzen der Vereine mangelt es an Zeit, Kompetenz und Erfahrung, um entsprechende Reflexionen zu gewährleisten. Zum Zweiten entstehen aufgrund der Konvergenztendenz in den Vereinen und Verbänden des Sports neue Formen von Rationalität für Entscheidungsprozesse und somit auch neue Führungsstile, die den bestehenden demokratischen Verfahren und Kontrollen entgegenstehen. Es scheint auch die Gefahr nahe zu liegen, dass das bisherige Selbstbild der freiwilligen Sportorganisationen, nämlich ohne eigennützige Gewinnmotive zu arbeiten, nur noch mit Schwierigkeiten aufrechterhalten werden kann. Vermutlich werden die Sportorganisationen immer stärker vom Verkauf der Waren und Dienstleistungen auf dem Markt abhängig. Sie werden damit abhängig vom Wandel des Marktes. D. h., sie müssen wie private, gewinnorientierte Organisationen denken. Damit – so ist zu vermuten – befinden sie sich in einem Transformationsprozess hin zu einer neuen Organisationsform.

Diese Entwicklung ist in mehrfacher Hinsicht problematisch. Vereine als vermittelnde Institutionen, die eine Brücke bilden zwischen der sich verändernden privaten und familiären Welt auf der einen und dem Staat und den ökonomischen Institutionen auf der anderen Seite, werden heute dringender denn je benötigt.

Sportpolitisches Handeln sollte sich dadurch auszeichnen, dass auch im Sport der Mensch als Baumeister des Sozialen betrachtet wird und es ihm ermöglicht wird, auch im Sport zum Baumeister seiner eigenen Gemeinde- und Lebenswelt zu werden. Der Verein könnte hierzu nach wie vor ein idealer Ort sein; denn Vereine sind einer der wenigen Orte in unserer Gesellschaft, in denen sozialer Sinn gestiftet und gepflegt werden kann. Die größte Gefahr der aktuellen Entwicklung ist im zunehmenden Verlust dieses sozialen Sinns zu sehen.

Deshalb muss heute von einer grundlegenden Gefährdung unserer Demokratie gesprochen werden. Unsere Gesellschaft zerfällt immer mehr in Reiche und Arme, Arbeitsbesitzer und Arbeitslose, Steuerzahler und Almosenempfänger, Nutznießer und Verlierer des wirtschaftlichen Umbaus.

Das soziale Kapital einer Gesellschaft ist gekennzeichnet durch die sozialen Netzwerke und durch die Beziehungen, die zwischen den Menschen bestehen. Dieses Kapital ist für jedes Individuum eine wichtige Ressource, dieses Kapital garantiert gesellschaftlichen Zusammenhalt. Verschiedene Netzwerke sind dabei zu beachten. Familien, Freunde oder andere Netzwerke gehören dabei ebenso dazu wie die individuelle Einbindung der Individuen in Verbände. Vor allem Vereine können die soziale und politische Integration eines Gemeinwesens fördern. Sie ermöglichen die Partizipation am sozialen und am politischen Leben.

Soziale Netzwerke sind für das psychosoziale Wohlbefinden von Menschen von zentraler Bedeutung. Ein Sportverein kann als ein derartiges Netzwerk gedeutet werden. In ihm kann emotionale Unterstützung geleistet und Selbstwertgefühl gewonnen werden, hier kann man praktische Alltagshilfe erhalten. Es geht deshalb zukünftig vor allem darum, die Idee des Vereins den eigenen Mitgliedern in positivem Sinne zu vermitteln. Dazu gehört vor allem, dass er als heimatlicher Ort gedeutet wird. Es muss ein Ort gelungener Kommunikation und Sozialisation sein. Er muss ein Protest gegen eine uniformierte Welt sein, die im Rahmen globaler Vergesellschaftung zur Weltgesellschaft wird. Er muss der Ort nicht entfremdeter Sozialbeziehungen sein.

(2000)

Die kurze Karriere des 1. FC Spitalhof

Möhringen ist, wenn man es wohlwollend meint, ein wirtschaftlich bedeutsamer Stadtteil der Landeshauptstadt Stuttgart. Daimler Chrysler lässt dort in seinem Headquarter planen, entscheiden und hoffentlich werden dort auch weitreichende Denkleistungen erbracht. Stuttgarts wichtigste Tageszeitungen werden dort mit jenem Lesestoff gefüllt, der täglich die Bürger Stuttgarts interessiert. Weitere wichtige Firmen wie Hansa, Neoplan und Züblin hatten oder haben dort ihren Firmensitz. Möhringen ist dennoch ein Stadtteil ohne Gesicht. Es gibt wohl eine schöne alte Kirche, den Filderdom, einen kleinen Park und einige versteckte Winkel, in denen es sich lohnt, zu verweilen und sich an Vergangenes zu erinnern. Prägend sind jedoch heute die Straßenschneisen, die ungeordneten Siedlungsstrukturen, die Folgen einer chaotischen Modernisierung, wie sie für die vergangenen 50 Jahre nicht nur für diesen Stadtteil prägend waren.

Dennoch ist Möhringen jener Ort, den ich als „mein Möhringen" bezeichnen möchte und mit dem Spitalhof ist jener Ort genannt, der für mich zu meinem Lieblingsort geworden ist. Dies alles hat mit dem Sport zu tun, mit dem Handballspiel, der Leichtathletik, dem Tischtennis, dem täglichen Fußballspiel, mit dem Skilaufen und vor allem mit einer Straßenkultur, wie ich sie habe erleben dürfen, als 1952 Möhringen zu meiner eigentlichen Heimat wurde. Möhringen war zu dieser Zeit noch ein Dorf, aus der Perspektive eines Kindes waren die Entfernungen lang und die Hügel steil. Skilaufen lernte man am „Salatbuckel", ebenso das Schanzenspringen. War man in seinem Können etwas fortgeschrittener, so war Musberg die Alpinregion, in der man sich mit seinen Kurzschwüngen zu bewähren hatte. Eishockey spielte man auf dem „Probstsee" und „Riedsee". Natürlich war die sportliche Aktivität immer nur Anlass für mehr. Man begegnete Mädchen, hatte seine ersten Liebesbeziehungen und immer wollte man auch imponieren, besser sein als die anderen und die modischen Schönheitsideale wechselten genauso schnell wie heute. Einmal war es die Frisur von Elvis, dann die von James Dean, die wir mit „Brisk", der damals einmaligen Haarcreme, imitieren wollten. Auch unsere Jugend glaubte cool zu sein und hatte ihren eigenen Jargon. Alles war dabei ständig im Fluss, denn die Modernisierung Deutschlands hatte längst auch das Dorf Möhringen erreicht und war man in der Modernisierung nicht ganz so schnell wie die Nachbarn, so hatte das nicht zuletzt Scham- und Neidgefühle zur Folge. Ich erinnere mich noch sehr gut daran, wie ich mit gesenktem Kopf und gewiss mit Scham erfüllter Röte den letzten Jauchewagen hinaus auf den Acker unseres Nachbarn fahren musste, vorbei an den neu entstandenen Einfamilienhäusern, wo die Mädchen der Parallelklasse wohnten. Hoffentlich erkennen sie mich nicht, hoffentlich werde ich nicht zum Gespött der Klasse. Ein Glück, dass es dann eine Wasserspülung gab und Möhringen über eine eigene Kläranlage verfügte. Auch der Holzofen in Küche und Bad gehörte bald der Vergangenheit an. Auch die Gartenarbeit auf den von der Gemeinde angemieteten Gartenflächen war aus der Sicht der Jugendlichen ebenfalls eher ein peinliches Unterfangen, als dass der ökonomische Sinn solches Tuns für uns einsichtig gewesen wäre. Heute stehen dort moderne Firmengebäude und Bürohäuser. Neue Straßen sind entstanden und moderne Wohnsiedlungen sind hinzugekommen. Alle Felder, Obstwiesen und die kleinen Bäche, die Spiel- und Erfahrungsraum für Abenteuer, Kämpfe, Ulk und Spaß boten, sind längst überbaut. Vom Dorf Möhringen sind für mich nur noch Erinnerungen geblieben. Die Erinnerungen an den Sport sind dabei für mich ohne Zweifel die wichtigsten. Handball war damals bereits jene Sportart, die stellvertretend für alle übrigen Sportarten Möhringen als eine besondere Sportgemeinde prägte. Wenn ich mich hier an diese Zeit in Möhringen erinnere, so darf natürlich eine Person nicht unerwähnt bleiben. Wer als Jugendlicher in den 50er und 60er Jahren beim SV Möhringen Handball spielte, für den gab es vor allem ein Vorbild dessen Ausstrahlung bis in den privaten Alltag reichte. Bernd M. war damals noch nicht jene Persönlichkeit, wie sie dann später von vielen in Stuttgart geschätzt wurde. Er war noch nicht der erfolgreiche Nationalspieler, er war noch nicht der erfolgreiche Trainer, er war vielmehr selbst noch ein junger Mensch, der sich auf dem Weg nach oben befand. Er war jedoch bereits jener Athlet, an dem viele Jugendliche aus Möhringen ihr sportliches Handeln orientierten. Als Fußballer schoss er die meisten Tore auf dem alten Sportplatz, wo die Jungen die Alten beobachten konnten und als Leichtathlet war er bereits sehr schnell und als er zu seinem Sport, zum Handball, überwechselte, war er schon nach kurzer Zeit der intelligente und äußerst erfolgreiche Spielmacher in allen wichtigen Spielen. Vor allem war es ihm vergönnt, Tore auf einmalige und oft auf geniale Weise zu erzielen. Schon damals war Bernd M. immer mehr als nur ein Athlet, er war eine stolze, selbstbewusste Persönlichkeit, asketisch in seiner Lebensführung, zukunftsorientiert in seinem Handeln und ausgerichtet auf eine persönliche Spitzenleistung, die ihresgleichen sucht. Die Erfolge blieben deshalb auch nicht lange aus. Bernd M. wurde zum herausragenden Spieler des SV Möhringen, zum Auswahlspieler in Stuttgart, auf württembergischer Ebene und in der Deutschen Nationalmannschaft und wo immer er spielte, hinterließ er seine Zeichen. Sehr schnell war klar, dass Bernd M. auch besondere Fähigkeiten in der taktischen Führung einer Handballmannschaft aufzuweisen hatte und wie kein zweiter war er deshalb auch geeignet, als erfolgreicher Trainer zu wirken. Handball erlebte in Möhringen seine Blütezeit. Möhringen wurde durch den Handballsport weit über die Grenzen Deutschlands hinaus bekannt. In Freundschaftsspielen wurde deutlich, was mittels des Handballsports möglich ist. Möhringens Handballspieler lernten Spanien kennen, maßen ihre Fähigkeiten in Wettkämpfen mit Tschechen, Jugoslawen, Tunesiern und Ägyptern. Der Möhringer Handball wurde ein Synonym für eine Mannschaftsleistung, in der noch traditionelle Tugenden etwas Besonderes bedeuteten. Echte Freundschaften sind in dieser Zeit entstanden, die bis heute andauern. Mir macht es Spaß, mich nostalgisch an diese guten Zeiten von Möhringen zu erinnern. Doch das, was ich damals im Handballsport in Möhringen habe erleben und erfahren dürfen, hat bis heute noch seine Wirkung, es ist nicht nur Erinnerung. Die alte Bundesligamannschaft des SV Möhringen hat in vielerlei Hinsicht bis heute noch Bestand. Mehrmals in der Woche zu trainieren, in einer Meisterschaftsrunde mitzuspielen, das gehört alles längst der Vergangenheit an und dennoch führt das Fußballspiel am Freitagabend in der vereinseigenen Halle die alten Herren noch regelmäßig zusammen. Die „dritte Halbzeit" ist noch immer das Wichtigste. Die Mannschaftskasse existiert bis heute, wenngleich die Beiträge aus ganz anderen Verfehlungen und Niederlagen resultieren als dies zur aktiven

Zeit der Fall war. Beim „Roten Gaigel" wird im „Lamm" die Mannschaftskasse aufgebessert und die traditionelle Weihnachtsfeier in der Weinstube Heeb in Heslach hält eine Kameradschaft wach, die heute im Sport nur noch selten anzutreffen ist. Am zweiten Weihnachtsfeiertag trifft man sich zu einer wunderbaren Tratschrunde in der alten Turnhalle, dort, wo man sich zu Bundesligazeiten dreimal in der Woche auf die Spiele am Wochenende vorbereitete, nachdem zuvor beim Weihnachtskick jene, die sich noch solche Risiken leisten können, im Spiel, „Jonge gega de Alde" sich zu bewähren hatten.

Noch von vielen Möhringern könnte hier berichtet werden. Mit ihnen allen verbindet mich ein optimistisches Lebensgefühl, eine Begeisterung für den Sport und eine alltäglich gelebte herzliche Solidarität. Für mich ist dabei wichtig, dass die Menschen, mit denen ich gemeinsam groß geworden bin, für die der Sport ein wichtiges Medium ihrer persönlichen Entwicklung werden konnte, heute noch auf das Engste miteinander verbunden sind. Der Sport hat damals gezeigt, was er für die jungen Menschen bewirken kann. Es liegt an uns, ob der Sport auch heute noch diese Wirkungen erzielen kann und darf.

Doch warum ist der Spitalhof mein Lieblingsort und nicht der Sportplatz oder gar die Turnhalle, in der ich viele Stunden meines jugendlichen Lebens beim Training und bei Wettkämpfen verbracht habe? Auch das Vereinshaus des CVJM war ein besonderer Ort der Straßensozialisation. Mexi-Turniere beim Tischtennis waren der schöne Abschluss, wenn man sich zuvor in Einzel- und Doppelspielen mit seinen Gegnern auf der einzigen öffentlichen Tischtennisplatte in Möhringen auseinandergesetzt hatte. Der Spitalhof ist ohne Zweifel jener Ort in Möhringen, dem auch Historiker eine Bedeutung zumessen könnten. Nach dem der Zerfall der Staufischen Macht in der Mitte des 13. Jahrhunderts war das Herzogtum Schwaben in Auflösung begriffen, dabei spielten die Grafen von Württemberg eine zentrale Rolle. Die Reichsstadt Esslingen war dabei bemüht, sich dem Einflussbereich dieser Grafen zu entziehen und antwortete deshalb mit einer zielstrebigen Erwerbspolitik. Die wichtigsten Erwerbungen waren dabei der Kauf der beiden Filderorte Möhringen (1295) und Vaihingen (1297). Möhringen kam dabei unter die Herrschaft des Esslinger Spitals und der mauergeschützte Spitalhof war dabei jener Ort, von dem aus Esslingen seine Macht über die Fildern ausübte. Vorne der bekannte Torturm, das Wahrzeichen von Möhringen mit der angebauten Scheuer, Ziehbrunnen, das Wohnhaus des Spitalhofmeisters, die große Zehntscheuer, sie alle prägten über Jahrhunderte das Zentrum Möhringens. Als der Spitalhof mein Lieblingsort wurde, wusste ich nur wenig von der geschichtlichen Bedeutung. Für mich war allenfalls klar, dass im ehemaligen Wohnhaus des Spitalhofsmeisters das Möhringer Heimatmuseum untergebracht war. Der Spitalhof war hingegen für viele Kinder und Jugendliche, die im alten Möhringen wohnten, der wichtigste Ort unserer Straßensozialisation, wie man es heute wohl bezeichnen würde. Nach der Schule, abends, an den Wochenenden war der große Platz im Spitalhof der Treffpunkt für alle Jugendlichen. Jugendbanden, allen voran die berüchtigte „Kubler-Bande" trieben dort ihr Unwesen. Der Spitalhof war nicht zuletzt ein Ort sozialer Integration, denn Möhringen war wie alle Stadtteile Stuttgarts ein willkommenes Ziel für manche Flüchtlingsfamilie. Batschka- und Banat-Deutsche waren darunter, Donauschwaben, viele kamen aus Polen. Es war auch der Ort für so manches Männlichkeitsritual, nicht zuletzt wurde dort einmal jährlich der Stärkste der Klasse ausgelobt, ein Box- und Ringkampf meist mit schmerzlichen Folgen. Er war also der Ort, wo man sich mit Gleichaltrigen zu messen hatte, im Fußballspiel, bei riskanten Abenteuern und Kletterpartien über die alten Mauern, bei „Besorgungen" und „Anschaffungen" in den Obstgärten der Nachbarschaft. Der Spitalhof war immer ein Ort, der sich dadurch auszeichnete, dass er heruntergekommen war, dass die Mauern brüchig, die Gebäude renovierungsbedürftig und die Hausmeister widerspenstig waren. Für die Kinder und Jugendlichen machte dies alles den besonderen Charme diese Platzes und dieser Gebäude aus. Aus der Sicht von heute ist es eigentlich nicht überraschend, dass dieser Ort auch ein wichtiger Ausgangspunkt für mein weiteres berufliches Leben wurde. Ich hatte gerade meinen 13. Geburtstag gefeiert, als dort die Idee entstand, einen eigenen Verein zu gründen. Was war nahe liegender, als den 1. FC Spitalhof ins Leben zu rufen. Einer der Gründer ist heute Architekt, er gestaltete damals die Spielerpässe. Unser Schatzmeister, er war bis vor wenigen Jahren einer der führenden Redakteure einer Stuttgarter Tageszeitung, sorgte dafür, dass unsere Vereinskasse stimmte und ich selbst wurde als erster Trainer dieses Vereins bestellt. Nur ein Spiel haben wir als 1. FC Spitalhof gespielt, danach musste unser Verein sehr schnell seine Insolvenz beklagen. Doch seitdem hat mich der Sport mit seinen freiwilligen Vereinigungen gefangen genommen. An diesem Ort wurden die Weichen gestellt, dass ich mich in meinem weiteren Leben vor allem mit Fragen des Sports beschäftigen sollte. Dem Spitalhof ist es zuzuschreiben, dass ich heute zu jener häufig geschmähten, doch wohl unverzichtbaren Gruppe der Funktionäre zähle, die Verantwortung für die Entwicklung des Sports übernommen haben.

(2003)

Der Beitrag des Sports für eine lebenswerte Gesellschaft

In gesellschaftlich schwierigen Zeiten ist es dringender denn je, sich einer Idee von seiner Gesellschaft zu vergewissern, in der man heute und in Zukunft leben möchte. Das Leitbild, an dem sich unsere Gesellschaft orientieren sollte, müsste meines Erachtens von der Idee des Fair Play geprägt sein. Gesucht ist eine Gesellschaft, in der die Mitglieder dieser Gesellschaft fair miteinander umgehen. Die individuelle Leistung müsste in dieser Gesellschaft gefördert und geschätzt werden, das Leistungsprinzip sollte dabei das herausragende Selektionskriterium für das Erreichen von bedeutsamen Positionen in dieser Gesellschaft sein. Gesellschaftlich relevante Positionen sollten nur über erbrachte und intersubjektiv anerkannte Leistungen besetzt werden und die Dotierung der erbrachten Leistung sollte sich am Prinzip der Gerechtigkeit messen lassen. Die Kluft zwischen arm und reich sollte in dieser Gesellschaft möglichst klein gehalten sein. Solidarität muss deshalb eine anerkannte Tugend in einer derart lebenswerten Gesellschaft sein. Die Menschen, die in dieser Gesellschaft leben, begegnen sich in aller Offenheit. Offenheit gegenüber Fremden, Offenheit gegenüber dem Andersartigen macht eine Gesellschaft erst richtig lebenswert. Frauen und Männer müssen sich nicht nur in Sonntagsreden, sondern im alltäglichen Leben gleichberechtigt gegenübertreten können, Behinderte werden in dieser Gesellschaft nicht diskriminiert und ausgegrenzt, Krankheit wird nicht individualisiert, vielmehr wird akzeptiert, dass Krankheit Lebenssinn stiften kann, ja, dass Krankheit notwendig ist, will man das Lebenswerte für sich selbst erkennen. Bildung, Ausbildung und Weiterbildung müssten für jeden Mann und für jede Frau zugänglich sein. Die Bürger in dieser lebenswerten Gesellschaft wollen deshalb friedlich zusammenleben, sie sind friedliebend und friedensengagiert. Kultur, Kunst, Literatur und Musik erbringen auf ihre je verschiedene Weise unverzichtbare lebensbejahende Beiträge für die Bürger in dieser Gesellschaft. Dies alles sollte in dieser Gesellschaft möglichst auf der Grundlage einer intakten Ökonomie erfolgen, sodass alt und jung gleichermaßen zuversichtlich in die Zukunft blicken können.

Der Sport kann für diese Wunschvorstellung von einer lebenswerten Gesellschaft wichtige Beiträge erbringen. Durch den Sport können sich Menschen aktiv oder passiv im positiven Sinne unterhalten. Der Sport vermittelt Menschen Spaß und Freude (sozial-emotionale Funktion). Mittels Bewegung, Spiel und Sport können die Menschen leiblich gebildet und sozialisiert werden. Nicht nur im Schulwesen, sondern in den Vereinen und sonstigen Institutionen des Sports kann der Sport einen wichtigen Erziehungsbeitrag leisten (Sozialisations- bzw. Erziehungsfunktion). Der Sport kann dazu beitragen, dass die Menschen sich aktiv auf ein selbstverantwortliches gesundes Leben ausrichten. Das aktive Sporttreiben trägt zum Wohlbefinden bei und ist nicht zuletzt unter präventiven Gesichtspunkten unverzichtbar (biologische Funktion bzw. Gesundheitsfunktion). Der Sport kann aber auch bei der Lösung von sozialen Problemen eine Hilfe sein. Probleme wie Kriminalität, Drogenkonsum oder Arbeitslosigkeit können mittels Sport gemindert, manche können sogar gelöst werden (sozialpolitische Funktion). Der Sport ist aber auch ein wichtiger Teil der Volkswirtschaft geworden. Er schafft Arbeitsplätze, ist eine wichtige Dienstleistung in einer Gesellschaft, die immer mehr zu einer Dienstleistungs- und

Wissensgesellschaft wird (ökonomische Funktion). Sportliche Leistungen ermöglichen Identifikation, sie rufen Begeisterung hervor, unterhalten Menschen in angenehmer Weise und nicht selten haben Athleten eine Stellvertreterfunktion, sie repräsentieren ihr Land im positiven Sinne (repräsentative Funktion bzw. Unterhaltungsfunktion). Schließlich kann im Sport auch dann, wenn immer häufiger im Sport selbst dagegen verstoßen wird, das Prinzip des Fair Play gelernt werden. Die Achtung der Fair Play-Maxime kann den Sport zu einer wichtigen symbolischen Instanz erheben, auf die unsere Gesellschaft dringend angewiesen wird (ethisch-moralische Funktion).

Betrachten wir die Merkmale einer lebenswerten Gesellschaft und werfen wir einen Blick auf die Funktionen, die dem Sport zugeschrieben werden können, so wird erkennbar, dass der Sport durchaus einen wichtigen Beitrag für eine lebenswerte Gesellschaft erbringen kann, wenn er jene Funktionen erfüllt, die er sich selbst zugeschrieben hat oder die andere an ihn herantragen. Nicht jede dieser Funktionen muss sich dabei der empirischen Kontrolle durch die Wissenschaft stellen, insbesondere dann, wenn die Wissenschaft selbst den Nachweis der Funktion nicht erbringen kann. Doch der Sport selbst, die Sporttreibenden und die Verantwortlichen in den Sportorganisationen müssen sich mit der Frage auseinandersetzen, ob sie diesen Ansprüchen genügen, ob ihre Realität mit den positiven Vorstellungen in Einklang zu bringen ist, die das Kulturgut des Sports als Besonderes ausweisen könnte.

Nicht zuletzt die politischen Repräsentanten des Sports müssen sich fragen, ob sie der Verantwortung genügen, die aus diesen kulturellen Möglichkeiten des Sports erwächst. Das gelebte Vorbild scheint dabei auch heute der geeignetste Weg zu sein, um dieser Verantwortung zu entsprechen.

(2003)

Warum Athletendörfer auch zukünftig erwünscht sind

Zwei englische Worte auf einem Plakat bieten die Lösung an: „Athletes Village", der Eingang zum olympischen Dorf ist endlich gefunden. Links und rechts neben diesem Eingang Stacheldrahtverhau und meterhohe Zäune. Der Eingang entspricht einer Flughafen-Kontrollstation, durch die sowohl unerwünschte Ausländer als auch potenzielle Terroristen und Attentäter abgehalten werden sollen. Körperkontrolle, Identitätskontrolle, Dokumentenkontrolle, Gepäckkontrolle – von einem Hochsicherheitstrakt würde man sprechen, wäre dieser Eingang Teil eines Gefängnisses. Hinein gehen jedoch junge Menschen aus nahezu 200 Nationen, junge Männer und Frauen, Trainer und Betreuer in legerer Freizeitkleidung, in farbenprächtigem Outfit, bepackt mit modernen Reisekoffern und kunstvoll bemalten Reisesporttaschen. Auf ihnen kann man Nationalfarben identifizieren. Ach, würde man doch nur all die Nationen kennen, die an diesem Tor aus- und eingehen.

Endlich habe ich die Kontrollen hinter mir. Es beginnt ein Irrweg durch ein Häuserlabyrinth. Vorbei am Fahnenplatz der Nationen, unterstützt durch eine Hostess, die des Deutschen kaum kundig ist, geht der Weg durch schmale Häuserschluchten, bis endlich jenes Haus erreicht ist, in dem für nahezu 20 Tage die deutsche Olympia-Mannschaft leben darf. Später wird dieses Athletendorf einmal eine kleine Wohnsiedlung sein, die sich durch Drei- bis Fünffamilienhäuser auszeichnet. Der Verkauf der Wohnungen ist schon gesichert. Für vier Wochen haben die Häuser, in denen die deutsche Mannschaft wohnt, jedoch eine völlig andere Bedeutung und Funktion. Mehr als 400 junge Männer und Frauen leben zusammen auf engstem Raum, gemeinsam mit ihren Betreuern, Trainern, Physiotherapeuten und Ärzten, haben früh um 6.30 Uhr ihre Tagesbesprechung und bilanzieren spät, noch nach Mitternacht, den jeweils abgeschlossenen Tag. In einigen Ecken des Hauses riecht es nach Massageöl, nach Medikamenten, nach Krankenhaus. In anderen Zimmern nach Bistro und Bar. Verletzung und Jubelfeier sind aufs Engste in einer improvisierten Architektur miteinander verknüpft. Die Räume sind spartanisch, die Betten improvisiert, Kleiderhaken gibt es nur wenige und Kleiderbügel werden erst nach mehreren Nachfragen in einer viel zu geringen Zahl geliefert. Für verschwitzte Trainingskleidung gibt es keine Waschmöglichkeit, Trockenräume stehen nicht zur Verfügung. Jeder Athlet, ganz gleich, ob Topstar oder Neuling, lebt aus der Tasche. Mich hat es als Funktionär in ein Viererzimmer verschlagen. Gemeinsam mit einem Kollegen genieße ich die neue Nachtgemeinschaft mit zwei Judoka: Schwergewichte sind es, mit ungewöhnlichem Hunger, mit ungewöhnlich tiefem Schlaf, Athleten, die an jedem Ort ihre Ruhe finden, die vor Jugendlichkeit und Kraft noch strotzen. Es ist heiß und schwül, nicht nur im Schlafzimmer, sondern in allen Räumen. Tropisches Klima herrscht bei diesen Olympischen Spielen. Abends hält man sich deshalb am liebsten auf der Vortreppe des Hauses auf, in dem zunächst nationale Partys, im weiteren Verlauf der Spiele immer häufiger auch multikulturelle Feten stattfinden. Des einen Leid, des anderen Freud gilt auch für das Deutsche Haus. Diejenigen Athleten, die zu Beginn der Olympischen Spiele ihre Wettkämpfe haben, genießen es, sich nach erfolgreichen Wettkämpfen mit anderen Athleten zu treffen, Feste zu feiern, Land und Leute kennenzulernen. Athleten, die an den letzten Tagen der Spiele ihre Finals zu bestreiten haben, werden dadurch benachteiligt. Die Nachtruhe ist nicht mehr gewährleistet. Sich für den Höhepunkt der Olympischen Spiele zu motivieren, ist für solche Athleten wesentlich schwieriger, als dies für die übrigen Mannschaftsmitglieder der Fall war. Konflikte gibt es deshalb. In der Mannschaftsleitung werden sie diskutiert, man bemüht sich um Lösungen. Die gute Stimmung in der Mannschaft bleibt davon unberührt. Leichtathleten treffen sich mit Volleyballern, Turner kommen in einen Dialog mit den Judoka. Freundschaften, die lange währen werden, nehmen ihren Anfang. Es gibt nicht selten die viel bemühte „Liebe auf den ersten Blick", manche Heirat zwischen Athleten hat hier ihren Ursprung. Es gibt feuchtfröhliche Feiern, wobei sich vor allem die Schwergewichte durch besondere Aufnahmekapazität und Resistenzwerte auszeichnen. Die multikulturelle Qualität eines olympischen Dorfs steigert sich von Tag zu Tag. Das Zentrum ist dabei die Mensa, jener Ort, in dem von morgens bis spät in die Nacht hinein Tonnen von zubereiteten Lebensmitteln aufgestapelt werden. Die Gastgeber zeichnen sich auf diesem Gebiet durch ein besonderes Organisationstalent, vor allem aber durch eine angenehme Ästhetik aus. Mehr als 10.000 Athleten wird auf eine äußerst appetitliche Weise ein Frühstücksbuffet serviert, ein farbenfroher Lunch offeriert und ein in seiner Vielfalt kaum zu übertreffendes Dinner präsentiert. Das Mensa-Zelt ist reichhaltig mit den Flaggen der Nationen dekoriert, zeigt aber auch Kunstwerke aus aller Welt, vor allem wird den Gästen die Möglichkeit eröffnet, einen Einblick in eine für die meisten wohl sehr fremde Kultur des Gastgeberlandes zu gewinnen. Tischgewohnheiten und Esssitten aus aller Herren Länder sind dabei zu beobachten. Die Gastgeber haben an die Muslime ebenso gedacht wie an die Hindus, vor allem haben Ernährungsexperten über ihre Ratschläge erreichen können, dass all jene Nahrung reichlich vorhanden ist, die Spitzenathleten für ihre herausragenden Leistungen benötigen. Der Vorplatz der Mensa wandelt sich Abend für Abend zu einer internationalen Diskothek. Amerikanische Ohrwürmer sind dabei besonders beliebt, Rock und Pop sind das Medium der internationalen Verständigung. Manchmal kann man aber auch fremde Klänge hören, so wenn Folklore-Gruppen des Gastgeberlandes auftreten oder Theatervorführungen, pantomimische Darbietungen oder Ballettaufführungen das Kulturprogramm im Athletendorf bereichern. Das olympische Dorf ist auch ein Marktplatz, auf dem die Angebotspalette vom Sportgetränk über T-Shirts, Erinnerungshandtücher, Pins, Sonderbriefmarken bis hin zur Vielfalt der Merchandising-Kollektion des Gastgebers reicht. Es ist somit ein Lebenselixier für alle, die darin leben, aber auch für diejenigen, denen erlaubt ist, es zu besuchen. Es gilt als besonderes Privileg, wenn Gäste, insbesondere Politiker und VIPs, den Eintritt in das Athletendorf erhalten. Nur ausgewählte Journalisten bekommen eine Sonderakkreditierung. Die Funktionäre, die außerhalb des Athletendorfes in den großen Hotels der Stadt wohnen, tauchen ab und zu im Athletendorf auf. Auch sie – so scheint es – genießen das jugendliche Ambiente. Der Präsident des IOC kommt mit Gefolge zu einem halbtägigen Besuch, nimmt seinen Lunch in der Mensa ein, um die Verbundenheit mit den Athleten zu demonstrieren. Das Leben, durch das sich ein Athletendorf auszeichnet, lässt sich nicht in Worte fassen, kann nicht auf dem Bild festgehalten werden, es muss gemeinsam mit Athleten gelebt werden. Nur auf diese Weise wird es zu einem authentischen Leben.

Seit der Universiade von Kobe war es mir vergönnt, bei vielen internationalen Großereignissen mit dabei sein zu dürfen. Die Universiaden von Sheffield, Buffalo und Sizilien, die Leichtathletik-Weltmeisterschaften von Stuttgart, Göteborg, Athen, Sevilla und Edmonton gehören dazu, vor allem waren es die Olympischen Spiele von Atlanta, Sydney und Salt Lake City, die mir einmal mehr die besondere Bedeutung des Athletendorfes vor Augen führen konnten. Heute gibt es immer mehr internationale Großveranstaltungen, bei denen aus finanziellen Gründen auf ein Athletendorf verzichtet werden muss, so bei den Leichtathletik-Weltmeisterschaften in Edmonton im Jahr 2001, bei den Hallen-Weltmeisterschaften in Birmingham 2003, beim Leichtathletik-Welt-Cup-Finale in Madrid, aber auch bei den Leichtathletik-Weltmeisterschaften 2007 in Osaka. Nicht jedes Athletendorf hat dieselbe Qualität. 1993 in Stuttgart waren die Quartiere der Athleten besonders spartanisch. Das schöne Wetter, die erstklassige Küche und ein anspruchsvolles internationales Kultur- und Unterhaltungsprogramm, vor allem aber die Athleten selbst haben dazu beigetragen, dass das Athletendorf und das dort stattfindende Zusammenleben zu einem vollen Erfolg werden konnte. In Göteborg war das Athletendorf sehr viel bescheidener, doch ideal gelegene Freizeitanlagen, angemessene Quartiere und eine qualitativ ausreichende Versorgung haben für die Athleten dort auch das bewirkt, was Athletendörfer auszeichnen sollte. Die Athletendörfer von Atlanta, Sydney und Salt Lake City waren für mich in vielerlei Hinsicht eine Steigerung. Die Zimmer der Athleten waren wohl kaum als geräumig zu bezeichnen, doch immerhin muss bedacht sein, dass in den Zimmern in Atlanta und Salt Lake City amerikanische College-Studenten viele Semester wohnen. In den amerikanischen olympischen Dörfern gab es ein eigenes Transportsystem, mit kleinen Elektrozügen konnten die weiten Wege durch die große Anlage verkürzt werden. Die Trainingsmöglichkeiten für die Athleten waren auf kurzem Wege zu erreichen und die Freizeitangebote machten deutlich, warum Hollywood und Walt Disney längst zu Synonymen für die Vereinigten Staaten geworden sind. Jeder Tag war durch den Besuch eines Stars geprägt. Athleten konnten Muhamad Ali in Atlanta und Sydney ebenso die Hand schütteln wie Arnold Schwarzenegger. Hillary Clinton ließ es sich ebenso wenig nehmen, das Athletendorf in Atlanta zu besuchen wie Al Gore. Jeden Tag standen Hunderte am Besuchereingang Schlange, jeden Tag mussten Tausende ein in seiner Präzision nicht zu übertreffendes Kontrollsystem über sich ergehen lassen. Selbst der Handabdruck war computergespeichert und entsprechende Decoder ermöglichten das leise Öffnen von versperrten Türen. Es konnte kaum überraschen, dass McDonalds und Coca Cola vor allem in der Mensa für alle Athleten auf unnachahmliche Weise präsent waren. American Icecream, Früchte aus aller Herren Länder und nicht zuletzt viel Fleisch, Fisch, Pasta und Kartoffeln wurden den Athleten nahezu rund um die Uhr offeriert. Dies alles war umgeben von einer modernen Architektur, von Plazas, gefüllt mit Kunst und Musik, einer Spielhölle, die ihresgleichen sucht, einem Internet-Cafe und einem farbenfrohen amerikanischen Supermarkt. Alles war vier- oder fünfmal so groß wie bei Leichtathletik-Weltmeisterschaften, alles war moderner, komfortabler, schriller und mondäner. In der Größe lag jedoch das Problem und die Perfektion hatte ihren Preis. Die Begegnungs- und Erfahrungswelt der Athleten beschränkte sich meist auf das eigene Haus, das oft Meilen vom Haus der eigentlichen Konkurrenten in der jeweiligen Sportart entfernt war. Die Begegnung wurde durch jene Zufälle geleitet, die durch die Einteilung der Nationen in die jeweiligen Häuserzüge entstand.

Meine Erfahrungen in Atlanta, Sydney und Salt Lake City resultieren aus einer Besucherperspektive, während ich bei den Universiaden und Leichtathletik-Weltmeisterschaften selbst aktives Mitglied des Dorfes war. Meine nahezu täglichen Besuche in Atlanta, Sydney und Salt Lake City haben mir nur einen begrenzten Einblick in die Realität des olympischen Dorfs eröffnet. Athleten, Trainer und Betreuer müssten befragt werden, wie sie, insbesondere solche, die dies aus einer vergleichenden Perspektive tun könnten, ein olympisches Dorf erlebt und erfahren haben. Für mich waren die olympischen Dörfer von Atlanta, Sydney und Salt Lake City eine faszinierende Welt, die es mir möglich machte, mit einer Vielfalt von Jugendkulturen unserer Erde in einen engeren Kontakt zu treten, wenngleich dieser Kontakt sich auch meist nur auf ein staunendes Beobachten beschränkte. Doch auch in allen Dörfern habe ich die Begegnung von Schwarzen und Weißen, von Indern und Mongolen, von Christen und Moslems, von Buddhisten und Atheisten beobachten können, wie sie sonst an keinem Ort der Welt möglich ist.

Die Frage liegt nahe, welchen Sinn eine soziologische Skizze über Athletendörfer bei sportlichen Großereignissen machen kann. Eine Antwort auf diese Frage ist zu finden, wenn man sportliche Großereignisse aus einer vergleichenden Perspektive betrachtet und dabei jene internationalen Sportereignisse, in denen auf ein Athletendorf verzichtet wird, mit jenen Weltmeisterschaften und Olympischen Spielen vergleicht, die sich durch ein Athletendorf auszeichnen. Tut man dies, so kann meines Erachtens mit einigem Recht die Vermutung geäußert werden, dass es vor allem die Athletendörfer sind, die häufig mehr als die sportlichen Wettkämpfe selbst den entscheidenden legitimatorischen Beitrag zur Durchführung internationaler Sportereignisse erbringen. Die ideologische Diskussion über den Spitzensport ist meist von euphorischer Zustimmung und radikaler Ablehnung geprägt. Vor allem Sportpolitiker und Funktionäre haben in der Geschichte der sportlichen Großereignisse das Merkmal der internationalen Verständigung, die friedensstiftende Wirkung sportlicher Großereignisse ideologisch überhöht und nicht selten unter legitimatorischen Gesichtspunkten verbraucht. Auch Politiker wiederholen seit vielen Jahrzehnten die sprachlichen Schablonen, mit denen die positive Qualität des Leistungssports herausgestellt werden soll, die jedoch angesichts ihrer Redundanz kaum noch als glaubwürdig erscheinen. Nicht weniger pauschal gehen jedoch auch die Kritiker mit dem Spitzensport um. Die Vielfalt des Spitzensports wird kaum oder gar nicht zur Kenntnis genommen; pauschal wird eine affirmative, teilweise sogar eine demokratiegefährdende Funktion des Spitzensports postuliert und die sich insbesondere in den vergangenen Jahren ereignende Professionalisierung und Kommerzialisierung des internationalen Sports wird als Sündenfall gesehen, der nur im „römischen Verfall" des Systems der heutigen Sportgladiatoren enden kann. Die einseitige positive, wie die vorschnelle negative Bewertung des Spitzensports, wie sie heute üblich ist, wird jedoch den Athleten in ihrem sportlichen Handeln nicht gerecht. Sie trifft vor allem aber auch nicht die Vielfalt und die Unterschiede der Sportarten und der Sportereignisse. Spitzensport – so legen es meine Erfahrungen nahe – kann nach wie vor ein bedeutsamer multikultureller Ort sein, der angesichts einer weltweit sich abzeichnenden Globalisierung wichtiger ist denn je. Der internationale Wettkampf ermöglicht diesen Athleten nicht austauschbare Erfahrungen sowie einen Einblick in ihre personale und soziale Identität. Er kann multikulturelle Lernprozesse in Gang bringen und dem Einzelnen Beiträge zur Sinnstiftung für das eigene Leben eröffnen. Die Frage, ob dies dem Spitzensport gelingt, hängt auf das Engste mit den Rahmenbedingungen zusammen, in denen dieser stattfindet. Interkulturelles Lernen ist dann möglich, wenn es Lernorte gibt, die dies nahelegen, wenn Zeiträume das Lernen ermöglichen, wenn das Treffen der jungen Menschen organisatorisch begünstigt wird und wenn das System des Spitzensports den Athleten einen Schonraum gewährt, der sich durch Spontaneität und Gestaltungsoffenheit auszeichnet. Bei sportlichen Großereignissen, zu denen die Athleten kurzfristig, d. h. meist zwei Tage vor ihrem Wettkampf, anreisen, ein 5-Sterne-Hotel aufsuchen, mit VIP-Fahrzeug in die Arena fahren, um unmittelbar nach Beendigung ihres Wettkampfes ihren Promotion-Verpflichtungen nachzukommen, kann dies alles nicht gelingen. In Athen, wo die Mannschaften in unterschiedlichen Hotels untergebracht waren, mussten die Leichtathleten der Welt deshalb auf eine Vielfalt von Erfahrungen und Lernmöglichkeiten verzichten, die ihnen in Stuttgart und Göteborg eröffnet wurden.

Stimmen meine Beobachtungen und Bewertungen, so kann aus der hier vorgelegten soziologischen Skizze für die Verantwortlichen des Sports beratend empfohlen werden, dass zukünftig alles getan werden muss, um die Rahmenbedingungen zugunsten der Athleten so zu gestalten, dass jene Kommunikation möglich wird, die man unter legitimatorischen Gesichtspunkten für den Sport so dringend benötigt. Ein Spitzensport, der sich ausschließlich an Marktmechanismen orientiert, ein Spitzensport, in dem die Athleten als private Kleinunternehmer lediglich in einen Warenaustausch eintreten und ihre sportliche Leistung als Ware in der Arena präsentieren und zum Verkauf offerieren, kann ohne Zweifel eine Zukunft haben. Gesellschaftspolitisch wäre solch ein Spitzensport jedoch nur noch ökonomisch zu legitimieren und Förderungen durch Kommune, Land und Bund, die z. B. im deutschen Sport heute noch üblich sind, dürften diesem Spitzensport nicht gewährt werden. Wer die Fragilität der Ware Spitzensport kennt, wer weiß, welche riskante Qualität Spitzenleistungen im internationalen Sportmarkt besitzen, der erkennt, auf wie vielen Schultern die sportlichen Höchstleistungen der erfolgreichen Athleten aufbauen, der weiß freilich auch, dass ein Spitzensport des freien Marktes zumindest innerhalb der Organisation der Olympischen Spiele nicht einmal einer Utopie gleichkommt. Ein solcher Spitzensport wäre in vieler Hinsicht eine fatale Karikatur seiner ursprünglichen Idee. Gerade deshalb ist es so wichtig, eine Brücke zwischen einem am freien Markt sich organisierenden Spitzensport und einem öffentlich sich legitimierenden Leistungssport zu erhalten und zu stabilisieren. Die Rahmenbedingungen, und dabei beispielhaft und symbolisch verstanden die olympischen Dörfer und die Athletendörfer bei sportlichen Großereignissen, können zur Stabilität dieser Brücke einen kaum zu unterschätzenden Beitrag leisten.

(2004)

Sport exzessiv

Römische Zeiten

… wenn Reichtum zum Problem wird

Dass es den Reichen zu gut geht, kann nicht nur in tarifpolitischen Auseinandersetzungen als treffendes Argument gehört werden. Die Annahme, dass sich die Reichen in unserer Gesellschaft in einer Identitätskrise befinden, könnte jedoch Überraschungen hervorrufen. Wer als distanzierter Beobachter bei großen Sportereignissen teilnimmt, für den könnte diese Annahme allerdings nahe liegend sein. Heute ist es immer schwieriger, das zu beschreiben, was einen Reichen auszeichnet. Nicht nur unsere Städte verheimlichen den Unterschied von arm und reich. Einige durchaus wünschenswerte Errungenschaften der Demokratie haben bewirkt, dass die Angleichung verschiedener sozialer Schichten nicht nur als bloße Täuschung wahrgenommen wird. Ehemals gravierende Unterschiede zwischen den Schichten wurden vielmehr ausgeglichen, teilweise gar beseitigt. Die Wohnkultur der sozial unteren Schichten hat sich an die der Oberschicht angeglichen, zumindest ist sie nicht mehr geeignet, den großen Statusunterschied zu anderen Gruppen zu demonstrieren. Aber auch andere Erscheinungsweisen des Reichtums der vergangenen Jahrhunderte sind nahezu vollständig untergegangen. Autos, ja selbst teure Autos, sind zur Massenware geworden; die Ess- und Trinkkultur der Reichen wird zwischenzeitlich längst von der Mittelschicht imitiert. Leichte Kost und Weingenuss, Südfrüchte und Konfekt, präsentiert in künstlerischem Dekor, sind Merkmale des Lebensstils von fast jedermann geworden.

Wo also lässt sich das Reichsein heute noch ausleben? Was nützt einem Reichtum, wenn man ihn nicht zeigen kann? Die Sportarena scheint angesichts dieser Mangellage ein willkommener Ort zu sein, an dem Reiche ihre Identitätsprobleme lösen können. Besonders willkommener Anlass waren dabei zunächst die internationalen Tennisturniere, insbesondere dann, wenn sie vom Fernsehen übertragen wurden. Wichtige Bedingung ist, dass das jeweilige Sportereignis im Fernsehen live gesendet wird. Nicht zuletzt dadurch kann sichergestellt werden, dass die sozial unteren Schichten ihre Wiedererkennungserlebnisse haben. Für einen Arbeitnehmer muss es ein erhebendes Gefühl sein, seinen Chef via Fernsehen in einer VIP-Lounge mit dem Ausruf „Guck der Chef!" bei einem Tennisturnier wiederzuerkennen. Demonstration des Reichtums heißt dabei nicht selten, sich durch bestimmte Kleidung, durch Mode und vor allem durch besondere Esskultur, aber auch in vielen Fällen durch sportfachliches Unvermögen auszuzeichnen. Der Auftritt der Reichen kommt einer Inszenierung gleich. Die Damenwelt – als ob es noch keine Emanzipationsdiskussionen gegeben hätte – gleicht jener Staffage, wie sie uns aus vergangenen Jahrhunderten bekannt ist. Wer angenommen hatte, dass Models und Modelle, wie sie in Tagesschauberichten über exklusive französische oder italienische Modenschauen vorgestellt werden, Kunstprodukte ohne Markt seien, muss sich eines Besseren belehren lassen. Diese pompös gekleideten und bemalten Damen genießen es, ein mindestens ebenso aufmerksames Publikum zu haben wie die Athleten in der Arena. Da männlicher Reichtum sich allenfalls durch leibliche Genüsse und salopp sportive, wenngleich ganz gewiss nicht billige Kleidung auszeichnen darf, müssen die Damen stellvertretend den Reichtum nach außen zur

Schau tragen. Ohrgehänge und Colliers gehören ebenso dazu wie das erjagte Fell, dessen ursprünglicher Besitzer längst auf der Liste der geschützten Tiere steht. Der Typus Mann, der diese Schickeria auszeichnet, wirkt jung-dynamisch, ist gut gepflegt und elegant im Umgang mit den Frauen. Auch er weiß seinen Auftritt zu inszenieren. Insbesondere betritt man die Logen der Sportarenen immer erst dann, wenn die Ränge gefüllt sind, d. h., wenn das Volk bereits Platz genommen hat. Wie im griechischen Tempel, wo die Priester in das Adyton, den Raum der Unbetretbarkeit, entschwinden konnten, findet sich in der modernen Sportarena die Lounge, in der der exklusive Zutritt Erkenntnismerkmal der Reichen oder zum Aufsteigersymbol der Neureichen geworden ist. Die Kulthandlung hinter verschlossenen Türen lässt man jedoch sehr gerne vom Fernsehen übertragen, sodass zumindest die Neugierde des Volkes befriedigt wird. „Brot und Spiele" hieß dies bei den Römern, und es kommt nicht von ungefähr, dass sich selbst Athleten wie Boris Becker als Gladiatoren fühlen angesichts einer Galerie, die des Sports, den er betreibt, seines Erachtens kaum würdig ist. Lukullische Tempel inmitten einer Sportarena, dies scheint den eigentlichen Wandel zumindest eines Teils des modernen Sports zu kennzeichnen. Immer mehr Stadionbauer und Hallenarchitekten planen die Bedürfnisse der reichen Schickeria in ihre Konstruktionen ein. Die Reichen sollen oben sitzen, damit sie das Volk unter ihren Füßen haben. Der sportliche Wettkampf ist ganz offensichtlich in einem Ambiente dieser Art eher eine Nebensache. Im Gegensatz zum „normalen" Zuschauer, der für seine Eintrittskarte viel bezahlt und dafür auch hart gearbeitet hat, werden den Reichen die Eintrittskarten geschenkt. Sponsoren verbinden schließlich Interessen mit dieser selbstlosen Gabe. Empfindet es der „kleine Mann" als eine Gunst der Stunde, bei einem Daviscup-Finale eine Karte nach langem Anstehen erwischt zu haben, so kann der Reiche das Geschenk, bei diesem bedeutsamen Sportereignis teilnehmen zu dürfen, mit lässiger Geste zur Nebensache machen. Er kommt zu spät, er steht während des Spieles auf, um in seinen „Tempel" zurückzugehen und da er ohnehin kein sachkundiger Zuschauer ist, lässt er sich das Ergebnis am besten auf dem Bildschirm in der VIP-Lounge erklären. Halbleere Ränge bei angeblichem Ausverkauf der Karten sind eine Folge dieser besonderen Art von „Großzügigkeit", von der selbst interessante Wettkämpfe bei den Olympischen Spielen nicht verschont werden.

In den deutschen Sport-Arenen von heute (und nicht nur dort) lassen sich somit „die feinen Unterschiede" beobachten, wie sie Bourdieu so treffend für die französische Gesellschaft beschrieben hat: Je mehr sich der Habitus der Mittelschichten den Gewohnheiten und Lebensstilen der Oberschichten angleicht, desto entschiedener sind diese bemüht, sich über neue Formen des Genießens, des Bewegens und des Unterhaltens von den aufsteigenden Mittelschichten zu unterscheiden. Gespannt darf man der weiteren Entwicklung entgegensehen. Wie wird der normale Sportbetrachter, jener, der am Sport wirklich interessiert ist, auf Dauer auf diese Eroberung des Sports durch die Reichen reagieren? Bleibt er gelassen in der Annahme, dass der Reiche früher oder später ein neues Feld der Selbstdarstellung suchen und finden wird? Solange die Reichen nicht den Daumen senken, wie einst Nero bei den Gladiatorenkämpfen, scheint diese Gelassenheit angeraten zu sein. Unterhaltend ist das Ganze ganz offensichtlich für beide Seiten. Sollte dies die wichtigste Funktion dieser Inszenierung sein, so ist sie ganz und gar unbedenklich. Von „römischen Zeiten" im Sinne von Aufstieg und Verfall kann – wie es die Überschrift zu diesem Beitrag nahelegt – zumindest nicht die Rede sein. Konsum bedeutet nicht notwendigerweise Verfall, zumal in der aktuellen Konstellation alle Beteiligten voneinander zu profitieren scheinen. Die Athleten werden mit hohen Gewinngeldern von eben jenen ausgestattet, die über ihnen mit vollem Mund residieren. „Otto Normalzuschauer" kann den Athleten bewundern und sich an der Eitelkeit der Reichen amüsieren und diese wiederum scheinen ein Identitätsproblem zu lösen, das ihnen zumindest in den vergangenen Jahren wohl zu schaffen gemacht hat.

So weit so gut; wäre da nicht jene Spezies von Menschen, die sich in diesem Unterhaltungsspiel als Vermittler sehen möchten. Funktionäre werden sie genannt und wenn vom Sport und dessen kultureller, gesellschafts- und sozialpolitischer oder pädagogischer Bedeutung die Rede ist, so betonen diese Funktionäre das Wörtchen „ehrenamtlich", um sich als Menschen zu rechtfertigen, denen Altruismus auf den Leib geschneidert ist und denen jede selbstlose Geste gut genug ist, um der Sache des Sports zu dienen.

... auf schmalem Grat zwischen Altruismus und Schmarotzertum
Plädoyers für das Ehrenamt im Sport haben durchaus ihre Berechtigung. In gewissem Sinne sind sie heute notwendiger denn je. Die Wiederentdeckung der Ehre für die künftige Entwicklung der modernen Gesellschaft ist notwendig und insbesondere aus moralischen Gründen dringend erwünscht. Eine ganze Reihe von Funktionären im Sport, die heute in dessen Dachorganisationen das Sagen haben, tragen hierzu freilich meist nur sehr wenig bei. Das selbstlose Handeln, das die Ehrenamtlichkeit im Sport auszeichnen sollte, ist heute fast ausschließlich nur noch in den Vereinen anzutreffen. Vom Jugendleiter einer Handballabteilung, der jahrein, jahraus bemüht ist, genügend Spieler für seine Mannschaften zu finden; vom Schiedsrichter, der Woche für Woche von Dorf zu Dorf zu fahren hat, Kreisliga-Spiele pfeift und sich dabei den Beschimpfungen der Mannschaften stellt; vom Schatzmeister, der gemeinsam mit seiner Frau die Geschäfte der Vereinsbuchhaltung erledigt; von der Pressewartin, die Sonntag für Sonntag die Spielberichte an die örtliche Presse weitergibt ..., von all diesen Personen müsste dabei die Rede sein, wenn wir von der Ehre im Sport sprechen wollen. Kosten-Nutzen-Kalküle spielen dabei keine Rolle.

Angesichts dieser alltäglichen Kultur der Solidarität und des Helfens in den Vereinen kommt das ehrenamtliche Handeln in den Top-Etagen des Sports zumindest mit Blick auf eine immer größer werdende Zahl von so genannten Spitzenfunktionären einer Karikatur gleich. Von Korruption, Faulheit, Machtbesessenheit, Eitelkeit, Verlogenheit, Dummheit, Mediokrität, Arroganz, Unmoral und Dekadenz ist immer wieder die Rede. Vieles davon mag übertrieben sein, manches Dargestellte beruht auf Vorurteilen, die dem Sport schon immer gegolten haben. Der eigentliche Sachverhalt, dass einige Formen der „ehrenamtlichen Führung des Sports" fragwürdig geworden sind, bleibt davon jedoch unberührt: Da will ein NOK-Präsident nun schon seit mehreren Jahren nicht zurücktreten, obgleich dies längst überfällig ist und er sich selbst mehr Schaden zufügt, als dies angesichts seiner unbestrittenen Verdienste erwünscht sein kann. In einem Sportfachverband, der unter einer gravierenden Führungskrise leidet, drängt sich fast das gesamte Präsidium für eine erneute Kandidatur auf. Ein Mitglied der Anti-Doping-Kommission des DSB setzt sich öffentlich für die Freigabe von Doping ein und bewirbt sich gleichzeitig um das Amt des NOK-Präsidenten. Angesichts eines oftmals grotesken und peinlichen Gerangels um Positionen fordern deshalb immer mehr Athleten, dass „die Köpfe ihrer Funktionäre rollen müssen". Doch Stehaufmännchen gleich halten sich diese nicht selten über Jahrzehnte hinweg an der Macht. Zur Not kann dabei ein Amt im internationalen Verband Garant für ein verlängertes Verweilen im Kreis der „Führungsfunktionäre" sein. Freiwillige Rücktritte sind außergewöhnlich, viel eher werden die „Sportfreunde" mittels rührender Gesten gebeten, doch bitte noch eine Amtsperiode zu gewähren. Was sind die Ursachen für solche Gelüste? Was macht das Führungshandeln des Sports so lohnenswert? Da ich selbst Mitglied des Präsidiums des Deutschen Sportbundes bin, ist mir zumindest teilweise ein Einblick in die Dachorganisationen möglich. Die von mir vermuteten Antworten auf die aufgeworfenen Fragen müssen folgerichtig zumindest teilweise auch auf mich selbst angewendet werden. Beobachte ich mich selbst und beobachtet man andere Funktionäre in den Führungsgremien des Sports etwas genauer, so könnte man meinen, dass es einerseits ein bei Sportfunktionären besonders ausgeprägtes Bedürfnis nach Bedeutsamkeit ist, dass es andererseits die lukrativen Reisen sind und dass es schließlich die Annehmlichkeiten sein könnten, die heute im großen Sport anzutreffen sind. So kommt der Kampf der Funktionäre um eine Akkreditierung bei Olympia der Auseinandersetzung von Kindern gleich, wenn diese um die erste Reihe bei einem Kasperletheater ringen. Wer die offizielle Mannschaftskleidung der deutschen Mannschaft tragen darf, ist etwas Besonderes; wichtiger ist es jedoch, dass man auch den Zugang zu den verschiedensten VIP-Lounges erhält. Die Farbe der Akkreditierungskarten mit ihren Kennzeichen für die unterschiedlichen Klassen des Sports bringt es dabei an den Tag: Wer oben ist und wer wirklich das Sagen im Sport hat, trägt Gold, Silber ist kennzeichnend für auf- und absteigende Funktionäre. Wessen Identität durch Bronze gekennzeichnet wird, der muss sich dem zweiten Glied der Funktionäre zugehörig fühlen. Wer hingegen nur zu einer einzigen Sportstätte und damit nur zu einer Sportart Einlass erhält, der zählt in der Regel zu jenen, die die Ware des Sports machen, an denen sich die anderen ergötzen. Zu dieser Gruppe gehören die Trainer, Physiotherapeuten, Kampfrichter und nicht zuletzt auch die Athleten. Angesichts dieser Hierarchie sind Peinlichkeiten unter den Funktionären an der Tagesordnung. Dort, wo es etwas umsonst gibt, wird kräftig hingelangt, ganz gleich, ob es um eine interessante Reise, das gesponserte Buffet in der VIP-Lounge oder um die schönen Geschenke eines Gastgebers geht.

Sitzungen von internationalen Sportgremien kommen bourgeoisen Ausbeutungsritualen zu Zeiten Ludwigs XIV. gleich. Flug in der Senatorklasse, Nobel-Suite und Edel-Karosse, Begleitung durch eine Motorrad-Eskorte, Hostessen und sonstiges Personal zu Diensten der Herren des Sports, dies alles kennzeichnet das Paschahandeln der internationalen Sportgremien und einige ihrer Funktionäre und die deutschen Vertreter in diesen Gremien nehmen bis auf wenige Ausnahmen solche Annehmlichkeiten wie selbstverständlich in Anspruch, ohne sich auch nur einmal an jene zu erinnern, die ihnen ein Mandat gegeben haben und die mit ihrer Arbeit in den

Sportvereinen die Basis dafür bilden, dass Funktionäre überhaupt zu Ansehen und Macht kommen konnten. Selbst bei den Weltstudentenspielen, bei der Universiade also, besitzen so genannte „Sportführer" die Frechheit, sich stehend bei der Eröffnungsfeier in Luxuskarossen durch das Stadionrund chauffieren zu lassen, aufwendige Empfänge zu geben und von den großen zukünftigen Aufgaben der Jugend der Welt zu reden, ohne in den letzten Jahren auch nur einmal eine Universität betreten zu haben. Jubiläen und runde Geburtstage dieser Art von Sportfunktionären ufern mittlerweile zu Ritualen der Eitelkeit aus. Sehen und Gesehenwerden wird zum Gebot der Stunde. Was könnte nahe liegender sein, als dass Rechnungshöfe ein immer aufmerksameres Auge auf solche Art des Tuns richten?

... wenn das Prinzip „Leistung" nicht mehr zum Tragen kommt
Für soziale Aufsteiger, und das sind wohl die meisten Sportfunktionäre (für mich trifft dies zumindest zu), mag dies alles kennzeichnend und deshalb auch ein verständliches Handeln sein. Problematisch ist dabei ja auch nicht, dass manche dieser Funktionäre mit ihren Reisetrophäen prahlen oder von der Kusshand einer Prinzessin schwärmen, bei deren Audienz sie leibhaftig anwesend sein durften. Nicht deshalb soll hier von „römischen Zeiten" des Sports die Rede sein. Dieses Merkmal kommt dem Sport von heute vielmehr deshalb zu, weil bei immer mehr Sportfunktionären, deren Tun im Sport von der hier nur skizzenhaft wiedergegebenen Umwelt geprägt ist, von einer sportfachlichen Arbeit, d. h. von einer verantwortungsvollen und kompetenten Führung des Sports und von einer wirklich ehrenamtlichen, d. h. selbstlosen Arbeit, nur ganz selten die Rede sein kann. Handfeste materielle Interessen, gepaart mit Inkompetenz, kennzeichnen vielmehr das, was mit den „römischen Zeiten" im Sport gemeint sein könnte. Die fachliche Inkompetenz vieler ehrenamtlicher Gremien des Sports scheint dabei das eigentliche Problem zu sein. Dies wird nirgends so deutlich wie in den Sitzungen einiger Führungsgremien des Sports. Überfüllte Tagesordnungen werden dort viel zu oft von der Mehrheit der Mitglieder teilnahmslos, weil unvorbereitet, abgearbeitet; ausführliche Diskussionen sind eher unerwünscht; langfristig angelegtes Steuerungshandeln ist nur selten möglich und unpopuläre Entscheidungen werden meist vertagt. Der Sport wird dabei maßgeblich von Funktionären geführt, die ihre Ämter meist Proporzentscheidungen verdanken. Bestimmte Leistungsnachweise für ein Amt sind in der Regel nicht zu erbringen. Eher sollte man sich durch Anpassungsfähigkeit auszeichnen und sich den Ritualen der großen „Sportfamilie" fügen. Das Führungshandeln weist dabei fast sämtliche Merkmale auf, die heute die so genannte Jet-Set-Klasse prägen: Anreise per Flug oder ICE, Sitzung im Aircondition-Konferenzraum eines renommierten Hotels, ausgewählte Getränke und ein Imbiss zur Stärkung der stressbelasteten, weil meist in mehreren Ämtern des Sports tätigen Herren (Frauen sind in solchen Gremien ja nur selten anzutreffen, doch haben sie Amt und Würden in Gremien des Sports, so lassen sich Unterschiede zwischen den Geschlechtern nur mit konstruierter Mühe oder gar nicht ausmachen). Frühzeitiges Verlassen von Sitzungen signalisiert gewichtige Stellung im Gefüge des Sports; flüchtiger Aufbruch am Ende der Sitzungen ist deshalb Normalität. Beinahe folgerichtig für ein derartiges Arbeitsklima ist es, dass manche Beschlüsse nur für das Protokoll gefasst

werden und deren Umsetzung in praktisches politisches Handeln keiner Kontrolle unterliegt. Gewiss findet dieses Tun der Funktionäre meist in deren Freizeit statt. Doch sollte auch hier beachtet werden, dass die immer häufiger werdenden Sitzungen an Wochentagen zu Lasten der Arbeitgeber gehen und somit meist die öffentliche Hand (viele Ehrenamtliche sind im öffentlichen Dienst beschäftigt) als Sponsor tätig wird (was meines Erachtens durchaus wünschenswert und sinnvoll ist), dass den Spitzenfunktionären außerdem Aufwandsentschädigungen gewährt werden (ganz im Gegensatz zu den vielen kleinen Helfern in den Vereinen) und dass vor allem die social benefits (Ansehen, Macht und Einfluss) vermutlich ausreichend hoch sind (nur so kann das ausgeprägte Verharrungsvermögen vieler Funktionäre erklärt werden). Ehrenamtliches Führungshandeln im Sport gleicht somit eher einem Schlittern auf dem Eis. Ein fester Grund ist nicht auszumachen. Perspektiven der Sportentwicklung existieren nicht, Zieldiskussionen finden nicht statt: Reagieren anstelle von Agieren, Vertagen anstelle von Entscheiden, Proporz anstelle von fachlicher Qualifikation, Nepotismus anstelle von Leistungsprinzip, Kumpaneien anstelle von Distanz. Die Gegensatzpaare könnten fortgeführt werden. An der bilanzierten Bewertung der aktuellen Situation des Sports wird sich dabei vermutlich in nächster Zukunft kaum etwas ändern: Mit Blick auf die ehrenamtlichen Sportfunktionäre in den Dachorganisationen ist es deshalb um die Zukunft des deutschen Sports derzeit nicht gut bestellt. Wer jedoch glaubt, dass in vermehrter Hauptamtlichkeit die Lösung für die Probleme des Sports gefunden werden kann, wie dies lauthals nicht zuletzt von Vertretern der Presse behauptet wird, dem müssen nicht weniger Kritik und Zweifel entgegengebracht werden. Ehrenamt und fachliche Kompetenz müssen nicht notwendigerweise Gegensätze sein und Hauptamt in Kombination mit Inkompetenz ist in den Verbänden des Sports nicht weniger häufig verbreitet als bei den ehrenamtlichen Funktionsträgern. Wer heute auf vermehrte Hauptamtlichkeit im Sport setzt, der sollte sich zunächst auf glaubwürdige Weise von jener Art von Hauptamtlichkeit distanzieren, wie sie heute in vielen Verbandsverwaltungen anzutreffen ist. Ein Handeln nach dem Prinzip „Leistung" sucht man dort ebenso oft vergeblich wie auf der Seite vieler Ehrenamtlicher. Stechuhrmentalität, Vetternwirtschaft als Grundlage für Stellenbesetzungen, Führungslosigkeit und Abschieben von Verantwortung sind kennzeichnend für viele Sportverwaltungen. Bei vermehrter Hauptamtlichkeit ist angesichts dieser Situation vermehrte Bürokratie die Folge; das eigentliche Führungsproblem des Sports bleibt jedoch ungelöst.
Römische Zeiten sind interessante Zeiten, dies wird in den nächsten Jahren auch im Sport zu erfahren sein. Niedergang muss dabei nicht notwendigerweise die Folge sein. Das Rom von heute kann uns dies auf eindrucksvolle Weise zeigen.

(1992)

Spieglein, Spieglein an der Wand ... Spieltage in der Bundesliga der Eitelkeiten

Pünktlich zum Jahreswechsel hat im olympischen Sport der Jahrmarkt der Eitelkeiten Hochkonjunktur. Der Hochleistungssport, dessen Logik ganz wesentlich über Gramm, Sekunden und Zentimeter abgesichert wird, für den Tabellen, Ranglisten und Medaillenspiegel offenbar ein unverzichtbares Ausdrucksmittel sind, dessen Sieg-Niederlage-Maxime dem Hochleistungssportsystem seinen Sinn gibt: in diesem Hochleistungssport muss ganz offensichtlich auch die letzte Ecke, der kleinste Raum und das Unnötigste diesem dominanten Differenzierungsmuster unterworfen werden. Oben und Unten muss definiert sein, es muss den Ersten und den Letzten geben. Der beste Athlet, die beste Athletin, die beste männliche und die beste weibliche Mannschaft müssen gewählt werden; gesucht werden der beste Sportjournalist und der beste Sportfotograf. Vom Aufsteiger des Jahres muss gesprochen werden und immer ist auch das Gegenteil gefordert. Die „Zitrone", die „Niete", der „Looser", die „Absteiger" müssen also gefunden werden. Besonders attraktiv ist dieses Spiel, wenn dabei auch das Privatleben von Menschen beschrieben werden kann, wenn die Öffentlichkeit ihren Tribut verlangt und die Unterhaltungsbedürfnisse aus der Schlüssellochperspektive befriedigt werden.
Am Ende eines jeden Jahres kursieren deshalb auch die „Golden 25". Gemeint sind damit die vermeintlich bedeutendsten Sportfunktionäre der Welt aus der Sicht des Branchendienstes „Around the Rings". Auch andere Insiderblätter lassen zum Jahresende ihre Leser den Sportmann und die Sportfrau des Jahres, den Wirtschaftsboss und die Marketingagentur des Jahres bestimmen. Andere bedienen sich der Journalisten, um die Funktionäre des Jahres von den Absteigern unterscheiden zu lassen und umgekehrt bedient man sich einer Handvoll ausgelesener Funktionäre, die die Journalisten und die Sportredaktionen des Jahres zu küren haben.
Am Stammtisch werden dann die Ergebnisse diskutiert. Häme ist dabei nicht selten zu beobachten, wenn Jacques Rogge lediglich den dritten Platz einnimmt, hingegen Silvio Berlusconi – einer der vermutlich fragwürdigsten Politiker Europas – zum Sportführer des Jahres gekürt wird. Marion Jones tauchte auf solch einer Liste auf Platz 21 auf, obgleich sie bei den vergangenen Olympischen Spielen nur eine nachgeordnete Rolle gespielt hatte und sich unter Doping-Verdacht befand. Der Assistent des IOC-Präsidenten wird 24., während einflussreiche und durchaus erfolgreiche Sportfunktionäre, aus welchem Grund auch immer, keinen Eingang in diese Rangliste finden.
Niemand fragt sich dabei, wie solche Listen zustande kommen, welche demokratische Öffentlichkeit bei solchen Verfahren im Sport herrscht, nach welchen Regeln dieses besondere Spiel gespielt wird. Vieles deutet darauf hin, dass fast keine dieser Wahlen und Nominierungen auf objektive und valide Verfahren zurückzuführen sind. Es werden dabei nicht selten nur solche als Wahlmänner einbezogen, die bereit sind, mit ihrer Wahlentscheidung dem angestrebten Ziel zu entsprechen, das der Initiator des jeweiligen Rankings verfolgt. Jene, die mit ihrem Stimmzettel ein anderes Ziel verfolgen und entgegen dem gewünschten Ergebnis ihre Stimme abgegeben haben, können sich dabei immer nur wundern, dass die Wahlergebnisse und Nominierungen fast immer zu dem gewünschten einstimmigen Ergebnis gelangten, da die große Mehrheit der eingeladenen Wahlmänner offenbar bereit ist, sich an dem manipulierten Spiel zu beteiligen.

Den Siegern bei solchen Nominierungen und Wahlen kann dies alles nur Recht sein. Ist man als „Sportredaktion des Jahres" gekürt, so wird diese Wahl zum willkommenen Marketinginstrument. Wird ein Funktionär mit seinem Verband ausgezeichnet, so ist dies ein geeigneter Anlass, um sich gegenüber seiner Klientel als Sieger zu präsentieren. Niemand fragt, auf welcher Grundlage diese Ergebnisse ermittelt worden sind. Würde man sie offenlegen, wäre die Überraschung groß. Oft sind es nur wenige Journalisten, die den Funktionär des Jahres wählen und es sind dabei immer nur jene Journalisten, die es angeblich verdient haben, zu jener besonderen Wahlmännerelite des Sports zu zählen. Kaum anders sieht es bei der Wahl der Journalisten des Jahres aus.

Fragen wir, wie die „Sportler des Jahres" gewählt werden, so gibt es nicht weniger kritische Überlegungen. Zu oft wurde ein Wahlergebnis noch vor der Bekanntgabe korrigiert, nur weil man wusste, dass der Sieger bei der Präsentation nicht anwesend sein würde. Nicht weniger oft wurden die Sieger von mächtigen Verbandspräsidenten festgelegt, weil auf diese Weise die Verträglichkeit mit anderen Interessen am ehesten gesichert werden kann. Schon gar nicht wird gefragt, nach welchen Kriterien es wohl möglich sein könnte, erfolgreiche von weniger erfolgreichen Athleten, gute Journalisten von schlechten und inkompetente von kompetenten Funktionären zu unterscheiden.

Fragt man nach den Grundlagen einer Bewertung sportlicher Höchstleistungen, bleiben die Wahlmänner meist eine Antwort schuldig. Warum wird ein Sieger bei einem Formel-1-Rennen höher bewertet als der Sieger eines Ironman? Was zeichnet die Funktionärsleistung eines Herrn Berlusconi gegenüber jener eines Herrn Rogge aus? Solche und ähnliche Fragen sind offensichtlich unerwünscht. Stellt sie ein Betroffener auf eine vielleicht nicht ganz korrekte Weise, so hat er sich sogar in aller Form und in aller Öffentlichkeit zu entschuldigen.

Der Hochleistungssport braucht seine Rituale, er braucht seine Ereignisse des Sehen und Gesehenwerdens. Er braucht seine Zeremonien, seine Feste und seine Galas. Im Rampenlicht der Öffentlichkeit muss die dritte Halbzeit gespielt werden, damit sich der Sport mit seiner Macht in der Konkurrenz der glitzernden Unterhaltungsindustrie behaupten kann. Human Touch, Sieger und vom Thron Gestoßene haben schon immer das Interesse der Massen erreichen können. Das Spiel muss deshalb weitergehen und so wird wohl niemand einen Einwand haben, wenn auch im nächsten Jahr erneut die Bundesliga der Eitelkeiten ihren nächsten Spieltag hat: „Spieglein, Spieglein an der Wand, sag mir, wer ist der Beste im Land?" – so lautet das Gesellschaftsspiel, das ganz offensichtlich einen besonderen Unterhaltungswert besitzt. Auch für dieses Spiel gilt freilich jener Grundsatz, der für alle Spiele zu beachten ist. Es funktioniert nur, wenn alle mitspielen. Funktionäre geben ihre Stimme ab, Redaktionen beteiligen sich, Wirtschaftsunternehmen spielen eine aktive Rolle, es gibt Geldgeber und nicht zuletzt gibt es Rezipienten, Leser, Zuschauer und Galagäste, die sehr gerne bereit sind, als sicherer Resonanzboden die Zukunft dieses Sports zu sichern.

(2005)

Über Macht und Abhängigkeit oder Kolonialismus im Sport ist überwindbar

Merkmale des Kolonialismus
Auf einen ersten Blick hat das Phänomen der Kolonialisierung nur noch historische Bedeutung. Indien, China und aus deutscher Sicht bestimmte Regionen Afrikas wie Togo und Namibia werden in unseren Erinnerungen wachgerufen. Es war die längst vergangene Kaiserzeit, die Zeit des Reichkanzlers von Bismarck und des Kaisers Wilhelm II. Es war die Zeit, in der wir Deutschen uns in der Rolle von Kolonialherren gefielen und in den Einwohnern afrikanischer Länder Menschen sahen, die es zu kolonialisieren galt. Betrachten wir jedoch das Phänomen des Kolonialismus etwas genauer, so erkennen wir, dass die Strukturen, die dieses Phänomen kennzeichnen, keineswegs nur der Geschichte angehören. Ganz im Gegenteil: Sie sind heute sogar so allgegenwärtig, wie nie zuvor, wenn auch in einer etwas modernisierten Ausprägung. Dies gilt vor allem und gerade auch für den Bereich des Sports.

Mit dem Begriff des Kolonialismus wird eine Politik gekennzeichnet, die auf die Vermehrung des wirtschaftlichen, militärischen und machtpolitischen Nutzens des Kolonialherren ausgerichtet ist und bei der die zu kolonisierenden Bürger politisch unterdrückt und wirtschaftlich ausgebeutet werden. Neben ökonomischen Aspekten spielt dabei häufig auch das religiöse Sendungsbewusstsein der Kolonialherren eine wichtige Rolle. Der Kolonialismus ist geprägt von psychischer und körperlicher Gewalt und Unterdrückung gegenüber den indigenen Völkern.

Neuere Bestrebungen, kolonialistische Machtstrukturen wiederherzustellen, kann man mit dem Begriff des „Neokolonialismus" erfassen. Bemühungen zur Weiterentwicklung der Ideologie des Kolonialismus können mit dem Begriff des „Imperialismus" gedeutet werden. Folgt man der kommunistischen Ideologie, so stellt der Imperialismus das höchste Stadium des Kapitalismus dar.

Ursachen für den Kolonialismus und die mit ihm verbundenen machtpolitischen Bestrebungen sind vielfältig. Meist ist jedoch eine Hauptursache auszumachen. Ressourcentheoretisch findet bei einer Ressourcenknappheit auf der Seite des Kolonialherren ein „Ressourcenraub" im fremden Gebiet statt, ohne dafür angemessene Tausch- bzw. Gegenwerte anzubieten. Ein weiterer Grund für den Kolonialismus ist die Suche nach Macht und Wohlstand, ohne dass eine zwingende Notwendigkeit gegeben wäre. Durch Kolonien verschafft man sich einen guten Absatzmarkt, günstige Arbeitskräfte und billige Rohstoffe. Der Kolonialismus geht aber immer auch einher mit der Suche nach Prestige von Seiten des Kolonialherrn.

Neokolonialistische Tendenzen im Sport
Betrachten wir diese Charakteristika mit Blick auf den Sport von heute, so müssen wir erkennen, dass viele dieser Merkmale in einem übertragenen Sinne im Verhältnis zwischen dem Sport und seiner Umwelt anzutreffen sind. Systeme aus der Umwelt des Sports sind sozusagen auf der Ressourcensuche im fremden Gebiet des Sports, ohne dass sie dafür einen angemessenen Tauschwert bieten. Sie betrachten den Sport als Prestigeobjekt und in vielerlei Hinsicht wird dabei das Bedürfnis nach Macht befriedigt, ohne dass es hierfür zwingende Notwen-

digkeiten geben würde. Paradoxerweise scheint aber auch das Gegenteil der Fall zu sein. Der Sport und hier vor allem dessen machtorientierte und finanzstarke Organisationen wirken in Kolonialherrenmanier auf die Gesellschaft und befriedigen dabei nicht weniger dominant ihr Bedürfnis nach Macht. Prozesse, die sich gegenwärtig vermehrt im nationalen und internationalen Sport beobachten lassen, können somit als Kolonialisierungsprozesse beschrieben werden, wobei eine Kolonialisierung von außen durch Politik, Wirtschaft und Medien von einer internen Kolonialisierung, einer Machtausübung von bestimmten Sportbereichen über andere, zu unterscheiden sind. Diese Prozesse sind schon seit längerer Zeit mit der Entwicklung des modernen Sports auf das Engste verbunden. Der finnische Soziologe Heinilä hat sie mit seiner These der Totalisierung gekennzeichnet und dabei vor allem den Hochleistungssport einer fundierten Kritik unterworfen. Eichberg hat mit seiner Imperialismuskritik vor allem den abendländischen olympischen Sport im Blick, wenn er dessen zerstörerischen Einfluss – Sportexport als Wucherung – auf traditionale Kulturen beschreibt. Neben zahlreichen weiteren Sozialwissenschaftlern wäre vor allem auch noch Guttmann zu nennen, dessen Beobachtungen auf vergleichbare Prozesse verweisen. Die folgenden essayistischen Beobachtungen über den organisierten Sport gehen über die dort gemachten Beobachtungen hinaus. Mit Hilfe des Konstrukts des Kolonialismus soll auf aktuell sich ereignende Prozesse aufmerksam gemacht werden, die sich äußerst rasch und dynamisch vollziehen und möglicherweise einem umfassenden Systemwandel des Sports zur Folge haben.

Politik, Wirtschaft und Massenmedien in der Rolle von Kolonialherren
Im System des Sports und in dessen Beziehung zu seiner relevanten Umwelt lassen sich schon seit längerer Zeit in wachsendem Maße einseitig definierte Abhängigkeitsverhältnisse beobachten. Dabei ist es immer häufiger so, dass die Verantwortlichen des Sports, dass der Sport mit seinen Sportreibenden die Rolle der zu Kolonisierenden einnehmen und die Kolonialherren Vertreter jener dominanten Systeme sind, die über die notwendige Macht verfügen, den Sport in die Rolle des Bittstellers, des Abhängigen und nicht selten auch in die Rolle des sich selbst Erniedrigenden zu drängen. Der Sport verdankt seine massenhafte Entwicklung, seine globale Ausbreitung und seine als einmalig zu bezeichnende Erfolgsgeschichte im 20. Jahrhundert vorrangig und fast ausschließlich drei besonderen Partnerschaften. Der Sport ist umgeben von einem – man könnte sagen – magischen Dreieck, das die gesellschaftlich bedeutsamen Systeme der Wirtschaft, der Politik und der Massenmedien bilden. Der Sport ist dabei jenes attraktive System, auf das die besonderen Interessen dieser Umweltsysteme gerichtet sind.

Das Politiksystem instrumentalisiert den Sport für vielfältige politische Interessen: nationale Repräsentation im internationalen Wettbewerb, Sport als Spiegelbild nationaler Leistungsfähigkeit, Sport als Medium der Imagepflege der nationalen Streitkräfte, Sport als sozialintegratives Medium, Sport als zunehmend relevanter werdendes Instrument einer präventiven und kurativen Gesundheitspolitik. Die Reihe der politischen Instrumentalisierungen des Sports ließe sich fortführen.

Nicht weniger umfassend bedient sich das System der Wirtschaft des Sports. Hat der Sport in seinen Erscheinungsformen eine bestimmte Qualität und Quantität erreicht, so wird er systematisch einer ökonomischen Zweckbestimmung zugeführt. In der Marketingkommunikation vieler Unternehmen spielt der Sport eine zentrale Rolle: Er soll direkt zum vermehrten Verkauf von Gütern beitragen, er soll positive Wirkungen in Bezug auf das Klima in den Belegschaften der Unternehmen haben, er soll Imageprobleme lösen und er soll seine positiven gesundheitlichen und sozialen Wirkungen auch dem System der Wirtschaft zukommen lassen.

Die Rolle, die Teile des Sports für das System der Massenmedien heute spielen, ist nicht weniger offensichtlich. Der Sport liefert Lesestoff für die Printmedien und ist Programminhalt für Hörfunk und Fernsehen. Der Sport füllt Internetseiten und ist wichtiger Inhalt mobiler Kommunikation. Mittels Sport können sich die audiovisuellen Medien im dualen Konkurrenzsystem bewähren. Der Sport garantiert Einschaltquoten und Marktanteile und damit auf indirekte Weise eine Steigerung der Werbeeinnahmen. Der Sport schafft massenmediale Arbeitsplätze, macht Journalisten zu Stars und bietet das Forum für „human touch", für Sehen und Gesehenwerden, Klatsch und Tratsch und er ist wesentlicher Teil des Boulevards. Auch diesbezüglich ließen sich die Formen und Inhalte der verschiedenen Instrumentalisierungsweisen noch fortführen.

Der Sport in fremdbestimmter Abhängigkeit

Die Inanspruchnahme des Sports durch Politik, Wirtschaft und Massenmedien beschreibt einen Sachverhalt, der sich längst in der Welt des Sports etabliert hat und der gemeinhin als unproblematisch gilt. Die Verantwortlichen im System des Sports vertreten mehrheitlich diese Auffassung. Sie weisen jedoch darauf hin, dass es wichtig sei, dass die Organisationen des Sports ihre Autonomie bewahren, dass sich die Beziehung zwischen den genannten Systemen und dem Sport nicht als eine Einbahnstraße darstelle, sondern vielmehr ein Interessensausgleich anzustreben sei.

Wäre dies der Fall, so würden sich heute in der Beziehung zwischen Politik, Wirtschaft, Massenmedien und Sport gleichberechtigte Partner begegnen, die in einem kommunikativen Diskurs je eigene Interessen verfolgen, diese Interessen gegeneinander abwägen und tragfähige Kooperationsformen entwickeln, ohne dass die Interessen der Partner dominiert oder gar negiert werden.

Blickt man auf die tatsächlichen Beziehungsverhältnisse, so wie sie heute zwischen dem Sport und seinen Partnern existieren, so muss jedoch die Vermutung geäußert werden, dass die Praxis im Sport schon seit längerer Zeit der These widerspricht, dass an die Stelle von Macht- und Ohnmachtsverhältnissen eine Interessensgleichheit getreten ist. Die immer wieder bemühte Formel von der Autonomie des Sports, der man sich politisch und ideologisch verpflichtet fühlt, kommt zunehmend häufig nur noch Postulatscharakter zu. Ja, es kann die These vertreten werden, dass sich heute Wirtschaft, Politik und Massenmedien in der Rolle der Kolonialherren befinden und die Verantwortlichen im Sport und nicht selten auch die Sporttreibenden selbst die Abhängigen bzw. die Kolonisierten sind.

Will man prüfen, ob diese These zutrifft, so hat man die Kommunikationsverhältnisse zu beobachten, die zwischen dem Sport und seiner hier angesprochenen Umwelt bestehen. Man hat die Wertestruktur des Sports in den Blick zu nehmen und zu fragen, durch wen diese beeinflusst, verändert, dominiert und manipuliert wird. Man hat das Personal im Sport zu beobachten, das haupt- oder ehrenamtlich mit der Leitung des Sports beauftragt ist und wie sich das Personal unter dem Einfluss von Wirtschaft, Massenmedien und Politik verändert. Man hat die Logik der Entscheidungsprozesse in den Blick zu nehmen, wie sie in den Führungsgremien des Sports praktiziert wird. Man sollte auch das neu hinzugewonnene Personal beachten, das beim Generationenwechsel der Führungskräfte in den Sportorganisationen an Macht und Einfluss gewinnt. Man hat die Erneuerungs- und Anpassungsprozesse zu beachten, wie sie sich in den Sportverbänden und -organisationen ereignen und bei denen die Vorbilder den genannten Einfluss-Systemen entstammen. Man hat die Sportangebote selbst in den Blick zu nehmen, die die Sportorganisationen den Bürgern in unserer Gesellschaft unterbreiten. Schließlich hat man vor allem auch die Vertragswerke zu analysieren, die der Sport mit den jeweiligen Organisationen und Institutionen aus den Bereichen der Wirtschaft, der Massenmedien und der Politik abgeschlossen hat.

Tut man dies, so werden höchst problematische Verhältnisse, Sachverhalte, Kommunikationsstrukturen und vertragliche Regularien zu Tage gefördert, die mit Blick auf die geforderte Autonomie des Sportsystems mehr als bedenklich zu bezeichnen sind. Der Sport ist von einer umfassenden Ökonomisierung und Kommerzialisierung betroffen. Im Austausch zur Wirtschaft befindet er sich dabei in aller Regel in der Rolle eines Bittstellers. Bei Vertragsverhandlungen mit potenziellen Sponsoren kann man erkennen, wie einseitig die Machtverhältnisse verteilt sind. Die meisten Sportorganisationen müssen jedes ihnen gemachte Angebot nahezu zwangsläufig annehmen. Beabsichtigt ein Vertragspartner, sich vom Sport zu trennen, so sind solche Entscheidungen meist leidend hinzunehmen. Die Risiken sind bei diesen Partnerschaften sehr einseitig verteilt. Wechselt ein Unternehmen seine Marketingstrategie, so bleibt der Partner aus dem System des Sports von heute auf morgen auf der Strecke. Will man die dadurch entstandene Ertragslücke schließen, so müssen die Verantwortlichen des Sports nicht selten bei Repräsentanten der Wirtschaft zu Kreuze kriechen. Der Sport scheint dabei zu jeder Anpassung bereit zu sein und die Repräsentanten der Wirtschaft genießen ihre Rolle als Kolonialherren gegenüber den „Eingeborenen" aus der abhängigen Welt des Sports. Es kommt immer häufiger hinzu, dass die Wirtschaft vermehrt ihre Repräsentanten in die Führungsgremien des Sports entsendet, großzügig übernehmen sie die Rolle des Beraters und versuchen dabei indirekt mit diesen Interventionen, dem System des Sports die imperialistische Logik ihres Handelns aufzuzwingen.

Sportorganisation mit Kolonialherrenmanier
Die Situation des Sports ist heute jedoch keineswegs so eindeutig, wie das bislang gezeichnete Bild von der Macht der externen Kolonialherren und den bemitleidenswerten Abhängigen im System des Sports nahelegt. Die Kolonialismusthese kann auch umgekehrt werden. Der Sport ist dabei in der Rolle der Kolonialmacht und verfügt über mächtige Kolonialherren. Vom Sport

abhängig sind dabei einzelne Personen, Organisationen, Institutionen bis hin zu ganzen Staaten. Im System des Sports werden dabei bedeutsame Werte unserer Gesellschaft wie Fair Play und Solidarität lediglich ideologisch vorgetäuscht, in der Realität herrscht jedoch das Gesetz des ökonomisch Mächtigen. Dabei gibt es nur wenige, die über umfassende Macht verfügen und sehr viele, die sich als ohnmächtig wahrnehmen.

Mächtig sind dabei vor allem internationale Sportorganisationen, wie z. B. das IOC, die FIFA oder die IAAF. Aber auch einzelne nationale Sportverbände, wie z. B. der DFB, können dominante Rollen ausüben. Bei keiner anderen Sportart wird die Rolle des mächtigen Kolonialherren deutlicher als beim Fußball, bei dem die FIFA längst die Definitionsmacht über jene Regeln besitzt, über die sich der Fußballsport mit anderen gesellschaftlichen Teilsystemen austauscht. Wer als Mitgliedsverband die Fußballweltmeisterschaft ausrichten möchte, muss deshalb zu allererst seine Regierung davon überzeugen, dass sie sich mit ihrem Steuerrecht den Bedingungen der FIFA anzupassen hat. Auch die Qualitätsstandards für die Stadien werden von der FIFA vorgeschrieben. Angesichts der Macht und des damit verbundenen finanziellen Reichtums darf es dabei nicht verwundern, dass die Repräsentanten der FIFA in der politischen Hierarchie einen Status einnehmen, der für die Führungseliten des Politik- und Wirtschaftssystem typisch ist.

Auch das IOC befindet sich in einer mächtigen Position. Nur so kann es Bedingungen definieren, unter denen Olympische Spiele stattfinden können. Dies hat in der Regel zur Folge, dass bei der Ausrichtung von Olympischen Spielen dem privaten Sektor und den Sportorganisationen hohe Gewinne zufließen, die Verluste hingegen von der öffentlichen Hand und den jeweiligen nationalen Ausrichtern getragen werden müssen.

Viele internationale Sportorganisationen verfügen heute über eine Lizenzierungsmacht, die weit hinein in den gesellschaftlichen Alltag reicht. Die IAAF definiert beispielsweise nicht nur, wie sich ein Hürdenlauf zu ereignen hat, welche Lauf- und Wurfdisziplinen bei Weltmeisterschaften und Olympischen Spielen als Wettkämpfe zugelassen sind. Sie vergibt vielmehr auch die Lizenzen für die Wurfgeräte, für die Hürden, für Hochsprunganlagen und Kunststoffbahnen. Ändert die IAAF ihre Regeln, so hat dies Konsequenzen bis hinein in den Schulsport. Wird die Form und das Gewicht der Hochsprunglatte neu definiert, werden neue Gewichtsklassen für den Speerwurf festgelegt oder kommt es zur Vereinbarung von neuen Qualitätskriterien für Kunststoffbahnen, so hat dies für den Sportstättenbau und für die Ausstattung von Sportanlagen auf der gesamten Welt Bedeutung.

In gewissem Sinne sind die Sportorganisationen „Weltmächte" mit einer umfassenden Definitionsgewalt. Die koloniale Gewalt, die ein Teil des Sportsystems ausübt, reicht dabei weit über diese eher technischen Belange hinaus. Dies wird einmal mehr am Beispiel des Fußballs und der FIFA sichtbar, wenn diese die gesamte Weltöffentlichkeit mit ihrer Weltmeisterschaft über mehr als vier Wochen eines Jahres in Anspruch nimmt, die Aufmerksamkeit auf sich zieht, nationale Ökonomien im positiven wie im negativen Sinne dabei beeinflusst und das Zeitbudget von Institutionen, Gruppen, Unternehmen und ganzer Gesellschaften okkupiert und dabei nahezu einen Ausschließlichkeitsanspruch erhebt. Die Machtgelüste sind dabei derart groß geworden, dass eine Selbstbescheidung der FIFA kaum noch erwartet werden kann.

Auch von einer Solidarität gegenüber anderen Sportorganisationen sind die mächtigsten Sportverbände weit entfernt. Vielmehr prägt der finanzielle Steigerungsimperativ das Handeln der Funktionäre. Der Einfluss und die Dominanz weniger Sportarten scheint ins Unermessliche zu reichen. Das Fernsehen tut dabei das Seinige und nicht zuletzt sind es die Zuschauer selbst, die den beschriebenen Sachverhalt zur „selbst erfüllenden Prophezeiung" werden lassen. Wenn etwas dominant ist, so hat man sich an das Dominante gewöhnt und wünscht dessen Vermehrung. Genau dies ereignet sich seit mehreren Jahren beim Fußball und bei der Fußballberichterstattung. Von Montag bis Sonntag vergeht kein Tag, an dem die Zuschauer nicht an den Fußball gebunden werden. Die Sendezeiten für den Fußballsport wachsen und wachsen. Fußball ist das alleinige Zentrum des Sports, alles andere muss sich mit der pejorativen Bezeichnung „Randsportart" begnügen.

Fairness als politische Herausforderung
Der Sport zeigt sich uns somit als eine paradoxe Erscheinung. Es gibt in ihm Kolonialherren und Kolonialisierte, Abhängige und Mächtige. Der Sport ist in sich gespalten. Wenige haben das Sagen und immer mehr werden an den Rand gedrängt. Immer häufiger sind Sportarten gefährdet und in ihrer finanziellen Zukunft von großer Unsicherheit geprägt. Andere leben im Überfluss, wissen nicht wohin mit ihren lukrativen Einnahmen. Der Sport scheint ein Spiegelbild der Gesellschaft zu sein. Ambivalenzen, Paradoxien und Widersprüchlichkeiten, so wie sie in der Gesellschaft anzutreffen sind, prägen auch den Sport. Für die Mächtigen im Sport dient dieser Vergleich meist als Alibi für ihr problematisches und nicht selten unsoziales Handeln.
Dieser einseitigen Argumentation kann mit dem Hinweis begegnet werden, dass der Sport auch anders sein kann. Es gibt Möglichkeiten für einen besseren Sport. Es gibt einen fairen Sport, auch dann, wenn der Betrug im Sport zum Alltag geworden ist. Es gibt die Möglichkeit zur Solidarität auch dann, wenn derzeit im Sport der finanzielle Egoismus dominiert. Auch im Sport können die Maximen der anspruchsvollen Leistung, der gerechten Anerkennung und der fairen Beurteilung der Besten ihre Anwendung finden. Ohne Zweifel sind die Werte, die den Sport aus kultureller Sicht als wertvoll erscheinen lassen, in den vergangenen Jahrzehnten im System des Sports aus der Balance geraten. Diese Situation kann von uns jedoch beeinflusst werden. Der Sport ist keineswegs etwas Schicksalhaftes. Er ist vielmehr machbar. Er wird von Menschen für Menschen gemacht. Genau darin liegt heute nicht weniger die Chance, als dies in der Vergangenheit der Fall war.
Die Kolonialismus-These, so wie sie hier in einer doppelten Lesart diskutiert wurde, verweist auf Herr-Knecht-Verhältnisse in der Welt des Sports, wie sie mit Blick auf einen wünschenswerten humanen Sport entschieden abzulehnen sind. Es sind deshalb Vorbilder gesucht, bei denen die kolonialen Verhältnisse überwunden sind und bei denen sich der Sport nach innen und nach außen durch faire Partnerschaften auszeichnet.

(2006)

Das Gerede von der großen Sportfamilie

Für den Zusammenhalt von Industriegesellschaften hat die Institution der Familie nach wie vor eine herausragende Bedeutung. Gemeint ist damit eine durch Abstammung oder Geschlechtsgemeinschaft in Verbindung stehende Gruppe von Menschen. Zu einer Familie gehörten ursprünglich nur die durch Abstammung blutsverwandten Individuen und zu Beginn der Zivilisation war es vorwiegend die Mutter, die das Haupt der Familie bildete, während der Vater der Familie eher fern blieb, sodass er in manchen Fällen gar nicht als Blutsverwandter seiner Kinder betrachtet wurde. Eine derartige Auffassung der Familienverwandtschaft wird noch heute in einigen Stammeskulturen ausgeübt. Längst ist jedoch das Matriarchat durch das Patriarchat ersetzt worden und das Institut der monogamen oder polygamen Ehe wurde rechtlich begründet. Stellt man sich die Frage, durch welche besondere Qualität die Institution der Familie sich auszeichnen soll, so geben uns frühere Lexika neben den genannten definitorischen Merkmalen eindeutige Antworten. So wird in Meyers Konversationslexikon aus dem Jahre 1889 darauf hingewiesen, dass durch die Natur der menschlichen Lebensverhältnisse die Familienmitglieder auf ein „gegenseitiges Zusammenhalten und Unterstützen" und auf einen „besonders freundschaftlichen und liebevollen Verkehr" angewiesen sind. Die Grundsätze, welche in dieser Beziehung für das Familienleben maßgebend sind, gehören zumeist der Moral und der Religion an, da die Bedeutung der Familie eine vorwiegend sittliche ist.

Neben dieser üblichen Bedeutung des Familienbegriffes muss jedoch beachtet werden, dass die Bezeichnung „Familie" vielfach auch noch in einem anderen Sinn gebraucht wird. So bezeichneten die Römer mit Familie oft alles, was ein freier Bürger besaß und was seinen Hausstand ausmachte, also auch die dazugehörigen Sklaven. Im mittelalterlichen Lehens- und Feudalwesen verstand man unter Familie die Gesamtheit der einem Gutsherrn unterstellten Hörigen.

Angesicht dieser Bedeutungsänderung kann es nicht überraschen, dass sich ganze Organisationen des Familienbegriffs bemächtigt haben. Besonders häufig wird dabei der Begriff der Familie in der Welt des Sports in Anspruch genommen. Ist man Gast bei den Olympischen Spielen, so begegnet man der „Olympic Family". Bei Leichtathletik-Weltmeisterschaften haben die Organisationskomitees den Belangen der „IAAF-Family" zu entsprechen und natürlich hat auch der Weltfußball-Verband, die FIFA, seine eigene „FIFA-Family". Wie selbstverständlich reden auch die Repräsentanten der Politik und Sportpolitik von der großen „Sportfamilie", von einer besonderen Wertegemeinschaft des Sports und längst gehört es zum rhetorischen Standardrepertoire vieler Funktionäre, die Fahne der Solidarität zu schwingen.

Wenn die Verantwortlichen in den Organisationen des Sports den Familienbegriff verwenden, so möchten sie damit zum Ausdruck bringen, dass die Mitglieder dieser Familie sich bestimmten Idealen verbunden fühlen, den olympischen Idealen im weitesten Sinne und den Idealen des Sports im Speziellen. Mitglieder der Familie des Sports sollen sich dabei am Ideal des Fair Play, der Solidarität, der Internationalität, des gegenseitigen Respekts, einer gemeinsamen Haltung gegen Betrug, Doping, Gewalt und Korruption orientieren und für das Ideal einer Erziehung

im olympischen Sinne einsetzen. Gemeint ist somit ein Verständnis von Familie, das eher sittlich und moralisch begründet ist; Gleichheit und Partizipation sind dabei wichtige Maximen.
Betrachtet man allerdings das alltägliche Leben in den „Sportfamilien", so muss man jedoch erkennen, dass diese Ideale eher bedeutungslos geworden sind und die Realität vielmehr dadurch geprägt wird, wogegen sich die Ideale richten. Feudale Strukturen sind immer häufiger zu erkennen und Hierarchie und Abhängigkeit scheinen prägend zu sein. Ausgeprägte Egoismen verhindern häufig solidarische Verbundenheit, ein wachsender Doping-Betrug und Gewaltausschreitungen überdecken zu oft die Möglichkeit des friedlichen Spiels und Wettkampfes; eine international sich ausbreitende Korruption verhindert demokratische Entscheidungsprozesse und die Geldgier vieler Beteiligter führt die erzieherische Qualität des Sports ad absurdum. In den internationalen Organisationen des Sports werden demokratische Ideale meist nur noch als Fetische propagiert. Die tatsächlichen Entscheidungsprozesse entziehen sich hingegen immer häufiger jeglicher demokratischer Legitimation. Immer öfter werden Wahlen manipuliert, oppositionelles Denken diskriminiert und angepasstes Verhalten belohnt. Manche Repräsentanten des Sports begeben sich – selten ungewollt, meist jedoch bewusst – in Abhängigkeit von Diktatoren und autoritären politischen Regimen. Die Vergabe von internationalen sportlichen Wettkämpfen wird häufig manipuliert. Wer nicht mitmacht, gilt als naiv, ist Außenseiter, wird allenfalls am Rande noch toleriert und früher oder später ausgebootet. Sportpolitik in den internationalen Sportverbänden, vermehrt aber auch in nationalen Sportverbänden, ist vorrangig Machtpolitik, ausgerichtet an vordergründigen Interessen. „Geld haben oder nicht haben" ist zum zentralen Code des globalen Sportsystems geworden. Wozu Verbände immer mehr Geld benötigen, wer davon wie profitiert, dies sind dabei eher nachgeordnete Fragen. Zu viele Budgets, insbesondere der internationalen Verbände, unterliegen zu selten einer demokratischen Kontrolle. Eine ganze Reihe von internationalen Sportfachverbänden wird von Autoritäten geführt, die ihre Autorität nur bedingt jenen Merkmalen zu verdanken haben, durch die sich demokratische Autoritäten auszeichnen sollten. Immer mehr Präsidenten der internationalen Verbände neigen zur Alleinherrschaft und erhalten ihre Unterstützung per Akklamation. Ihr Lebensstil hat meist nur noch wenig mit jenem gemein, den sie selbst in ihren öffentlichen Reden propagieren. Präsidenten nahe stehende Clans können von diesem Führungsstil profitieren und die hauptamtlichen Mitarbeiterstäbe zeichnen sich durch devote Unterwerfung gegenüber den selbsternannten „Herrschern" aus.
In dieser Art von Familie wird nur noch hinter vorgehaltener Hand Kritik geübt. Die Gerüchteküche ist dabei ständig am brodeln, in manchen Familien könnten damit ganze Chatrooms gefüllt werden. Solidarität ist hingegen in dieser Art von Verbandsfamilien zum Fremdwort geworden. Sie zeichnen sich vielmehr durch straffe Hierarchien aus. Wer oben ist, partizipiert am Erfolg, wer sich am Rande befindet oder gar unten angelangt ist, muss schauen, wie er in dieser Familie von den Brosamen leben kann, die ihm die Mächtigen überlassen. Ein positives Verständnis des Begriffs der Familie wird in der Welt des Sports ganz offensichtlich mit Füßen getreten.
Dabei könnte dieser Begriff durchaus bedeutungsvoll und perspektivisch sein. Die Idee der Großfamilie hat nach wie vor eine herausragende Bedeutung. Mehrere Generationen leben ge-

meinsam in einem Haus über Jahre und Jahrzehnte, es gibt ein Kommen und Gehen von Kindern, Enkeln und Urenkeln, mit aller Freud und allem Leid. Eine solche Großfamilie kann durchaus ein bedeutsames Zuhause sein. In der Großfamilie wird man als Mitglied von der Familie getragen, meist ist jemand da, mit dem man sprechen kann, für den man etwas tun kann, für den man etwas tun muss. Erziehungsfragen werden gemeinsam besprochen, das Essen hält dabei Leib und Seele zusammen, auch die Nachbarschaft wird dabei mit eingebunden. Die Großfamilie bot einmal alles, was heute oft von jungen Frauen und jungen Männern mühselig in Interessengruppen und Netzwerken organisiert werden muss. Die Großfamilie bietet dies alles wie von alleine. Das Netzwerk Familie trägt dabei seine Mitglieder, auf dieses Netzwerk ist Verlass. Alle wissen, dass sie zusammengehören, sie sind einander an- und zugehörig. Als großes Netz verträgt es keinen Riss. Es mahnt zur Bescheidenheit. Man sollte dabei den eigenen Platz nicht mit Ansprüchen an andere überlasten. Den eigenen Platz in dieser Familie zu finden, aber nicht unnötig auszudehnen, darin muss jedes Mitglied der Familie seine Meisterschaft suchen. Damit ist aber auch jene Freiheit zu gewinnen, durch die sich diese Art von Familie auszeichnet.

Die Idee der Großfamilie könnte somit für den Sport durchaus richtungweisend sein. Ganz offensichtlich ist dies jedoch nur dann möglich, wenn der Sport selbst sich mit seinen Familien als eine Wertegemeinschaft versteht, in denen die Werte wirklich gelebt werden und sich nicht nur als ein bloßes Alibi erweisen.

(2007)

Auf dem Weg zur Selbstzerstörung

Zur Gleichzeitigkeit von Progression und Regression – befindet sich der moderne Wettkampfsport auf dem Wege zur Selbstzerstörung?

Es lohnt sich, einen Blick auf das Ende der antiken Olympischen Spiele ebenso wie auf den Verfall des Römischen Reiches zu werfen. Tut man dies, so lässt sich erkennen, dass sich aktuelle Probleme in aller Regel nicht durch Einmaligkeit auszeichnen und dass auch in früheren Zeiten komplexe, kritische Situationen nicht gelöst wurden, obgleich die jeweiligen Gesellschaften über das notwendige Lösungswissen verfügten. Der Blick in die Geschichte eröffnet uns vor allem eine wichtige Erkenntnis: Verfall folgt notwendigerweise auf Entwicklungsstadien, die durch Wachstum geprägt sind und Wachstum und Verfall können fließend ineinandergreifen, ohne dass die Verfallstendenzen den Menschen bewusst sind.

Die Krise der antiken Olympischen Spiele wurde vorrangig durch einen Religionskonflikt ausgelöst, der zwischen den heidnischen Religionen und dem Christentum ausgetragen wurde. Kaiser Theodosius I, der sich zum Christentum bekehren ließ, verbot im Jahr 393 n. Chr. alle heidnischen Spiele und Feste. Damit wurden auch nach einer Dauer von eintausend Jahren die antiken Olympischen Spiele eingestellt. Die Krise wurde aber auch dadurch bedingt, dass die Spiele zum Tummelplatz für Profis wurden, die vor allem an Siegen und finanziellen Entlohnungen interessiert waren. Sie wollten deshalb an möglichst vielen Wettkämpfen teilnehmen, nicht nur an den Panhellenischen Spielen, sondern auch an allen kleineren Veranstaltungen. Die Öffnung der Spiele war ein weiterer Grund für den Niedergang. Waren die griechischen Spiele von einem religiösen Hintergrund geprägt, so veränderte sich der Charakter der Spiele. Sie wurden weltlich und dienten vorrangig der Unterhaltung der Römer. Die Zuschauer wollten ihren Spaß haben, der Wettbewerbsgeist, die Freude am Kräftemessen und an der Höchstleistung interessierte die Römer nur sehr nachgeordnet.

Ob wir uns in der Welt des Sports in diesen Tagen in einer vergleichbaren Krise befinden, kann nur vermutet werden. Blicken wir auf die harten Fakten, auf die noch immer zunehmenden Mitgliederzahlen in den Sportorganisationen, auf die noch immer wachsende Anzahl von Sportveranstaltungen und vor allem auf die mit Sport immer mehr zu erzielenden ökonomischen Gewinne, so scheint sich die Periode des Wachstums des modernen Sports kontinuierlich zu verlängern. Doch möglicherweise sollte gerade angesichts dieser erfreulichen Fakten an der Oberfläche des Sports die Frage nach den tiefenstrukturellen Veränderungen gestellt werden, die mittlerweile im Gange sind und die möglicherweise das System des Sports aus sich selbst heraus gefährden. Zu fragen ist: Schließt dieses ins Auge springende Wachstum schon den unbemerkten Verfall ein?

Will man dieser Frage nachgehen, so lohnt es sich, die Frühphase des modernen Sports zu betrachten. Es ist die Zeit, als in England jener Transformationsprozess stattfand, in dem sich aus den traditionellen volkstümlichen Spielen heraus die Strukturen des modernen Sports abzuzeichnen begannen, die später dann typisch für die Industriegesellschaften werden sollten. Anstelle einer informellen Organisation, beruhend auf der lokalen Sozialstruktur trat eine hochspezifische formale Organisation, die sich institutionell durch eine lokale, regionale, nationale und internationale Ebene auszeichnete. Einfache, ungeschriebene Gewohnheitsregeln, die traditionell legitimiert waren, wurden durch komplexe und formelle, d. h. geschriebene Regeln ersetzt. Der Sport entwickelte seine eigenen rational-bürokratischen Prozesse. Standardisierte nationale und internationale Regeln traten anstelle regionaler Regelvarianten. Der Raum, die Zeit und das Personal wurden präzise festgelegt. Der Einfluss natürlicher und sozialer Unterschiede auf die Sport- und Spielmuster wurden verringert oder ausgeschaltet. Anstelle einer niedrigen trat eine hohe Rollendifferenzierung. Es kam zur Trennung zwischen Spieler- und Zuschauerrolle, die informelle soziale Selbstkontrolle wurde durch offizielle Kontrolle, durch Schiedsrichter und Kampfrichter ersetzt. Physische Gewalt, die einstmals toleriert wurde, emotionale Spontaneität und geringe Zurückhaltung wurden einer Überwachung unterworfen. Kennzeichnend wurde ein niedriger Grad an sozial tolerierter physischer Gewalt. Anstelle von Gewalt trat Geschicklichkeit und alle Entscheidungen oblagen nun einem externen Schiedsgericht.

Mit dieser Charakterisierung kann gezeigt werden, dass der moderne englische Sport schon in der Frühphase seiner Entstehung auf Internationalität ausgerichtet ist, dass Gleichheit der Bedingungen die besondere Botschaft dieses modernen Sports ist und dass deshalb die von den Athleten und deren Stellvertretern vereinbarten Regeln der Sportarten das einmalige Medium einer sportiven Globalisierung darstellen.

In dieser Frühphase der Sportentwicklung zeigt sich aber auch bereits das zweite entscheidende konstitutive Merkmal des modernen Leistungssports. Dieser Sport ist auf Wetteifer ausgerichtet, auf Konkurrenz, die jedoch immer gleichzeitig auf Kooperation angewiesen ist. Der Begriff der „Wette" verweist auf die Prognose über den Sieg. Es geht in diesem modernen Sport eindeutig und vorrangig um Sieg oder Niederlage und der Begriff der Wette verweist auf eine materielle Investition, die auf Gewinnmaximierung ausgerichtet ist. Sportive Globalität, Internationalismus, gleiche Regeln sowie sportliche Leistung als Ware im Tausch gegen Geld können somit als die konstitutiven Merkmale angesehen werden, wie sie seit der ersten Stunde den modernen Sport prägen. Die Weltleidenschaft der englischen Adeligen war somit grundlegend für den modernen Sport, für die „Entdeckung" von Regeln und damit auch für das Fair Play-Prinzip.

Jedes dieser Merkmale befand und befindet sich seit dieser Frühphase des modernen Sports auf dem Siegeszug. Sportive Globalität und Internationalität dokumentiert sich in den wachsenden Mitgliederzahlen im IOC, in den wachsenden Mitgliederzahlen in internationalen Fachverbänden, in der wachsenden Zahl der Sportarten, die weltweit betrieben werden und nicht zuletzt in der wachsenden Zahl der Freizeitsportler, wie sie überall auf dieser Welt beobachtet werden kann.

Der Tauschcharakter (Leistung gegen Belohnung), das zweite Merkmal des Sports, verweist nicht weniger auf große Erfolge. Die Sport-Wetten gibt es noch heute. Sie wurden jedoch immer erfolgreicher durch neue ökonomisch erfolgreichere Austauschformen ergänzt. Die sportliche Leistung wird gegen die Fernsehberichterstattung eingetauscht oder in Sponsorenverträgen versichert sich die Wirtschaft der sportlichen Leistung. Mit der Vermarktung von Athleten, Sportveranstaltungen, Vereinen, Mannschaften und Verbänden werden Milliarden-Umsätze erzielt. Der Sport zeichnet sich heute durch eine umfassende Kommerzialisierung aus, die bis in die kleinsten Nischen unserer Gesellschaft reicht.

Lediglich der dritte Baustein, das Regelsystem des Sports, scheint nicht ganz so erfolgreich zu sein, wie dies für seine Partner gilt. Doch auch hier scheint sich an der Oberfläche durchaus eine Erfolgsgeschichte ereignet zu haben, denn der Sport verfügt über ein Regelsystem, das wohl wie kein anderes weltweit akzeptiert wird. Aus wenigen Fußballregeln sind mittlerweile komplizierte, umfassende Regeln geworden, aus wenigen Leichtathletikdisziplinen sind 44 olympische Teildisziplinen geworden. Die Wettkampfregeln aller Sportarten befanden und befinden sich in einem dauernden Revisionsprozess, Zeitgemäßheit ist dabei die Maxime. Regelinnovationen bis hin zu ganz neuen Sportarten machen deutlich, dass sich der Sport durchaus als modernisierungsfähig erwiesen hat. Einige Sportarten kamen auf diese Weise hinzu, andere sind dabei bedauerlicherweise verloren gegangen.

Auf den ersten Blick scheinen diese Veränderungen ziemlich belanglos zu sein. Doch es lohnt sich, die Frage nach der Regelstruktur des Sports etwas genauer zu analysieren. Es scheint angebracht zu sein, etwas unter die Oberfläche zu schauen, will man erkennen, dass sich der Sport möglicherweise in einer äußerst gefährlichen Entwicklungsphase befindet. Dazu ist notwendig, dass man sich noch einmal der grundlegenden Idee des modernen Sports versichert, bei der die „Mündigkeit der Sporttreibenden" und die „Autonomie der Sportorganisationen" eine zentrale Rolle einnehmen.

Das moderne Sporttreiben beruht auf Konventionen der Sporttreibenden. Deren Konventionen sind darauf ausgerichtet, dass sie den Beteiligten am Sport die Befriedigung bestimmter Bedürfnisse, besondere Erlebnisse und spezifische Erfahrungen ermöglichen. Das Besondere am sportlichen Wettkampf ist dabei der „Witz" dieses Wettkampfs, der über eine „egoistische Sportivität" gewährleistet wird. Aber auch das Prinzip des Siegen-Wollens, das über das Bemühen um die bestmögliche Leistung zum Ausdruck gebracht wird, ist für den sportlichen Wettkampf grundlegend. Um diese Prinzipien zu gewährleisten, benötigt der Wettkampfsport nicht nur schriftlich niedergelegte Regeln, sondern vor allem sein Prinzip des Fair Play, das deshalb elementar ist. Er benötigt den ausgegrenzten und geschützten Sportraum und er bedarf – bei aller bestehenden Chancenungleichheit – der gleichen Ausgangsbedingungen für die beteiligten Parteien. Der Wettkampf selbst muss sich durch die Möglichkeit des offenen Ausganges auszeichnen.

Haben wir diese Idee von Autonomie im Blick und schauen wir nun auf Erscheinungsformen des modernen Sports, so wird das oberflächliche Regelbild sehr schnell getrübt. In einigen Sportarten finden Prozesse der Regelveränderungen statt, die sich konträr zu diesen Prinzipien verhalten.

In fast allen Mannschaftssportarten ist es zwischenzeitlich üblich geworden, dass Zuschauer, die die Heimatmannschaft unterstützen, sich durch verbale Injurien und Fäkalien auszeichnen. Beim Profi-Basketball werden beispielsweise Spieler bei ihren Aktionen durch die Zuschauer bewusst gestört und beim Fußball können Sprechchöre wie: „gelbe Karte, rote Karte, raus du Sau" wohl kaum anders interpretiert werden, als die Potenzierung jener Foulhandlung auf dem Spielfeld, auf den sich der Sprechchor bezieht. Besonders problematisch sind solche Erscheinungsformen, wenn sie noch von Hallen- und Stadionsprechern unterstützt, animiert und provoziert werden. Von einer Atmosphäre des Fair Play kann deshalb heute bei vielen Ballspielsportarten, wenn sie als Zuschauersport betrieben werden, wohl kaum noch gesprochen werden.

Bei manchen Showsportarten, wie z. B. bei Formel-1-Rennen. werden nicht selten die Regeln dem Marketing geopfert und das Fair Play-Prinzip mit Füßen getreten. Stallregie kann dabei über Sieg und Niederlage entscheiden. Lässt Michael Schumacher absichtlich seinen Stallgefährten kurz vor der Ziellinie passieren, so hat dies außer den Pfiffen der Zuschauer keine weitere Folge. Das Prinzip des Siegen-Wollens, das für sportliche Wettkämpfe konstitutiv ist, wird einem abgekarteten Marketing-Spiel geopfert.

In europäischen Basketball-Ligen ist es üblich geworden, dass sich die meisten Mannschaften erst wenige Tage vor Beginn der Ligasaison zusammenfinden und die Konstellation dieser Mannschaften ausschließlich über den zur Verfügung stehenden Spieleretat begründet wird. Hunderte von viert- und drittklassigen amerikanischen Basketball-Profis, zweit- und erstklassige europäische und osteuropäische Spieler und einige südeuropäische Professionals bilden dabei einen Spielerzirkus, der vor jeder Saison einmal neu durchgemischt wird. Dass auf diese Weise ein systematisches Training vor der Saison und eine konsequente mittel- und langfristige Vorbereitung einer Mannschaft auf weiterführende Ziele eher die Ausnahme als die Regel ist, scheint nahe liegend zu sein. Doch das ist nicht genug: Während der Liga kann nahezu beliebig ein Spielertausch stattfinden. Kurzfristiger Weiterverkauf und Abwerbung von Spielern sind üblich geworden. Ja, es ist möglich, dass zwei Konkurrenten, die punktgleich die Tabellen anführen, sich gegenseitig ihre besten Spieler vor dem entscheidenden Aufstiegsspiel abwerben, ohne dass dies durch Regeln verboten wäre. Geld, Glück und Schicksal, geprägt von überraschend bereit gestellten Finanzleistungen, entscheiden auf diese Weise über Sieg und Niederlage.

Auch im Handball ist es längst üblich geworden, das mögliche Leistungsniveau von der mäzenatischen Hilfe weniger Einzelpersonen abhängig zu machen. Auch hier befinden sich tausende von bezahlten Gladiatoren in einem Karussell, das vor jeder Saison beschleunigt gedreht wird und das am Ende zur Folge hat, dass z. B. ein Meister bei seinen Heimspielen mit sieben Spielern aufläuft, bei denen keiner über eine deutsche Staatsangehörigkeit verfügt.

In der Leichtathletik ist schon seit längerer Zeit ein global agierender Wanderzirkus zu beobachten, in dem vor allem Läufer aus Osteuropa, Kenia, Äthiopien und Marokko eine zentrale Rolle spielen. Mehrere tausend Leichtathleten jetten dabei durch die Welt und tingeln, angeleitet und teilweise auch finanziell bevormundet von ihren Managern, von einem Event zum nächsten: Vom Altstadtlauf zum Citylauf, vom Marathon zum Halbmarathon, vom Nachtlauf zum Silvesterlauf. Kaum anders sieht es im Tischtennis oder im Ringen aus: Chinesen, Türken, Osteuropäer, aber auch einige Skandinavier prägen dabei einen Spieler-Transfer-Markt und bedingen Wettkampfstrukturen, die im Wesentlichen von vermögenden Einzelpersonen abhängig sind, mit deren Geld eine Mannschaft gekauft, aber genau so gut verkauft oder dem Konkurs zugeführt werden kann.

Das gravierendste Problem des internationalen Wettkampfsports ist der umfassende Doping-Betrug, wie er in allen olympischen Sportarten schon seit längerer Zeit zu beobachten ist. Das Problem des Betrugs an sich erweist sich dabei als unlösbar, weil es in der Struktur und Logik der Regeln angelegt ist, dass Regeln befolgt werden können. Ebenso ist es aber möglich, dass Regeln nicht eingehalten werden. Zur Natur des Sports gehört es somit, dass man mit Regelverstößen zu leben hat. Gleichzeitig ist es aber wichtig, dass man sich bewusst ist, wie notwendig die gesetzten Regeln sind und wie wichtig es ist, wenn ihre Einhaltung geschützt wird. Bei dieser besonderen Aufgabe, die sich für alle Verantwortlichen in den nationalen und internationalen Organisationen stellt, zeigt sich aber die eigentliche kritische Entwicklung des Spitzensports. Der Kampf gegen den Doping-Betrug findet überwiegend über Appelle, mediale Inszenierungen und Beschwichtigungsbemühungen statt. Für zu viele Funktionäre ist das Doping-Problem allenfalls ein Imagethema, das sich störend bei der Suche nach Partnerschaften mit dem Fernsehen und der Wirtschaft auswirken kann. Ansonsten wird das Problem vertagt. Es kommt immer nur dann auf die Tagesordnung der Gremien des Sports, wenn diese zu reagieren haben, weil der Druck der Öffentlichkeit es nahelegt. Das Problem wird somit bagatellisiert, ohne es auch nur annähernd in seiner Reichweite ermessen zu können. Aus den Statistiken der IOC-Labors wird auf einen überwiegend sauberen Hochleistungssport geschlossen, wohl wissend, dass diese Statistiken für diese Vermutungen keine Grundlage sein können. Wenn ein Radprofi darauf hinweist, dass nicht nur er, sondern alle Radprofis sich der medikamentösen Manipulation schuldig gemacht haben, so reichen wenige Dementis, um das lästige Doping-Thema für einige Wochen und Monate beiseite zu schieben. Hinter vorgehaltener Hand sprechen jedoch fast alle Verantwortlichen darüber, dass sich eine Tour de France ganz offensichtlich seit mehr als einem Jahrzehnt durch intensive Doping-Manipulationen auszeichnet und fast alle Experten vertreten die Auffassung, dass die dort vom Athleten erwarteten sportlichen Leistungen ohne Manipulation nicht möglich sind. Kaum anders sind die herausragenden Leistungen im Schwimmen oder in der Leichtathletik zu bewerten. Hört man auf Physiotherapeuten, Trainer und Ärzte, also auf jene, die vor Ort direkt mit den Athleten zu tun haben, so sind deren Zweifel in Bezug auf die Einhaltung des Fair Play-Prinzips bei der Erbringung der sportlichen Leistung wohl kaum zu überhören.

Vorder- und Hinterbühne des modernen Hochleistungssports können sich kaum in einem krasseren Gegensatz befinden als dies derzeit der Fall ist. Viel „talk", aber wenig „action" scheint das Gebot der Stunde zu sein, ohne zu merken, dass gerade über die Diskussionen auf der Hinterbühne das ethisch-moralische Fundament des Hochleistungssports und vor allem dessen Prinzip des Fair Play fortdauernd beschädigt und in Frage gestellt wird.

Was zeigen uns diese Beobachtungen? Bei den Verantwortlichen im Sport scheint das Bewusstsein über die Bedeutung der eigenen Regeln und der autonomen Steuerung der Wettkampfstrukturen nur noch begrenzt ausgeprägt zu sein. Schleichend finden Regelveränderungsprozesse statt, die das Prinzip des Fair Play grundlegend in Frage stellen. Noch gravierender scheinen jedoch jene Veränderungen zu sein, die sich auf den organisatorischen Hintergrund der sportlichen Wettkämpfe beziehen. Immer häufiger werden Vereine und Mannschaften fremd bestimmt, werden Organisationsformen für die sportlichen Wettkämpfe entwickelt, über die das konstitutive Ein-Platz-Prinzip der Sportarten aufgeweicht wird. Ligen organisieren sich unabhängig von ihren Verbänden, Mannschaften gliedern sich aus ihren Vereinen aus, Vorschaltgesellschaften steuern die Ökonomie des Vereins, Manager bilden ihre eigenen Teams, Wirtschaftsunternehmen treten an die Stelle von Vereinen und Verbänden und Athleten organisieren sich selbst, ohne sich ihrer Verbandsbasis zu erinnern. Mit Blick auf das zu schützende Gut der Autonomie des Sports kann dies nur als ein Prozess der schleichenden Fremdbestimmung gedeutet werden. Der Sport unterwirft sich dem Primat der Ökonomie, er unterwirft sich den verschiedenartigsten finanziellen Interessen, die das moderne „Kalkül auf dem Markt Sport" prägen. Die Risiken, die auf diese Weise für den Sport entstanden sind, sind erheblich und die Gefahren, die dabei entstehen, werden immer deutlicher. Ja, es ist bereits zu vermuten, dass die Gefahr der Selbstzerstörung des Sportsystems nicht nur theoretisch existiert. Erinnern wir uns an die Verfallsperioden vergangener Körperkulturen und der antiken Spiele, so spricht vieles dafür, dass wir uns nahezu unbemerkt bereits mitten in diesem Prozess befinden.

(2004)

Handball fatal

Handball ist ein faszinierendes Spiel. Dieser Satz ist auch dann richtig, wenn Deutschland in der Vorrunde der Hallenhandball-Weltmeisterschaft ausgeschieden wäre. Mehr als 22 Millionen Zuschauer ließen sich vom Sieg Deutschlands im Endspiel über Polen begeistern. Für viele von ihnen scheint dieser Satz allerdings an die Bedingung geknüpft zu sein, dass man Handball mit einem Siegestaumel verbinden kann. Nicht das Spiel fasziniert, sondern der Sieg. Von Sieg zu Sieg wächst die Faszination und am Ende geht das Ganze in eine groß angelegte Orgie über.

Handball ist dabei beliebig ersetzbar. Anstelle von Handball könnte es auch Basketball sein. Auch die Volleyballspielerinnen könnten Gleiches hervorrufen. Würden deutsche Leichtathleten wieder vermehrt siegen, so könnten sie ähnliches bewirken, wie dies ja auch in diesen Tagen im Wintersport bei den Biathleten der Fall ist. Das so genannte „Wintermärchen", das auf das „Sommermärchen" des Jahres 2006 folgte, ist somit kein Märchen. Es ist vielmehr die konsequente Fortsetzung von dem, was sich aus Anlass der Fußball-Weltmeisterschaft 2006 in Deutschland bereits ereignet hat. Nicht der Fußball ist dabei das Außergewöhnliche gewesen, sondern die Massen sind es, die ein Objekt ihrer „Begierde" benötigen.

Der Sport bietet dazu den idealen Ort, er offeriert eine Plattform zur Identifikation durch die Massen. Das Identifikationsbedürfnis scheint dabei ins Unermessliche zu wachsen. Soll dieses Bedürfnis mittels Sport befriedigt werden, dann ist der Sport in eine Welt des „Events" zu überführen. Er muss zum Spektakel und zur Show, zum Konsumerlebnis und zum „Adventure" werden. Die Lärmkulisse wird dabei zum Markenzeichen und selbst für „Die Zeit" scheint es angemessen zu sein, über ein Schallmessgerät zu berichten, das einen Spitzenwert bei 118 Dezibel im Spiel Deutschland gegen Frankreich aufwies. Dies sei lauter als ein Presslufthammer. Distanzlos wird diese Lärmqualität detailliert beschrieben: „Während des Endspiels fegen von den Rängen Akustiklawinen aufs Spielfeld. Es ist so laut, dass der Tribünenboden unter den Schuhen der Zuschauer vibriert. Der Schall wird vom Hallendach zurückgeworfen und multipliziert. Das ganze Spiel ist ein Rauschen und ein Donnern. Fällt ein wichtiges Tor, kann man Druckwellen der Erleichterung spüren. Sind die Polen im Angriff, klingt das Pfeifen wie eine quietschende Eisenbahnbremse. Die Zuschauer scheinen Gefallen gefunden zu haben an ihrer eigenen Wucht".

Die Frage sollte erlaubt sein, was dabei mit dem Sport geschieht und ob die Entwicklungen, die dabei zu erkennen sind, eine wünschenswerte Perspektive zeigen. Wird der sportliche Wettbewerb in ein Event verwandelt, das zeigt sich schon auf lokaler und regionaler Ebene, wird er zu einem sozialpsychologischen Ventil, bei dem Menschen „Luft ablassen" können, Aggressionen auf Dritte projizieren – insbesondere auf die Gegner – und heimische Spieler und Athleten zu „local heros" erhöht werden. Dann werden aber auch sehr schnell wichtige Maximen und Grundsätze, die den Sport bislang konstitutiv geprägt haben, in den Hintergrund gedrängt. Immer häufiger gehen sie verloren oder werden zumindest in Frage gestellt. Dies gilt vor allem für das Prinzip des Fair Play, für die Achtung der Würde des Gegners und für die Anerkennung dessen Leistungen. Beginnen Pfeifkonzerte schon beim Ballbesitz des Gegners, wird er in der

Ausübung von Würfen gezielt gestört, wird sein Einlaufen auf das Spielfeld mit Pöbeleien begleitet, wird im Chor zu verletzenden Schlachtgesängen angestimmt, so wird dabei immer wieder, oft nur in kleinen Schritten das Fundament des Sports verletzt, auf dem er bis heute eine besondere kulturelle Bedeutung für die Gesellschaften dieser Welt hat gründen können. Die Gewalt im Stadion ist vor diesem Hintergrund eine gerade zugunsten liegende Konsequenz. Im Fußball wird solch eine Entwicklung noch begünstigt, wenn die Spieler, wie beim Champions-League-Spiel in Valencia, Gewaltexzesse auf dem Spielfeld ihren Fans vorleben. Paradoxerweise kann aber auch die Veränderung hin zum Event, d. h., das Event selbst zum Auslöser von Gewalt werden. Aus der Sicht der Fans entfernt sich der Fußball von seinen Wurzeln und die dafür Verantwortlichen werden dadurch zum Feindbild des Fans, zum Ziel ihrer Aggression.

Wer in Köln beim Endspiel der Handball-WM mit dabei sein konnte und wem das ethische Fundament des Sports etwas Wichtiges ist, der konnte sich über die dabei zu beobachtenden Erscheinungsformen nur noch wundern, empören oder schämen. In vielerlei Hinsicht wurde er hilflos in seiner angeblich veralteten Vorstellung von den Werten des Sports zurückgelassen. Frankreich, Deutschlands Gegner im Halbfinale, wurde beim Spiel um Platz 3 gnadenlos ausgepfiffen. Polen, der Gegner im Endspiel, wurde ohne jeglichen Respekt von den Zuschauern behandelt. Das Gebaren und Verhalten der Massen konnte nicht anders als mit jenem Wort gedeutet werden, das dazu passt: aggressiver Chauvinismus. Angetrieben wurde dabei das Publikum von einem Marktschreier, der sich als offizieller Hallensprecher bezahlen lässt, dessen peinliche Handlungsanweisungen jedoch nicht einmal auf Volksfesten anzutreffen ist. Dazu passt vermutlich sogar, dass während des Spiels Bier in den Rängen ausgeschenkt und verkauft wurde und dass in allen Umgängen der Arena Rauchschwaden die Luft verpesteten. Köln steht dabei für eine Entwicklung, die den Sport prägt, wenn er den angeblich modernen Ideologien des Eventmanagements unterworfen wird. Vergleichbares zeigt sich uns Spieltag für Spieltag im Berufsfußball. In der Basketball-Bundesliga und beim Eishockey lässt sich die Perversion des Fair Play ebenso beobachten wie bei Berufsboxveranstaltungen. Immer mehr Sportarten werden von dieser gefährlichen Manipulation erfasst.

Mit hehren Worten ist in diesen Tagen der organisierte Sport bemüht, in das Grundgesetz aufgenommen zu werden. Seine Praxis straft solchen Anspruch jedoch Lügen. Auf der Vorderbühne spielt man das Spiel der Aktion „Keine Macht den Drogen"; wenn der Sport aber zur Sache selbst kommt, ist er Drogenersatz und fördert den Drogenkonsum. Diese Beobachtungen machen deutlich, dass der Sport nicht durch Dritte gefährdet wird. Er selbst ist auf dem besten Wege, sich durch jene Arrangements zu gefährden, die er offensichtlich als zeitgemäß und modern erachtet.

Das schöne Handballspiel – und mit ihm immer mehr Sportarten – ist leider zum Sportevent geworden. Die Massen können sich mit ihnen identifizieren. Ob der Sport dabei gewonnen hat, stellt sich diesen Massen nicht als Frage. Alle, die sich des Handballs in diesen Tagen ermächtigt haben, waren an der Besonderheit dieses schönen Spiels nur ganz gering oder gar nicht interessiert. Dass taktische Meisterleistungen vollbracht wurden, dass die deutsche Nationalmannschaft unter der Leitung von Heiner Brand in der Lage war, sich mit mehr als 60 ausgetüftelten Spielzügen auf jede gegnerische Mannschaft individuell einzustellen, dass der Bundestrainer eine psychologische Führungskunst demonstrierte, wie man sie so im Handball noch nie antreffen konnte, dass der internationale Handball technisch und taktisch eine enorm dynamische Entwicklung in Bezug auf das Leistungsvermögen der Weltklassespieler aufweist: All dies hat weder die Massen noch die Massenmedien, die die Weltmeisterschaft begleitet haben, interessiert. Im Zentrum stand vielmehr ein inszenierter Patriotismus, dessen Steigerung durch die Siege der deutschen Mannschaft massenmedial ausgekostet werden konnte. Oft wurde dabei nicht einmal bemerkt, dass selbst die Regeln des journalistischen Anstandes offensichtlich keine Barriere mehr darstellen. So wurden die französischen Schiedsrichter ohne Grund in ihrer Unabhängigkeit und Kompetenz vom Fernsehreporter und seinem Co-Moderator in Frage gestellt und die fachliche Kommentierung beschränkte sich auf Sachverhalte, die sich selbst für Laienkommentatoren erschließen lassen. Im Handball haben sich dabei genau jene Erscheinungsformen eingestellt, die wenige Monate zuvor das Fußballevent mit seinen anonymen Massen prägte.

Eines wird dabei offensichtlich. Der Sport befindet sich immer schneller und immer intensiver in einer Entwicklung, in der all jene Merkmale, die ihn als besonders bedeutsames Kulturgut geprägt haben, gefährdet sind. In Bezug auf diese Merkmale kann dies durchaus als ein Prozess der Selbstzerstörung gedeutet werden. Nicht von außen wird der Sport bedroht, wie dies manche Funktionäre behaupten. Sie selbst sind es, die ihn bedrohen. Diejenigen, die Verantwortung im Sport übernommen haben, lassen zu oder fördern es sogar, dass dem Sport seine ethische Basis entzogen wird. Es ist schwer vorstellbar, dass wirkliche Liebhaber des Handballs und des Sports interessiert sind, dass diese zur Show und zum Event absinken. Vermutlich haben sich die Verantwortlichen von Marketing-Agenturen beraten lassen. Deren Interesse gilt allerdings weniger dem Sport als dem Geschäft mit ihm.

(2007)

Die Menschenwürde ist gefährdet

Ein Junge ist außerordentlich begabt. Schon in der Primarstufe hat er sich als einer der besten Schüler erwiesen. Die Sekundarstufe hat er mit Bravour gemeistert. Seine Fremdsprachenkenntnisse sind überdurchschnittlich. Auch in den naturwissenschaftlichen Fächern fällt es ihm nicht schwer, den schulischen Anforderungen zu entsprechen. Auch Musik interessiert ihn. Und da ist vor allem der Sport, nicht zuletzt beeinflusst durch seine Familie, der bei ihm große Begeisterung hervorruft. Schon früh hat er in verschiedenen Jugendmannschaften seines Heimatvereins trainiert und Wettkämpfe bestritten. Dabei war er vielseitig veranlagt. Manager versuchten ihn für eine Karriere im Fußball zu gewinnen. In der Leichtathletik, bei deren Mehrkampfmeisterschaften er mehrmals als Sieger hervorgegangen war, galt er als vielversprechendes Talent. Als herausragend sah er sich selbst jedoch im Handball. Die Trainer wurden schon früh auf ihn aufmerksam. In der A-Jugend war er der wichtigste Spieler seiner Mannschaft, spielte Kreis- und Verbandsauswahl und mit seiner Mannschaft erreichte er die Endrunde um die Deutsche Jugendmeisterschaft. Nennen wir diesen jungen Menschen Peter und stellen wir uns die Frage, was aus Peter im System des deutschen Hochleistungssports geworden ist.

Peter hat über ein Jahrzehnt Sport getrieben, weil ihn der Sport faszinierte. Halten wir also fest: Der Sport war für ihn ein wichtiger Erfahrungsraum, er prägte seine Persönlichkeitsentwicklung. Über den Sport fand er Gleichgesinnte und Freunde. Der Sport verschaffte ihm Anerkennung in der Schule und für seine Identitätsentwicklung war der Sport ohne Zweifel wirksam. Die erstrebte ganzheitliche Bildung war bedeutsam. Sport war Mittel für Vieles, hatte nur selten den Charakter eines Alleinzwecks. Er nahm viel Zeit in Anspruch und war ein wichtiger Lebens- und Erfahrungsraum. Doch immer gab es daneben auch noch eine andere Welt, die genauso wichtig war. Es war die private Welt, in der Peter seine eigene Meinung haben konnte, in welcher er niemandem verpflichtet war und in der er sich aus einer anderen Perspektive wahrnehmen konnte: Als Student, Freund seiner Freundin, Sohn seiner Eltern, leidenschaftlicher Leser, Kinogänger und Konzertbesucher, aktiver Diskutant über politische Fragen und desgleichen mehr.

Heute ist Peter Nationalspieler in der Deutschen Handballnationalmannschaft und spielt Woche für Woche als Bundesligaprofi. Er hat sich entscheiden müssen: Studium oder Handballspiel, vielfältige Interessen oder nur noch ein Interesse, sechs Tage in der Woche Training, weil dies angeblich erforderlich ist, oder zweimaliges Training und vielfältige andere Aktivitäten.

Was Sport für Peter heute ist, ist aber etwas ganz anderes als das, was der Sport für ihn war, bevor er diese Entscheidungen zu treffen hatte. „Peter zuvor" und „Peter danach" haben kaum noch eine gemeinsame Basis.

Gleiches erkennt man, wenn man zwei Handballspieler aus einem zeitlichen Abstand von mehr als 30 Jahren betrachtet. Früher bedeutete Handballspielen einen wichtigen Zeitvertreib. Man trainierte, wollte im Spiel der Beste sein und mit seiner Mannschaft das Spiel, ein ganzes Turnier oder eine Meisterschaft gewinnen. Der Aufstieg in die nächst höhere Liga war ein wichtiges Ziel. Die Trainer waren auf dieses Ziel ausgerichtet. Doch gleichzeitig ermahnte die große Mehrheit der verantwortungsvollen Trainer und Funktionäre, dass es neben dem Handballspiel noch Wichtigeres gibt. Die Schule sollte nicht vernachlässigt werden, Studium und Beruf sollten im Mittelpunkt stehen. Dreimal trainieren, das war genug. Am Wochenende zu spielen, das war die schöne Belohnung für die Belastungen der Woche. Heute werden hingegen fast alle Spieler von ihren Trainern und den Funktionären zu einer Entscheidung gezwungen: „Alles oder Nichts!". Profi auf Zeit oder die Chance, auf hohem Niveau Handball zu spielen, ist nicht gegeben.

Die Veränderungen zu früher weisen aber noch fragwürdigere Merkmale auf. Konnte man früher im Trikot seines Vereins spielen, war man mit dem Vereinswappen auf der Brust Vermittler einer besonderen Vereinsgeschichte, so ist heute an dessen Stelle der Werbezwang getreten. Wer Hochleistungssport betreibt, hat sich der Werbung zu verpflichten. Ohne Werbung gibt es keinen Zugang mehr zur Nationalmannschaft als der höchsten nationalen Auszeichnung. Auf dem Rücken, auf der Brust, auf der Haut, auf dem Hintern – auf dem ganzen Körper hat man für Produkte aller Art immer mehr Werbeflächen anzubieten. Als Spieler hat man sich gegenüber den Werbebotschaften neutral zu verhalten. Wird für Atomenergie geworben, so hat man dies ebenso zu ertragen wie die Werbung zugunsten einer Brauerei. Ist man selbst überzeugter Pazifist, ist an ökologischen Idealen orientiert, hält den Alkoholkonsum für eine Volkskrankheit, so kann dies alles kein Grund sein, eine entsprechende Werbung am eigenen Leib zu verweigern. Wer Hochleistungssport treibt, ist auf Gedeih und Verderb der Werbeindustrie ausgeliefert. Ohne Werbung gibt es keine Teilnahme am internationalen Spitzensport. Athleten wurden schleichend ihrer Freiheitsrechte beraubt. Sie haben dies mehr oder weniger bewusst hingenommen, wohl weil ihnen ihre sportlichen Ziele offensichtlich bedeutsamer erscheinen.

Doch das Bild des Spitzensportlers ist heutzutage nicht nur dadurch betroffen, dass es öffentlich zu Markte getragen wird, dass die „Äußerlichkeit des Körpers" zur Kommerzialisierung durch und in der Öffentlichkeit freigegeben wird. Längst muss auch das „Innere des Körpers" der öffentlichen Kontrolle übergeben werden. In einem schleichenden Prozess kommt es dabei zu einem „Abschied von der Privatheit". Ist ein Athlet an den Idealen des Sports orientiert, sucht er die faire Auseinandersetzung mit seinen Gegnern, so müsste aus seiner Sicht zumindest Erstaunen und Verwunderung möglich sein, wenn man die Rahmenbedingungen des heutigen Hochleistungssports etwas näher betrachtet. Der immer noch wachsende Doping-Betrug hat dazu geführt, dass jeder saubere Athlet zu akzeptieren hat, dass er bei Wettkämpfen zu einer Urinkontrolle gebeten werden kann. In häufig äußerst unwürdigen Räumen hat er sich Kontrollen zu unterwerfen, die gerade nach Beendigung eines Wettkampfes in vielerlei Hinsicht belastend, unangenehm und entwürdigend sind. Unter Aufsicht einer Überwachungsperson hat er zu urinieren, seinen Urin in zwei Behälter abzufüllen, mit dabei zu sein, wenn diese versiegelt werden und äußerst genau über sein Leben in der vergangenen Woche Auskunft zu geben. „Wasser lassen", eine üblicherweise die Privatsphäre des Menschen kennzeichnende Handlung, ist dabei zu einer öffentlichen Handlung geworden.

Diese Art von Kontrolle findet längst auch außerhalb der Wettkämpfe statt. Unangemeldet suchen Kontrolleure Athleten auf und führen das eben beschriebene Prozedere durch. Die Maxime „unangemeldet" bedeutet dabei, dass die Privatheit des Athleten außer Kraft gesetzt wird. Ein unangemeldeter Kontrolleur – soll die Kontrolle wirklich unangemeldet sein – muss den Athleten bei Tag und bei Nacht, am Arbeitsplatz, während des Studiums, zuhause bei seiner Familie, gemeinsam mit Freund oder Freundin, an jedem Ort zu jedem Zeitpunkt aufsuchen können und ihn zu einer Urinprobe veranlassen. Hierzu ist ein Meldeverfahren erforderlich, was längst zu einer Sammlung von Daten über die Athleten geführt hat und sich unter Berücksichtigung der Menschenwürde als höchst problematisch erweisen könnte.

Aber nicht nur Urin hat der Athlet abzugeben, auch Blutkontrollen werden von Experten als notwendig erachtet und mittlerweile sowohl im Training als auch beim Wettkampf durchgeführt. Wer Hochleistungssport betreiben will, muss also bereit sein, ständig seinen Urin abzugeben, muss es zulassen, dass seinem Körper über Injektionen Blut entnommen wird, muss gemäß einer bestimmten Trainer- und Funktionärsideologie sich voll und ganz auf den Spitzensport einlassen und muss zur Kommerzialisierung seines eigenen Körpers bereit sein.

Darüber hinaus muss er auch bereit sein, den Schmerz als jenes natürliche Signal, das die Natur uns zum Schutz unserer eigenen Menschenwürde gegeben hat, zu überwinden. Denn zum Menschenbild des modernen Hochleistungssports gehört, dass „substituiert" wird, dass mittels schmerzhemmender Substanzen Schmerzbarrieren überwunden werden, dass mit Verletzungen weiter gespielt wird und dass Infusionen als notwendige Hilfsmittel erachtet werden. Zum modernen Hochleistungssport gehört, dass im weitesten Sinne alles erlaubt ist, was nicht verboten wird.

Betrachten wir Peter vor und nach seiner Entscheidung, so sollten wir erkennen, dass wir es mit zwei verschiedenen „Menschen" zu tun haben. Im Sport konkurrieren derzeit offensichtlich verschiedene Menschenbilder. Betrachten wir stellvertretend für die Situation des Hochleistungssports den Handballsport von früher im Vergleich zum Handballsport von heute, so ist leicht zu sehen, dass mit dem Begriff der Würde des Athleten früher offensichtlich etwas ganz anderes gemeint war, als dies heute der Fall ist. Ohne Zweifel können auch moralische Wertvorstellungen einem Wandel unterliegen. Der in unserer Gesellschaft beobachtbare Wandel der Werte hat gewiss auch die moralischen Werte und ethische Maximen erfasst. Stellt man aber die Frage nach der Menschenwürde, versucht man zu klären, was die Humanität des Menschen auszuzeichnen hat, so verbietet sich jedoch die relativierende Betrachtung der Werte. Vielmehr wird dann erkennbar, dass das aktuelle Menschenbild im Hochleistungssport kaum tragfähig und deshalb auch nicht vertretbar sein kann. Es bedarf dringend einer Revision. Wertewandel und Werteverfall hängen meist eng zusammen.

„Die Würde des Menschen ist unantastbar". So lautet der ethische Grundsatz im Grundgesetz der Bundesrepublik Deutschland, auf den das politische, soziale und individuelle Handeln ausgerichtet sein sollte. Es war Bischof Wolfgang Huber, Vorsitzender der Evangelischen Kirche Deutschlands, der den Sport darauf hinwies, dass gerade er es ist, der diesen Grundsatz in Frage stellt. Der Sport zeigt, dass die Würde des Menschen angetastet werden kann. Dort, wo dies der Fall ist, ist die Integrität des Sports bedroht und die Glaubwürdigkeit des Sports in Frage gestellt. Die Kommerzialisierung des Hochleistungssports, die einhergeht mit seiner massenmedialen Totalisierung, ist längst zu einer Gefährdung für die Würde des Menschen geworden. Der Angriff des Hochleistungssports auf die Menschenwürde besteht ganz offensichtlich darin, dass die Privatheit, die Selbstbestimmung und die Autonomie der Person durch die Öffentlichmachung, Fremdbestimmung und Heteronomie zurückgedrängt wird. Entprivatisierung, Publizität, Vermarktung und Kommerzialisierung der Person bewirken ein Schwinden der Person und haben ein neues Menschenbild des Spitzenathleten zur Folge. Angesichts dieser Situation ist es dringend angebracht, von der Verantwortung des Sports, der Sportler, Trainer und Funktionäre und damit auch von deren Schuld zu sprechen. Auch für den Sport müssen wir deshalb erkennen, dass es sich nicht mehr von selbst versteht, dass ethische Grundsätze im Sport eingehalten werden. Vielmehr muss dies von allen Beteiligten gewollt sein und sie müssen zeigen, dass sie bereit sind, darum zu ringen.

(2008)

Wachstum ohne Ziel – Beschleunigung um ihrer selbst willen

Die Allgegenwärtigkeit des Sports in der deutschen Öffentlichkeit zeichnet sich in diesen Tagen durch eine neue Qualität aus. Insbesondere der Hochleistungssport scheint dabei in eine Entwicklungsphase eingetreten zu sein, die nicht nur aus der Sicht von Außenstehenden als alarmierend zu bezeichnen ist:
„Bilanzfälschung, Korruption, Manipulation" (Frankfurter Allgemeine Zeitung, 19.12.2007), „Beim Betrügen übertrieben" (Süddeutsche Zeitung, 19.12.2007), „Spaltung im Handball immer wahrscheinlicher" (Handelsblatt, 30.11.2007), „Geldgier verdirbt den Fußball" (Welt am Sonntag, 02.12.2007), „Ein totales Trauerspiel – Note 6" (Frankfurter Allgemeine Zeitung 15.11.2007), „Startfrei mit acht Epo-Spritzen" (Frankfurter Allgemeine Zeitung, 29.11.2007), „VIP VS. Welle" (Die Tageszeitung, 04.12.2007), „Doesn´t anyone play by the rules" (Time, 17.07.2007), „Medizin ohne Seele" (Neue Zürcher Zeitung, 08.05.2006), „Blatters neue Präsidentensuite" (Frankfurter Allgemeine Zeitung, 20.11.2007), „Geldwäsche – Vorwürfe erschüttern brasilianischen Fußball" (Süddeutsche Zeitung, 14.11.2007), „Korruption erschüttert den Welthandball" (Generalanzeiger Bonn, 13.11.2007), „Exzesse geschürt durch dumpfen Hass" (Süddeutsche Zeitung, 13.11.2007), „Anschlag auf Haas – Tennisprofi soll vergiftet worden sein" (Generalanzeiger Bonn, 08.11.2007).

Die Schlagzeilen in den Massenmedien der vergangenen Wochen und Monate verweisen auf Problemstellungen und Themen, die in unserer Gesellschaft unter ethisch-moralischen Gesichtspunkten als gefährlich und verwerflich zu bezeichnen sind. Die Journalisten, die für die zitierten Überschriften verantwortlich zeichnen, behandeln in ihren Beiträgen die in der Welt des Sports anzutreffende Korruption und Bestechlichkeit von Funktionären und Athleten, den noch immer anwachsenden Berg des Doping-Betrugs, die zu hohen Gehälter der Spitzensportler, Wettmanipulationen, Großmannssucht, Attentate, Denunzierung der weniger betuchten Zuschauer, Bestechung von Schiedsrichtern etc. In Bezug auf die Semantik des Wortes „Sport" scheint in der Öffentlichkeit ein gravierender Wandel erfolgt zu sein. Es ist zu vermuten, dass uns noch nie zuvor die Semantik in einer derart gespaltenen Weise entgegentritt, wie dies heute in Bezug auf das Wort „Sport" der Fall ist.
Auf der einen Seite steht der Sporttreibende, für den sein Sport schön ist, seiner Gesundheit dient, Geselligkeit bietet, erzieherische Wirkung besitzt, interessante Erfahrungen ermöglicht, eine hilfreiche Sozialisationsinstanz darstellt und zur Persönlichkeitsentwicklung beitragen kann. Das Wort „Sport" ist dabei ausschließlich positiv besetzt. Seine Bedeutung hat überwiegend privaten Charakter, nicht selten ist mit ihm eine überhöhte Hoffnung verbunden, denn tatsächlich kann der Sport nicht all dies einlösen, was die Menschen an Wünschen und Erwartungen an ihn herantragen.
Auf der anderen Seite steht die negative Bedeutung des Sportbegriffs. Sie ist überwiegend öffentlich und sie steht in hohem Maße im Widerspruch zu jenen positiven Erfahrungen, die dem Menschen beim Sporttreiben ermöglicht werden. Die Akteure dieser anderen Welt des Sports sind geldgierig und eitel. Das Materielle steht im Mittelpunkt, Betrug ist nahe liegend

und Bestechung ist in dieser Welt adäquat. Die Menschenwürde wird mit Füßen getreten und der Eid des Hypokrates wird von fahrlässigen und kriminellen Ärzten über Bord geworfen. Das Einhalten der Regeln gerät zunehmend zum Sonderfall, die Verletzung von Regeln mutiert hingegen immer mehr zur Regel.

Zwischen der privaten und öffentlichen Semantik des Sports steht die institutionelle Semantik der Sportorganisationen, die Semantik der Funktionäre, Trainer und Athleten. Sie lässt sich bei Präsidiumssitzungen, bei Mitgliederversammlungen, bei Bundestagen, in Kommissionen, im Trainerrat, bei Athletentreffen, bei Vertragsverhandlungen mit Sponsoren und im Dialog mit den Massenmedien beobachten: Also dort, wo sich der Sport in organisierter Weise austauscht.

Diese Semantik ist auch bei Sportpolitikern und bei all jenen gesellschaftlichen Partnern zu beobachten, die mittlerweile mit dem Sport verkehren. Sie spiegelt sich in Satzungen wider und sie wird überwiegend von einer Verklärung der Werte des Sports geprägt. Gebetsmühlenhaft werden dabei dem Sport positive Funktionen zugunsten unserer Gesellschaft zugeschrieben, die negative öffentliche Semantik wird als Sonderfall, als vorübergehend und abweisbar, nicht selten auch als übertrieben bezeichnet. „Business as usual" befolgen, Vertagen, Kommissionen einsetzen, den Steuerzahler noch vermehrt zur Kasse bitten, die Partner in Bezug auf ihre Verantwortung anmahnen: Das sind die häufigsten Handlungsmuster, die als Reaktion auf diese Problemlage in den Institutionen des Sports gepflegt, tradiert und optimiert werden.

Bislang, so scheint es, ist der organisierte Sport mittels dieser Handlungsmuster sehr erfolgreich gewesen. In der Strategie des Vertagens hat der Sport eine Meisterschaft entwickelt, die in hohem Maße seine Legitimation gegenüber der Gesellschaft absichern konnte. „So tun als ob", viel öffentliche Rhetorik, reagieren immer nur dann, wenn es nicht mehr geht, sich auf die Seite der Mächtigen stellen, Wirtschaft und Staat hofieren, solches Handeln hat dem Sport bislang immer nur genützt.

Warum sollte er deshalb seine Strategie ändern? Für viele der Verantwortlichen der deutschen Sportfunktionäre ist deshalb eine Politik des „Weiter so!" begründet und sinnvoll und sie findet ganz offensichtlich auch große Mehrheiten bei den Mitgliedern der Verbände. Doch jedes „Weiter so!" kann an ein Ende gelangen. Auch der Sport hat, diskutiert er seine eigenen Probleme mit Verstand und Vernunft, die Möglichkeit zu einem „Anders als zuvor!". Auch der Sport verfügt über die Möglichkeiten einer grundlegenden Reform, auch der Sport kann sich selbst in Bezug auf seine Entwicklung neue Regeln setzen, auch im Sport können konkurrierende Szenarien auf den Prüfstand gestellt und unter dem Aspekt ihrer Wünschbarkeit diskutiert werden.

An den Beginn dieser Ausführungen wurden Zitate aus Tageszeitungen gestellt. Sie beziehen sich auf wenige Wochen öffentlicher Berichterstattung und sie beziehen sich auf das Jahr 2007. Gewiss gibt es den Betrug im Sport, seit er sich selbst Regeln gegeben hat. Doping hat eine lange Tradition. Wettbetrug hat es schon im frühen England gegeben und die Würde des Menschen wird nicht erst in diesen Tagen im Sport angetastet und gefährdet. Und doch scheint sich das Jahr 2007 durch eine besondere negative Qualität auszuzeichnen. Nie zuvor wurde der Sport so umfassend negativ in der Öffentlichkeit diskutiert, wie dies im vergangenen

Jahr der Fall war. Nie zuvor wurde ein derartiges Ausmaß des Betrugs an das Tageslicht gebracht. Nie zuvor haben sich die Partner des Sports, Repräsentanten aus Politik, Kirche, Wirtschaft und Medien so besorgt über die Entwicklung des Sports geäußert. Meist haben diese Partner dabei verkannt, dass sie selbst Teil des Systems sind und nicht selten Mitschuld an den Problemen tragen. Viele dieser Äußerungen zeichneten sich deshalb auch durch eine unerträgliche Heuchelei aus. Nie zuvor musste sich auch der Sport in seinen Gremien selbst so intensiv mit seinen hausgemachten Problemen auseinandersetzen. Ist dies Zufall oder kann mit diesem alarmierenden Signal eine Entwicklung verbunden werden, mit der sich der Sport aus überlebensnotwendigen Gründen auseinanderzusetzen hat?

Das Phänomen der Beschleunigung ist den mobilen Menschen längst zur Selbstverständlichkeit geworden. Der rechte Fuß auf dem Gaspedal ist das eindrucksvollste Ausdrucksmittel für unsere alltägliche Beschleunigung. Die E-Mail-Berge auf unserem Bildschirm, der Klingelton des Mobiltelefons in allen Lebenslagen und unser Überflusskonsum fügen das Übrige noch hinzu. Nirgendwo wird die Beschleunigungsgesellschaft, die nur noch um der Beschleunigung willen zu leben scheint, so deutlich wie in der Welt des Sports. Wachstum als Fetisch scheint typisch für den Sport zu sein. Steigerung um der Steigerung willen ist konstitutiv für den Sport geworden. Dass sich dabei Grenzüberschreitungen wie selbstverständlich ereignen, kann niemand verwundern. Doch wenn Dynamik nur noch um der Dynamik willen, wenn Steigerung nur noch wegen des Prinzips des Steigerns erfolgt, dann ist eine höchste Gefahrenstufe erreicht. Das zeigen Erfahrungen aus der Vergangenheit, das zeigt die Beobachtung natürlicher Systeme und das zeigt sich in der Evolution der Menschheit. Die Alarmsignale verweisen auf die Gefahr der Selbstzerstörung, der Auslöschung ganzer Teilsysteme und der Beendigung einer Entwicklung. Diese Beispiele zeigen jedoch auch, dass Gegensteuern möglich ist. Bremsen ist notwendig und erlaubt, Entschleunigung kann es auch für den Sport geben und auch im Sport macht es Sinn, nur dann zu beschleunigen, wenn es vernünftige und begründete Ziele gibt. Dazu muss jedoch vorrangig und möglichst eindeutig das erodierende Wertefundament stabilisiert, dazu müssen neue Werte geschaffen, alte ersetzt, viele abgesichert und manche in ihrer hierarchischen Position neu geordnet werden. Der Sport benötigt ganz offensichtlich einen neuen Wertediskurs. Er selbst hat ihn zu führen; doch eingeladen sind auch jene Partner, die sich so gerne des Sports bedienen und die bis heute so viel Nutzen für sich selbst aus der Welt des Sports haben ziehen können.

(2008)

Doping – Geißel des modernen Hochleistungssports

Amnesie und Amnestie sind zweierlei – die Aufarbeitung der Dopingvergangenheit ist unverzichtbar

In diesen Tagen findet eine höchst eigenartige Diskussion über die jüngste deutsche Zeitgeschichte des Hochleistungssports statt. Von Hetzjagd ist die Rede, von unfairen Attacken, von gefährlichen Wessi-Moralisten und nicht zuletzt vom Aufreißen alter Gräben wird gewarnt. Sportjournalisten, die angeblich immer nur das Negative darstellen, sind Ziel der Kritik. Der selbst ernannte Anti-Doping-Experte, Professor Franke, wird gemaßregelt, ermittelnde Kriminalbeamte und die Staatsanwaltschaft werden in ihrem Handeln in Frage gestellt. Mitleid verdient demnach Kristin Otto. Den wenigen Sportfunktionären, die an einer Aufklärung über die Vergangenheit interessiert sind, wird nahegelegt, dass sie doch endlich begreifen mögen, dass solche Aufklärung keinen Sinn macht und diese lediglich die mühselig erreichte Vereinigung im Bereich des Sports gefährde.
Immer entschiedener wird dabei auf die angeblich unfaire Situation verwiesen, dass über Doping-Vergehen der DDR Dokumente existieren, hingegen über den westlichen Doping-Missbrauch ein Schleier des Schweigens gehüllt wird. Immer frecher wird das Argument verwendet, man möge doch endlich akzeptieren, dass gegenüber den Athleten auf der Grundlage der Empfehlungen der Reiter-Kommission im Deutschen Sportbund eine Generalamnestie ausgesprochen worden sei, die doch nun auch die Kritiker zu respektieren hätten.
Der Deutsche Sportbund hat sich in der Tat für eine Generalamnestie ausgesprochen, er hat aber keineswegs darauf hingewiesen, dass diese gleichzusetzen sei mit einer Generalamnesie. Er hat mit seiner Entscheidung keineswegs die Athleten der ehemaligen DDR aufgefordert, alles zu vergessen und zu schweigen, er hat vielmehr mit seiner Entscheidung zum Ausdruck gebracht, dass es von allgemeinem Interesse für die Entwicklung des deutschen Sports sein muss, dass die Vergangenheit aufgearbeitet wird und dass die Aktiven, aber auch die Trainer, Ärzte und Funktionäre der ehemaligen DDR an der Aufarbeitung dieser Vergangenheit mitarbeiten müssen. Mitarbeiten heißt, dass man sein Wissen über die angefragten Sachverhalte offenlegt, um auf diese Weise alles zu tun, dass vergleichbare Manipulationen im Sport sich in der weiteren Zukunft nicht wiederholen. Gerade deshalb hilft es nicht weiter, wenn man die Doping-Verstöße und die damit verbundenen Verbrechen an Kindern zu bagatellisieren versucht, indem man auf die Doping-Verstöße in der ehemaligen BRD und in anderen westlichen Industrienationen verweist. Den Kritikern, insbesondere aus den neuen Ländern, aber auch jenen Funktionären aus den alten Ländern, die sich für ein populäres gemeinsames Vergessen engagieren, sei deshalb gesagt: Ja, auch in den alten Bundesländern wurde gedopt. Ja, der Tod der Mehrkämpferin Birgit Dressel war nur die Spitze eines Eisberges. Ja, bereits 1976 in Montreal gab es Verstöße gegen die Prinzipien des Fair Play und der Chancengleichheit im Hochleistungssport durch westdeutsche Athleten. Ja, auch in der Bundesrepublik wurde systematische Anabolikaforschung betrieben. Es muss diesen Kritikern aber auch geantwortet werden, dass mit dem Verweis auf das Unrecht im Westen das Unrecht im Osten nicht ausgelöscht werden kann. Wer darauf hinweist, wie es Roland Mathes tut, dass damals nahezu die ge-

samte Weltklasse gedopt gewesen sei, dass auch heute die sportlichen Höchstleistungen nach wie vor häufig mittels Manipulation erbracht werden, dem kann nur geantwortet werden, dass er vermutlich Recht hat. Doch mit seiner Kritik stellt er sich selbst, seine sportliche Leistung und seinen sportlichen Erfolg ebenso in Frage wie alle erzielten Erfolge seiner Konkurrenten. Mit seinem Hinweis wird nicht ein Problem gelöst, sondern es verschärft sich die Betrachtung des Problems. Eine wichtige Einsicht sei deshalb empfohlen: Probleme werden nicht dadurch gelöst, dass man über sie Denk- oder Kommunikationsverbote verhängt. Man muss sich schon wundern, wenn bei einer offiziellen Hauptversammlung der Deutschen Olympischen Gesellschaft der ehemalige Olympiasieger Frenkel mit dem Argument der Generalamnestie die Diskussion über die Vergangenheit des DDR-Hochleistungssports beenden möchte, ohne dass ihm in aller Entschiedenheit widersprochen wird. In der aktuellen Diskussion – das sei Herrn Frenkel gesagt – geht es nicht um Kristin Otto, um Roland Mathes, um Heike Drechsler und um all die schönen Erfolge der DDR-Athleten. Für jede errungene Goldmedaille der DDR hat dasselbe zu gelten wie für jede Medaille, die von irgendeinem anderen Athleten in der Welt bei diesen vergangenen Olympischen Spielen errungen wurde. Sie gehört verdientermaßen dem Athleten und sie ist nicht über unbelegte Verdächtigungen in Frage zu stellen. Erst dann, wenn jemand den Nachweis erbringt, dass eine Medaille über Manipulation, d. h. über einen Regelverstoß erbracht wurde, kann sie im Nachhinein aberkannt werden. Solche Nachweise gibt es bis jetzt noch nicht und deshalb sind die Athleten zu Recht als Olympiasieger, als ehemalige erfolgreiche Athleten zu würdigen und zu beurteilen.

Um was es in diesen Tagen geht, ist aber nicht mehr und nicht weniger als um die Aufarbeitung von Verbrechen, die ohne Zweifel in der ehemaligen DDR begangen wurden. Es geht um Menschenrechtsverletzungen und es geht um die Frage, ob es erlaubt sein kann, dass Kinder ohne Wissen der Eltern von Ärzten, Trainern und Funktionären manipuliert wurden. Es geht um die Frage der Menschenwürde im Sport und es geht um die Frage, wer für solche Verletzungen dieser Würde verantwortlich gemacht werden muss. Wer sich auf Amnestie beruft und die Diskussion damit beenden möchte, der hat es zu verantworten, dass man Verbrechen nicht mehr aufklären kann, dass Menschenrechtsverletzungen bagatellisiert werden, der hat es vor allem zu verantworten, dass man nicht aus der Geschichte lernt und nicht bereit ist, alles zu tun, dass in der Zukunft solche Menschenrechtsverletzungen im Sport verhindert werden. Deshalb seien alle Athleten aus der ehemaligen DDR aufgefordert, das Gebot der Amnestie richtig zu verstehen. Sie seien aufgefordert, aktiv an der Aufklärung dieser Verbrechen mitzuarbeiten. Nur dann kann der nunmehr entstandene gemeinsame deutsche Sport aus seiner je verschiedenen Geschichte lernen.

(1997)

Das Dopingproblem bedarf einer differenzierten Analyse

In Deutschland wird über das Doping-Problem, das den modernen Hochleistungssport am entschiedensten in Frage stellt, meist sehr oberflächlich diskutiert. Betrug gibt es im Hochleistungssport seit jenem Zeitpunkt, seit Athleten bemüht sind, dem Prinzip des „Höher, Weiter, Schneller" zu folgen und sich in der Konkurrenz mit anderen in Wettkämpfern zu messen. Eine besondere Variante des Betrügens ist dabei die Manipulation der eigenen Leistungen mittels medikamentöser Beeinflussung. Athleten dopen sich, um sich gegenüber ihren Konkurrenten einen unlauteren Vorteil zu verschaffen. Dass auf diese Weise das bedeutsamste Prinzip des Sports, das Prinzip des Fair Play in Frage gestellt und gefährdet wird, ist unzweifelhaft. Dopt sich ein Athlet, so liegt zweifellos ein Regelverstoß vor. Verstoßen wird dabei gegen die geschriebenen und ungeschriebenen Regeln des Sports. Zur Logik eines regelgeleiteten Handlungssystems gehört, dass dessen Regeln befolgt werden, dass es aber ebenso immer auch die Möglichkeiten zum Regelverstoß gibt. Man kann deshalb annehmen, dass es sich bei dem Doping-Problem um ein überdauerndes Problem des Hochleistungssports handelt, das sich durch eine besondere Konstanz auszeichnet. Bei einer genaueren Betrachtung der historischen Entwicklung des Hochleistungssports, insbesondere der vergangenen 50 Jahre, wird jedoch deutlich, dass von einer derartigen Konstanz des Problems nicht die Rede sein kann. Doping-Verstöße finden vielmehr in spezifischen Settings statt. Mit diesem amerikanischen Begriff soll zum Ausdruck gebracht werden, dass ein Athlet, der sich mittels Medikamenten einen Leistungsvorteil verschaffen möchte, diese Handlung in einem spezifischen Umfeld ausübt, das von Kultur zu Kultur, von Gesellschaft zu Gesellschaft höchst unterschiedlich sein kann. Doping-Verstöße hängen mit Mentalitäten zusammen und Mentalitäten sind eingebunden in gesellschaftliche Wertesysteme. Ohne ein ausgeprägtes Rechts- und Unrechtsbewusstsein ist es z. B. höchst unwahrscheinlich, dass das Problem des Dopings überhaupt als ein Problem des Sports wahrgenommen und empfunden werden kann. Aber auch ein Rechts-/Unrechtsbewusstsein kann sich äußerst vielfältig innerhalb einer Gesellschaft und zwischen verschiedenen Gesellschaften darstellen.

Für die aktuellen Diskussionen wäre deshalb zu beachten, dass das Doping-Problem, so wie es sich im Spitzensport in den 50er, 60er und 70er Jahren gestellt hat, vom Doping-Problem der 90er Jahre und zu Beginn des nächsten Jahrhunderts ganz wesentlich unterscheidet. Deshalb ist es auch mit Schwierigkeiten verbunden, aus der Sicht von heute über Doping-Verstöße in den vergangenen Jahrzehnten zu urteilen. Für die Beurteilung sollte vor allem beachtet werden, zu welchem Zeitpunkt das Doping-Problem in den internationalen Sportorganisationen als Problem erkannt wurde, wann die ersten Doping-Bestimmungen in die Satzungen der internationalen Verbände aufgenommen wurde, wann in Wettkämpfen Doping-Kontrollen durchgeführt wurden und wann mit den unangemeldeten Trainingskontrollen in den verschiedenen Verbänden begonnen wurde. Es muss aber auch die Frage aufgeworfen werden, zu welchem Zeitpunkt den Athleten das notwendige Wissen zur Verfügung gestellt wurde, damit sie selbst erkennen konnten, dass das, was sie tun, gegen Regeln verstößt bzw. nicht rechtens ist, wenn sie sich medikamentöser Manipulation unterziehen. Dabei ist auch zu beachten, dass die Grenze zwischen erlaubter und unerlaubter Manipulation im Hochleistungssport schon immer nur als fließende Grenze definiert werden kann. Die Frage, wo Substitution aufhört und Manipulation beginnt, ist auch heute noch nahezu ungeklärt. Aber auch das Problem der Wirkweise der Medikamente, das aus pharmakologischer Sicht nicht so einfach zu diskutieren ist, wie dies heute in der öffentlichen Meinung angenommen wird, ist dabei zu bedenken. Manche Substanz steht seit einigen Jahren auf Doping-Listen, die aus der Sicht der Athleten dort nicht hingehört und auch aus der Sicht von Ärzten zur Behandlung von Athleten als notwendig erachtet wird. Es könnte hilfreich sein, dass man sich in dieser Diskussion an einige wichtige Daten erinnert:

- 1928: Einführung einer Doping-Verbotsregel durch die IAAF
- 1967: Gründung der medizinischen Kommission des IOC
- 1968: Erste offizielle Doping-Kontrollen bei den Olympischen Spielen in Grenoble und Mexiko
- 1969: Erste Wettkampfkontrollen unter der Federführung des DLV
- 1970: Erste DSB-Rahmenrichtlinien zur Bekämpfung des Dopings
- 1974: Erste Wettkampfkontrollen durch die IAAF
- 1981: Ivar Forno (Goldmedaillengewinner im Skilanglauf) fordert die Einführung von Trainingskontrollen beim Olympischen Kongress in Baden-Baden
- 1989: Erstmals Out-of-competition-Kontrollen in der BRD
- 1990: Erste Out-of-competition-Kontrollen durch die IAAF

Will man die Doping-Verstöße in der ehemaligen DDR einer kritischen Analyse unterwerfen, so wird es sicher auch notwendig sein, dass man dabei einige grundsätzliche Fragen zu beantworten versucht, die sich aus einer ethisch-moralischen Sicht stellen, wenn man die Machbarkeit menschlicher Leistungen im Sport zum Ziel hat. Die DDR-Gesellschaft war von einem sozialistischen Menschenbild geprägt. In diesem sozialistischen Menschenbild hatte eine naturwissenschaftliche Sichtweise des Machbaren, eine Vorstellung von der technologischen Formbarkeit des Menschen einen besonderen Stellenwert. Das Modell der Maschine, angewandt auf den Menschen, hatte im DDR-Sozialismus eine besondere Faszinationskraft. Deshalb gehörte zum Sportsystem der DDR eine differenzierte sportwissenschaftliche Diagnostik, eine differenzierte sportwissenschaftliche Trainingssteuerung und eine äußerst differenzierte sportwissenschaftliche Zieldefinition des sportlichen Leistungshandelns. Nicht nur im Sport hatten die Menschen gleichsam einen Maschinencharakter, die „menschlichen Maschinen" hatten sich generell dem übergeordneten Ziel, eine klassenlose Gesellschaft zu schaffen, unterzuordnen. Zum Erreichen dieses Zieles war jedes Mittel recht. So wie in der allgemeinen Politik Demagogie bezogen auf den Klassenfeind zum täglich genutzten politischen Medium zählte, so war auch der Sportler in erster Linie ein Medium in der Auseinandersetzung mit dem Klassenfeind und damit mit dem Kapitalismus. Jedenfalls sollte sich der sozialistische Athlet jeder Vorgabe fügen, die zentralistisch bezogen auf das große gemeinsame Ziel an den Athleten weitergegeben wurde. Systematische Talentfindung, systematische Talentförderung, systematisches Training, systematische Wettkampfvorbereitung, systematische Wettkampfdurchführung, alles war dem technologischen Postulat des Optimierbaren unterworfen. Ein technologisch ausgerichtetes Leistungsprinzip war die Basis einer Philosophie, die das gesamte Leistungssportsystem der DDR prägte. In diesem System war es folgerichtig, dass man sich dabei des Windkanals, der Unterdruckkammer, des Blutchecks und weiterer Technologien bediente. Dass die Kerndisziplin der naturwissenschaftlichen Menschenbetrachtung, die Sportmedizin, dabei eine zentrale Bedeutung einnahm, war ebenso nahe liegend. Bleibt man innerhalb der Logik dieses Systems, so war es auch eine zwingende Konsequenz, dass dabei die Ernährung, das Blut, der Energiehaushalt des Menschen und die Stoffwechselprozesse dem Postulat der Optimierung unterworfen wurden. Aus systeminterner Sicht sind derartige Optimierungsbemühungen sachangemessen und damit rechtens. Ein Unrechtsbewusstsein kann sich bei den Beteiligten nicht entwickeln und hätte auch keine Relevanz, denn vor dem Hintergrund der allgemeinen politischen Vorgaben ist alles rechtens, was getan wird; es ist gesellschaftspolitisch sanktioniert. Vor diesem Hintergrund darf nicht angenommen werden, dass bei den Verantwortlichen des DDR-Sports ein Bewusstsein von Schuld entstehen kann, wenn sie noch immer in der Logik des Systems der DDR verankert sind. Doping in der DDR fand jedoch nicht in einer Welt der Unwissenheit und des Nichtinformiertseins statt. Die Anti-Doping-Regeln des IOC und der Fachverbände waren hinreichend bekannt. Repräsentanten des DDR-Sports waren in allen internationalen Sportgremien mit Sitz und Stimme vertreten. Die historischen Daten zum Anti-Doping-Kampf können belegen, dass jeder im DDR-Sport sehr genau wusste, gegen welche Regeln des Sports verstoßen wurde, wenn die Leistung mittels Anabolika manipuliert wurde. Gerade deshalb wurden Ausreisekontrollen durchgeführt und gerade deshalb wurde die Manipulation teilweise geheimbundgleich organisiert. Das Doping hatte sogar in der DDR seinen Höhepunkt erreicht, als es bereits zu einer zunehmenden Sensibilisierung des Problems in den internationalen Gremien des Sports gekommen war und man sich weltweit immer entschiedener für Kontrollmaßnahmen einsetzte.

Versucht man, das Doping-Problem sachlich angemessen zu diskutieren, so sollte nicht angenommen werden, dass auf der anderen Seite der Mauer in der ehemaligen Bundesrepublik sich die Verhältnisse in den 60er und 70er Jahren völlig anders dargestellt hätten. Unterschiede in Bezug auf die mentale Bearbeitung des Doping-Problems lassen sich allenfalls in Nuancen erkennen. Ansonsten galt auch für das System des Sports in der ehemaligen Bundesrepublik das Prinzip der Machbarkeit. Auch hier wurde zumindest seit 1972 die naturwissenschaftliche Doktrin der Optimierung des Maschinenmenschen in die Trainingsstätten, Sporthallen und Wettkampfarenen hineingetragen. Erinnern wir uns an die Olympischen Spiele von Montreal 1976, so wissen wir, dass dort westdeutsche Athleten bemüht waren, sich Luft über ihren After in ihren Körperinnenraum zu blasen, um sich dadurch Wettbewerbsvorteile in den Schwimmwettkämpfen zu sichern. Wir wissen, dass einige Athleten sich öffentlich zum Doping bekannt haben, ohne dabei auch nicht im Geringsten ein Schuldbewusstsein aufzuweisen. Dies gilt für Weltklasseradfahrer ebenso wie für Leichtathleten. Bereits 1976 wurde die Diskussion darüber geführt, ob es nicht möglicherweise wünschenswert wäre, Doping freizugeben, da die

Anwendung von Anabolika und Stimulanzien sehr viel weiter verbreitet sei, als dies einige Funktionäre des deutschen Sports wahrhaben wollten. Auch in der alten Bundesrepublik gab es manchen Athleten, dessen Körper zum experimentellen Anabolikaobjekt wurde. Angesichts des heute üblichen Unrechtsbewusstseins in Bezug auf Doping-Betrug möchten solche Athleten am liebsten darüber nicht mehr sprechen. Doch die Sachverhalte aus jener Zeit können damit nicht verdeckt werden. Manipulationen mittels Medikamenten waren im Hochleistungssport gang und gäbe und die meisten, die davon betroffen waren, zeigten weder ein Schuldbewusstsein noch Reue.

Gewiss ist aus der Sicht von heute, auch bezogen auf jene Verstöße, Empörung angebracht. Das Prinzip des Fair Play wurde mit Füßen getreten. Dennoch: Ein Doping-Betrug in einer Zeit, in der die Manipulation mittels Medikamenten in den Regeln des Sports untersagt ist, die Gefahren des Dopings offen gelegt und Sanktionen bei Doping-Verstößen den Athleten bekannt sind, hat eine andere Qualität als jene Doping-Manipulationen, die sich in einer Zeit ereigneten, wo sich erfolgreiche Athleten an einer vorgegebenen Manipulationspraxis orientierten, die als üblich galt und die dem System immanent war.

Solch eine Argumentation darf freilich nicht missbraucht werden, um Verbrechen an Kindern und Jugendlichen zu bagatellisieren, wie sie in der ehemaligen DDR – und nicht nur dort – stattgefunden haben. Verbrechen, so sie nachgewiesen sind, müssen bestraft werden und es darf auch nicht zugelassen werden, dass mit dem Verweis auf andere Verbrechen die eigenen entschuldigt werden. Ärgerlich ist aber auch, wenn auf der Grundlage solcher Argumentation die Athletenschaft generell als eine arme Opfergruppe stilisiert wird, die einer bedrohlichen Umwelt ausgesetzt ist. Ein genauerer Einblick in die Doping-Verstrickungen der Vergangenheit zeigt sehr deutlich, welch aktive Rolle Athleten dabei gespielt haben, wie selbstverständlich Athleten ohne Unterstützung durch Trainer, Mediziner und Funktionäre sich auf eine Anabolikakarriere eingelassen hatten und wie viele Athleten sich durch ein pharmakologisches Expertentum auswiesen. Die von der Reiter-Kommission empfohlene Amnestie für betroffene Athleten war sportpolitisch wohl verständlich, in gewisser Weise war sie dennoch das falsche Signal.

Die Differenzen, die sich im Vergleich zu den Doping-Problemen der 60er und 70er Jahre zum heutigen Doping-Problem stellen, lassen sich in diachroner Perspektive auch heute noch im Vergleich zwischen verschiedenen Gesellschaften wahrnehmen. In den Vereinigten Staaten ist der Anabolikakonsum angesichts einer allgemeinen Medikamentierung der amerikanischen Gesellschaft beinahe zu einem normalen Bestandteil, z. B. des universitären Lebens, geworden. Auf jedem Campus finden sich Läden, in denen leistungsstimulierende Substanzen angeboten werden. Pharmakologische Produkte werden über Internet weltweit zum Verkauf angeboten. Vitaminpräparate sind dabei die harmlose, Wachstumshormone und Anabolika die gefährliche und bedrohliche Seite. Lebt ein amerikanischer Leistungssportler in einer derartigen Umwelt, ist er umgeben von Menschen, die ihren Körper formen, gestalten und als modellierfähig betrachten, so ist es nahe liegend, dass Experimente am eigenen Körper wahrscheinlicher werden, als in einer Welt, in der Medikamente medizinisch überwacht werden und nur dort zur Anwendung kommen, wo es aus ärztlicher Sicht wünschenswert ist. Auch aus dieser vergleichenden Perspektive muss angenommen werden, dass Doping-Verstöße von Athleten auf sehr ungleiche Weise wahrgenommen werden, dass ihr Unrechtsbewusstsein in Bezug auf das, was sie bei einem Doping-Verstoß tun, sehr intensiv ausgeprägt oder aber auch gar nicht vorhanden sein kann.

Bringt man solche Vergleiche auf einen Nenner, so ist die Empfehlung nahe liegend, eine differenzierte Analyse des Doping-Problems zur Grundlage für die notwendigen Veränderungen zugunsten einer verantwortbaren Zukunft des Hochleistungssports zu machen. Eine oberflächliche moralisierende Debatte ist dabei gewiss kaum hilfreich. Dies zeigt sich gerade in diesen Tagen, wenn angeblich oder tatsächlich der Versuch unternommen wird, die Doping-Verstöße der Vergangenheit in Deutschland aufzuarbeiten. Aus der Geschichte kann vieles gelernt werden. Wünschenswert wäre, dass das Gelernte sich im zukünftigen Handeln bewährt. Die Aufarbeitung der Vergangenheit macht somit vor allem dann Sinn, wenn sie auf dieses zukünftige Handeln projiziert wird. Findet Aufarbeitung um ihrer selbst Willen statt, unterliegt sie lediglich einer massenmedialen Neugier und ist nur dem Sensationsprinzip unterworfen, lässt sie sich somit nicht an den notwendigen Prinzipien einer Aufklärung bemessen, so ist sie gewiss nicht wirkungsvoll. Hinzu kommt, dass sich die Aufarbeitung der jüngsten Zeitgeschichte auch an jenen Maximen zu orientieren hat, die den Vereinigungsprozess der beiden deutschen Staaten prägen sollten. Integration zugunsten einer gemeinsamen Identität ist vor dem Hintergrund der Vereinigungsentscheidung aus dem Jahr 1990 das vorrangigste politische Postulat. In der alltäglichen politischen Praxis muss dies nicht mehr oder weniger bedeuten, als dass die Aufklärung über die Vergangenheit in einem Brückenbau für die Zukunft zu münden hat. Schuld und Reue sind deshalb auf das Engste mit dem Prinzip der Versöhnung und der zukünftigen Kooperation verbunden. Auch daran sollte sich die derzeit stattfindende Diskussion messen lassen.

(1998)

Nicht Rhetorik, sondern Taten sind gefordert

Die Diskussion über Doping im Sport hat den Charakter einer unendlichen Geschichte. Immer häufiger wird dabei sichtbar, dass sich diese Diskussion eher durch rhetorische Qualitäten auszeichnet, als dass konkrete Resultate erreicht werden. Problemlösungen werden dadurch eher verstellt und die entscheidenden Schritte im Kampf gegen Doping können nicht gegangen werden. Vielerorts hat man auch den Eindruck, dass diese Schritte nicht gewollt sind.

Wer ein glaubwürdiger Diskussionspartner in einer Debatte über Doping sein möchte, der müsste meines Erachtens auf eine ganze Reihe von Fragen befriedigende Antworten für sich selbst und für andere finden. Die wohl wichtigste Frage, die jedem Partner in Doping-Debatten zu stellen ist, ist jene, auf wessen Seite er steht. Dabei gibt es nur zwei Alternativen: Entweder steht man auf der Seite der sauberen Athleten, jener Athleten, die die Prinzipien des Fair Play beachten oder man steht auf jener Seite, wo Athleten sich mittels medizinischer Manipulation um unerlaubte Leistungsvorteile bemühen. Man steht somit auf der Seite der Betrüger. Stellt man diese Frage und prüft man die Antworten, so muss leider erkannt werden, dass nach wie vor sehr viele Athleten, Trainer und Funktionäre zumindest über ihre vorgetragenen Argumente den Anschein erwecken, als ob Doping ein Kavaliersdelikt und zwangsläufiges Merkmal des Hochleistungssports sei, mit dem man sich abzufinden habe, als ob die Athleten, die manipulieren, möglicherweise nicht gewusst haben, was sie tun. Die dabei anzutreffende Alibidiskussion hat längst ihre eigenen Stilblüten entwickelt. Verbände stellen sich vor ihre Athleten, obwohl sie sehr genau wissen, dass sie betrogen wurden. Topstars werden nicht verfolgt, nur weil sie Topstars sind. Der Schwarze Peter wird meist jenen zugeschoben, die öffentlich über Doping sprechen, weil diese angeblich dem Leistungssport dadurch schaden und die bösen Buben sind die Labors und die Kontrolleure. Beobachtet man die Doping-Diskussionen, die nunmehr seit mehr als 20 Jahren in der Bundesrepublik und in anderen Ländern der Welt geführt werden, so kann man sehr schnell erkennen, welche Partei über solche Argumente von den Diskutanten ergriffen wird. Nur wenige stehen dabei mit Überzeugung auf der Seite der sauberen Athleten, die große Mehrheit ist nach wie vor bereit, über Pseudoargumentationen die Betrüger zu schützen und damit Partei zugunsten jener zu ergreifen, die das System des Hochleistungssports gefährden.

Nicht weniger wichtig als die Frage nach der Partei, der man zugehört, sind die Fragen nach dem konkreten Handeln und insbesondere nach den finanziellen Taten, die einen erfolgreichen Kampf gegen Doping prägen können oder möglicherweise diesen auch diskreditieren: Wie viel Geld investieren das IOC und die internationalen Sportfachverbände über ihre ordentlichen Haushalte in einen engagierten Kampf gegen Doping? Welche hauptamtlichen Strukturen haben sie aufgebaut, um den Kampf gegen Doping zu gewährleisten? Verfügen das IOC und die internationalen Sportfachverbände über ein „where-about-System", dem die Athleten vertraglich unterworfen sind? Welche juristischen Grundlagen haben das IOC und die internationalen Sportfachverbände geschaffen, damit der Kampf gegen Doping konsequent geführt werden kann? Welche Sanktionen werden vom IOC bzw. von den internationalen Fachverbänden gegenüber jenen Mitgliedern durchgesetzt, die sich im Anti-Doping-Kampf nicht beteiligen? Wie unabhängig werden die Doping-Kontrollen im Training und im Wettkampf durchgeführt? Wie unangemeldet und überraschend werden die Kontrollen durchgeführt? Welche Eigenleistungen bringen Athleten auf, um ihren eigenen „Beruf auf Zeit" gegenüber den Doping-Manipulateuren zu schützen? Welcher Prozentsatz des Sportetats wird aus öffentlichen Haushaltsmitteln in den EU-Ländern, in USA, Japan etc. für den nationalen Anti-Doping-Kampf aufgewendet? Welche gesetzlichen Hilfen stellt das jeweilige staatliche System bereit, damit der Sport aus sich heraus erfolgreich gegen Doping kämpfen kann? Welche Mittel wenden die Sponsoren auf, um den Hochleistungssport im Kampf gegen Doping zu unterstützen? Welche Rolle spielt die Pharma-Industrie bei der Erforschung der Doping-Substanzen? Wie einheitlich ist im jeweiligen nationalen Sportsystem das Strafensystem, sodass es aus der Sicht der Athleten als gerecht empfunden werden kann? Beteiligen sich die Massenmedien am Kampf gegen Doping oder verharmlosen sie mit ihrer Berichterstattung den Doping-Betrug?

Solche und ähnliche Fragen sind an das IOC, an die internationalen Sportfachverbände, an die Europäische Union, an die USA, an die Bundesregierung, an den DSB, an das NOK, an die deutschen Sportfachverbände, an die Trainer, an die Athleten, an Justizminister, an die Verantwortlichen der Massenmedien und an weitere Verantwortliche im Gesamtsystem des Sports zu richten. Jeder ist dabei auf spezifische Weise mit diesen Fragen zu konfrontieren. Entscheidend ist, dass solche Fragen ehrlich beantwortet werden. Wäre dies heute der Fall, so würden wir erkennen, dass der Kampf gegen Doping nur von wenigen ehrlich und aufrichtig geführt wird, dass er häufig nur als rhetorischer Kampf in Parlamentsdebatten, bei Sportverbands-Tagungen, in Resolutionen und in Kommissionssitzungen stattfindet, dass die wirkliche Problematik mit solchen Maßnahmen aber immer nur bruchstückhaft erreicht wird und dass die Erfolge leider immer nur sehr kleine Erfolge sind, die in den vergangenen Jahrzehnten auf diesem Gebiet zu bilanzieren sind.

Das ärgerlichste Problem, mit dem all jene konfrontiert sind, die sich gegen Doping engagieren, ist ganz offensichtlich das der mangelnden Unterstützung. Erschwerend kommt hinzu, dass mehrere Sachprobleme vorliegen, deren Lösung auch heute noch immer nicht in Sicht ist. Einige dieser Probleme sollen im Folgenden dargestellt werden.

Das wohl alles entscheidende Problem liegt darin, dass die Doping-Manipulation in Situationen stattfindet, die sich einer öffentlichen Beobachtung und Kontrolle entziehen. Der Doping-Betrug vollzieht sich in einem Prozess, an dem in der Regel mehrere Personen beteiligt sind. Konkret findet der Betrug dort statt, wo der Athlet ein Medikament zu sich nimmt, das nicht erlaubt ist oder ihm eine dritte Person ein Medikament in der Absicht verabreicht, auf diese Weise die Leistung unerlaubt zu manipulieren. Diese Situation ist durch Privatheit gekennzeichnet. Der Betrüger und die Umwelt des Betrügers fühlen sich unbeobachtet und in dieser Situation sicher, dass der Betrug möglich ist und dass er zum Erfolg führt. Hat die Betrugssituation diese Qualität, so kann es nicht überraschen, dass über den eigentlichen Vorgang der Doping-Manipulation im Hochleistungssport nur ein sehr unzureichendes Wissen bereitgestellt werden kann. Häufig handelt es sich dabei um indirekte Beschreibungen, um Verdächtigungen und um

Mutmaßungen. Die Angaben über die Manipulation sind Aussagen von Dritten über Dritte, sie lassen weder empirisch kontrollierbare Schlussfolgerungen zu noch können sie Grundlage für justitiable Handlungen sein. Das wirkliche Ausmaß des Doping-Problems ist deshalb unbekannt; nicht einmal Schätzungen über den Umfang des Betrugs im Hochleistungssport sind derzeit möglich. Jede diesbezügliche Vermutung könnte mit einer Gegenvermutung widerlegt werden. Doping ist somit im besten Sinne des Wortes ein Grauzonen-Phänomen.

Das zweite, nicht weniger ungeklärte und bedeutsame Problem im Kampf gegen Doping ist die bislang noch völlig unzureichend beantwortete Frage, was denn unter einer „unerlaubten Leistungsmanipulation" im Hochleistungssport zu verstehen sei. Indirekt wird mit dieser Frage somit das Definitionsproblem angesprochen. Es wird damit vor allem aber auch die Frage nach der Grenzziehung zwischen erlaubter und unerlaubter Manipulation gestellt. Es wird aber auch die Frage nach dem Konsens aufgeworfen, den das Prinzip des Fair Play prägen und von dem dieses Prinzip getragen sein müsste. „Körpereigen – körperfremd", „natürlich – künstlich", „Substitution – Manipulation", „oral – infundiert" sind dabei die beispielhaften Kennzeichnungen, mit denen die Grenzziehung ermöglicht werden soll. Werden diese Begriffe angewendet, so wird deutlich, dass die Grenzziehung nicht gelingt. Gutachten steht gegen Gegengutachten, Meinung gegen Gegenmeinung. Der kleinste gemeinsame Nenner sind Verbotslisten, wie sie das IOC verabschiedet hat. Das Prinzip des Fair Play wird damit jedoch nur bedingt in den Mittelpunkt des Kampfs gegen Doping gestellt. Schon gar nicht wird die Frage beantwortet, welche Methoden einem humanen und fairen Hochleistungssport entsprechen bzw. welche dieses Prinzip verletzen. Doping wird als der Gebrauch von pharmakologischen Substanzen oder als die Anwendung von Methoden definiert, die gefährlich für die Gesundheit des Athleten und/oder die geeignet sind, die Leistung des Athleten auf unerlaubte Weise zu steigern. Damit stellt sich die Frage nach den unerlaubten Methoden auf eine völlig neue Weise. Im weitesten Sinne stellt sich die Frage nach den Sportgeräten und den Sporttechnologien, die den Athleten bereitgestellt werden, um ihnen optimale Leistungen zu ermöglichen. Ohne Zweifel wird mit dieser erweiterten Definition das Prinzip des Fair Play in den Mittelpunkt der Doping-Diskussion gerückt, ohne dass dabei allerdings die Frage angemessen beantwortet wird.

Ein nach wie vor ungeklärtes Problem ist die Nachweisbarkeit jener Substanzen, mittels derer Athleten versuchen, ihre Konkurrenten zu betrügen. Beispielhaft wird dieses Problem derzeit an der Substanz EPO (Erythropoietin) diskutiert. Prinzipiell muss davon ausgegangen werden, dass angesichts der wissenschaftlichen und technologischen Entwicklungsprozesse innerhalb der pharmazeutischen Industrie immer wieder neue Substanzen vorliegen, die zur Leistungssteigerung missbraucht werden können, deren Nachweisbarkeit in den Labors jedoch nicht als gesichert gelten kann. Der Kampf gegen Doping gleicht somit einem Hase-Igel-Rennen, das nicht gewonnen werden kann. Erschwerend kommt hinzu, dass neuere Erkenntnisse in der Genforschung und bestimmte gentechnologische Praktiken die Annahme nahelegen, dass zumindest unter theoretischen Gesichtspunkten ein geklonter Athlet denkbar ist. Gentechnologische Maßnahmen deuten darauf hin, dass in absehbarer Zukunft der Hochleistungssport als ein System geklonter Athleten befürchtet werden kann.

Ein äußerst folgenreiches, viertes Problem, das vor allem jene beschäftigt, die konsequent gegen Doping kämpfen, ist das Problem des Schadensersatzes. Dieses Problem entsteht dann, wenn im Kampf gegen Doping von wem auch immer Fehler gemacht und damit möglicherweise Schaden verursacht wurde, der bestimmte Beteiligte betrifft. Dabei sind viele Fehler denkbar. Bei der Durchführung der Kontrolle können gegenüber dem Athleten Verfahrensfehler begangen werden, bei denen der Schutz der Privatheit des Athleten gefährdet ist. Die Kontrolle kann technisch mangelhaft durchgeführt werden. Die erhobenen Proben können beim Transport zum Labor gefährdet bzw. manipuliert werden. In den Labors können Analysefehler auftreten und in der Kommunikation über die Proben können Fehler auftauchen, die zu folgenschweren juristischen Maßnahmen führen können. Bislang haftet bei allen Verfahrensfehlern, die sich bei Doping-Kontrollmaßnahmen nachweisen lassen, der für die Doping-Kontrolle verantwortliche Sportfachverband. Hingegen haben sich alle übrigen Beteiligten einer Haftung entzogen. Wenn z. B. nach einem Jahr ein Labor einem Fachverband mit Bedauern mitteilt, dass es fälschlicherweise aufgrund eines Verfahrensfehlers eine Probe als positiv deklariert hat, was zur Sperre eines Athleten führte, so bleibt dem Verband lediglich, sich bei dem betroffenen Athleten zu entschuldigen und zu hoffen, dass dieser keine Schadensersatzansprüche gegenüber dem Verband erhebt. Angesichts der fortschreitenden Kommerzialisierung und Professionalisierung des Hochleistungssports ist das Hoffen eines Sportfachverbandes in dieser Angelegenheit jedoch in nahezu allen Fällen vergeblich. Nachgewiesene Verfahrensfehler führen vielmehr zu Schadensersatzforderungen, die die gegen Doping kämpfenden Sportfachverbände in ihrer Existenz gefährden können, ohne dass diese Verfahrensfehler von den entsprechenden Verbänden verschuldet wurden.

Das aktuell am häufigsten diskutierte Problem ist die Frage nach der angemessenen Bestrafung bzw. nach der Durchsetzbarkeit von Sperren. Es geht dabei vorrangig um die Frage nach einem sinnvollen Verhältnis zwischen einer autonomen Sportverbandsgerichtsbarkeit und einer Strafrechtsordnung, die im politischen System des jeweiligen Verbands übergeordnet und vorgegeben ist. Folgt man dabei einer pragmatischen Vorstellung über diese Arbeitsteilung, so ist es die nahe liegende Aufgabe der Sportfachverbände, über die selbst gesetzten Regeln ihrer Sportart zu wachen. Eine besondere Bedeutung hat dabei das Prinzip des Fair Play, das teilweise in schriftlich niedergelegten Regeln, teilweise im Sinne eines unausgesprochenen Vertrags zum Tragen kommen muss. Die Sportfachverbände haben dabei vor allem über einen chancengleichen und fairen Wettkampf in ihrer Sportart zu wachen und die sauberen Athleten zu schützen. Deshalb ist es die Aufgabe der Sportfachverbände, bei einem vorliegenden Betrug die potenziellen Betrüger aus dem Verkehr zu ziehen, um auf diese Weise saubere Wettkämpfe in der weiteren Zukunft der jeweiligen Sportart zu sichern. Bezogen auf den hier zu diskutierenden Doping-Betrug bedeutet dies das Folgende: Liegt eine Meldung über eine positive Urinprobe – weitergereicht über eine unabhängige Agentur – bei einem Sportfachverband vor, so muss der betroffene Athlet suspendiert werden. Auf diese Weise werden die sauberen Athleten vor einem potenziellen Betrüger geschützt. (Derartige präventive Maßnahmen gibt es auch im öffentlichen Leben. Ohne einen direkten Schuldnachweis wird beispielsweise ein Autofahrer, der die Verkehrsregeln missachtet, bei einem entsprechenden Verdacht des Alkoholmissbrauchs aus dem Verkehr genommen, um die übrigen Verkehrsteilnehmer vor diesem potenziell gefährlichen Verkehrsteilnehmer zu schützen.) Nach der Suspendierung müsste gemäß dieser Auffassung eine Anhörung des Athleten erfolgen, in der er eine Stellungnahme zu der vorliegenden positiven Probe abgeben kann. Unmittelbar danach müsste die Suspendierung des Athleten in eine Sperre überführt werden, die bei gleichem Delikt zeitlich verbindlich und einheitlich festzulegen ist. Bei diesem Verbandsverfahren kann es dabei nicht um einen individuellen Schuldnachweis gehen. Es wird vielmehr davon ausgegangen, dass die Athleten für jene Substanz haften, die in ihrem Urin gefunden wird. Ein solches Vorgehen ist schon allein deshalb sinnvoll, weil den Verbänden in der Regel tragfähige Instrumente für weiterführende juristische Beweisverfahren nicht zur Verfügung stehen. Schon gar nicht können Verbände ordentliche Strafgerichte ersetzen bzw. selbst Strafgerichtsverfahren durchführen. Deshalb muss von den Verbänden prinzipiell anerkannt werden, dass jedem Athleten jene Rechte zugebilligt werden, die ihnen als Grundrechte wie jedem Bürger in unserer Gesellschaft zustehen. Fühlt sich ein Athlet ungerecht behandelt, glaubt er, ein Opfer einer Manipulation zu sein, so muss ihm deshalb der Weg vor ein Gericht offengehalten werden. Dies kann ein Schiedsgericht oder ein ordentliches Gericht sein, vor dem der Athlet die Möglichkeit hat, seine Unschuld zu beweisen. Gelingt es dem Athleten, seine Unschuld nachzuweisen, so ist seine Sperre aufzuheben. Schadensersatzforderungen kann der Athlet jedoch an seinen Verband nur dann richten, wenn dem Verband Verfahrensfehler nachgewiesen werden, d. h., wenn er fahrlässig oder grob fahrlässig seine eigenen Regeln nicht beachtet hat. Hat hingegen ein Verband konsequent die Regeln, die er mit dem Athleten vereinbart hat, beachtet, so können Schadensersatzforderungen an den Verband nicht gerichtet werden. Dieser verbandsjuristischen und verbandspolitischen Position stehen heute jene Argumente entgegen, die insbesondere von einer Gruppe von IOC- und FIFA-Juristen vorgetragen werden. Diese vertreten die Auffassung, dass grundsätzlich jeder Athlet, bevor er bestraft werden kann (diese Gruppe spricht dabei nicht von Sperre), einem individuellen Schuldnachweisverfahren zu unterwerfen sei. Dabei wird von einigen Sportfachverbänden – so z. B. vom Fußball und vom Radsport – die Position eingenommen, dass Bestrafungen von Athleten von der potenziellen Dauer der Karriere des Athleten abhängig sein und dass altersabhängige Strafen erfolgen müssten, d. h. dass bei gleichem Delikt unterschiedliche Strafen auszusprechen sind. Es wird dabei ferner die Auffassung vertreten, dass eine Mindestsperre von zwei Jahren angesichts der beruflichen Problematik einiger Athleten, die ihren Hochleistungssport als „Beruf auf Zeit" ausüben, einem Berufsverbot gleichkäme und deshalb nicht justitiabel sei. Es wird dabei allerdings verkannt, dass entsprechende Gerichtsurteile diesbezüglich nicht vorliegen bzw. lediglich die Auffassung stärken, dass eine Mindeststrafe von zwei Jahren – zumindest für Deutschland – durchsetzbar ist. Die juristische Diskussion, die hierbei geführt wird, hat einen auffällig abstrakten Charakter. Sie weist nicht selten machtpolitische Gesichtspunkte auf und unterliegt zumindest teilweise dem Verdacht, dass sie im Interesse jener geführt wird, die im Sport die Betrüger sind und dass dabei nicht jene im Blick sind, die sich für einen sauberen Sport einsetzen. Dessen ungeachtet müssen die strafrechtlichen Bedenken anerkannter Juristen ernst genommen werden und es muss eine Lösung herbeigeführt werden, bei dem die vom Sport ausgesprochenen Sanktionen nicht mit dem jeweiligen Strafrecht der nationalen Systeme kollidieren. Es muss somit ein Weg gefunden werden, der vom Sport zugunsten der sauberen Athleten erfolgreich und konsequent gegangen werden kann.

Jedes der hier nur skizzenhaft vorgetragenen Probleme zeichnet sich durch Komplexität und Mehrdeutigkeit aus. Einfache Lösungen scheint es für diese Probleme ganz offensichtlich nicht zu geben. Der damit entstehende Problemdruck ist jedoch enorm und Bemühungen um nachvollziehbare Lösungen sind zwingend erforderlich. In der öffentlichen Diskussion wird derzeit häufig der Eindruck erweckt, als ob die Frage nach der Durchsetzbarkeit der Zweijahres-Sperre die höchste Priorität besitze. Bei genauerer Betrachtung wird jedoch ersichtlich, dass dies eher ein nebengeordnetes Problem darstellt. Sehr viel entscheidender sind das Kontrollsystem, das international aufzubauen ist, ein juristisch nachvollziehbarer Nachweis der unerlaubten Substanzen und die finanzielle Absicherung jener, die konsequent gegen Doping kämpfen. Dabei bedarf es sowohl nationaler als auch internationaler Maßnahmen. Gehen die internationalen Bemühungen nicht mit den nationalen Anti-Doping-Bekämpfungsmaßnahmen einher, so wird der nationale Kampf gegen Doping in seiner Substanz gefährdet. Deshalb sind heute entschiedener denn je die internationalen Repräsentanten des deutschen Sports aufgefordert, entschiedener denn je wird es darauf ankommen, dass das politische System einen konsequenten und glaubwürdigen Weg im Kampf gegen Doping geht und entschiedener denn je wird es darauf ankommen, dass die internationalen Fachverbände und das IOC glaubwürdige, d. h. vor allem tragfähige Schritte im Kampf gegen Doping unternehmen.

(1999)

Ein Meilenstein im Kampf gegen Doping

Nach den Tagen von Lausanne hat sich im olympischen Sport sehr vieles verändert. Nichts mehr ist so, wie es früher einmal war. Gleichzeitig weiß jedoch niemand, wie die Zukunft des olympischen Sports sein wird. Will man die Anti-Doping-Weltkonferenz von Lausanne aus dem Jahr 1999 angemessen beurteilen, so muss man sich zunächst und zuallererst vor Augen führen, was bei einer Weltkonferenz dieser Größe machbar und möglich ist und durch welche Stärken und Schwächen sich Konferenzen dieser Art auszeichnen können. Eine Anti-Doping-Weltkonferenz ist kein Beschlussorgan des olympischen Sports. Sie ist notwendigerweise und nahezu zwangsläufig ein Ort des monologischen Redens. Diskursive Auseinandersetzungen können sich allenfalls in den Pausen ereignen. Eine Weltkonferenz ist ein Ort kontinentaler und nationaler Repräsentanz, bei der es für die meisten Delegierten bereits eine Auszeichnung ist, dass sie ein Land oder ihren Kontinent repräsentieren dürfen. Auf diese Weise besteht Redepflicht für alle, was zwangsläufig dazu führt, dass die Redezeit zu reglementieren ist, dass äußerst redundant geredet wird, dass sich alle Reden in etwa auf die gleichen Probleme beziehen und dass angesichts der Vielfalt der Sprachen und Kulturen, die sich dabei begegnen, immer nur äußerst fragwürdige Kompromisse zu erreichen sind.

Betrachtet man diese spezifischen Merkmale der Lausanner Weltkonferenz, so können die Erfolge, die bei dieser Konferenz erreicht wurden, nicht hoch genug eingeschätzt werden. Diese Erfolge sind in erster Linie einer umfassenden internationalen Öffentlichkeit zuzuschreiben, die es in dieser Form in der Geschichte des olympischen Sports bei einem sportpolitischen Ereignis noch nicht gegeben hat. Fernsehanstalten aus aller Welt waren anwesend. 428 akkreditierte Journalisten aus mehr als 50 Nationen erzeugten im Vorfeld eine kaum als realistisch zu bezeichnende Erwartungshaltung, die zwangsläufig nicht erfüllt werden konnte. Sie berichteten täglich äußerst kritisch über die Debatten und mussten doch am Ende auf eine Resolution verweisen, die in ihren Inhalten für die Weiterentwicklung des olympischen Sports von entscheidender Relevanz sein wird. Die Ausgangssituation des olympischen Sports vor der Weltkonferenz war dabei mehr als desolat. Der Kampf gegen Doping im olympischen Sport zeichnete sich durch Heuchelei, Blauäugigkeit und vor allem durch Inkonsequenz aus. Forderungen, die bereits über ein Jahrzehnt von Kritikern des Sports erhoben wurden, wurden von der großen Mehrheit der Verantwortlichen im Sport beschwichtigend bei Seite geschoben und wenn man dabei die harten Fakten betrachtet, so gab es gerade einmal elf olympische Verbände, die zuvor bereit waren, Trainingskontrollen in ihren Sportarten durchzuführen, was dazu geführt hatte, dass noch 1996 bei den Olympischen Spielen von Atlanta die große Mehrheit der dort startenden Athleten nicht eine einzige Trainingskontrolle aufzuweisen hatte. Äußerst unbefriedigend und sehr ungerecht waren auch die Strafen, die bei Doping-Delikten im olympischen Sport verhängt wurden. Sie reichten von einer Verwarnung bis zur lebenslänglichen Sperre, wobei die Durchsetzung der Strafen oft nicht einmal überprüft wurde. Wer wie die Athleten in der internationalen Leichtathletik durch die IAAF ständig mit Trainingskontrollen konfrontiert war, wer wie Athleten des Deutschen Leichtathletik-Verbands zusätzlich von vielen nationalen

Trainingskontrollen ständig überrascht wurde, für den war die Situation vor Lausanne mehr als unbefriedigend. Einige Athleten hatten mehr als sieben Kontrollen pro Wettkampfjahr im Training aufzuweisen, andere hingegen konnten sich sicher sein, dass sie niemals von Trainingskontrollen überrascht werden. In einigen Verbänden wurden Doping-Sünder mit hohen Strafen bestraft und diese Strafen wurden auch durchgesetzt. In anderen Verbänden wurde Doping-Betrug als Kavaliersdelikt betrachtet und teilweise konnten sich die Athleten mit relativ einfachen Mitteln den notwendigen Strafen entziehen.

Nach Lausanne ist gewiss nun nicht alles anders und doch, so bin ich davon überzeugt, hat sich durch die Beobachtung einer weltweiten Öffentlichkeit und insbesondere durch die staatliche Aufmerksamkeit, die der Weltkonferenz von Lausanne entgegengebracht wurde, Entscheidendes verändert. Das IOC muss und wird eine internationale Kontrollagentur einrichten, deren einzige Aufgabe es sein wird, ständig darauf zu achten, dass weltweit Trainingskontrollen stattfinden und dass alle olympischen Verbände in dieses Kontrollsystem einbezogen sind. Allein dieser Sachverhalt scheint für mich ein wegweisender Schritt im zukünftigen Anti-Doping-Kampf zu sein.

Nicht weniger wichtig ist aber auch die Entscheidung, dass alle olympischen Verbände sich dem Anti-Doping-Code zu unterwerfen haben, was nicht mehr und nicht weniger bedeutet, dass für alle Verbände die gleichen Verbotslisten gelten und für alle Verbände in gleicher Weise definiert sein wird, was als schwerer Doping-Verstoß und als weniger schwerer Doping-Verstoß zu gelten hat. Gewiss kann nun eingewandt werden, dass aber eine Verbindlichkeit der 2-Jahres-Strafe, die von engagierten Verfechtern eines couragierten Anti-Doping-Kampfes gefordert wurde, nicht erreicht werden konnte. Doch auch diesbezüglich muss von einem Erfolg gesprochen werden. Der Beschluss von Lausanne, durch den eine Modifikation der 2-Jahres-Strafe erlaubt wird, bedarf der öffentlichen Kontrolle. Findet diese statt, so kann in der Zukunft verhindert werden, dass bei einem gleich gearteten Doping-Verstoß ein Profiathlet mit einer geringeren Strafe bestraft wird als ein Athlet, der seine Sportart eher auf amateurhafte Weise ausübt. Die Einzelfallüberprüfung, die in Lausanne beschlossen wurde, muss nicht notwendigerweise zu einem Gummiparagraphen werden, der den Präsidien der internationalen Verbände Tür und Tor für Manipulationen öffnet. Dies setzt allerdings voraus, dass die noch zu gründende hauptamtliche Anti-Doping-Agentur tatsächlich unabhängig ist und dass sie von einem Aufsichtsgremium überwacht wird, in dem internationale Persönlichkeiten sitzen. Bei jedem Doping-Verstoß würde dann die Öffentlichkeit alarmiert und es könnte auf diese Weise ein internationales Gewissen im Kampf gegen Doping entstehen. Eine derartige Hoffnung scheint mir deshalb berechtigt zu sein, weil davon auszugehen ist, dass über die hauptamtliche Arbeit der internationalen Agentur eine anspruchsvolle Professionalität im Anti-Doping-Kampf zu erwarten ist und dass insbesondere über die Kooperation Nationaler Anti-Doping-Agenturen mit der internationalen Agentur ein Netzwerk von konkurrierenden Anti-Doping-Institutionen entsteht. Dabei sollten sich jene durchsetzen, die die höchste Kontrollqualität erreichen. Wird diese in der weiteren Zukunft gewährleistet sein und wird das IOC gemeinsam mit den internationalen Sportverbänden und den Regierungen der Industrienationen die notwendigen Finanzen auch zukünftig bereitstellen, so kann die Lausanner Konferenz durchaus als ein Meilenstein zugunsten des Prinzips des Fair Play im olympischen Sport bezeichnet werden.

(1999)

Der Staat ist gefordert

„Trainingslager in der Sportschule S. Olympiakaderathleten verschiedener Spitzenfachverbände bereiten sich auf die bevorstehenden Olympischen Spiele vor. Der Anti-Doping-Beauftragte M. des Fachverbands der Sportart L. macht überraschend eine Kurzvisite ohne Anmeldung im Trainingslager. Bei einem Zimmerdurchgang entdeckt er in der Sporttasche des Athleten U. mehrere Packungen der verbotenen Substanz Clenbuterol. In einem weiteren Zimmer findet er ebenfalls in einem Schrank Injektionszubehör und die verbotene Substanz EPO. Der Anti-Doping-Beauftragte ist empört, versucht herauszubekommen, in wessen Besitz sich diese Substanzen befinden. Die betroffenen Athleten beteuern ihre Unschuld, weisen darauf hin, dass vom bloßen Besitz nicht auf den Doping-Versuch geschlossen werden kann und dass sie sich im Übrigen als Opfer eines Attentats sehen; jemand möchte ihnen böse mitspielen und sie des Doping-Betrugs bezichtigen".

Der beschriebene Fall ist fiktiv und das beschriebene Ereignis ist in mehrfacher Hinsicht höchst unwahrscheinlich, dass es sich in einer deutschen Sportschule so ereignen könnte. Einem Anti-Doping-Beauftragten eines Fachverbands fehlt bis heute die Befugnis, eine derartige Untersuchung durchführen zu dürfen. Ebenso unwahrscheinlich bzw. unmöglich ist es, dass polizeiliche Ermittler entsprechende Untersuchungen in Trainingslagern in Deutschland durchführen werden. Vielmehr ist es wahrscheinlich, dass Athleten, die unerlaubte Substanzen mit sich führen, unbehelligt bleiben. Es kann deshalb auch kaum überraschen, warum immer wieder Trainer und Athleten über vergleichbare Situationen empört berichten und darauf hinweisen, dass sich offensichtlich niemand um solche Sachverhalte in unserer Gesellschaft kümmert.

Dem fiktiven Beispiel sollte jedoch eine andere Bedeutung zukommen. Würde man bei Olympia-Kandidaten unserer Nationalmannschaft Doping-Substanzen antreffen, so hätte dies zum jetzigen Zeitpunkt keinerlei Sanktionen zur Folge, da der Besitz der pharmakologischen Substanzen, die im Wettkampfsport verboten sind, nicht strafbar ist.

Dieses Problem könnte im subsidiären Kampf gegen den Doping-Betrug möglicherweise durch die Sportorganisationen selbst gelöst werden. Würden die Verbände ihre Regeln dahingehend ändern, dass sich Athleten, die sich im Besitz von Anabolika und sonstigen verbotenen Substanzen befinden, gegenüber der Verbandsgerichtsbarkeit strafbar machen und hätte der Besitz entsprechende Sanktionen zur Folge, so könnte zumindest mit den Mitteln der Sportgerichtsbarkeit dieser Art von Doping-Gefahr begegnet werden. Allerdings könnte sich der Sportler im Ernstfall durch einen Vereinsaustritt auf eine sehr einfache Weise aus der sportgerichtlichen Verantwortung stehlen.

Das eigentlich ungelöste Problem im Anti-Doping-Kampf stellt sich jedoch sehr viel gravierender dar. Der Sport verfügt heute wohl über ein intaktes Kontrollsystem, über eine intakte Sportgerichtsbarkeit und er kann damit einen Athleten, der mittels einer Urinprobe des Dopings überführt wurde, für bis zu zwei Jahren sperren. Die Betrugshandlung des Athleten wird damit jedoch lediglich an der Oberfläche erfasst. Über die Strukturen des Sports ist es nicht möglich, in Erfahrung zu bringen, wie der Athlet gedopt hat, bei wem er sich die verbotene Substanz besorgt hat und wer seine ihn unterstützende Umwelt darstellt.

In dieser Ohnmacht befinden sich die Sportorganisationen, seitdem sie Doping-Kontrollen durchführen und seitdem sie Doping mittels ihrer eigenen Sanktionen bekämpfen. Betrachtet man diese Situation etwas genauer, so erkennt man, dass der Sport über seine autonome Organisation diesem Problem mit seinen eigenen Strukturen nicht gerecht werden kann, er benötigt vielmehr die Hilfe des Staates.

Dabei ist es völlig nachgeordnet, ob diese Hilfe dem Sport mittels eines bestehenden Gesetzes, eines zu verändernden Gesetzes oder eines neuen Gesetzes gewährleistet wird. Völlig nachgeordnet ist es auch, ob ein Gesetz zum Schutz der Sportkultur dem Sport die notwendige Hilfe gewährt oder über ein neues Anti-Doping-Gesetz oder durch das bestehende Arzneimittelgesetz oder durch ein anderes, ähnlich gelagertes Gesetz, beispielsweise das Betäubungsmittelgesetz, dieser Schutz gewährleistet wird. Sehr viel entscheidender ist es hingegen, wer dem Sport hilft und wie dem Sport geholfen wird, das unzweifelhaft bestehende Vollzugsdefizit zu beseitigen, um auf diese Weise den Sport als bedeutsames pädagogisches Kulturgut wirkungsvoll zu schützen. Ist dies nicht der Fall, so wird sich auch in der weiteren Zukunft der Anti-Doping-Kampf vorrangig als ein unglaubwürdiges rhetorisches Spiel ereignen, das zu Recht von den betroffenen Athleten und von den Trainern beklagt wird. Notwendig ist vielmehr ein glaubwürdiger und engagierter Kampf gegen Doping, bei dem man bereit ist, die notwendigen finanziellen, personellen und juristischen Strukturen zu schaffen, damit die Wurzeln des Übels bekämpft werden können. Notwendig ist, dass der Besitz von Doping-Substanzen unter Strafe gestellt wird und dass in Bezug auf das Doping-Problem in gleicher Weise staatlicherseits ermittelt wird, wie dies beim Drogenmissbrauch in unserer Gesellschaft der Fall ist. Die Verantwortung der Sportverbände für einen engagierten Doping-Kampf würde dadurch keineswegs in Frage gestellt, die Autonomie der Verbände würde vielmehr dadurch gestärkt und das anerkannte Prinzip der Subsidiarität würde einmal mehr zeigen, wie wirkungsvoll es für die Entwicklung des Sports in einem demokratischen Gemeinwesen sein kann. Der Sport benötigt auf diesem Weg die Unterstützung des Staates, er benötigt die Unterstützung des Justizministers und des Bundesministers des Innern.

(2004)

Brauchen wir ein Anti-Doping-Gesetz?

Das Subsidiaritätsprinzip, jenes bedeutsame Prinzip der katholischen Soziallehre, wurde mit gutem Grund 1950 bei der Gründung des Deutschen Sportbundes als Fundament für eine moderne Sportbewegung vorgegeben, an dem es sich auch heute noch zu orientieren gilt. Ein autonomer Sport auf der Basis freiwilliger Vereinigungen sollte seine Geschicke selbst in die Hand nehmen, dies war der Wunsch der Gründungsväter des Deutschen Sportbundes und auch der damaligen Politik. Die Verantwortlichen aus den Vereinen und Verbänden sollten das für moderne Gesellschaften wohl bedeutendste Massenphänomen, den Sport, in einem kontinuierlichen Modernisierungsprozess an die Bedürfnisse der Bürger anpassen und dabei sollte der Staat immer nur dann und nur dort eingreifen, wo die freiwilligen Vereinigungen aus eigener Kraft nicht mehr in der Lage sind, ihre kulturell und sozialpolitisch bedeutsamen Ziele zu verfolgen. Das Prinzip der Subsidiarität ist deshalb sowohl als organisatorisches als auch als ein finanzielles, personelles und juristisches Prinzip zu verstehen.

In der aktuellen Diskussion über den Kampf gegen Doping wäre es gut, wenn man sich auf dieses Prinzip wieder etwas genauer besinnen würde. Wendet man die äußerst hilfreichen Maßstäbe der katholischen Soziallehre auf den Sport an, beachtet man die inhaltliche Fülle des Prinzips der Subsidiarität, so muss zunächst der Sport selbst und mit eigenen Kräften und zuallererst in autonomer Weise den Kampf gegen das Unwesen des Dopings führen. Er muss den Kampf mit den Mitteln führen, die ihm in der subsidiären Beziehung durch den Staat ermöglicht wurden. Die besondere Kompetenz im Anti-Doping-Kampf hat der Sport dabei durch seine Regeln erlangt, über die er befindet, über die er verfügt und für deren Einhaltung er seine notwendigen Überwachungsinstanzen einzusetzen hat. Auf der Grundlage dieser Regeln ist es dem Sport möglich, eine eigene Verbandsgerichtsbarkeit zu haben, um die Gewähr der Einhaltung seiner Regeln zu sichern und auf diese Weise die Ausübung des Sports im Interesse der Bürger unserer Gesellschaft zu ermöglichen. Die Verbandsgerichtsbarkeit der Sportverbände kann dabei jedoch immer nur eine subsidiäre Gerichtsbarkeit sein. Sie hat sich dem staatlichen Recht unterzuordnen und sie erfährt ihre Grenzen aufgrund der Vorgaben des staatlichen Rechts. Wo immer die Verbandsgerichtsbarkeit nicht mehr ausreicht, ist es Aufgabe des Staats, mit Rat und Tat zur Seite zu stehen und über sein Gewaltmonopol die notwendigen Hilfen zu gewähren, welche die Sportverbände unter juristischen Gesichtspunkten benötigen. Betrachtet man die nun seit Jahren anhaltende Diskussion über Ausmaß, Reichweite und Folgen des Doping-Betrugs im Sport, so muss man erkennen, dass ganz offensichtlich der autonome Sport im Kampf gegen das Doping-Problem längst an Grenzen gestoßen ist. In der aktuellen Diskussion wird deutlich, dass der Sport mit der Berufung auf seine Autonomie in den vergangenen Jahren ganz offensichtlich verkannt hat, dass es für eine gelungene Beziehung zwischen Staat und Sport bedeutsam ist, dass sich der Sport seiner eigenen Grenzen bewusst ist, diese offen eingesteht und die aktive Kooperation mit dem Staat sucht. Soll sich der Kampf gegen das Unwesen des Dopings durch Konsequenz und Klarheit auszeichnen, so ist es wichtig, dass man sich auf eine Arbeitsteilung besinnt, die dem Sport über das Prinzip der Subsidiarität vorgegeben ist. Der Sport sollte dabei jenes leisten, was seine originäre Aufgabe ist. Aber auch der Staat ist aufgefordert, seinem Auftrag zu entsprechen, so wie es die Subsidiarität zwischen Staat und Sport gebietet.

Betrachtet man den modernen Hochleistungssport in seiner aktuellen Entwicklung mit Blick auf den immer eklatanter werdenden Doping-Betrug, so muss man erkennen, dass über die Reichweite und über die Struktur der Doping-Verbrechen lediglich spekuliert werden kann. Es wird vom flächendeckenden, vom umfassenden Doping gesprochen, das angeblich oder tatsächlich in allen Sportarten des Hochleistungssports stattfindet. Immer mehr Athleten weisen darauf hin, dass es üblich geworden sei, die sportlichen Leistungen in Training und Wettkampf pharmakologisch zu manipulieren. Solch eine Diskussion ist nicht neu, sie wird in regelmäßigen Abständen von den Medien inszeniert und hat zur Folge, dass in nicht weniger regelmäßigen Abständen Staat, Wirtschaft, Funktionäre, Sportpolitik und andere Verantwortliche aufgeschreckt bekunden, nun die notwendigen Schritte zu tun, um dann in derselben Regelmäßigkeit zu einem späteren Zeitpunkt von derselben Diskussion einmal mehr überrascht zu werden.

Das wohl alles entscheidende Problem liegt darin, dass die Doping-Manipulation in Situationen stattfindet, die sich einer öffentlichen Beobachtung und Kontrolle entziehen. Der Doping-Betrug vollzieht sich in einem Prozess, an dem in der Regel mehrere Personen beteiligt sind. Konkret findet der Betrug dort statt, wo der Athlet ein Medikament zu sich nimmt, das nicht erlaubt ist oder ihm eine dritte Person ein Medikament in der Absicht verabreicht, auf diese Weise die Leistung unerlaubt zu manipulieren. Diese Situation ist durch Privatheit gekennzeichnet. Der Betrüger und die Umwelt des Betrügers fühlen sich unbeobachtet und sie sind sich in dieser Situation sicher, dass der Betrug möglich ist und dass er zum Erfolg führt. Hat die Betrugssituation diese Qualität, so kann es nicht überraschen, dass über den eigentlichen Vorgang der Doping-Manipulation im Hochleistungssport nur ein sehr unzureichendes Wissen bereitgestellt werden kann. Häufig handelt es sich dabei um indirekte Beschreibungen, um Verdächtigungen und um Mutmaßungen. Die Äußerungen über die Manipulation sind meist Aussagen von Dritten über ihnen nicht bekannte Menschen. Sie lassen weder empirisch kontrollierbare Schlussfolgerungen zu noch können sie Grundlage für justitiable Handlungen sein. Das wirkliche Ausmaß des Doping-Problems ist unbekannt; nicht einmal Schätzungen über den Umfang des Betrugs im Hochleistungssport sind derzeit möglich. Jede diesbezügliche Vermutung könnte mit einer Gegenvermutung beantwortet werden. Doping ist somit im besten Sinne des Wortes ein Grauzonen-Phänomen.

Ist dies die Situation, so ist sehr schnell zu erkennen, dass der Beitrag des Sports ganz offensichtlich nicht ausreicht, um die Doping-Verbrechen im Bereich des Sports ausreichend und angemessen zu bekämpfen. Der Sport ist somit auf die Unterstützung des Staates angewiesen. Dies gilt vor allem für die Frage der Verfolgung von Straftaten, die den Doping-Betrug kennzeichnen. Notwendig und wünschenswert ist es dabei, dass auch die Verantwortlichen des Sports begreifen, dass es sich bei Doping-Verstößen nicht um Kavaliersdelikte handelt. Vielmehr sollten alle Beteiligten an diesen kriminellen Vergehen ihrer gerechten Strafe zugeführt werden. Die Erweiterung des deutschen Arzneimittelgesetzes war diesbezüglich ein notwendiger Schritt. Allerdings hat er nicht zu den erwünschten Erfolgen geführt. Deshalb ist es angebracht und folgerichtig, dass die Organisationen des Sports einen intensiveren Schutz durch den Staat fordern, als dies bis heute der Fall ist. In erster Linie muss dabei der Sport vor Kriminellen geschützt werden, die als Dealer, Manager, Trainer, Ärzte, Pharmakologen und Funktionäre den Doping-Betrug des Athleten möglich machen. Der Sport muss aber auch vor kriminellen Sportlern geschützt werden, die ihre sauberen Konkurrenten betrügen, wirtschaftlich benachteiligen und dem Kulturgut Sport seine ethisch-moralische Grundlage gefährden. Soll dieser Schutz gewährleistet werden, so bedarf es tragfähiger und wirksamer gesetzlicher Strukturen, die der Staat bereitzustellen hat. Wünschenswert wäre dabei, dass auch der Athlet als zentrale Figur der Verbrechen bei einem entsprechenden Schuldnachweis mit staatlichen Strafen zu rechnen hat.

In Deutschland ist es üblich, Athleten, insbesondere in der Zeit, in der sie erfolgreich sind, zu verhätscheln. Besonders deutlich wird diese Sonderbehandlung beim Doping-Betrug. Es ist jedoch nicht nachvollziehbar, dass diese Athleten anders behandelt werden als jene, die mit ihnen gemeinsam die Verantwortung und damit auch die Schuld an der Doping-Krise tragen. Wer einerseits den Athleten eine Amnestie zusagt und andererseits Strafen für Ärzte, Funktionäre und Trainer fordert, wie dies in der Aufarbeitung der DDR-Doping-Vergehen der Fall war, der verkennt jene Strukturen, die heute den modernen Hochleistungssport prägen. Vom mündigen Athleten sollte deshalb nicht nur bei der Verleihung der Verdienstkreuze durch den Bundespräsidenten die Rede sein. Wenn Athleten als hinreichend kompetent gelten, um hoch dotierte Verträge mit Sponsoren abschließen zu können, wenn sie als Privatunternehmer des Sports auftreten, so sollten sie auch für ihr eigenes Handeln haften.

Nicht nur im Hochleistungssport stellt sich schon seit längerer Zeit die Frage, wer für welchen Bereich in welcher Form Verantwortung zu übernehmen hat und wie die Verantwortlichen durch ihr Handeln diesem besonderen Auftrag entsprechen können. Es ist dabei nahe liegend, dass man zunächst die Sportorganisationen in Bezug auf ihre Verantwortung anmahnt, die sie gegenüber ihren Athleten übernehmen müssen. Die Sportorganisationen handeln gegenüber ihren Athleten dann verantwortungsvoll, wenn sie ihnen optimale Bedingungen zum Training ermöglichen, wenn sie ihnen Ärzte und Physiotherapeuten zur Seite stellen, um ein anspruchsvolles Training zu gewährleisten. Sportverbände handeln aber vor allem dann verantwortungsvoll und sie können nur dann ihren Hochleistungssport rechtfertigen, wenn sie dafür Sorge tragen, dass Athleten sich selbst als mündige Athleten verantworten können, dass sich diese Athleten auf der Grundlage einer freiwilligen Entscheidung auf ein Handeln im Hochleistungssport einlassen. Sportverbände sollen und können dabei lediglich die Rahmenbedingungen schaffen, die den mündigen Athleten ermöglichen. Wird diese Auffassung vom mündigen Athleten akzeptiert, so stellt sich für Sportverbände und für die dort verantwortlichen Personen die Frage nach der Grenze der Leistungsfähigkeit der menschlichen Individuen nicht als eine Frage, die sie unter dem Aspekt der Verantwortung in spezieller Weise zu beantworten haben. Bezogen auf die Grenzen des Hochleistungssports ist vielmehr der einzelne Mensch als Individuum – d. h. der mündige Athlet – gefordert, der verantwortungsvoll mit sich selbst und seinem Körper umzugehen hat. Diese Verantwortung kann nicht an Verbände oder Funktionäre delegiert werden, sie kann auch nicht an wissenschaftliche Teams oder Ärzte weitergegeben werden. Vielmehr muss der Athlet sein Handeln moralisch und juristisch verantworten.

Die Betrugshandlung der Athleten entzieht sich bis heute einer strafrechtlichen Verfolgung. Auf diese Weise wird dem Sportethos, den Prinzipien des Fair Play und der Chancengleichheit im Wettkampf kein originärer strafrechtlicher Schutz geboten. Will man diesen Wesenskern, der allein die gesellschaftlich wertvolle Vorbildfunktion des Sports ausmacht, strafrechtlich schützen und absichern, so ist die Einführung eines neuen Doping-Tatbestandes zwingend notwendig. Wer es mit dem Kulturgut Sport ehrlich und gut meint, der sollte sich nicht hinter einem Arzneimittelgesetz verstecken, das nicht jenes leisten kann, was zum Schutz des Sports wirklich erforderlich ist. Angesichts der wachsenden ökonomischen Bedeutung des Hochleistungssports könnte es durchaus Sinn machen, dass man sich eher am Wirtschafts- und Wettbewerbsrecht orientiert, um eine zusätzliche Rechtfertigung für einen strafrechtlichen Schutz des Kulturgutes Sport zu erhalten. Es ist deshalb auch dringend angeraten, von jenen Athleten, die ein entsprechendes Jahreseinkommen aufweisen, eine Beteiligung an den Kosten des Doping-Kontroll-Systems zu verlangen. Eine prozentuale Abgabe aus den erzielten Einkünften, die dem Anti-Doping-Kontroll-System zur Verfügung gestellt wird, wäre deshalb durchaus ein Weg, dessen Prüfung sich lohnen könnte.

Das Problem des Dopings wurde bislang fast ausnahmslos unter dem Aspekt des Gesundheitsschutzes diskutiert. Die Dominanz des Gesundheitsschutzes im Vergleich zu anderen schützenswerten Interessen, wie dem des Sportethos oder dem des Vermögens ist erstaunlich, denn die Kommerzialisierung und Professionalisierung im Sport ist keine neue Erscheinung. Vielmehr ist es gerade die Kommerzialisierung des Sports, die für die Athleten die Möglichkeiten eröffnet, sich durch die Einnahme verbotener Substanzen einen Wettbewerbsvorteil zu verschaffen. Der sich dopende Athlet verstößt deshalb nicht nur gegen das Sportethos, sondern seine Betrugshandlung muss vielmehr auch vermögensrechtlich als Verstoß gedeutet werden. Ist der Sportler Opfer des Dopings, so führt die Gesundheitsbeschädigung zum Tatbestand der Körperverletzung. Ist der Sportler Täter des Dopings, so führen die unberechtigt erhaltenen Vermögenszuwächse in eine Betrugskonstellation.

Unter dem Gesichtspunkt der Generalprävention ist es deshalb geboten, den dopenden Sportler selbst, d. h., den Sportler als Täter, mit einer strafrechtlichen Sanktion zu konfrontieren. Aus diesem Grund müsste das Sportethos in den Katalog strafrechtlich geschützter Güter aufgenommen werden. Als Vorbild könnte dabei der wirtschaftliche Wettbewerb herangezogen werden, zumal die Verquickung von sportlichem und wirtschaftlichem Wettbewerb bereits jetzt weitreichende Ausmaße angenommen hat. Deshalb ist es sinnvoll, unfaires Verhalten der Wettbewerber zu unterbinden, insbesondere wenn die Regeln, um deren Einhaltung es im sportlichen Wettbewerb geht, eine weitaus größere Bedeutung als im Wirtschaftsleben besitzen.

Einige Juristen und Sportpolitiker weisen darauf hin, dass ein strafrechtlicher Schutz des Sportethos lediglich den Charakter der Ultima Ratio haben könnte. Nimmt man die Stellungnahmen der Sportverbände ernst, so ist genau diese Situation eingetreten. Denn jene Sportverbände, die engagiert gegen Doping kämpfen, haben klar zum Ausdruck gebracht, dass nach ihrer eigenen Einschätzung der Doping-Betrug von ihnen nicht wirksam unterbunden werden kann. Gerade angesichts dieses Sachverhalts ist es höchst verwunderlich, warum nach wie vor sehr viele Sportpolitiker und -funktionäre die Ansicht vertreten, ein staatliches Verbot des eigenverantwortlichen Dopings sei nicht gerechtfertigt, das Doping-Problem sei vielmehr eine Sache des autonomen Sports, der mit den ihm gegebenen Mitteln dem Problem gerecht werden müsse. Wer sich auf solch vager Grundlage einer weiteren Diskussion über die Notwendigkeit eines Anti-Doping-Gesetzes entzieht, der muss sich den Vorwurf gefallen lassen, dass er entweder selbst von der Sache zu wenig versteht oder jene wirkungslose Strategie fortführen möchte, die viel zu lange den Kampf gegen Doping geprägt hat.

In Deutschland ist dieses Thema leider auch zu einer parteipolitischen Auseinandersetzung geworden, ohne dass sich dabei die konkurrierenden Partner an solide empirische Befunde halten. Wer ein Anti-Doping-Gesetz mit der Begründung ablehnt, dass in der jüngsten Doping-Statistik nur wenige positive Fälle ausgewiesen seien und dass im internationalen Vergleich die deutschen Verbände eine hervorragende Position einnähmen, der bedient sich ideologischer Argumente, die einer genaueren Prüfung nicht standhalten. So ist das deutsche Kontrollsystem gewiss in vielerlei Hinsicht vorbildlich. Angesichts der Diskrepanz zwischen der Anzahl der Kaderathleten und den pro Jahr zur Verfügung gestellten Kontrollmöglichkeiten kann jedoch auch das deutsche System nur eine äußerst begrenzte abschreckende Wirkung erzielen. Auch in Deutschland gibt es eine ganze Reihe von Sportarten, in denen die Athleten nur alle paar Jahre einer Trainingskontrolle unterworfen sind und die Wahrscheinlichkeit mehrerer Kontrollen pro Jahr äußerst gering ist. Nicht nur in der internationalen Leistungssportszene ist deshalb der unerlaubte Gebrauch verbotener Substanzen ein kalkulierbares Unterfangen. Gleiches gilt, wenn aus Kreisen des Sports darauf hingewiesen wird, dass ein Anti-Doping-Gesetz die Autonomie des Sports gefährden könnte. Vielmehr ist genau das Gegenteil der Fall. Nur auf diese Weise könnte die Qualität der autonomen Verbandsgerichtsbarkeit abgesichert werden und der autonome Sport könnte die Durchsetzbarkeit der von ihm selbst gesetzten Regeln entschiedener gewährleisten.

Der Sport ist mit seinen eigenen Untersuchungsverfahren überfordert. Ergänzend zu diesen Verfahren werden investigative Maßnahmen und Methoden benötigt, die dem Sport aus gutem Grunde nicht gestattet werden können. Will der Sport den entscheidenden Schritt im Kampf gegen das Verbrechen des Dopings im Sport tun, so benötigt er staatliche Hilfe, er benötigt kriminalistische Recherchen unter dem Schutz des staatlichen Gewaltmonopols. Universelle und konsequentere Strategien sind vonnöten, soll der Kampf gegen das Verbrechen des Dopings jene abschreckende Wirkung erzielen, auf die es ankommen muss, wenn man jene Athleten schützen möchte, die sich den Prinzipien eines fairen Sports verpflichtet fühlen.

(2006)

Der Gegner ist übermächtig

Der sportliche Wettkampf kann uns als Metapher des Lebens Interessantes lehren. Will man im sportlichen Wettkampf erfolgreich sein, so muss man seinen Gegner kennen. Kennt man seine Stärken und Schwächen, kennt man seine Taktik, kennt man die gefährlichen Angreifer, weiß man um die Stärken und Schwächen der verschiedenen Mannschaftsteile des Gegners, so sind die Chancen wahrscheinlicher, den Gegner mit einer intelligenten Strategie, mit individueller Vorbereitung, mit einer klugen Mannschaftstaktik und mit Teamwork zu besiegen. Im Sport ist es üblich, dass man sich so genannter „Scouts" bedient, um herauszufinden, durch welche Qualitäten sich der Gegner auszeichnet, so genannte Stärken-/Schwächenanalysen sind im Sport alltäglich geworden.

Das, was uns der Sport über seine Wettkämpfe lehren kann, das sollte auch im Kampf gegen die Doping-Betrüger beachtet werden. Will man in diesem Kampf erfolgreich sein, so muss man seine Gegner kennen. Doch wer sind die Gegner im Anti-Doping-Kampf? Wer hat Interesse daran, dass der Anti-Doping-Kampf nicht erfolgreich ist? Wer stellt die Hürden auf, die kaum noch zu überwinden sind, damit man in diesem Kampf vorankommen kann? Sucht man eine Antwort auf diese Fragen, so muss man erkennen, dass die Interessensfront jener, die gegen einen erfolgreichen Doping-Kampf sind, sehr viel umfassender ist, als dies von vielen Anti-Doping-Kämpfern wahrgenommen wird. Man muss vor allem erkennen, dass es dabei mächtige Gruppen gibt, die sich durch vielfältige Einflussmöglichkeiten auszeichnen und es ist dabei zur Kenntnis zu nehmen, dass sich die Konstellation im Anti-Doping-Kampf nicht selten durch Paradoxien auszeichnet.

Da ist zunächst der Betrüger selbst, der betrügende Athlet, der daran interessiert ist, dass er sich den Vorteil gegenüber seinem Konkurrenten erhalten kann, den er dank seines Betrugs für sich erreicht hat. Er ist daran interessiert, dass er auch zukünftig Preisgelder auf unerlaubte Weise verdienen kann. Er möchte auch weiterhin seinen Gewinn im Hochleistungssport steigern. Es muss angenommen werden, dass die Zahl der Betrüger in den vergangenen Jahrzehnten weltweit angestiegen ist. Einige Sportarten werden von den Betrügern dominiert und die Raffinesse des Betrugs scheint dabei noch immer steigerungsfähig zu sein. Beutel mit Fremdurin werden von Athletinnen in ihrer Scheide mitgeführt, männliche Athleten benutzen vergleichbare Utensilien. Bei der Urinabgabe wird mittels chemischer Substanzen die Urinprobe so verunreinigt, dass sie sich im Labor als untauglich erweist, es werden gezielt Medikamente eingenommen, um verbotene Substanzen zu verschleiern, mittels erhöhter Wasserzufuhr wird der Nachweis verwendeter Substanzen verhindert. Der Perversion im Doping-Betrug scheinen ganz offensichtlich keine Grenzen gesetzt zu sein.

Interessiert an einem Misserfolg der Anti-Doping-Kämpfer sind auch jene Handlanger, Dealer und „Experten", die den Athleten bei seinem Doping-Betrug unterstützen. Dies gilt vor allem dann, wenn sie am Erfolg des Athleten beteiligt sind, sei es materiell oder sei es durch eine hervorgehobene Position in der öffentlichen Wahrnehmung. Hierzu gehören vor allem medizinische und pharmakologische Experten, die ein internationales Netzwerk der Manipulationsberatung aufgebaut haben. Hinter dem Deckmantel einer Leistungsdiagnostik werden dabei gezielt jene chemischen Substanzen vermittelt, mit denen man Doping-Kontrollen unterlaufen kann, oder es werden solche Medikamente vorgeschlagen, die erst gar nicht bei Doping-Kontrollen aufzudecken sind, die aber eine unerlaubte Leistungssteigerung möglich machen.

Die Produzenten der unerlaubten medikamentösen Raubkopien und verbotenen Substanzen selbst sind daran interessiert, dass ihre Erlöse, die auf dem Schwarzmarkt durch den Verkauf von unerlaubten Substanzen erzielt werden können, auch weiterhin blühen. Die Handlungsketten reichen dabei in die ehemaligen Sowjetrepubliken ebenso wie in die USA und in die aufblühende pharmazeutische Industrie in China und der Balkan scheint dabei ein beliebter Umschlagsplatz zu sein.

Es gibt aber auch Funktionäre, die nur wenig Interesse haben, dass der Anti-Doping-Kampf zu einem Erfolg führt. Es gibt eine ganze Reihe von Funktionären, die davon ausgehen, dass sportliche Spitzenleistungen nur mittels Doping zu erreichen sind und die Erfolge der eigenen Athleten dann gefährdet sind, wenn diese auf leistungsfördernde Substanzen verzichten würden. Solche Funktionäre sind nicht daran interessiert, dass sich am derzeitigen Zustand etwas ändert. Manche befürchten vermutlich auch, dass das ökonomisch attraktive Wirtschaftssystem „Hochleistungssport" wie eine Blase platzen würde, würde die volle Wahrheit über das Ausmaß des Betrugs zutage gefördert.

Auch die Wirtschaft steht nicht wie selbstverständlich auf der Seite jener, die aktiv gegen Doping kämpfen. Zu viele Repräsentanten der Wirtschaft haben sich über Jahrzehnte lediglich der sportlichen Spitzenleistung bedient, ohne sich um deren ethische Qualität zu kümmern. Sportliche Großereignisse, die seit Jahrzehnten von der Manipulation durch Doping geprägt sind, werden von Großunternehmen der Wirtschaft unterstützt, ohne dass die Führungskräfte auch nur einem Hauch von Skrupeln unterliegen würden. Dabei handelt es sich nicht selten um Unternehmen, deren größter Aktionär der Staat ist. Aber auch die Pharma-Industrie hat bis heute nicht zeigen können, dass sie sich dagegen wehrt, dass ihre Produkte nur zu jenen Zwecken verwendet werden, wie sie eine medizinische Ethik nahelegt. Ein aktiver Beitrag dieser Branche im Kampf gegen Doping ist gar nicht oder nur äußerst zögerlich zu erkennen.

Nicht anders verhält es sich auf Seiten der Staaten. Wohl scheinen die Zeiten der staatlich gesteuerten Doping-Manipulation, wie sie bis in die 90er Jahre des vergangenen Jahrhunderts nicht nur in einigen kommunistischen Staaten üblich war, der Vergangenheit anzugehören, doch nach wie vor sind noch immer viel zu viele Staaten am Repräsentationserfolg ihrer Athleten nahezu um jeden Preis interessiert. Deshalb kann es auch kaum überraschen, dass aus der Weltstaatengemeinschaft der Welt-Anti-Doping-Konvention der UNESCO bis dato lediglich 14 Staaten beigetreten sind.

Es gibt aber auch eine ganze Reihe von Vertretern der Massenmedien, die daran interessiert sind, dass es auch weiter interessante Rekordgeschichten gibt, und die deshalb in auffälliger Weise eine Berichterstattung über den Doping-Betrug und eine aktive Teilnahme am Kampf gegen diesen Betrug verdrängen. Jene Kollegen, die sich dem Thema widmen, werden des Sonderjournalismus bezichtigt, der aus der Sicht der großen Mehrheit dem Prinzip der Unterhaltung widerspricht, dem ihrer Meinung nach die Massenmedien zu entsprechen haben. Auf diese Weise ist in immer größeren Teilen der Massenmedien deren Versagen als Instanz der Aufklärung zu beklagen. Gleichzeitig ist es jedoch offensichtlich, dass ohne die Wächterfunktion der kritischen journalistischen Minderheit Betrug und Manipulation in der Welt des Spitzensports längst ein katastrophales Ausmaß erreicht hätte und dass die Reaktionen aus dem Sport heraus ebenso wie die Reaktionen der Wirtschaft und der Politik nur aufgrund der Öffentlichkeit erfolgen, die dank dieser kritischen Berichterstattung immer wieder entsteht.

Immer häufiger sind es aber auch die Zuschauer, die an einem erfolgreichen Anti-Doping-Kampf nicht interessiert sind. Die Prinzipien des Fair Play und des chancengerechten Wettkampfs haben für sie nur noch nachgeordnete oder gar keine Bedeutung. Interessant ist lediglich das Spektakel, der Starkult, die bloße Unterhaltung. Deswegen darf es nicht überraschen, dass angesichts solcher Tendenzen die Zahl jener Zuschauer wächst, die die Auffassung vertritt, dass man Doping freigeben soll.

Immer deutlicher wird dabei, dass der Zuschauer genau jenen Sport geboten bekommt, den er sich selbst wünscht. Der Zuschauer als Repräsentant der Massengesellschaft verherrlicht seine Idole, entzieht ihnen kurzfristig die Gunst und bejubelt sie nach ihrer Rückkehr intensiver als je zuvor.

Es gibt jedoch nicht nur solche Gruppen, bei denen es ganz offensichtlich ist und bei denen es auch nahe liegend ist, dass sie den Anti-Doping-Kampf mit eigenen Strategien konterkarieren. Paradoxerweise gibt es auch Personen, Organisationen und Institutionen, die gegen Doping kämpfen und gerade wegen ihres Kampfes an einem Erfolg aus systemlogischen Gründen nicht interessiert sein können. Jene, die über das Kontrollsystem Beschäftigung gefunden haben, das in den Flughäfen in der ganzen Welt eingerichtet wurde, haben ein Interesse daran, dass nicht nur heute, sondern auch morgen kontrolliert wird. Jene, die Kontrollgeräte in den Flughäfen installiert haben, möchten auch morgen solche Geräte verkaufen. Deswegen werden täglich neue Ideen erprobt, um die nächste Generation der Kontrollgeräte verkaufen zu können. Auf diese Weise wird der Anti-Terror-Kampf zur selbst erfüllenden Prophezeiung. Das System, das geschaffen wurde, um Terroristen vor dem Zutritt zu Flugzeugen abzuhalten, existiert auf der Grundlage der Bedingung, dass es auch zukünftig terroristische Bedrohung gibt.

Ganz ähnlich lassen sich die Sachverhalte im System des Sports beobachten. Jene, die den Beruf des Doping-Kontrolleurs ausüben, haben Interesse, dass es überführte Täter gibt. Die vielen Pharmakologen und Chemiker, die in den Labors arbeiten, sehen ihren Arbeitsplatz nur dann als gesichert, wenn die Indizien fortdauern, dass im System des Sports betrogen wird. Auch in den Sportorganisationen sind ganze Abteilungen und Personalstäbe aufgebaut worden, in deren Interesse es liegen muss, dass es auch zukünftig ausreichend Arbeit im Anti-Doping-Kampf geben wird, sodass ihre Arbeitsplätze als gesichert gelten können. Die Begriffe NADA, WADA, akkreditiertes IOC-Labor stehen dabei stellvertretend für diese Tendenz. Aus ökonomischer Sicht ist der Anti-Doping-Kampf längst zu einem „Business" geworden, an und bei dem viele Gruppen partizipieren und profitieren. Wissenschaftler erhalten dadurch Forschungsaufträge. Sie legen unaufhörlich neue Forschungsbefunde vor, die wiederum unaufhörlich zu einer weiteren und erneuerten Technologisierung des Hochleistungssports führen. Zur Urinprobe kommt die Blutprobe, zum Screening der Urinbefunde kommt ein Blutscreening. Mit jeder Steigerung des Kontrollsystems wird dabei die Situation des modernen Hochleistungssports noch absurder als sie ohnehin schon ist. Die Kosten wachsen und im Hase-Igel-Rennen ist die Prognose wahrscheinlich, dass auch zukünftig die gesteigerte Intelligenz der Anti-Doping-Kämpfer mit der gesteigerten Intelligenz der Betrüger konfrontiert sein wird. Die Kosten des Anti-Doping-Systems wachsen auf diese Weise ins Unermessliche, ohne dass dabei zu erkennen ist, dass man auf diese Weise des Problems Herr werden könnte. Vorschläge zur Optimierung des Anti-Doping-Kampfes sind dabei meist gut gemeint. Prüft man sie jedoch in Bezug auf ihre globale Anwendung, so stößt man an die Grenzen der Finanzierbarkeit, an die Grenzen der Organisation und nicht zuletzt auch an ethische Grenzen. Müsste man z. B. die Forderung nach der Unversehrtheit des menschlichen Körpers aufgrund einer religiösen Überzeugung ernst nehmen, so würden sich die ständigen Eingriffe mittels Injektionen zur Kontrolle der Athleten verbieten. Allein an diesem Beispiel kann man erkennen, in welche Schwierigkeiten der moderne Hochleistungssport geraten ist, um sich vor einem anerkannten ethischen Wertekonsens rechtfertigen zu können.

Die hier vorgelegte Kennzeichnung der Gegnerfront im Anti-Doping-Kampf ist ernüchternd und schockierend zugleich. Sie macht klar, dass sich der Doping-Betrug im Hochleistungssport durch eine enorme Komplexität auszeichnet, der man im Kampf gegen diesen Betrug nur gerecht wird, wenn man dieser Komplexität entspricht, wenn mit einer kreativen und intelligenten Komplexität gekontert wird, denn einfache Lösungen sind angesichts der Komplexität des Problems weder wahrscheinlich noch scheinen sie derzeit denkbar zu sein. Diese Kennzeichnung der Gegnerschaft macht jedoch vor allem deutlich, dass die bestehende Organisation des Anti-Doping-Kampfes unzureichend und teilweise irreführend und in ihren Maßnahmen nicht ausreichend komplex ist, als dass sie kurz- und mittelfristig Erfolg haben könnte.

Der Kampf gegen den Doping-Betrug wird heute im Wesentlichen von zwei Säulen getragen. Sie sind auch zukünftig unverzichtbar und sie haben gemeinsam die Verantwortung für diesen Kampf zu übernehmen. Auf der einen Seite ist dies der autonome Sport, der aus einem berechtigten Eigeninteresse heraus den Betrug mit seiner eigenen Sportgerichtsbarkeit bekämpft. Auf der anderen Seite muss es das Interesse eines demokratischen Staates sein, dass er das Kulturgut Sport in ausreichender Weise schützt, damit dieses Gut wichtige pädagogische, sozialpolitische, gesundheitspolitische Funktionen und nicht zuletzt die Funktion der Repräsentation des Staates in angemessener Weise erfüllen kann. Die Ernüchterung, die die hier vorgelegte Kennzeichnung der Gegnerschaft des Anti-Doping-Kampfes bewirkt, sollte für beide Institutionen des Anti-Doping-Kampfes Aufforderung und Appell sein, sich der Komplexität des Problems zu stellen. Beide haben sich auf eine kooperative und dialogische Kampfführung einzulassen, bei der man sich auf kreative und innovative Maßnahmen verständigt, die zwingend notwendig sind, will man zukünftig Erfolge im Anti-Doping-Kampf aufweisen. Einem sich selbst als autonom bezeichnenden Sport obliegt es dabei, sich innerhalb seiner Sportarten Regeln zu geben, diese zu überwachen und bei den Verstößen dafür zu sorgen, dass die notwendigen

Sanktionen durchgesetzt werden. Dem Regelsystem der Sportverbände sind vor allem die Athleten unterworfen. Alle weiteren Personen, die sich heute am System des Doping-Betrugs beteiligen, können mit dem Regelsystem des Sports und mit dessen Sportgerichtsbarkeit nicht erfasst werden. In der Beziehung zwischen Staat und Sport ist es deshalb Aufgabe des Staats, dem Sport die längst dringend notwendige Hilfe zu gewähren. Dank des Gewaltmonopols des Staates darf dieser polizeiliche Ermittlungen durchführen, kann bei entsprechendem Nachweis Dealer, Trainer, Betreuer, Manager, Funktionäre, Mediziner, Pharmakologen und all das sonst noch denkbare wissenschaftliche und nicht wissenschaftliche Personal jenen gerechten Strafen zuführen, die angesichts der umfassenden Reichweite des Doping-Betrugs erforderlich sind.

Will man dem Doping-Betrug in aller Entschiedenheit begegnen, so sind also beide Seiten gefordert. Der Sport mit seiner eigenen Sportgerichtsbarkeit, der Staat mit einem tragfähigen Gesetz, mit aktiven ausführenden Vollzugsstrukturen und mit einem erforderlichen Ermittlungspersonal, das die Durchsetzung dieses Gesetzes wahrscheinlich macht.

(2006)

Eine groß angelegte Heuchelei

Mehr als zehn Jahre sind vergangen, als es in Deutschlands Leichtathletik-Arenen noch üblich war, dass Athleten sich offen zum Kampf gegen den Doping-Betrug bekannten. Heike Henkel demonstrierte damals ihre nachahmenswerte Einstellung, indem sie ein T-Shirt mit der Aufschrift „To be top without Doping" nach Beendigung ihrer Wettkämpfe überzog. Ihr Trainer bekannte sich gleichermaßen öffentlich zu einem sauberen Hochleistungssport. Ganze Teams unterwarfen sich freiwillig zusätzlichen Wettkampf- und Trainingskontrollen und stellten sich als Probanden für Blutproben zur Verfügung. Tagungen und so genannte „Round Tables" gegen den Doping-Betrug fanden statt.
Im Vergleich zu dieser Zeit hat sich in Deutschland die Situation dramatisch geändert, wenn vom Anti-Doping-Kampf zu berichten ist. Die große Mehrheit der Spitzenathleten schweigt, wenn vom Doping die Rede ist. Die Trainer nehmen im aktiveren Anti-Doping-Kampf allenfalls eine nachgeordnete Rolle ein. Die Funktionäre reagieren meist immer nur dann, wenn über die Medien Delikte des Hochleistungssports offen gelegt werden und die offizielle Sportpolitik zeichnet sich nicht selten durch eine oberflächliche Rhetorik aus. Es findet wohl ein Doping-Diskurs statt; im Mittelpunkt stehen dabei jedoch die anderen. Die eigenen Athleten werden bedauert, weil sie angeblich sehr viel häufiger und konsequenter kontrolliert werden als die Konkurrenz. Kritisiert werden die internationalen Fachverbände, das IOC und die WADA. Trainer maßen sich an, Entscheidungen von internationalen Experten in Frage zu stellen, wenn ihre eigenen Athleten betroffen sind. Sie werden dabei unterstützt von unwissenden Funktionären und nicht selten erhalten sie auch parteiische Unterstützung durch die eigenen medizinischen Experten. Betroffene Athleten bekunden tränengerührt ihre Unschuld, erreichen durch ihre Sympathie erheischenden Aktionen die Unterstützung der Zuschauer und die große Mehrheit der Massenmedien. Besonders das Fernsehen spielt dieses Spiel mit ganz eigenen Inszenierungen im Sinne einer mehr oder weniger guten Unterhaltung mit. Deutschland ist sauber, Deutschland hat eine Moral, Deutschland ist vorbildlich, wir sind Deutschland!
Ganz anders verhält es sich mit „denen da draußen" und jenen von „da drüben". Athleten werden in Italien angeblich kriminalisiert, die italienische Polizei maßt sich an, das olympische Dorf zu kontrollieren. Bei der Tour de France gibt es Razzien und in mehreren Ländern nimmt man es nicht hin, dass Athleten bereit sind, mittels Medikamenten-Missbrauch ihre eigene Gesundheit zu gefährden. Deutschland ist hingegen ein freies Land. Hier verweist man auf die besondere Freiheit, die sich dadurch auszeichnet, dass man seinen Körper selbst zerstören darf, ohne dass der Staat dies verhindern könnte. Deutschland ist ein freies Land, in dem der Sport auf seine Autonomie zu achten hat, auch dann, wenn seine Autonomie doch gerade durch den Doping-Sumpf, in den der Sport nicht ganz unverschuldet geraten ist, gefährdet wird.
Die Fakten und die Entwicklungen, die diesbezüglich zu beachten und zu beobachten sind, sprechen freilich eine ganz andere Sprache. Nicht die anderen waren es, die zuerst eine Doping-Kontrolle unterlaufen haben. Es war ein deutscher Trainer, der im Sinne einer besonderen Innovation anstelle seines Athleten den eigenen Urin in die Kontrolle einschleuste. Es waren

deutsche Sprinterinnen, die in Südafrika in ihren Scheiden Fremdurin in einem Beutel mitgetragen, bei der Doping-Kontrolle abgeben und damit eine Methode kreiert haben, die mittlerweile weltweit Nachahmung gefunden hat. Es waren deutsche Schwimmer, die bei den Olympischen Spielen in Montreal bereits 1976 versuchten, sich einen unerlaubten Vorteil zu verschaffen, indem sie Luft in ihren Darm bliesen. Es war ein deutscher Trainer, der seine Athletinnen wie Tiere im Tierexperiment behandelt hat. Clenbuterol, eine Substanz zur Kälbermast, war bei der Leistungssteigerung von Kathrin Krabbe, Grit Breuer und weiteren ehemaligen DDR-Athletinnen ganz wesentlich beteiligt. Es war schließlich auch ein deutscher Fall, in dem ein Athlet behauptet hat, dass die erhöhten Nandrolon-Werte, die eine Analyse seiner Urinprobe an den Tag brachten, auf ein Attentat mittels einer Zahnpasta zurückzuführen ist. Es war ein deutscher Ringer, es war ein deutscher Radsportler, es war eine deutsche Marathonläuferin, es war... Die Aufzählung ließe sich ohne Probleme fortsetzen und damit die beispielhafte Rolle, die Deutschland in Bezug auf den Betrug im Hochleistungssport gespielt hat.

Es gibt deshalb gute Gründe, warum außerhalb von Deutschland viele irritiert sind in Bezug auf die Rolle, die deutsche Athleten im internationalen Spitzensport spielen. Es gibt gute Gründe, warum auch deutsche Athleten den Zielkontrollen unterworfen werden, die dadurch begründet sind, dass ein besonderer Verdacht besteht. Es gäbe noch sehr viel bessere Gründe, wenn wir aus all dem die Lehre ziehen würden, dass wir zunächst einmal vor unserer eigenen Türe zu kehren haben, dass unser „wir sind Deutschland" sich eigentlich dadurch auszeichnen müsste, dass wir die Doping-Betrüger radikal an den Pranger stellen, dass wir alles tun, um die sauberen Athleten zu schützen und dass wir insbesondere verhindern, dass immer wieder junge Athleten den Rubikon überschreiten und sich auf die Seite der Manipulation begeben. Doch davon sind wir weit entfernt. Seit mehr als zehn Jahren wird die Notwendigkeit eines Anti-Doping-Gesetzes diskutiert, werden die Befürworter einer derartigen Aktion vertröstet, werden die damit verbundenen Probleme vertagt. Jahr für Jahr wurde versprochen, dass das Arzneimittelgesetz dahingehend überprüft wird, ob es wirklich auch in Bezug auf den Doping-Betrug wirksam ist. Ein nichts sagender Abschlussbericht dieser Untersuchung ist mittlerweile in den Schubladen der verantwortlichen Behörden verschwunden. Mit großem Pomp wurde die Nationale Anti-Doping-Agentur ins Leben gerufen. Dass sie heute nach wie vor unzureichend ausgestattet ist, kaum eine besondere Autorität aufweist und den größten Teil der ihr zugewiesenen Aufgaben nicht erfüllen kann, das kümmert nur ganz wenige. Dass die Anzahl der Trainings- und Wettkampfkontrollen angesichts wachsender Kosten eher rückläufig ist, wen stört es. Dass sich die Pharma-Industrie, wie auch die übrige Wirtschaft, die ganz erheblich vom Sport profitiert, am Anti-Doping-Kampf so gut wie gar nicht beteiligt, wer stellt es in Frage.

Was kommt bei all dem zum Ausdruck? Die aktuelle Situation im Kampf gegen den Doping-Betrug zeichnet sich in Deutschland durch eine groß angelegte Heuchelei aus, die unter Legitimationsgesichtspunkten höchst erfolgreich ist. Auf der Vorderbühne wird über Doping geredet. Öffentliche Empörung wird zur Schau gestellt. Der Finger wird auf die anderen gerichtet. Die Hinterbühne ist hingegen durch ein „weiter so" geprägt. Es reicht, wenn man reagiert, agieren ist nicht erforderlich. Die Zeit ist von Kurzlebigkeit geprägt, schnell wird vergessen, was gestern war. Wer abhakt und zur Tagesordnung übergeht, kann sich der Unterstützung seines Handelns sicher sein. Von dem Problem des Dopings, das kann als sicher gelten, wird man dabei gewiss immer wieder eingeholt. Doch die Mehrheit, die das Problem verdrängt, ist die Mehrheit, die das Sagen hat. Heucheln und verdrängen hat eine größere Legitimationswirkung als aufklären und verfolgen. Die kleine Minderheit bleibt die Minderheit, die sich der Aufklärung verschrieben hat. Sie ist allenfalls Nestbeschmutzer, unbeliebt und was dabei entscheidend ist, letztendlich ist sie wirkungslos. Will man die Zukunft des Hochleistungssportsystems sichern, so scheinen diese Machtverhältnisse äußerst günstig zu sein, Heuchelei legitimierte schon immer sehr viel erfolgreicher als Aufrichtigkeit und Klarheit.

(2006)

Doping – ein kommunikatives Dilemma

Die Berichterstattung über Doping-Skandale nimmt kein Ende. Sie scheint von einem Höhepunkt zum nächsten zu gelangen und in quantitativer Hinsicht wird vermutlich das Jahr 2006 ein Rekordjahr sein. Dabei verweisen die Namen der Skandale, wie Ullrich, Gatlin und Landis, lediglich auf die Spitze des Eisbergs. Hunderte von Athleten werden jährlich des Doping-Betrugs durch die WADA und die Nationalen Anti-Doping-Agenturen überführt, ohne dass die Öffentlichkeit davon Kenntnis nimmt. Vor allem muss aber vermutet werden, dass sehr viel mehr Athleten mittels medikamentöser Manipulation ihre Konkurrenten im Training und im Wettkampf betrügen, ohne dass sie je des Doping-Betrugs überführt werden. Das wirkliche Ausmaß des Doping-Betrugs ist niemandem bekannt. Weder kann von den wenigen positiven Kontrollen auf die Quantität des Delikts geschlossen werden noch lassen die Befunde aus den Anti-Doping-Labors verlässliche Schätzungen über das wirkliche Ausmaß zu. Betrachten wir jedoch die Berichterstattung über verschiedene Sportereignisse, so z. B. über die Tour de France oder die Leichtathletik-Europameisterschaften in Göteborg, so muss in Bezug auf das Ausmaß das Schlimmste befürchtet werden. Täglich wurde z. B. von den Europameisterschaften der Leichtathleten in Göteborg berichtet und in allen Tageszeitungen war man dabei mit einer kritischen Berichterstattung zum Doping-Betrug konfrontiert. So beschäftigte sich z. B. die FAZ mit den Siegen des neuen europäischen Superstars Obikwelu (10.08.06). Eine Pressekonferenz, die Obikwelu nach seinen Siegen gab, empfand FAZ-Journalist Reinsch als Skandal, denn Obikwelu brachte zum Ausdruck, dass er sich nicht als Doping-Opfer fühle. Obikwelu verlor bei der Europameisterschaft vor vier Jahren im Finale des Sprints gegen Dwain Chambers und wurde über 200 m vom Griechen Kenteris geschlagen. Beide sind mittlerweile des Doping-Missbrauchs überführt bzw. stehen nach wie vor unter Doping-Verdacht. Doch Obikwelu war nicht über das Handeln seiner Konkurrenten empört, er meinte vielmehr: „Ich bin kein Opfer, alles ist möglich in unserem Sport, man weiß nie". Und er führte fort: „Das kann jedem passieren". Er wisse auch nicht, ob er die Goldmedaille, die er nun nachträglich erhalten würde, nicht an den europäischen Verband zurückschicken sollte, denn für seinen Beruf als Hochleistungssportler gelte: „Sieger ist, wer als erster über die Ziellinie läuft". Am nächsten Tag war unter der Überschrift: „Der Dopinggeneralverdacht vergiftet auch die Leichtathletik – im Klima von Misstrauen und Unterstellungen" in derselben Zeitung nachzulesen, dass Funktionäre der EAA, Verantwortliche des DLV und auch Athleten alle russischen Athleten unter Generalverdacht stellten. Hier wurde an eine Diskussion angeknüpft, die nur wenige Tage zuvor deutsche Athleten des Schwimmsports betroffen hatte und die ebenfalls in allen Tageszeitungen geführt wurde. Es ist im Hochleistungssport üblich geworden, dass überraschende Leistungssteigerungen von Athleten, die diese bei Wettkämpfen erbracht haben, unter Verdacht gestellt werden. Leistungssprünge gelten als unnormal, werden als unmöglich bezeichnet und sind deshalb begehrter Stoff für die Gerüchteküche des Hochleistungssports. Dabei fällt auf, dass solche Verdächtigungen immer nur die Gegner betreffen. Eigene Leistungssprünge werden mit guter Trainingsarbeit begründet, die der anderen dagegen sind des Dopings verdächtig. In den Artikeln der deutschen Tageszeitungen, die sich auf diesen Sachverhalt beziehen, wird von 50 so genannten „No-Shows" der englischen Leichtathleten berichtet und sofort wird von einem angeblich unzureichenden Doping-Kontrollsystem der Engländer auf eine Chancenungleichheit der Deutschen geschlossen. Auch die präventiven Maßnahmen des Französischen Leichtathletik-Verbands werden zitiert, die sich dadurch auszeichneten, dass Athleten, die in Langzeitprofilen überraschende Werte in Bezug auf bestimmte Indikatoren aufgewiesen hatten, vom Verbandspräsidenten für die Europameisterschaft nicht gemeldet wurden. Ergänzend hierzu wird in diesem Bericht auf so genannte EPO-Kuren in Marokko geschlossen und es wird darüber spekuliert, wie leicht es in Russland ist, EPO käuflich zu erwerben. Diese Art von Berichterstattung wird mit einem Interview abgeschlossen, das mit der deutschen Hürdensprinterin Kirstin Bolm geführt wurde und das mit dem Zitat überschrieben ist: „Doping lohnt sich, wenn man moralisch keine Bedenken hat". In diesem Interview wird dabei eine Aussage des Stabhochspringers Lars Börgeling aufgegriffen, der wenige Tage zuvor die Auffassung vertreten hat, dass in jedem olympischen Sprintfinale mindestens fünf Athleten gedopt gewesen seien, „vielleicht sogar alle acht". Deshalb wird nachgefragt, wie sich dies im Hürdensprint verhält. Kirstin Bolm, intelligent und vorsichtig wie sie ist, antwortet dabei folgendermaßen: „Das ist heikel, nichts ist bewiesen, ich gehe nicht davon aus, dass alle sauber sind, aber ich kann auch nicht sagen, wer nicht sauber ist. Warum sollten Leute aus einem Land ehrlich und hart trainieren, in dem andere das nicht tun. Spüren sie oder wissen sie, wer clean ist und wer nicht? Wenn eine Cherry zwei Jahre gesperrt war, von Dennis Mitchel trainiert wird und 12.44 läuft, dann werde ich mich nicht hinstellen und sagen: Sie ist bestimmt sauber. Die Katze lässt das Mausen nicht. Die beiden wissen vermutlich gar nicht, wie man ohne Doping trainiert". Im weiteren Verlauf des Gesprächs wird auf die ökonomische Problematik des Hochleistungssports eingegangen. Kirstin Bolm weist darauf hin, dass Justin Gatlin mit all seinen sportlichen Erfolgen trotz des Doping-Betrugs für sich selbst ausgesorgt hat, dass Dwain Chambers nach der Doping-Sperre noch immer sein Haus und sein Auto habe. Und sie kommt zu dem Resümee: „Überführte Doper kommen nach ihrer Sperre zurück, sind genau so schnell und verdienen genau so viel Geld wie vorher. Ich glaube Doping lohnt sich, wenn man moralisch überhaupt keine Bedenken hat". Und sie verweist auf eine zynische Entscheidung eines deutschen Gerichts, mit dem Verweis auf Katrin Krabbe: „Das ist etwas, was ich nicht verstehe. Leute, die dopen, können noch einen Nutzen daraus ziehen". Wenige Tage später wird Asafa Powell, der Weltrekordhalter über 100 m in vielen Tageszeitungen dahingehend zitiert, dass sechs von zehn Leichtathleten gedopt seien und er fügte hinzu, dass er nur deshalb so zurückhaltend sei, weil er selbst mitlaufe. „Sonst würde ich sagen neun von zehn sind gedopt".

Solche und ähnliche Berichte könnten nahezu unendlich fortgeführt werden. All diese Artikel haben dabei eines gemeinsam. Sie verweisen auf eine ausweglose Situation des Hochleistungssports. Die Athleten im modernen Hochleistungssport befinden sich in einem Dilemma. Obikwelus Aussage macht dabei einen Aspekt dieses Dilemmas deutlich. Wenn jemand eine positive Probe als einen Betriebsunfall wahrnimmt, dann kann es eigentlich in der Zukunft nur darum gehen, solche Unfälle zu vermeiden, d. h. sich nicht entdecken zu lassen. Doch die

Annahme vom Betriebsunfall lässt auf ein System schließen, in dem die große Mehrheit dopt. Weil die große Mehrheit der Athleten annimmt, dass der jeweilige Gegner dopt, ist man darauf angewiesen – will man im Wettkampf bleiben – ebenfalls zu dopen. Doping ist auf diese Weise eine sich selbst erfüllende Prophezeiung. Geht man von dieser Annahme aus, so ist man aus nahe liegenden Gründen nicht empört, wenn ein Gegner des Dopings überführt wird, sondern der Konkurrent hat lediglich Pech gehabt. „Ich dope, weil alle dopen!" lautet somit die Maxime und Doping ist auf diese Weise zum universellen Merkmal des Systems des Hochleistungssports geworden.

Eine andere Seite des Dilemmas ist nicht weniger problematisch. „Ich bin sauber, ich weiß aber nicht, ob meine Gegner sauber sind. Ich vermute allerdings, dass viele mich betrügen!". Mit dieser Aussage könnte man die Situation kennzeichnen, in der sich saubere oder angeblich saubere Athleten befinden. Doch diese Situation scheint keine geeignete Ausgangsbasis für einen Hochleistungssport auf Dauer zu sein. Warum soll ich mich als sauberer Athlet mit unsauberen messen, warum soll ich akzeptieren, dass Betrüger höhere Preisgelder als ich erhalten? Da es aussichtslos erscheint, Antworten auf diese Fragen zu bekommen, ist es nahe liegend, dass sich saubere Hochleistungssportler die Sinnfrage für ihr Tun stellen. Der Ausstieg aus dem Hochleistungssport könnte eine notwendige Konsequenz sein.

Bei jenen Athleten und Funktionären, die sich für einen sauberen Hochleistungssport einsetzen, fällt jedoch auf, dass sie sich in ihrem Engagement nicht selten in Widersprüche verstricken. Oft wird dabei in überraschend frecher Weise der angebliche Nachweis für das eigene saubere Handeln erbracht, wohl wissend, dass das Phänomen des Doping-Betrugs wohl nur von wenigen Experten angemessen beurteilt werden kann. Wie selbstverständlich sprechen Athleten von zehn Trainingskontrollen, die in den letzten sechs Monaten über sie ergangen sind. Mit Nachdruck wird auch dargelegt, dass man sich in seinem eigenen Training und bei den Wettkämpfen nur der üblichen natürlichen Nahrungsmittel bedient. Ähnlich wird über die Vorwarnzeiten bei Trainingskontrollen berichtet, die nur bei den Gegnern viel zu lang sind, man selbst ist hingegen einem Null-Toleranzkontrollsystem unterworfen. Prüft man solche Aussagen, so muss man allerdings feststellen, dass die Fakten der Doping-Statistik eine ganz andere Sprache sprechen und daher zu fragen ist, wie solche Lügen einzuordnen sind. Anstelle der angeblichen zehn Kontrollen wurden gerade einmal zwei durchgeführt und die Vorwarnzeiten wären ausreichend gewesen, um eingenommene verbotene Substanzen zu verdecken.

Solche Lügen verweisen zumindest darauf, dass angeblich saubere Athleten sich mit der Wahrheit auf dem Kriegsfuß befinden und angeblich engagierte Funktionäre immer nur auf den eigenen Vorteil aus sind. Solche Lügen machen aber auch deutlich, dass sich unter jenen Athleten, die sich selbst als sauber deklarieren, eine erhebliche Anzahl von Betrügern befindet.

Bringen wir all diese Beobachtungen auf einen Nenner, so müssen wir von einem Kommunikations- und Aktionsdilemma im modernen Hochleistungssport sprechen. Eine wünschenswerte und notwendige moralische Differenz zwischen „ehrlich" und „unehrlich" ist in der Kommunikation des Hochleistungssports nicht mehr zu erkennen. Handlungen, die als Anti-Doping-Handlungen ausgegeben werden, können dem Gegenteil verpflichtet sein. Verdächtigungen werden vorschnell, nur zum eigenen Vorteil und oft ohne legitimierende Erkenntnisse geäußert. Auf diese Weise kommt es immer häufiger zu ungerechtfertigten Diskriminierungen im Hochleistungssport. Die bislang ergriffenen Maßnahmen im Anti-Doping-Kampf, das machen die Aussagen der Verantwortlichen im Sport ebenso wie die der Athleten deutlich, haben die Reichweite des Doping-Problems nicht mindern können. Sie müssen als wirkungslos und unzureichend bezeichnet werden. Zumindest die Kommunikation über den Doping-Betrug nimmt nicht ab, sondern zu und der Inhalt der Kommunikation sowie die Art der Kommunikation verweist auf ein umfassendes Ausmaß des Betrugs selbst, ohne dass es empirisch exakt zu beweisen wäre. Die Kommunikation über den Doping-Betrug ist längst selbst zum Teil des Betrugs geworden. Stimmt diese Analyse, so bedarf es völlig neuer Ideen, Initiativen und Kooperationsformen, will man dem Doping-Betrug glaubwürdig begegnen. Werden lediglich die bestehenden Institutionen und Maßnahmen fortgeschrieben, so schreibt man damit die unendliche Geschichte des Betrugs im Sport fort.

(2006)

Pyrrhus trifft Hornberg oder warum ein Sieg eine Niederlage sein kann

DOSB-Präsident Dr. Bach ist ein Mann des Erfolges. Er war ein erfolgreicher Fechter, erfolgreich hat er auch seine Karriere als olympischer Funktionär vorbereitet und gesteuert. Er ist zum zweiten Mal Vizepräsident des IOC und gilt als besonders einflussreich. Erfolgreich leitet er eine Anwaltskanzlei und sein neues Amt als DOSB-Präsident ist er nicht weniger strategisch angegangen als alle früheren Aufgaben; so kann er nun in diesem Amt ebenfalls Erfolge melden. Er hat es nämlich geschafft, dass darauf verzichtet wird, Athleten für ihren groß angelegten Betrug im Sport, für ihren Raubzug gegen das Kulturgut Sport, strafrechtlich zu verfolgen. Seine eigene Rechtsabteilung wurde darauf ausgerichtet, wichtige Verbände haben ihm seine Mehrheiten gesichert und eine Verbandspräsidentin hat sich überraschend juristisch neu positioniert. Die Repräsentanten der Athletenschaft wurden auf den eigenen Kurs eingeschworen, was angesichts der Athletennähe von Dr. Bach keine besonders schwierige Aufgabe war. Hinzu kommt, dass man ohnehin nicht erkennen kann, ob Athletensprecher aus sich selbst heraus bereit sind, die sauberen Athleten zu schützen und welchen Beitrag sie erbringen möchten, um das Prinzip des Fair Play im olympischen Höchstleistungssport zu erhalten.

Auch die Verbandsberichterstattung über die Frage, mit welchen Mitteln man heute und zukünftig den Doping-Betrug bekämpfen sollte, wurde einseitig beeinflusst. In der juristischen Debatte wurden und werden jene begünstigt, die die Position von Dr. Bach stützen. Diejenigen, die eine andere Auffassung vertraten, wurden ausgegrenzt. Dabei störte es nicht einmal, dass, wo immer über das Problem öffentlich diskutiert wurde, es allenthalben deutlich wurde, dass sich die Argumente der Fraktionäre von Dr. Bach durch intellektuelle Bescheidenheit auszeichneten, dass Polarisierungen erzeugt wurden, die von der Sache her nicht existieren und dass Gefahren heraufbeschworen wurden, die nirgendwo zu erkennen sind. Gebetsmühlenhaft setzte man sich für das „strict liability" Prinzip ein, obgleich dieses Prinzip von niemandem in Frage gestellt wird.

Ständig wurde auch die Gefahr an die Wand gemalt, dass zukünftig Athleten nicht mehr als Zeugen zur Verfügung stehen könnten, um somit den Kampf gegen den Betrug zu optimieren, obgleich in den vergangenen Jahren kein einziger deutscher Athlet zu dieser Zeugenschaft bereit war. Öffentlichkeitswirksam setzt der DOSB auf Aufklärung und Erziehung, was sicherlich nicht falsch ist. Aber jeder Laie kann erkennen, dass die erfolgreichen Olympioniken, die mit dieser Aufgabe betraut wurden, lediglich eine Alibifunktion erfüllen können. Ein 10-Punkte-Aktionsplan des DOSB ist so gehalten, dass ihm keiner widersprechen kann und ein Empfehlungspapier, in dem nach öffentlicher Empörung eine fatale Passage zu korrigieren war, wird als eine juristische Expertise betrachtet, über die nun das Thema endgültig juristisch geklärt ist. Wer das Papier liest, wundert sich jedoch über das liederliche Sprachvermögen der Autoren, über eine eigenartige inhaltliche Logik und über die inhaltliche Ausrichtung des Papiers. Man wollte damit wohl eher Gegner treffen, als dass man solide juristische Grundlagen im Blick hat.

Dennoch: Der DOSB und sein Präsident haben gewonnen. Die Mitgliederversammlung in Weimar hat in klassischer Sportmanier mit einer nahezu hundertprozentigen Mehrheit die Zustimmung gegeben. Der Staat wird die autonomen Sportorganisationen auch zukünftig in dieser Sache respektieren. Ein Sieg also auf ganzer Linie. Erfolgreiche sind auch weiterhin erfolgreich. Siege können jedoch auch Pyrrhussiege sein.

Dass dies wohl gerade auch bei der Suche nach den geeigneten Instrumenten im Kampf gegen den Doping-Betrug eine Gefahr sein kann, wird dann deutlich, wenn man sich die Qualität des Betrugs etwas genauer vor Augen halten kann. Dies ist seit wenigen Wochen möglich. Die Staatsanwaltschaft Magdeburg hat nach einer Beschwerde und auf Verlangen des DLV der Anti-Doping-Kommission des Verbands die Akten aus dem „Springstein-Prozess" in Magdeburg zur Einsicht zur Verfügung gestellt. Liest man diese Akten, ist man zunächst von einem unglaublichen Erstaunen begriffen, das, je länger man dann liest, von Ekel und Abscheu abgelöst wird. Die Dokumente machen nämlich eines deutlich: Doping im olympischen Hochleistungssport, betrieben von erfolgreichen Athleten, die es sich finanziell leisten können, ist eine der perfidesten und widerlichsten Formen menschlicher Kriminalität. Aus Geldgier bedienen sich Wissenschaftler ihrer wissenschaftlichen Kompetenz. Trainer und Athleten sind bemüht, das Training und den Wettkampf so zu steuern, dass sie möglichst schnell möglichst hohe Preisgelder und Prämien über ihre sportlichen Erfolge erreichen können. Dabei ist jedes Mittel recht. Vor allem werden dabei jene Substanzen von den Athleten eingenommen, die sich bis zum heutigen Tage dem durchaus professionell aufgebauten Kontrollsystem des olympischen Sports entziehen. Medikamentös kommt dabei alles zur Anwendung, was man sich nicht einmal in seinen schlechtesten Träumen erdenken könnte. Der Fall „Birgit Dressel" hatte dies schon vor Jahren offenbart. Eine Übermedikamentierung scheint leider Alltag des Hochleistungssports zu sein.

Der Fall „Springstein" bestätigt dies in einer Deutlichkeit, wie man es sich bislang nicht vorstellen konnte. Homöopathische Substanzen, Vitaminpräparate, Oxydantien, Nahrungsergänzungsmittel sollen auf der Grundlage dieser Empfehlungen von den Athleten nahezu zu jeder Mahlzeit eingenommen werden. Immer werden aber auch sehr gefährliche Substanzen verabreicht. Es handelt sich dabei um Wachstumshormone, um anabole Steroide, um Insulin und z. T. auch um nicht zugelassene Medikamente. Man muss sich dabei zwangsläufig fragen, was mit dem menschlichen Körper geschieht, wenn er einer derartigen Medikamentierung ausgesetzt ist. Fügen sich Menschen selbst Schaden zu, so ist dies nicht strafbar und die Gesundheit des Athleten ist im Hochleistungssport ohnehin schon seit Langem nur bedingt ein schützenswertes Gut. Deshalb könnte man angesichts der gesundheitlichen Gefahren des Hochleistungssports zur Tagesordnung übergehen. Doch so einfach ist es nicht. Jeder, der sich mit der Situation von heute zufrieden gibt, der die gesetzlichen Grundlagen als ausreichend bewertet, der gleichzeitig aber weiß, dass dieser für den Sport äußerst fatale Betrug in internationalen Netzwerken stattfindet, von skrupellosen Experten versiert gesteuert wird, jeder, der weiß, dass hier Wirtschaftsverbrechen von einer großen Reichweite stattfinden, der muss sich fragen lassen, was er selbst tut, damit zukünftig im olympischen Sport die sauberen Athleten von den Betrügern zu unterscheiden sind. Was wird getan, dass jene, die den Betrug zu verantworten haben, ihrer gerechten Strafe zugeführt werden und dass endlich anstelle rhetorischer Appelle abschreckende Aktionen durchgesetzt werden, mit denen verhindert werden kann, dass sich auch zukünftig der Doping-Betrug ökonomisch lohnt.

Die Staatsanwaltschaft Magdeburg hat trotz der erschreckenden Qualität der diesem Gericht vorliegenden Akten das Verfahren „Springstein" beendet. Ganz offensichtlich fehlte dieser Staatsanwaltschaft und diesem Gericht die fachliche Kompetenz, um die Reichweite des Betrugs für das Kulturgut Sport angemessen beurteilen zu können. Es ist anzunehmen, dass auch zukünftig Gerichte und Staatsanwaltschaften zu ähnlichen Entscheidungen kommen, würden ihnen vergleichbare Dokumente vorliegen. Der Staatsanwalt ist der Anwalt des Staates, er ist der Anwalt der Bürger, er sollte auch der Anwalt der Sporttreibenden sein. Ganz offensichtlich sind diese Anwälte des Staates in unserer Gesellschaft überfordert. Ganz offensichtlich fehlt es an Personal, um die dringend erforderlichen Ermittlungen durchzuführen. Nicht zuletzt deshalb haben viele Gegner eines Anti-Doping-Gesetzes alle diesbezüglichen Bemühungen mit dem Hinweis abgewehrt, dass ohnehin schon viel zu viele Gesetze existieren, deren Vollzug nicht mehr überwacht werden kann. Ist dies die Situation, in der man sich nach der Mitgliederversammlung des Deutschen Olympischen Sportbunds in Weimar befindet, so muss in der Tat von einem Pyrrhussieg gesprochen werden. Ja, Pyrrhus begegnet in diesen Tagen Hornberg. Nach dem Hornberger Schießen bleibt alles so, wie es ist; doch so, wie es ist, ist die Situation fatal. Jene, die sich damit zufrieden geben, handeln verantwortungslos gegenüber dem Sport und den ungedopten Spitzensportlern, von denen es hoffentlich noch viele gibt. Sie hätten den Schutz des DOSB verdient.

(2006)

Die Rekorde müssen neu geordnet werden

Das Phänomen des Doping-Betrugs hat sich wie kaum ein anderes Phänomen in kürzester Zeit globalisiert und nahezu alle Sportarten der Welt erfasst. Wer im Spitzensport erfolgreich sein möchte, bedarf besonderer Fähigkeiten und Fertigkeiten: Kraft, Ausdauer, Schnelligkeit, Konzentrationsfähigkeit, Reaktionsvermögen. Ganz gleich, welche Fähigkeitsmuster in einer Sportart im Zentrum stehen, sie lassen sich in unerlaubter Weise manipulieren. Sportarten, die lange von sich behauptet hatten, dass in ihnen Doping keine Chancen hätte, wurden längst eines Besseren belehrt. Dies gilt für den Tennis- und den Fußballsport gleichermaßen wie für das Rudern, den Kanusport oder für das Handballspiel.

Unter einem ganz besonderen Verdacht stehen jedoch jene Sportarten, die sich dem Steigerungsimperativ, dem „Höher", „Schneller", „Weiter" Pierre de Coubertins verpflichtet haben. Wann und wo immer ein Rekord in diesen Sportarten erzielt wird, wenn Zeiten minimiert und Weiten, Höhen oder Gewichte maximiert werden, wird jeder neuen Rekordmarke mit Misstrauen begegnet. Nicht nur die Gegner, sondern auch Experten und Zuschauer stellen sich die Frage, ob ein bei einer Meisterschaft erzielter Rekord auf „saubere" Weise, also ohne Verwendung unerlaubter Mittel erreicht wurde. Skepsis und Misstrauen gegenüber sportlichen Leistungen sind mittlerweile zu einem internationalen Merkmal des sportlichen Wettbewerbs geworden.

Damit ist der Hochleistungssport im höchsten Maße in seiner Glaubwürdigkeit gefährdet und nicht wenige stellen ihn deshalb auch in seiner öffentlichen Förderungswürdigkeit in Frage.

Die Leichtathletik ist von all diesen Problemen besonders intensiv betroffen, vor allem ist sie nun mit einer Frage konfrontiert, wie sie sich sportpolitisch und juristisch zuvor noch nie gestellt hat. Gleichzeitig wird wohl schon sehr lange angenommen, dass einige ihrer Weltrekorde auf saubere Weise nicht mehr zu überbieten sind, da die bestehenden Rekorde vermutlich nur nach einer systematischen Doping-Manipulation erreicht wurden. Unabhängig davon werden gerade bei Weltmeisterschaften und Olympischen Spielen die Weltrekorde in diesen Disziplinen als Bezugspunkt für das aktuelle Ereignis mittels einer Fahne ausgewiesen. Doch diese Marken sind für die nachrückenden Athleten in unendliche Ferne gerückt. Beispielhaft zeigt dies der Frauenweltrekord über 400 m oder der Diskusweltrekord der Männer, aber auch die Sprintweltrekorde der Amerikaner stehen unter Verdacht. Viele dieser Rekorde liegen lange Zeit zurück und die Diskussion über diese Rekorde wird aus der Sicht von heute aus verständlichen Gründen nur als eine Verdachtsdiskussion geführt. Dennoch haben diese fragwürdigen Rekorde eine äußerst negative Wirkung. Sie schaden der öffentlichen Präsentation der Leichtathletik. Sie widersprechen dem Prinzip des Fair Play. Sie sind ein Betrug gegenüber jenen Gegnern, die damals ihre Leistungen auf regelgerechte, also „saubere" Weise erbracht haben. Sie sind vor allem auch für die nachrückenden jüngeren Generationen ein ungeeignetes und unangemessenes Bezugssystem. Deshalb hatte ich selbst im Jahr 1999 beim Welt-Leichtathletik-Verband den Versuch unternommen, diesem Problem zu begegnen, indem ich einen Antrag an den Kongress richtete, der die alten Rekorde grundsätzlich nicht in Frage stellte. Vielmehr sollte konstruktiv mit einer neuen Rekordzählweise zu Beginn des neuen Jahrhunderts begonnen werden. Aus politischen Gründen wurde dieser Antrag vom damaligen IAAF-Präsidenten Nebiolo nicht unterstützt, obgleich er ihn von der Sache her als sinnvoll bezeichnet hatte. Eine Mehrheit konnte damit bei den Delegierten nicht erreicht werden. Im Nachhinein bedauern wohl viele IAAF-Mitglieder, dass die einmalige Chance einer derartigen Regeländerung zur Jahrhundertwende verpasst wurde.

Nun hat das damalige Problem die deutsche Leichtathletik erneut eingeholt. Allerdings wird nunmehr die Diskussion viel umfassender und grundlegender geführt. Eine ehemalige Athletin der DDR hat sich an den Deutschen Leichtathletik-Verband mit der Bitte gewandt, dass ihre Leistung aus den Rekordlisten gestrichen wird, da sie annehmen muss (und gerichtsverwertbare Dokumente belegen dies), dass sie zu diesem Zeitpunkt ohne ihr Wissen von Dritten gedopt wurde. Der DLV hat bis zum heutigen Zeitpunkt dieser Bitte nicht entsprochen. Zunächst wurde vielmehr das von Frau Prof. Geipel vorgetragene Anliegen eher als ein Ärgernis empfunden, die Reaktionen auf ihre Anfrage wurden verschoben, waren widersprüchlich und bis heute ist nicht zu erkennen, was die endgültige Antwort auf diese Anfrage sein wird. Wie immer es in solchen Fällen in Verbänden leider üblich ist, wurde auch im DLV eine Kommission berufen, die sich der Rekorde annehmen sollte, um herauszufinden, welche juristischen und sportpolitischen Möglichkeiten sich dem Deutschen Leichtathletik-Verband in Bezug auf diese Fragen eröffnen. Für die externen juristischen Experten, die zu einer Kommissionssitzung eingeladen wurden, war die Sache schnell klar. Aus juristischer Sicht ist zu empfehlen, dass die unter Verdacht stehenden Rekorde nicht annulliert werden, da weder die IAAF noch der DLV zum Zeitpunkt der in Frage gestellten Rekorde über die notwendigen Regeln verfügten, auf deren Grundlage eine Aberkennung der Rekorde möglich sein würde. Will der Verband mögliche Schadensersatzklagen gegen sich selbst verhindern, so muss er deshalb aus der Sicht der Experten auch zukünftig mit diesen Rekorden leben. Es bleibt ihm jedoch die Möglichkeit, über Verbandstagsbeschlüsse für die Zukunft Neuregelungen zu schaffen. Unabhängig von dieser juristischen Expertise bleibt dem Verband jedoch aus sportpolitischer Sicht eine ganze Reihe weiterer Möglichkeiten, über die der Verband autonom befinden kann.

Die erste Möglichkeit zeichnet sich dadurch aus, dass der Verband sich dieser juristischen Bewertung entzieht und einzelne deutsche Rekorde aufgrund vorhandener Indizien ungültig erklärt. Auf der Grundlage der Dokumente, die dem Verband vorliegen, würde dies mehrere Rekorde der ehemaligen DDR und wenige Rekorde der ehemaligen BRD betreffen. Die nationalen Rekordlisten des DLV würden auf diese Weise neu geschrieben, wohl wissend, dass möglicherweise die nachrückenden Athleten nicht weniger unter Doping-Verdacht stehen als die bislang die Rekordlisten anführenden Athleten. Allerdings liegen gegen die nachrückenden Athleten keine Indizien der Manipulation vor und so müssen sie als fair und sauber gelten. Sollten einzelne Athleten gegen diese Entscheidung vor ordentlichen Gerichten klagen, so hat der Verband dies sportpolitisch zu verantworten. Unter ethisch-moralischen Gesichtspunkten ist diese Verantwortung angebracht, sportpolitisch könnte das Signal, das der Verband dadurch setzt, wünschenswert sein.

Die zweite sportpolitische Möglichkeit, die sich dem Verband eröffnet, geht zurück auf das Beitrittsjahr des DVfL. Da zu diesem Zeitpunkt, also im Jahr 1989, mit dem Beitritt des ehemaligen Verbands der DDR ein erweiterter DLV gegründet wurde, wäre es möglich gewesen, dass mit diesem Zeitpunkt der Neugründung eine Festlegung der nationalen Rekorde neu beginnt und somit die zuvor erzielten Rekorde als ehemalige Rekorde der jeweiligen Teilverbände weiterhin Gültigkeit haben. Die Rekorde werden in ihrer Individualität auf diese Weise nicht in Frage gestellt, wenngleich vorbeugend darauf hinzuweisen ist, dass in manchen Disziplinen neue Rekordhalter an Stelle der ehemaligen treten, deren Leistung aufgrund späterer Verfehlungen in hohen Maße unter Verdacht stehen.

Eine dritte Möglichkeit könnte darin bestehen, dass der DLV auf meinen Antrag aus dem Jahr 1999 zurückkommt, ihn sich zu Eigen macht und für das Hoheitsgebiet der deutschen Leichtathletik mit der Rekordstatistik zum Jahr 2000 neu beginnt. Auch hier stellt sich die Möglichkeit, dass manche Athleten dies als Diskriminierung erachten, dass sie sich nicht als Jahrhundertrekordhalter, sondern als Rekordhalter über alle Zeiten hinweg verstehen. Doch auch diesbezüglich wäre der Verband in einer ethisch-moralischen Position, die Achtung und Respekt abverlangt, denn ihm geht es bei dieser Entscheidung um die Zukunft seiner Sportart und um die nachrückenden Generationen. Für diese wäre die Beseitigung einer ungerechten Vergleichssituation, die durch die Unerreichbarkeit alter Rekorde erzeugt wird, eine oberste Priorität.

Schließlich gibt es noch viertens die Möglichkeit, dass der DLV mit einem Beschluss die Rekorde völlig neu regelt, alle bislang zurückliegenden Rekorde zu historischen Rekorden deklariert und mit einem Neubeginn der Rekorde zum Jahr 2006 beginnt.

Die hier genannten vier Möglichkeiten – möglicherweise gibt es noch weitere – machen deutlich, dass sich der DLV in einem schwer lösbaren Dilemma befindet. Lösungen, die einem Patent gleich kommen, bieten sich nicht an. Jede Problemlösung, die zu diskutieren ist, hat Vor- und Nachteile und auch unter juristischen Gesichtspunkten wird vermutlich das Problem viel mehrdeutiger sein, als dies bei den bislang angehörten Experten offensichtlich wurde. Denn auch hier gibt es Meinung und Gegenmeinung und der DLV ist gut beraten, wenn er sich zu einer sportpolitischen Entscheidung durchringt. Eine solche Entscheidung ist immer mehr als lediglich der Nachvollzug juristischer Empfehlungen. Doch was könnte in dieser Situation die sportpolitische Empfehlung sein? Welche Entscheidung sollte der Verbandsrat in dieser schwierigen Frage treffen?

Seit 1993 hat sich der DLV wie kein anderer Verband gegen den Doping-Betrug gestellt. In all seinen Präsidiums- und Verbandsratsentscheidungen hat er sich einem engagierten, offenen und mutigen Kampf gegen Doping verpflichtet. Er hat die selbst gesetzten Regeln verändert, angepasst und verschärft – vor allem auch, um Auseinandersetzungen vor ordentlichen Gerichten zu vermeiden. Prinzipiell sind solche Auseinandersetzungen nicht vermeidbar, auf der Grundlage der eigenen Regelsetzung, auf der Grundlage einer klaren Linie im Anti-Doping-Kampf können heute diese Auseinandersetzungen jedoch wesentlich erfolgreicher geführt werden als dies in der Vergangenheit der Fall war. Deshalb sollte sich der Verband nicht von Drohungen beeindrucken lassen, die einzelne Athleten oder deren Anwälte an den Verband richten. Die Idee des Fair Play steht in der Regel nicht auf deren Seite. Doch genau diese Idee muss das Engagement des Verbands bestimmen. Ethisch-moralisch befindet sich der Verband in diesen Fragen eindeutig in einer starken Position und hat dabei auch die Unterstützung der Gesellschaft, des Staates, aber auch seiner Wirtschaftspartner. Deshalb kann meine Empfehlung an den Verbandsrat nur lauten: „Wir müssen Mut zur politischen Entscheidung haben. Drohungen sollten uns in unserer Handlungsfreiheit nicht beeinträchtigen".

Auch eine zweite Empfehlung kann meines Erachtens ausgesprochen werden, ohne dabei das freie Mandat der Entscheidungträger des Verbandsrats in Frage zu stellen. Das Problem, das der DLV zu lösen hat, ist ein Stellvertreterproblem. Auch andere Sportarten sind von diesem Problem betroffen, deshalb sollte und müsste meines Erachtens der DLV dies zu einer Problematik des neu geschaffenen DOSB machen. Dieser könnte sich genau über diese Frage in einem engagierten Anti-Doping-Kampf bewähren und er könnte damit auch ein klares Zeichen für die Zukunft setzen. Er könnte die Frage mit neuen Akzenten beantworten, wie man mit der gemeinsamen Vergangenheit in Ost und West umgeht und wie man sich dabei auf die Seite der Opfer, aber auch all jener Athleten stellt, die zur damaligen Zeit auf saubere Weise Leistungen im sportlichen Wettkampf erbrachten. Deshalb wäre dringend erwünscht, dass der Verbandsrat des DLV einstimmig einen Antrag an den DOSB stellt, in dem er um Beschlussfassung zum beschriebenen Problem bittet. Der scheidende DSB-Präsident Manfred von Richthofen hat den DLV zu dieser Vorgehensweise eingeladen. Dieser Einladung sollte man entsprechen. Man sollte aber auch bei dieser Vorgehensweise alles tun, dass dann im neu gegründeten DOSB eine sportpolitisch verantwortbare Entscheidung getroffen wird.

Unabhängig von diesen Empfehlungen ist der Verbandsrat befugt, autonom über die Belange der deutschen Leichtathletik auf seinem Hoheitsgebiet zu befinden. Diese Hoheit wird auch von der IAAF respektiert. Solange der DLV nicht über die Gültigkeit von Weltrekorden befindet, obliegt es seinen Gremien, über Recht und Unrecht in Bezug auf seine nationalen Rekorde zu entscheiden. Deshalb kann in der bevorstehenden Verbandsratssitzung eine endgültige und verbindliche Entscheidung für den DLV getroffen werden. Ich selbst möchte deshalb empfehlen, dass dem Wunsch von Frau Geipel entsprochen wird. Ihr Name sollte aus den Rekordlisten des DLV gestrichen werden. Hier geht es um das Persönlichkeitsrecht der Athletin, das meines Erachtens zu respektieren ist. Dass auf diese Weise drei weitere Athleten möglicherweise auf ungerechte Weise von dieser Entscheidung betroffen sind, ist sportpolitisch zu verantworten. Die Indizien in diesem Falle sprechen allerdings eine andere Sprache. Mit dieser Entscheidung nimmt man in Kauf, dass die betroffenen Athletinnen vor ordentlichen Gerichten die Einhaltung ihres Rekords einklagen. Ohne die Entscheidung eines derartigen Gerichts vorwegzunehmen, möchte ich hinzufügen, dass jede Entscheidung den DLV ehrt und der DLV sich unter moralischen Gesichtspunkten meines Erachtens durch Konsequenz auszeichnet.

Über diese Entscheidung hinaus sollten sämtliche verfügbaren Gerichtsakten eingesehen werden, die als Indizien zu bewerten sind, dass ein Athlet im Umfeld seiner Rekorde sich unerlaubter Hilfsmittel bedient hat. Meines Erachtens liegen bereits heute entsprechende Dokumente vor, die als indirekte Beweismittel dienen. Auf der Grundlage dieser Beweismittel sind die je spezifischen Rekorde zu annullieren. Auch hier begibt sich der Verband in die Gefahr, dass Athleten diese Entscheidung in Frage stellen. Die ethisch-moralische Position des Verbands ist meines Erachtens jedoch in dieser Hinsicht eindeutig gefestigt.

Ferner möchte ich empfehlen, dass sich der Verband meinen ehemaligen Antrag aus dem Jahr 1999 zu Eigen macht und für den nationalen Bereich mit dem Jahr 2000 eine neue Rekordzählung beginnt. Auf diese Weise würde man für die eigenen Wettkämpfe ein geeigneteres und angemesseneres Bezugssystem schaffen, als dies mit den unerreichbaren Weltrekorden bis heute der Fall ist.

Schließlich möchte ich empfehlen, dass sich der Verbandsrat in einer Deklaration zum internationalen Anti-Doping-Kampf bekennt, dass er zum Ausdruck bringt, dass in seinem Hoheitsgebiet jeder Doping-Betrug konsequent verfolgt wird, Betrüger bestraft werden, aber auch jene, die Betrüger unterstützen oder gar an der Bildung von Doping-Netzwerken beteiligt sind, einer Bestrafung zuzuführen sind. Ich glaube auch, dass der Verbandsrat durchaus ein Zeichen setzen könnte, wenn er für Deutschland ein Anti-Doping-Gesetz fordert. Angesichts der Erfahrungen in unserem Verband scheint mir dies unverzichtbar zu sein.

(2006)

Täter sind keine Opfer

Das Wort „Opfer" weist sich durch eine schillernde Bedeutungsvielfalt aus. Von der Herkunft des Wortes lässt sich die Vielfalt auf einen religiösen Hintergrund zurückführen und so kann es eigentlich kaum überraschen, dass in der modernen Ersatzreligion, dem Hochleistungssport, der Gebrauch des Wortes mittlerweile inflationäre Züge annimmt. Wenn dabei vom Opfer die Rede ist, meint man in der Regel die Athleten. Opfer sind dabei meistens Unschuldige, Opfer werden erbracht, Athleten werden geopfert, Opfer sind ohnmächtig, sind dem Spiel der Mächtigen ausgeliefert. Auch im jüngsten Doping-Diskurs und in dem der vergangenen Jahre ist nahezu ausnahmslos von Opfern die Rede und auch hierbei sind es meist die Sportler, denen man diese Etikette anhängt. Manchmal sehen sich auch Sponsoren als Opfer. Seltener tun dies die Funktionäre. Vielleicht fühlen sich auch ein Fernsehsender oder gar einzelne Journalisten als Opfer des Betrugs und eigentlich könnten sich auch die Zuschauer in dieser Rolle wiederfinden, denn sie haben Geld und Zeit geopfert, um den Ereignissen des Sports zu huldigen und müssen nun erkennen, dass sie dabei betrogen wurden. Die Annahme, dass es in unserer Ersatzreligion „Spitzensport" Opfer gibt und dies vor allem beim Doping der Fall ist, hängt mit der Vorstellung zusammen, dass es beim Doping-Betrug Schuldige und Unschuldige, Wissende und Unwissende, Verführer und Verführte, Profiteure und solche gibt, die die Zeche zu bezahlen haben. Diese Annahme ist jedoch an die Voraussetzung gebunden, dass man die wirklichen Strukturen des Doping-Betrugs nicht offenlegt, eine weit verbreitete Heuchelei als Legitimationsstrategie des Spitzensports akzeptiert und man selbst dazu bereit ist, das eigentliche Problem weiter zu verdrängen. Betrachten wir den Dopingbetrug und seine relevanten Merkmalen etwas genauer, so müssen wir erkennen, dass es keine Opfer gibt, denen man berechtigt jene Merkmale zubilligen könnte, die an den Begriff des Opfers gebunden sind. Der Doping-Betrug im Hochleistungssport konnte vielmehr gerade deshalb eine beispiellose Karriere machen, weil im Grunde genommen alle wussten, was sie tun und weil vor allem alle wussten, dass man mit diesem Betrug jenes Ziel bestens erreichen kann, um das es vorrangig im Sport geht. Der Doping-Betrug hat eine spektakuläre Entwicklung sportlicher Leistungen im internationalen Hochleistungssport möglich gemacht und nur Dank dieser spektakulären Leistungen wurde der Hochleistungssport anschlussfähig für die Wirtschaft und die Massenmedien. Nur Dank des Doping-Betrugs konnte die Kommerzialisierung des Hochleistungssports vorangetrieben werden, konnten die Einnahmen aus Fernsehen und aus Sponsorenverträgen, die Einnahmen der Athleten über Antritts- und Startgelder jährlich überdurchschnittlich gesteigert und zu jenem Milliardenbusiness entwickelt werden, durch das sich heute der Hochleistungssport auszeichnet. Vermutlich nur mit Doping konnten in der Leichtathletik einige spektakuläre Weltrekorde erreicht werden. Sie alle wurden weltweit gefeiert. Nur mit Doping konnte ein politisches System wie das der DDR international aufgewertet werden und seine Anerkennung erreichen. Nur mit Doping konnte das öffentlich-rechtliche Fernsehen seine Einschaltquoten bei Sportübertragungen der Tour de France steigern und die erwünschten Helden präsentieren. Nur Dank Doping konnte der Wettkampfkalender ausgeweitet werden, damit noch mehr Sport im Fernsehen gezeigt und noch mehr Profit mit Sport von allen Interessierten erzielt werden kann. Wer ist also das Opfer bei diesem Spiel? Alle haben in der Vergangenheit profitiert, die Athleten, die Trainer, die Betreuer, die Funktionäre, die Politiker, die Journalisten, die Zuschauer, die Wirtschaft und das Fernsehen. Einige Profiteure werden nun gewiss einwenden, dass sie aber von den Hintergründen dieses Betrugs nichts gewusst haben. Und in der Tat hat sich in den vergangenen Jahrzehnten der Doping-Betrug in einer grauen Zone ereignet, in die nur wenige Einblick hatten. Wer wen wie oft gespritzt hat, welche Substanz zu welchem Zeitpunkt in welcher Menge verabreicht wurde; solche und ähnliche Fragen können gewiss einige Profiteure nicht beantworten und in der Tat ist ihr Wissen über das Phänomen des Doping-Betrugs sehr begrenzt. Unwissenheit können sie jedoch für sich nicht in Anspruch nehmen. Sprechen wir z. B. von der Tour de France, dann muss daran erinnert werden, dass in Insiderkreisen des Sports schon seit Jahrzehnten genau das diskutiert wurde, was in diesen Tagen einmal mehr offensichtlich wurde. Die Annahme, dass man die sportlichen Leistungen, die bei einer Tour zu erbringen sind, nur mittels medikamentöser Unterstützung erreichen kann, ist eine uralte Annahme. Der Sachverhalt, dass den Athleten Kortison gespritzt wird oder dass sie sich selbst Kortison spritzen, um die Belastungen auszuhalten, die sie bei einer Touretappe durchzustehen haben, ist schon viele Jahrzehnte bekannt. Die Experten von Telekom ebenso wie die Experten von ARD und ZDF – alles Unternehmen, die dem Steuerzahler verpflichtet sein sollten – haben die Tour de France über viele Jahre begleitet und in Expertenkreisen war es allen Beteiligten klar, dass hier ein Prozess der Regelveränderung stattgefunden hat, der längst die gesamte Sportart erfasste. Die Verantwortlichen von ARD, die sich für einen Sponsoringvertrag zugunsten der Tour de France entschieden haben, haben ohne Ausnahme über dieses Hintergrundwissen verfügt und haben sich dennoch für den Vertrag zugunsten der Tour de France entschieden. Auch die Verantwortlichen aus den großen Wirtschaftsunternehmen, die die Tour de France über Sponsoringpartnerschaften unterstützten, haben über dieses Hintergrundwissen verfügt. Nicht anders verhält es sich in Bezug auf jene Sportfunktionäre, die die entsprechenden Athleten in ihre Olympiamannschaften berufen hatten, nachdem der Profiradsport bei den Olympischen Spielen hoffähig geworden war.

Das Beispiel des Radsports ist dabei nur ein treffendes Beispiel unter vielen. Gleiches gilt für viele olympische Sportarten. Was für die Tour de France gilt, kann auf fast alle internationalen Sportgroßveranstaltungen übertragen werden. Tun wir dies, so wird sichtbar, welch umfassender Profit mit dem Dopingbetrug gemacht wurde. Von Opfern kann dabei keineswegs die Rede sein. Wir müssen vielmehr erkennen, dass all jene vorschnellen Rezepte, die in diesen Tagen zur Lösung des Problems des Dopingbetrugs angeboten werden, notwendigerweise scheitern müssen. Wer auf Profit aus ist, der wird auch zukünftig daran interessiert sein, dass sein Profit gesichert wird und er wird sich mit aller Macht gegen jene stellen, die den Profit gefährden. Die alles entscheidende Frage ist deshalb vermutlich darin zu sehen, welche Rolle wir, die Bürger unserer Gesellschaft, in Bezug auf den Hochleistungssport in der Zukunft spielen wollen. So wie sich die Bürger in ihrer großen Mehrheit in der Vergangenheit und auch in diesen Tagen in Bezug auf den Doping-Betrug im Hochleistungssport verhalten haben bzw. verhalten, ist eher

Pessimismus angebracht. In einer Gesellschaft, in der die Bürger vorrangig als Quote betrachtet werden, das hat die Vergangenheit gezeigt, ist ein manipulierter Sport höchst attraktiv. Die Quote trägt dazu bei, dass der Profit mit dem manipulierten Sport umfassend ist und alle sich als Gewinner fühlen können. Mit dem Bürger als Quote werden jene ethisch-moralischen Mehrheitsverhältnisse widergespiegelt, wie sie heute unsere Gesellschaft prägen. Erst wenn diese sich ändern, zeichnet sich am Horizont eine Lösung des Betruges ab. Dass dies der Quotenbürger aus sich selbst heraus wohl kaum leisten kann, ist offensichtlich. Nur im Verbund mit jenen, die den Quotenbürger erfunden haben, mit den Medien selbst und mit jenen Funktionären in Politik, Wirtschaft und Sport, die dafür Verantwortung tragen, kann der Weg gefunden werden, der die Lösung im Blick hat.

(2007)

Sport und Massenmedien – eine problematische Beziehung

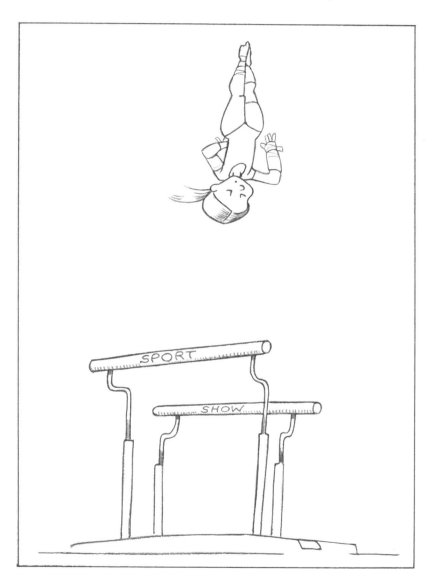

Randale beim Fußball – trägt die Sportberichterstattung eine Mitschuld?

Sport im Fernsehen, das ist Unterhaltung für viele, kostengünstige Schleichwerbung für wenige, wichtige Informationsquelle über Ergebnisse und Tabellenplätze für Sportexperten, reizvolles Zahlenspiel für Glücksritter und langweiliges Ritual für Desinteressierte. Gewinn oder Verlust, Überleben oder Zukunft, so lauten darüber hinaus die Fragen, die sich für Sportorganisationen, Veranstalter von Sportereignissen, für Athleten, aber auch für die Medien selbst mit dem Sport im Fernsehen stellen können. Sport im Fernsehen, d. h. Diktat der Wettkampfzeiten bei Olympischen Spielen durch amerikanische Sendeanstalten, Änderung der Sportregeln zugunsten der Fernsehdramaturgie, d. h. aber auch weltweite Popularität der Sportstars, Transformation des Sports in eine universelle Kultur über die Grenzen der Nationalstaaten hinweg. Der Sport im Fernsehen hat auf diese Weise eine kaum zu unterschätzende Breitenwirkung. Die umfassende Präsentation des Sports im Fernsehen wertet die so ins Bild gesetzten Personen, Ereignisse und Institutionen ganz wesentlich auf, gibt ihnen Macht und Einfluss. Immer offensichtlicher wird dabei, dass das Fernsehen uns die Realität des Sports nicht nur in Ausschnitten vermittelt, sondern dass es diese auch selbst gestaltet, verändert und manipuliert, im positiven wie im negativen Sinne.

Sport aus zweiter Hand
Wenn der Sport im Fernsehen ein immer bedeutsamerer Programmteil sowohl für das Fernsehen als auch für die Sporttreibenden und für die Institutionen des Sports wird und immer mehr Menschen den Sport oftmals nur allein auf diese Weise, d. h. aus zweiter Hand, erleben, so ist es nahe liegend, dass man nach den Wirkungen fragt, die solcher Sport bei den Zuschauern erzeugt. Wie wird ihr Wissen, ihr Denken, ihr Handeln, wie werden ihre Emotionen und ihre Einstellungen durch die Sportsendungen des Fernsehens beeinflusst? Mit Vermutungen und Vorwürfen ist man bei solchen Fragen in der Regel schnell zur Hand. Zu beobachten war dies z. B., als die Ausschreitungen von Fußballfans die Absage des letzten Länderspiels zwischen der ehemaligen DDR und der Bundesrepublik zur Folge hatten. Fußballfunktionäre, Sportpolitiker, aber auch Nationalspieler wie Jürgen Klinsmann stellten dabei die Vermutung in den Raum, dass nicht zuletzt das Fernsehen mit seiner Berichterstattung einen Katalysator für Ausschreitungen beim Fußball darstellen könnte. Auch jene kleine Gruppe von Sportwissenschaftlern, die sich selbst Fanforscher nennen und immer dann auf den Plan gerufen sind, wenn Randale im Stadion drohen oder stattgefunden haben, sprechen von einer Schuld der Sportjournalisten, vor allem von einer Schuld des Sportfernsehens.

Unterhaltungswert der Gewalt
Auf der Suche nach Faktoren, die Zuschauerausschreitungen im Sport hervorrufen, neigen dabei immer mehr Sportwissenschaftler dazu, die Massenmedien als beeinflussenden Faktor für Einstellungen und Haltungen gegenüber der Gewalt im Sport anzuführen. Vorzugsweise werden dabei psychologische Erklärungsmodelle verwendet. Insbesondere die lerntheoretische

Konzeption des Modellernens scheint dabei eine besondere Erklärungskraft für die im Sport anzutreffenden Phänomene zu haben. Das Prinzip des Lernens am Erfolg, aber auch das Konzept der Rückkopplung legen zu Recht die Vermutung nahe, dass dem Sportfernsehen eine Schlüsselrolle für die Gewaltausschreitungen zukommen könnte. Immerhin wissen wir, dass für die Fans die Sportberichterstattung in den Medien, nicht zuletzt, wenn über ihre eigenen Ausschreitungen und Gewalttaten berichtet wird, eine wichtige Angelegenheit ist. Die damit verknüpfte Annahme von Fanforschern, dass die Gewaltdarstellungen in den Medien auf die Fans im Sinne einer positiven Verstärkung Auswirkungen haben, ist nicht weniger nahe liegend. Es wird deshalb die Vermutung geäußert, dass durch die Sportberichterstattung das Gruppendenken der Fans begünstigt wird und dass damit bereits im Vorfeld von Sportereignissen die Einstellungen der Fans zugunsten von Gewalttaten beeinflusst werden können, dass Aggressionen durch die Medien stimuliert werden. Besonders kritisiert wird in diesem Zusammenhang der nachlässige Jargon und die Kommentierung der aggressiven Handlungen durch Sportjournalisten. Es wird befürchtet, dass die sprachliche Verharmlosung von Fouls oder die Tolerierung von Regelverstößen bei den Zuschauern den Eindruck des „legitimen Fouls" erzeugen, zumindest würde dadurch möglich, aggressives Verhalten als zum Sport zugehörig zu empfinden bzw. es zu entschuldigen. Besonders problematisch sind jene Kommentierungen des Foulspiels, die sich durch chauvinistische Einseitigkeit auszeichnen. Vor allem Jugendliche – so wird angenommen – lernen über die Sportberichterstattung modellhaft gewalttätige Handlungen im Interesse sportlichen Erfolgs und sind danach in ihrer eigenen Sportpraxis eher bereit, das negativ Erlernte anzuwenden. Kritisiert wird dabei auch, dass in den Sportmedien der Gewalt ein hoher Unterhaltungswert zugebilligt wird. Durch die Präsentierung und Kommentierung von Gewaltszenen des Sports wird Gewalt zu einem Teil sportlicher Wirklichkeit, auf den man nur schwer verzichten kann.

Pauschaliertes Vorurteil?
Diese Vermutungen sind gewiss nicht als unberechtigt von der Hand zu weisen. Die Gefahr der Verharmlosung und Tolerierung gewalttätiger Handlungen im Sport, die Gefahr des Chauvinismus durch Sportberichterstattung ist ganz ohne Zweifel gegeben. Ebenso wichtig ist es aber auch, dass man erkennt, dass es sich dabei in erster Linie um Vermutungen handelt. Die meisten Kritiker des Sportfernsehens, aber auch die Mehrheit der so genannten „Fanforscher" geben vor, etwas von der Masse der Fernsehzuschauer zu verstehen, die Wirkung der Fernsehberichterstattung überprüft zu haben, deshalb auch das Mandat zu besitzen, Urteile über das Sportfernsehen zu äußern. Prüft man diese Voraussetzungen jedoch etwas genauer, so muss man feststellen, dass die Kritiker der Sportberichterstattung die genannten Voraussetzungen in der Regel nicht erfüllen. Das Gemeinsame der vielen Spekulationen zeichnet sich vielmehr dadurch aus, dass pauschal und stellvertretend für eine anonyme Masse der Zuschauer über das Sportfernsehen geredet wird.
Neuere Befunde zu den Sehgewohnheiten bei Sportfernsehsendungen werden dabei ebenso wenig beachtet wie jene weiterführenden Erkenntnisse, die in der allgemeinen Wirkungsfor-

schung zum Problem des Fernsehens bereitstehen. Pauschal ist das Reden über das Sportfernsehen aber auch deshalb, weil in solcher Diskussion nur sehr selten nach Sendeinhalt und nach Sendeform unterschieden wird und weil vor allem nicht jene beobachtet werden, über die man spricht. Will man über Wirkungen des Sportfernsehens reden, so müsste man die Zuschauer selbst beobachten und zwar nicht zu einem Zeitpunkt, sondern über einen längeren Zeitraum unter dem Aspekt einer überdauernden Veränderung in Bezug auf deren Denken, Wissen, Fühlen und Handeln. Erst dann könnte sinnvoll über Wirkungen des Sportfernsehens gesprochen werden. Anspruchsvolle Wirkungsuntersuchungen, die tatsächlich überprüfen, inwieweit die vermutete Wirkung eingetreten ist, sind derzeit im Bereich des Sports nicht aufzuweisen.

Schuldzuweisung statt Ursachenforschung
Angesichts der Vielfalt der Faktoren, die neben dem Sportfernsehen in der Diskussion über die Ursachen der Gewalt im Sport zu beachten sind, scheint es eher gefährlich zu sein, im Sinne einseitiger oder vorschneller Schuldzuweisungen eine mögliche Ursache besonders zu gewichten. Meist geschieht dies deshalb, weil man damit sich selbst oder andere von der eigenen Verantwortung entlastet. Dies gilt sowohl für die Athleten als auch für die Sportfunktionäre. Wer wie der Deutsche Fußball-Bund das Problem der Fußballrandale der anonymen Gesellschaft anlastet und nicht begreift, dass er selbst Teil dieser Gesellschaft ist, hat kaum einen konstruktiven Beitrag zur Lösung des Problems anzubieten. Wer Fans immer nur dann als willkommene Partner betrachtet, wenn diese die Einnahmen der Vereine mit dem Kauf von Fanutensilien steigern oder wenn beim Torschuss der Jubel durch die Westkurve erwünscht ist, der hat kein Recht, den moralischen Zeigefinger auf andere zu richten. Die sozialen Probleme unserer Gesellschaft, die sich ihren Ausdruck in den Randalen der Fans verschaffen, können gewiss nicht vom Sport allein gelöst werden. Wer jedoch lediglich auf Ausgrenzung und Bestrafung oder auf einseitige Schuldzuweisung setzt, wie dies jüngst Politiker und Sportfunktionäre getan haben, den interessieren ganz offensichtlich die Ursachen dieser Probleme nicht.

Sport im Fernsehen als Personenkult, Show und Zirkus
Mit solchen Hinweisen soll die Sportberichterstattung gewiss nicht entlastet werden. Wer wie das Fernsehen die Gewalt im Sport immer nur dann aufgreift, wenn es bereits brennt, ist kaum als ein konstruktiver Partner in dieser Angelegenheit zu bezeichnen. Ein konstruktiver Beitrag – bezogen auf das hier diskutierte Problem – dürfte jedoch vom Sportfernsehen auch zukünftig nicht zu erwarten sein. Die Massenmedien sind für die Welt des Sports schon längst nicht mehr ein ehrlicher Seismograph für dessen Wirklichkeit. Sie haben vielmehr bewirkt, dass die Welt des Sports sich gespalten darstellt. Es gibt jenen Sport, der in erster Linie Selbstzweck ist, den die Menschen aus Freude an Bewegung, Spiel und Sport im Sinne einer sinnvollen Freizeit aufsuchen und der ihnen wichtige individuelle Erfahrungen ermöglicht und der immer häufiger alltäglich auf vielfache Weise betrieben wird. Daneben gibt es den morbiden, hypertrophen, zirzensischen Sport, so wie er in den Massenmedien zur Darstellung kommt. Der Athlet ist

dabei immer mehr der manipulierte Akteur einer Show, die Regeln moderner Dramaturgie folgt, deren Qualität mit Einschaltquoten gemessen wird. Der auf diese Weise erzeugte Sport ist längst in der Gefahr, zu einer menschenverachtenden Institution zu werden, er wird zur Karikatur seiner selbst. Fernsehsport ist deshalb immer häufiger Personenkult, unkritische Verkürzung sportlicher Leistung, Maßstabslosigkeit und nicht wenige Sportjournalisten sind Komplizen der Sportindustrie geworden. Sportfernseh-Journalismus verkommt immer häufiger zum bloßen Public-Relation-Geschäft, Sport im Fernsehen reduziert sich immer mehr auf Show und Kommerz. Eine berufsethische Einstellung ist bei immer weniger Journalisten zu erkennen. Stattdessen erhöht sich die Zahl jener, die sich aus jeglicher gesellschaftlicher Verantwortung davonstehlen, erhöht sich. In einem Fernsehen, das Gesetzen der Unterhaltungsindustrie folgt und in dem nichts anderes zählt als die Einschaltquote, scheint dies ein konsequenter Weg zu sein: The show must go on. Zukünftige Hoffnung auf die Massenmedien dürfte somit eher vergeblich sein. Einen Erziehungsauftrag werden sie vermutlich kaum erfüllen, sie werden nicht die Rolle eines Korrektors einnehmen können. Dennoch sind sie eine Macht, die ganz wesentlich die Entwicklung des Sports prägen wird.

(1991)

Doping-Fälle sind auch Fälle des deutschen Sportjournalismus

Doping ist ein beliebtes Diskussionsthema. In der Welt des modernen Hochleistungssports lässt sich mittels Doping-Betrug sehr viel Geld verdienen. Aber auch der Kampf gegen Doping zeichnet sich durch finanzielle Gewinnsucht, Eigeninteresse und leider auch viel zu oft durch Verlogenheit und Heuchelei aus. Der Anti-Doping-Kampf hat seine eigene Unterhaltungsindustrie und sein eigenes Forschungsgeschäft hervorgebracht. Viele Journalisten drehen nicht zuletzt aus wirtschaftlichen Interessen das Thema im Kreis und einige Forschungsinstitutionen haben neben ihren wissenschaftlichen Interessen durchaus auch wirtschaftliche Interessen aufzuweisen. Dies zeigt sich immer dann, wenn besonders spektakuläre Doping-Fälle diskutiert werden, so z. B. bei den Fällen des Radsports und der Leichtathletik. Nahezu täglich werden dabei mit Vermutungen, Verleumdungen, Verdächtigungen, Halbwahrheiten, dümmlichen Vergleichen, aber auch mit informativen Darstellungen und mutigen Kommentaren seitenweise die Tageszeitungen und Magazine gefüllt. Auch wenn dabei den Journalisten nunmehr seit vielen Jahren die Regeln des Sports und seine Anti-Doping-Bestimmungen erklärt, die Verfahrensabläufe bei Doping-Kontrollen erläutert, die Rolle der Labors, der Fachverbände und der nationalen und internationalen Dachorganisationen beschrieben wurden, fast jeder Bericht, den man dabei in den verschiedensten Presseorganen lesen kann (ganz zu schweigen von der häufig oberflächlichen und sensationsgierigen Berichterstattung im Fernsehen und im Radio), ist unter diesen Gesichtspunkten meist fehlerhaft oder ungenau. Oft hat man den Eindruck, dass diese Fehler nahezu absichtsvoll gemacht werden. Athleten werden zu Aussagen genötigt, um eine interne Diskussion in den Verbänden zu verursachen, Funktionären werden Äußerungen in den Mund gelegt, die so niemals gemacht wurden und es wird ein Ost-West-Konflikt heraufbeschworen, den die Sache selbst, um die es geht – würde man die Fakten sprechen lassen – nicht hergeben würde.

Massenmedien folgen ihrer eigenen Logik. Die öffentliche Kommunikation über den Doping-Betrug entspricht einer am Markt orientierten öffentlichen Kommunikation. Sie kann wohl beklagt werden, doch wird sie von dem Sport, von den Athleten, von den Verbänden und ihren Verantwortlichen kaum zu beeinflussen sein. Niklas Luhmann, einer der großen Denker des vergangenen Jahrhunderts, hat die Selektionsregeln der Massenmedien auf einen Punkt gebracht: Aufmerksamkeit in den Massenmedien erhalten jene Ereignisse, bei denen Werte bedroht erscheinen. Krisen und Krisensymptome sind für die Massenmedien besonders attraktiv und es wird vorrangig nur über jene Personen berichtet, die im Lichte der Öffentlichkeit stehen. Stetig ablaufende Prozesse besitzen geringen Aufmerksamkeitswert, hingegen sind krisenhafte und überraschende Ereignisse für die Medien resonanzfähig. Verbrechen und Unfälle, all jenes, was aus dem normal ablaufenden alltäglichen Rahmen fällt, hat Vordringlichkeit. Eine moralisierende Debatte über die Doping-Berichterstattung macht deshalb nur wenig Sinn. Es gibt wenige herausragende Sportjournalisten, die dem Problem gewachsen sind und es gibt jene Vielzahl, die auf den fahrenden Zug aufspringt. Das Doping-Thema wird boulevardisiert und es wird dabei auch von Journalisten bearbeitet, denen der Sport mit seinen handelnden Personen ebenso fremd ist wie dessen bedeutsame gesellschaftspolitische Leistung und dessen unzweifelhafte Verfehlungen.

Himmelhoch jauchzend, zu Tode betrübt, links oder rechts, Ost oder West, das sind die Polaritäten, die die Boulevardberichterstattung erzeugt. Zwischentöne gibt es nicht und schon gar nicht darf lediglich den Fakten gefolgt werden. Agenturen ergreifen Partei, ohne zu erkennen, dass sie dabei ihre journalistische Unabhängigkeit verlieren. Presseorgane führen Stellvertreterkriege, die die ökonomische Konkurrenzsituation widerspiegelt. Der Mut zu einem eigenen wertenden Urteil ist höchst selten anzutreffen. Der Zitatenjournalismus hat auch bei dieser Berichterstattung seine Hochzeit. Die Agenturberichte sind dabei gleichermaßen problematisch wie jene Resultate, die nach Bearbeitung dieser Berichte in den Zeitungen zu lesen sind. Kürzung, Selektion, Komprimierung, Kombination, Umformulierung, Änderung der Darstellungsform – all dies sind durchaus anerkannte Formen der Bearbeitung im Sportjournalismus. Man mag es vielleicht als ein Ärgernis empfinden, dass nicht die Quellen gekennzeichnet sind und dass oft nicht zwischen Eigen- und Fremdberichterstattung unterschieden werden kann. Das Ärgerlichste ist jedoch die Redewiedergabe selbst, wie sie im Sportjournalismus sehr häufig anzutreffen ist. Gerade am Beispiel der Doping-Berichterstattung wird dieses Problem besonders häufig sichtbar. Absichtsvolle und unbeabsichtigte Fälschungen, erfundene Zitate und beleidigende, oft nicht einmal mit dem Text im Zusammenhang stehende Schlagzeilen sind dabei zu beobachten. Betroffene finden ihren eigenen Namen in Zeitungen wieder, es werden ihnen wörtliche Äußerungen in den Mund gelegt, ohne dass die betreffende Agentur ein einziges Wort mit ihnen ausgetauscht hat. Ist man selbst Partner von Journalisten, denen die Fähigkeit zur Kurzschrift nicht gegeben ist und die nicht durch ein Aufnahmegerät kompensieren, die aber dennoch glauben, sie müssten wörtliche Zitate wiedergeben, so kann über solche Art von Sportberichterstattung nicht nur gestaunt werden. Sie verletzt und sie ruft Verärgerung hervor. Jene, die dies zu verantworten haben, sollten sich einmal in die Rolle jener versetzen, über die sie zu schreiben bemüht sind. Die Fähigkeit zur Rollendistanz, vor allem aber auch die Fähigkeit zur Rollenübernahme könnte auch für Sportjournalisten eine hilfreiche Grundlage für eine bessere Sportberichterstattung sein.

(2004)

Das öffentlich-rechtliche Fernsehen und die Sportverbände: Anmerkungen zu einem zerrütteten Verhältnis

„Es war einmal": Nicht nur Kinder wissen, dass mit diesen Worten Märchen eingeleitet werden. Es kommt einem Märchen gleich, wenn man sich an die Zeit erinnert, als es in Deutschland lediglich zwei Fernsehkanäle gab, jeder Athlet und jede Mannschaft sich glücklich schätzte, einmal in einer der wenigen Sportsendungen des Fernsehens in Bild und Ton zu erscheinen und als sich der organisierte Sport und das öffentlich-rechtliche Fernsehen einig waren, ihre Partnerschaft mit einem einzigen Vertrag zu besiegeln. Mit der politischen Entscheidung zugunsten des dualen Fernsehsystems hat man sich in der Bundesrepublik von diesen märchenhaften Zeiten für immer verabschiedet. Seitdem ist Kampf angesagt. Es kämpfen die privaten gegen die öffentlich-rechtlichen, die privaten gegen die privaten und auch die öffentlich-rechtlichen Sender befinden sich untereinander in einer Konkurrenzsituation. Längst sind die Organisationen des Sports nicht mehr von jenem Gemeinsinn geprägt, der sie auszeichnen könnte, wenn es um Fragen des Fernsehens geht. Als erster hatte sich der Deutsche Fußballbund von der Solidargemeinschaft verabschiedet. Weitere Verbände sind diesem Modell der Eigenvermarktung gefolgt und übrig geblieben ist ein Fernsehvertrag der Armen, der weder Sendezeit noch tragfähige Einnahmen garantiert.

Die Debatten und Diskussionen der vielen Sportverbände mit den Fernsehsendern gleichen seit diesem Zeitpunkt einer unendlichen Geschichte. Klagelieder werden dabei gleichermaßen von den Repräsentanten des Fernsehens und den Funktionären der Sportverbände gesungen. Es kommt nahezu einem Balzritual gleich, wie sich die Beteiligten in ihrer Hassliebe dabei begegnen. Da sind die vielen Sportarten, die beklagen, dass sie im Fernsehen keinen Sendeplatz finden. Ihre Funktionäre fordern die Vielfalt in der Fernsehberichterstattung: Das Fernsehen soll vom Schulsport berichten. Natürlich sollte auch der Freizeit-, Breiten- und Gesundheitssport angemessen widergespiegelt werden. Selbst die Sportwissenschaft erwartet, dass das Fernsehen von deren Arbeit und den Forschungsergebnissen Notiz nehmen sollte. Auf der anderen Seite sind die Poschmanns und die Fassbenders, die den Funktionären des Sports erklären, dass sie sich mit ihrem Programmauftrag nur daran orientieren, was die Zuschauer wünschen und dies seien nun einmal jene Sportarten, die heute im Fernsehen zur Darstellung kommen. Fußball, Fußball über alles, lautet dabei die Maxime und je nach wechselnder nationaler Interessenlage kann Formel 1, Skispringen, Boxen oder Biathlon in diese Interessenlogik passen. Der unsägliche Begriff der „Randsportarten" wurde geboren, ohne dabei den Mut zu haben, jene Sportarten zu definieren, die angeblich den Kern des Sportsystems ausmachen. Die Repräsentanten des Fernsehens übertreffen sich dabei in ihren altklugen Empfehlungen gegenüber den Repräsentanten der so genannten Randsportarten. Sie sollen endlich die Zeichen der Zeit begreifen, sie sollen sich verändern. Sie sollen moderner werden, ohne allerdings hinzuzufügen, dass dann, wenn alle den Empfehlungen der Fernsehmacher folgen würden, sich an der Situation in Bezug auf die Auswahl der Fernsehinhalte aus nahe liegenden Gründen nichts verändern könnte. Die Diskussion wird durch Attacken belebt, die aus der Ecke der privaten

Rundfunk- und Fernsehanstalten kommen. Sie ergreifen je nach Bedarf Partei zugunsten der Sportverbände oder zugunsten ihrer öffentlich-rechtlichen Konkurrenten. Meist verweisen sie auf den Auftrag des öffentlich-rechtlichen Fernsehens. Sie weisen darauf hin, dass das öffentlich-rechtliche Fernsehen sich nicht an Quoten zu orientieren habe, dass nur sie alleine sich auf dem Markt im harten Wettbewerb zu bewähren haben, dass es ungerechtfertigt sei, dem öffentlich-rechtlichen Fernsehen Werbeeinnahmen zuzugestehen und dass es ärgerlich sei, dass das öffentlich-rechtliche Fernsehen die Beiträge der Gebührenzahler für derart hohe Lizenzkosten ausgeben, wie sie heute beim Kauf von Sportfernsehrechten üblich geworden sind. Meist wird von den privaten Diskutanten dabei unterschlagen, dass sie selbst an den so genannten Randsportarten kein Interesse haben und dass sie auch nicht bereit sind, die notwendigen Investitionen zu tätigen, um die Spiele einer Badminton-Bundesliga oder Spiele einer Hockey-Nationalmannschaft im Fernsehen zu übertragen.

Der Ärger bei den Sportverbänden kann sich dabei in periodischer Regelmäßigkeit bis hin zu Wutausbrüchen steigern. Wagt ein Präsident eines Fachverbands, so z. B. der Präsident des Deutschen Hockeybundes, eine öffentliche Fernsehschelte, so kann er der Konter der Fernsehrepräsentanten sicher sein, wobei allenfalls irritieren muss, wie eitel die Repräsentanten des Fernsehens sind und wie selbstgefällig sie auf solche Attacken reagieren. Findet eine direkte Diskussion über die Sachverhalte statt, so verweist das Fernsehen auf die Statistiken. ARD und ZDF legitimieren sich dabei über eine Sportartenvielfalt, die eine parteiische Fernsehforschung offen legt, die jedoch einer soliden sozialwissenschaftlichen Prüfung nicht standhält. Dabei ist es ohne Zweifel richtig, dass im öffentlich-rechtlichen Fernsehen nach wie vor sehr viel mehr Sportarten zur Darstellung kommen als bei den Privaten. Doch die Quantitäten sind nicht weniger eindeutig. So wurden 2001 von den rund 13.760 Übertragungsstunden Sport 28% dem Fußball gewidmet. Die öffentlich-rechtlichen Repräsentanten verweisen in diesen Diskussionen auch darauf, dass sie an einem Leistungsprinzip in ihrer Arbeit zu messen sind, es keine Alternative zur Quote gibt und die Quote letztendlich auch das Interessenspektrum der deutschen Bevölkerung widerspiegelt. Die Repräsentanten der Sportverbände befinden sich in dieser Art von Diskussionen meist in der Rolle des Bittstellers. Devot werden Verbeugungen vor den Fassbenders und Poschmanns gemacht. Längst hat man auch Zugeständnisse offeriert. Einige Sportverbände sind bereit, sich an den Produktionskosten zu beteiligen, sollte ihre Sportart im Fernsehen zur Darstellung kommen und nach vielen Jahren der Frustrationen sind manche an einem Punkt angelangt, wo sie sich bereits glücklich schätzen würden, wenn ihre Bundesligaergebnisse auf den Videotextseiten des öffentlich-rechtlichen Fernsehens erscheinen könnten. Dabei sind die Argumente der klagenden Sportverbände keineswegs so schwach, wie dies von den Repräsentanten des Fernsehens sehr vorschnell und oft auch ohne jegliche Fachkenntnis gesehen wird. Eine Hockey-Weltmeisterschaft hat unter sportlichen Gesichtspunkten durchaus einen vergleichbaren Stellenwert wie eine Weltmeisterschaft des Handballs und Spitzenspiele der Badminton-Bundesliga zeichnen sich durch sportliche Leistungen aus, die es durchaus wert sind, dass sie öffentlich zur Darstellung gebracht werden. Und wenn bei einer Weltmeisterschaft der Schützen im Kleinkaliberschießen ein Weltrekord erzielt wird, so müsste der mindestens in gleicher Weise in der Nachrichtenberichterstattung eine Erwähnung finden wie das Fußballergebnis einer Zweiten Bundesliga im Fußball. Auch die Kritik der Verbände am „more of the same" ist durchaus berechtigt. Wenn die Fußballbundesliga zu Recht die Sportsendungen des Samstages dominieren, so braucht dies noch lange nicht für die Regionalsendungen am Sonntag oder gar für die Nachberichterstattung an einem Montagnachmittag der Fall sein. Bei den Fernsehmachern können solche Äußerungen nicht einmal ein Rauschen hervorrufen. Monoton wird mit den schwachen Quoten gekontert, es wird darauf hingewiesen, dass eine Sendung wie „Sport unter der Lupe" nicht mehr zu halten war, weil zu wenige Zuschauer diese Sendung eingeschaltet hatten. Es wird den Sportverbänden gar vorgeworfen, dass sie nicht einmal in der Lage seien, ihre eigene Klientel zum Zuschauen zu bewegen, wenn ihre Sportarten übertragen würden. Allein dieses Argument macht deutlich, dass von einer intelligenten Diskussion hier nicht gesprochen werden kann und dass Stil, Inhalt und Form der Diskussion die Beteiligten in der Sache auch zukünftig nicht weiter bringen kann.

Dies gilt auch für die Drohgesten populistischer Politiker und Sportfunktionäre, wenn diese in regelmäßigem Abstand einen öffentlich-rechtlichen Sportkanal ankündigen, wohl wissend, dass solch ein Kanal nicht zu finanzieren ist und vermutlich auf noch weniger Interesse stoßen wird, als dies bei den bereits existierenden Sportkanälen der Fall ist.

Was ist zu tun, was wäre zu wünschen? Will man zu einer ernsthaften Kommunikation zurückfinden, will man in eine professionelle Kooperation zwischen Sportverbänden und den Verantwortlichen des Fernsehens eintreten, so müssten sich beide Seiten auf ganz neue Verhandlungspositionen einlassen. Die Lektion, die die Sportverbände dabei zu lernen haben, dürfte nicht einfach sein; denn es ist in der Tat richtig, dass sich unsere Bürger dann, wenn sie ihr Fernsehgerät einschalten, sich nicht mit Sendungen über Freizeit- und Breitensport langweilen wollen und dass es keinen Anspruch geben kann für eine Abbildung des Sports, so wie er außerhalb des Fernsehens existiert. Weder ist ein langweiliges Interview mit einem Sportwissenschaftler von Interesse, der über die neuesten Erkenntnisse seiner Kniewinkel-Forschung berichtet, noch bedarf eine 100-Jahr-Feier eines Turnvereins einer fernsehöffentlichen Würdigung. Ja, selbst die Spitzenleistungen von Athleten in den Sportarten können nicht per se für sich einen Anspruch auf öffentliche Berichterstattung erheben. Sport im Fernsehen hat der Maxime einer guten Unterhaltung zu entsprechen und über das, was gute Unterhaltung ist, entscheidet der Zuschauer, ganz gleich, wodurch seine Bedürfnisse beeinflusst wurden. Der Sport im Fernsehen hat Qualitätskriterien zu genügen und es ist den Machern des Fernsehens nicht zu verübeln, dass sie sich dabei auf das Kriterium der Quote verlassen, solange andere Qualitätskriterien nur bedingt zur Verfügung stehen. Sport, der im Fernsehen zur Darstellung kommt, ganz gleich, ob es sich um die Einzelaktion eines Athleten oder um ein Mannschaftsspiel handelt, muss sich durch eine interessante sportliche Aktion, durch interessante Athleten, die mehr sind als nur Vollzugsakteure niedergelegter Regeln, durch Ästhetik und Spannung und nicht zuletzt auch durch eine faszinierte Zuschauerschaft ausweisen. Dabei muss sich eine Sportart über einen längeren Zeitraum durch diese Qualität auszeichnen. Es kann nicht erwartet werden, dass das Fernsehen bereits dann reagiert, wenn zufällig eine Sportart einen plötzlichen

Erfolg vorweisen kann. Die Sportverbände müssen dabei auch akzeptieren, dass dann, wenn ihre Attraktivität nachlässt und ihre Athleten nicht ausreichende Leistungen erbringen, die Zuschauer von den Veranstaltungen fernbleiben, deren Präsenz im Fernsehen zu Recht in Frage zu stellen ist.

Doch auch auf der Seite der Fernsehmacher sind nicht weniger dringende Lernprozesse erforderlich. Der Sport im Fernsehen muss sich keineswegs durch jene fragwürdige Qualität auszeichnen, wie dies heute der Fall ist und der Sport im Fernsehen von morgen kann sich durchaus ganz wesentlich vom Sport von heute unterscheiden. So wie dies auch im Vergleich zum Sportfernsehen in der Vergangenheit der Fall war. Die meisten Sportsendungen des Fernsehens können heute keineswegs jene guten Quoten aufweisen, mit denen die Verantwortlichen des Fernsehens zufrieden sein können. Schon allein deshalb stellt sich die Frage nach einer qualitativ anspruchsvolleren Programmstruktur. Und auch die Frage der Programminhalte muss auf den Prüfstand gestellt werden. Gewiss könnte auch die Frage nach dem geeigneten Sportfernsehjournalisten gestellt werden. Viele Angehörige dieser Berufsgruppe zeichnen sich in ihrer sportfachlichen Kompetenz durch höchste Bescheidenheit aus, die sie auch nicht mit einer besonderen rhetorischen Kompetenz zu kompensieren vermögen. Die Kritik an mancher Selbstdarstellung von Sportfernsehjournalisten ist durchaus berechtigt und die Frage, was man unter einem guten Sportfernsehjournalismus versteht, sollte auch die Fernsehschaffenden selbst beschäftigen. Selbstbeweihräucherung und die üblichen Rechtfertigungsstrategien helfen in dieser Frage gewiss nicht weiter. Kritik von außen ist mehr als notwendig und müsste erwünscht sein. Dabei sollte es in der Tat um konstruktive Kritik gehen und um Modelle, über die aufgezeigt wird, dass ein besserer Sportfernsehjournalismus machbar ist. Wenn man mit Sportsendungen in den Dritten Programmen von ARD und in nachgeordneten Sportsendungen des ZDF nur bescheidene Marktanteile erreicht und häufig Quoten von weniger als 5% zu Buche stehen, so kann man durchaus als Zuschauer, aber auch als Vertreter der Sportverbände von den Verantwortlichen des Fernsehens fordern, dass sie sich selbst Steigerungsziele setzen und Wege erproben, wie es zu einer Quotensteigerung kommen kann. Will das Fernsehen sich durch eine derartige Professionalität auszeichnen, so benötigt es eine ganz andere Partnerschaft mit den Sportverbänden; denn mit der Steigerung der Qualität der Sportarten steigert sich auch die Qualität im Sportfernsehen. Deshalb können die Sportverbände zu Recht von den Fernsehverantwortlichen erwarten, dass sie ihre Qualitätskriterien offen legen, die entscheidend sind, ob eine Sportart mit ihren Spitzenereignissen im Fernsehen zur Darstellung kommt oder nicht. Ja, sie können auch Beratungsleistungen des öffentlich-rechtlichen Fernsehens erwarten, um sich selbst in einen Reformprozess zu begeben, damit sie diesen Qualitätsleistungen genügen. Gewiss kann es dabei keine Garantien geben und gewiss wird auch zukünftig die große Mehrheit der Sportverbände damit zu leben haben, dass die Berichterstattung lediglich in der Presse erfolgt und dass es auf diese Weise äußerst schwierig wird, die notwendigen Finanzleistungen zu erbringen, um einen Reformprozess zugunsten einer fernsehwirksamen Sportart einzuleiten. Dennoch: Für eine Professionalität auf beiden Seiten gibt es keine Alternative. Wird die unendliche Geschichte zwischen Fernsehen und Sportverbänden weitererzählt, werden monoton die gleichen Klage- und Vorwurfslieder gesungen, so wird der Schaden fortgeschrieben, der längst auf beiden Seiten entstanden ist.

(2004)

Die Unersättlichen oder wie der Egoismus das Ego zerstört

Die Woche hat sieben Tage, jeder Tag hat 24 Stunden – nicht mehr und nicht weniger. Wir Menschen können die uns vorgegebene Zeit auf vielfältige Weise nutzen. Wir können schlafen, arbeiten, Sport treiben, essen, Auto fahren, einkaufen, spielen, tanzen, singen, unsere E-Mails beantworten, Sportveranstaltungen besuchen und ganz gewiss auch fernsehen. In der Welt des Sports lässt sich nun schon seit längerer Zeit eine neue Spezies beobachten. Wir müssen sie die Unersättlichen nennen. Denn sie haben nichts anderes im Sinn, als dass wir Menschen möglichst rund um die Uhr nicht nur fernsehen, sondern uns dabei nur einem Inhalt zuwenden: den Sportsendungen des Fernsehens. Diese Spezies hat ihren Ursprung in der Welt des Fußballs und sie ist dort bereits weit verbreitet. Doch mittlerweile findet sie in vielen Sportarten Nachahmer. Das angeblich erfolgreiche Fußball-Modell wird generell zur „Best-Practice-Schablone" für die Welt des Sports und in der Tat: aus der Sicht der Unersättlichen lassen sich bereits große Erfolge vermelden. Montag 2. Liga, Dienstag UEFA-Cup, Mittwoch Champions-League, Donnerstag Champions-League, Freitag erster Spieltag Bundesliga, Samstag zweiter Spieltag Bundesliga, Sonntag dritter Spieltag Bundesliga. Sieben Tage Fußball – was will man mehr. Eine Liga folgte der nächsten, Turniere kamen hinzu, die Ligen wurden vergrößert, Internationalität ist das Gebot der Stunde. Da die Bedeutung der Nationalmannschaft zugenommen hat, ist auch der Kalender der Länderspiele eher umfangreicher als kleiner geworden. Die ökonomischen Interessen, die im Fußball ausgetragen und an den Fußball herangetragen werden, wachsen ins Unendliche. Das „Business Fußball" muss ganzjährig stattfinden und seine Inklusionskraft zielt auf das Totalitäre. Dem Fußball ist dabei die Macht gegeben, den Zeitraum selbst zu definieren, in dem die Menschen im Tagesverlauf vom Fußball eingefangen werden. Bei weniger wichtigen Spielen dauert das Fußballphänomen nicht sehr viel länger als die vorgegebene Spielzeit von zweimal 45 Minuten. Bei wichtigen Fußballereignissen erstreckt sich die Fangzeit bereits auf vier bis fünf Stunden. Für die Spezies der Unersättlichen, die dem Modell des Fußballs folgen und sich anderer Sportarten bedienen, bleibt dabei noch Zeit genug, darüber nachzudenken, wann, wo und wie die anderen Sportarten die Menschen als Fernsehzuschauer an sich binden können. Fast alle olympischen Sportarten sind heute bemüht, ihre TV-Präsenz zu erhöhen, wobei man genau dem Muster des Fußballs folgt.
Hat der Weltverband der Leichtathletik zunächst den Turnus seiner Weltmeisterschaften von vier Jahren auf zwei Jahre reduziert und wurden zu diesen Freiluft-Weltmeisterschaften die Cross-Weltmeisterschaften, der World-Cup, das Weltfinale, die Welt-Junioren-Meisterschaften und weitere Weltmeisterschaften hinzugefügt, so ist in jüngster Zeit nun auch der europäische Verband diesem Vorbild gefolgt und will nun seine europäischen Meisterschaften ebenfalls alle zwei Jahre veranstalten. Dieses Ziel verfolgt er auch auf die Gefahr hin, dass man dabei in einen Zeitkonflikt mit den Olympischen Spielen gerät. Auch der Europäische Leichtathletik-Verband kreiert neue Wettbewerbe für Mannschaften und er verändert die Struktur seines Europa-Cups nur mit dem einen Ziel, seine Sportart auf den Bildschirmen Europas umfangreicher zu präsentieren, als dies in der Vergangenheit der Fall war.

So wie in der Leichtathletik gedacht, geplant und gehandelt wird, wird auch in den übrigen olympischen Verbänden ein neuer Weg gesucht, um die eigene Sportart in der Konkurrenz mit allen übrigen erfolgreich positionieren zu können. Im Handball setzt der Weltverband gegen die Interessen der Bundesliga-Mannschaften und gegen die Interessen des europäischen Verbands ein Qualifikationsturnier für die Teilnahme bei den Olympischen Spielen als zusätzliches Wettkampfereignis durch. Auch hier wurden dem Cup-Wettbewerb der Meister mehrere neue Cups hinzugefügt, sodass der Zuschauer oft nicht einmal mehr weiß, aus welchem Grund welche Mannschaft an welchem Tag gegen eine andere antritt. Die Beispiele Handball und Leichtathletik stehen stellvertretend für die Sommersportarten. In den Wintersportarten sieht es kaum anders aus. Biathlon wird nun auch im Sommer ausgetragen. Hat eine Wintersportdisziplin Erfolg, so versucht man den Gelüsten der Vermarkter zu folgen, erfindet neue Wettbewerbe, streckt die Saison, ist bemüht, dass Wintersport auch Sommersport ist. Als eine gewisse Steigerung der hier aufgezeigten Entwicklung kann der jüngste Beschluss des IOC gelten. Mit lauteren Absichten wurde beschlossen, Olympische Spiele für Jugendliche einzuführen. Sie sollen alle vier Jahre stattfinden, die Begegnung der Jugendlichen soll dabei im Mittelpunkt stehen. Der sportliche Wettkampf soll allenfalls Anlass für die Begegnung sein. Dabei wird verkannt, dass dann, wenn diese Olympischen Spiele stattfinden, für die Jugendlichen nichts anderes zählen wird als der olympische Sieg. Dass in jenem Land, in dem die ersten Jugendspiele ausgetragen werden, das neue olympische Event die gleiche Funktion auszuüben hat wie die großen Olympischen Spiele, dass das neue Event ohne eine umfassende Vermarktung nicht existieren wird, dass es sich deshalb notwendigerweise an der Kopie der großen Spiele orientieren muss. Dass damit auch eine Abwertung der großen Spiele einhergehen kann, das sei hier nur angemerkt.

Im hier zu diskutierenden Zusammenhang kann die Entscheidung des IOC lediglich als fatal bezeichnet werden, da sie für die aufgezeigte Entwicklung als ein Kulminationspunkt bewertet werden muss, mit dem ein Selbstgefährdungsprozess des olympischen Sports eher begünstigt als verhindert wird. Die Verantwortlichen des Sports haben sich nämlich schon längst die Frage zu stellen, von welcher Handlungslogik der derzeit stattfindende Entwicklungsprozess geprägt ist und wohin diese Entwicklung gemäß dieser Logik gehen wird. Soviel scheint dabei sicher zu sein: die Steigerung der Präsenz des Phänomens Sport kann nicht endlos sein, sie wird begrenzt durch den 24-Stunden-Tag und die 7-Tage-Woche.

Als Verantwortlicher einer Sportart, z. B. für die Leichtathletik, kann man gewiss der Empfehlung der Fernsehbosse folgen und seine Wettkämpfe auf Sonntagvormittag zwischen 9.00 und 12.00 Uhr legen, weil man dort noch Sendezeit im Fernsehen erhalten kann. Man hat damit die Priorität des Fußballs akzeptiert, den zweiten Rang des Formel-1-Sports anerkannt und man ist zufrieden, da es noch einige Sportarten gibt, denen lediglich die Zeit zwischen 7.00 und 9.00 Uhr morgens zugewiesen wurde.

Bei all der heute stattfindenden sportlichen Parzellierung des Fernsehtages und der damit verbundenen Ausweitung des Jahreskalenders der verschiedenen Sportarten wird jedoch verkannt, dass nicht nur die Ressource Zeit für den Menschen endlich ist, sondern dass sich im

Sport selbst die Ressource Mensch in der Form seiner Spieler und Athleten ebenfalls als endlich erweist. Dies zeigt sich allein darin, dass eine ganze Reihe der olympischen Sportarten erhebliche Nachwuchsprobleme zu beklagen hat. Noch wichtiger ist, dass die Belastbarkeit des Menschen als Athlet psychisch, sozial und vor allem physisch an ihre Grenzen gerät. Diese Grenzen sind in vielen Sportarten bereits erreicht oder überschritten.

Betrachten wir den Handballsport, so kann man erkennen, dass die Selbstmedikamentierung der Spieler viel zu oft schon zur Regel geworden ist. Auf diese Weise können wohl die Schmerzen verdrängt werden, die sonst das Spiel unmöglich machen würden. Die Frage, wie lange man Schmerzen verdrängen darf, ja die Frage, ob solch ein Weg überhaupt sinnvoll ist, wird jedoch weder ethisch diskutiert noch werden den Spielern praktizierbare Lösungen angeboten. Neuere Erkenntnisse der Sportwissenschaft zeigen uns, dass das Gesundheitsmanagement in fast allen olympischen Sportarten so gut wie nicht existiert und gesundheitsbedingte Abbrüche von Karrieren angesichts Überbelastung und Überforderung im gesamten Spitzensport anzutreffen sind. Die Steigerung der Verletzungsgefahr in vielen olympischen Sportarten ist offensichtlich und sie kann auch nicht dadurch gemindert werden, dass mittlerweile die Kommerzialisierung eine zeitliche Streckung der Karrieren der Athleten bewirkt hat, somit also die Spieler und Athleten innerhalb der Sportarten länger als Hochleistungssportler verweilen, als dies jemals zuvor der Fall war. Dass sich der Spitzensport angesichts des hier beschriebenen Steigerungsphänomens selbst gefährdet, ist deshalb gewiss nicht als Trugbild einer pessimistischen Einstellung zu deuten. Empirische Sachverhalte und die Handlungslogik des Systems selbst sind es vielmehr, die dieses Phänomen zu einem dramatischen Phänomen der Gegenwart machen. Dramatisch ist die aktuelle Situation vor allem auch deshalb, weil in dem aktuell sich abzeichnenden System des Spitzensports nur wenige Akteure von der stattfindenden Entwicklung wirklich einen Nutzen haben können. So profitiert das Fernsehen vor allem dadurch, dass es mit dieser Entwicklung günstigere Finanzierungsmöglichkeiten findet. Privilegierte Verbände können sich auf diese Weise besser vermarkten, die Athleten haben Einnahmequellen, die ihnen zuvor nicht zur Verfügung standen, vor allem aber profitieren Agenturen und Rechtehändler. Dabei kommen aber wichtige olympische Sportarten gar nicht oder fast nicht mehr vor. An deren Stelle werden aufgeblasene Boxevents und Autorennen gezeigt, die im Grunde genommen kein echter Sport sind, lediglich so genannt werden.

Besonders gefährlich ist dieser Sachverhalt vor allem deshalb, weil in den einzelnen Sportarten die Entscheidungen zugunsten einer Ausweitung des Wettkampfkalenders durchaus als sinnhaft zu bezeichnen sind. Sie sind orientiert an einem allgemeinen ökonomischen Steigerungsimperativ unserer Gesellschaft, der sich in unserer Wirtschaft bestens bewährt hat. Wer als Sportfachverband überleben möchte, benötigt neue Einnahmequellen, um neue Aufgaben befriedigend lösen zu können. Da das Fernsehen das zentrale Medium für eine gelungene Vermarktung des Sports darstellt, ist die Ausrichtung des Wettkampfkalenders auf das Fernsehen und das Bemühen um erhöhte Fernsehpräsenz verständlich und nahe liegend.

Das Handeln, das für den einzelnen Verband und für die einzelne Sportart Sinn macht, erweist sich jedoch als sinnlos und selbstzerstörerisch, wenn alle olympischen Sportarten derselben

Handlungslogik gleichzeitig folgen und es an einer unabhängigen steuernden Instanz mangelt. Notwendig wäre deshalb eine Institution der Steuerung und Kontrolle, die das Zusammenspiel der Entwicklungslinien von außen beobachtet und die notwendigen Warnsignale setzt, wenn Grenzen überschritten sind. Gerade deshalb muss die Entscheidung des IOC als fatal bezeichnet werden. Diese Organisation hat sich in der Vergangenheit oft genug dadurch ausgezeichnet, dass sie nicht nur dem sportlichen citius, fortius, altius zu folgen weiß, wenn es z. B. um die Vermarktung der Olympischen Spiele geht. Man zeichnet sich bis heute durch werbefreie Sportanlagen aus. Man verfügt dabei ganz offensichtlich über Stoppregeln, mit denen ein selbstzerstörerisches Wachstum verhindert werden kann. Dies gilt für die Anzahl der teilnehmenden Athleten ebenso wie für die Begrenzung der Sportarten. Es gilt für die Dauer, für den Rhythmus und für die Vermarktungsgrenzen der Spiele. Deshalb ist auf internationaler Ebene keine andere Organisation zu erkennen, die als Mediator wirken könnte, um die gefährlichen Entwicklungen in der Welt des Hochleistungssports aufzudecken und einzuschränken. Auf nationaler Ebene sind neben dem IOC aber auch all jene konföderativen Strukturen gefordert, deren Mandat es sein sollte, die Interessensgruppen an einen Tisch zu bringen, um aus einer höheren Logik heraus eine neue Qualität des Konsens in Bezug auf die Präsenz des Sports in den Massenmedien zu erreichen.

(2007)

Doping-Kampf als Medien- und Politikspektakel

Die Massenmedien, allen voran das Fernsehen, hatten sich schon seit Langem einem besonderen Auftrag verpflichtet. Sie definieren sich selbst als Produzenten der Unterhaltungsindustrie. Unterhaltung ist dabei zur höchsten Maxime geworden, auch dann, wenn man dem eher nebengeordneten Auftrag des Informierens nachzukommen versucht. Von Infotainment ist dann die Rede. Die Massenmedien haben dabei jene Kundschaft an sich gebunden, die sie im Sinne einer selbsterfüllenden Prophezeiung gesucht haben. Die Massenmedien treffen auf Massen und die Massen sind genau an jenen Medieninhalten interessiert, die sich die Medien selbst zur Maxime gemacht haben. Gewiss dürfen dabei nicht alle Medien über einen Kamm geschoren werden, insbesondere die Presse unterscheidet sich dabei vom Hörfunk und vom Fernsehen. Auch das Internet als neues Medium zeichnet sich durch eigene Qualitäten aus. Dennoch lässt sich eine Tendenz in der Entwicklung der massenmedialen Berichterstattung erkennen. Die Unterhaltungsmaxime dominiert nahezu alle Medien. Die Frage, was als berichtenswert gilt, wird immer monotoner und gleichartiger beantwortet, Prinzipien eines kritischen Journalismus treten in den Hintergrund. Kleine Häppchen Berichterstattung, sprachlich nachlässige Darstellungen, mangelhafte Recherchen, moralische Doppelbödigkeit, Überschreiten ethischer Grenzen und eine immer entschiedenere Ausrichtung an den gleichen Selektionsregeln werden zur Normalität: Die Großen sind wichtig, der kleine Mann ist unbedeutend, das Böse rangiert vor dem Guten, Skandale und Krisen werden gesucht, „human touch" und das, was als neu gilt, ist wichtig: Die Selektionsregeln, wie sie uns Niklas Luhmann mit auf den Weg gegeben hat, haben Konjunktur. Dies kann an der Berichterstattung über viele Themen gezeigt werden.

Besonders nachhaltig wurde dies in jüngster Zeit am Beispiel der Doping-Berichterstattung aus Anlass der Radweltmeisterschaft in Stuttgart dokumentiert. ARD und ZDF, gemeinsam mit den lokalen und überregionalen Medien, haben sich zum Vorreiter eines Doping-Kampfes stilisiert, obgleich sie selbst bei dem sich über Jahrzehnte ereignenden Doping-Drama des modernen Hochleistungssports eine äußerst aktive Rolle eingenommen haben und dabei keineswegs ihre Hände in Unschuld waschen können.

Das Politiksystem, das sich für das massenmediale System als besonders resonanzfähig in der Bundesrepublik erwiesen hat, reagierte prompt. Der Bundesminister des Innern, Abgeordnete des Bundestages und die politische Führung der Stadt Stuttgart schlossen sich den spektakulären Medienattacken an und wurde damit Teil des Spektakels. Eine eigenartige Partnerschaft ist auf diese Weise entstanden. Für beide Partner war es ein leichtes, sich jeweils die Öffentlichkeit zu sichern und die Meinung der Massen zu beeinflussen. Sie spielten dabei ausgeprägte Rollen in einer spektakulären Auseinandersetzung, bei der es kaum angebracht ist, dieser das Attribut „Anti-Doping" zu gestatten. Große Teile der Medien zeigten vielmehr, dass sie ganz offensichtlich aus den jahrzehntelang vorliegenden Befunden und Fakten zum Problem des Doping-Betrugs so gut wie nichts gelernt haben. Sie folgten ihrer effekthascherischen Unterhaltungskonzeption. Gerüchte wurden wie Tatsachen präsentiert, Gerüchte wurden lanciert,

Skandale wurden behauptet und erfunden, ohne dass auch nur annähernd tragfähige empirische Befunde zur Verfügung gestanden wären. Fast alle Repräsentanten der Politik folgten den Vorlagen der Medien vorschnell und ohne Zwang, glaubte man damit doch Volltreffer zu erzielen. Erst im Nachhinein mussten sie erkennen, dass dies alles nur zu Bauchlandungen hat führen können. Eine Politik, die auf Gerüchte aufbaut, wird selbst zum Gerücht. Eine Politik, die rechtliche Prinzipien verlässt, ist eine prinzipienlose Politik und eine Politik, die sich nur selbst in den Medien wiederfinden möchte und fragwürdige Medienpartnerschaften eingeht, bis hin zur engen Verknüpfung mit Lokalzeitungen, ist allenfalls selbst Teil der Unterhaltungsindustrie. Sie verlässt damit aber ganz gewiss den Boden seriöser Politik.

Es mag zu Recht bezweifelt werden, dass ein Politik- und ein Mediensystem, die sich in einer derart engen Symbiose befinden, wie dies heute der Fall ist und in der weiteren Zukunft vermutlich noch andauern wird, sich noch als lernfähige Systeme erweisen können. Will man in einem Anti-Doping-Kampf vorankommen, der diesen Namen verdient, so muss jedoch genau dies für das weitere Vorgehen vorausgesetzt werden. Nur deshalb macht es auch Sinn, noch einmal jene Merkmale zu akzentuieren, durch die sich ein glaubwürdiger Anti-Doping-Kampf auszuzeichnen hat.

Allen Merkmalen voran, muss zunächst und vor allem dabei darauf hingewiesen werden, dass ein Anti-Doping-Kampf nicht auf Gerüchten basieren darf. Auch dann nicht, wenn es sich um Gerüchte handelt, die den Medien besonders gut gefallen. Ein Anti-Doping-Kampf darf auch nicht Vorverurteilungen zur Grundlage haben. Er muss sich vielmehr durch Objektivität, Reliabilität und Neutralität im Verfahren selbst, gleichzeitig aber auch durch eine entschiedene Parteilichkeit zugunsten der sauberen Athleten auszeichnen. Anstelle von Gerüchten müssen nachvollziehbare und empirisch belegbare Fakten zur Grundlage der notwendigen Entscheidungen gemacht werden.

Ein weiteres Merkmal ist kaum weniger wichtig. Ein Anti-Doping-Kampf darf sich nicht in moralischen Appellen erschöpfen. Sie sind aus der Sicht jener wohl verständlich, die sich auf die Moral berufen, sie haben sich jedoch längst als stumpfe Waffe im Anti-Doping-Kampf erwiesen. Ethik und Moral begründen wohl die entscheidenden Maximen des Sports, an denen sich jeder Anti-Doping-Kampf zu orientieren hat. Allen voran ist dabei das Prinzip des Fair Play zu nennen. Moralische Urteile können sich jedoch gerade in der Welt des Sports sehr schnell in ihr Gegenteil verkehren. Eine „Zeigefinger-Moral" ist nicht zuletzt deshalb unglaubwürdig, weil sich der ausgestreckte Finger immer auch auf die Moralisten richtet.

Die Unschuldsvermutung hat auch in der Welt des Sports eine grundlegende und herausragende Bedeutung. Die öffentliche Diskussion über mögliche Täter sollte deshalb diesem Prinzip zwingend folgen. Funktionäre sollten so lange als unschuldig gelten, so lange nicht das Gegenteil bewiesen ist. Dies muss auch für einen Vizepräsidenten des Radsports gelten. Ein Beweis für dessen Schuld ist dann erbracht, wenn er vor einem Sportgericht oder einem ordentlichen Gericht präsentiert wird und durch eine richterliche Entscheidung Anerkennung erhält. Ein Athlet ist erst dann aus einem Wettkampf zu suspendieren, wenn entsprechende juristische Bedingungen erfüllt sind, die schriftlich niedergelegt sein müssen und die vor den Ereignissen kodifiziert wurden. Dies hat dann auch für einen italienischen Radsportweltmeister zu gelten, auch wenn einem sein sonstiges Gebaren nicht gefällt. Ehrenerklärungen, die nicht sanktioniert werden können und nicht Bezug nehmen auf vereinbarte Regeln innerhalb des Sports, müssen sich zwangsläufig als Schall und Rauch erweisen und haben deshalb allenfalls ideologische oder propagandistische Funktion.

Wer wirklich einem Anti-Doping-Kampf verpflichtet ist, der muss sich auch dem Prinzip der Gleichbehandlung unterwerfen. Eine Turnweltmeisterschaft, ein Weltfinale der Leichtathletik, ein Boxkampf bei ARD oder ZDF am Samstagabend um 22.00 Uhr, eine Radweltmeisterschaft, sie alle müssen an den gleichen moralischen Maximen orientiert und gemessen werden, möchte man einen glaubwürdigen Anti-Doping-Kampf führen.

Wer ankündigt, Kontrollen zu verschärfen, der sollte sich des Problems der Kontrollierbarkeit von Betrugshandlungen bewusst sein. Er sollte auch die Grenzen kennen, die jedes Kontrollsystem aufweist und er sollte wissen, dass man mit Kontrollen allein dem Problem nur bedingt gerecht werden kann. Wer vermehrte Kontrollen fordert, sollte sich auch die Frage der Finanzier- und Durchsetzbarkeit eines weltweit gleichwertigen Kontrollsystems stellen. Kontrollen, die auf die Schnelle vereinbart werden, ohne dass man über das geeignete Kontrollpersonal, ausgebildete Anti-Doping-Ärzte und das erforderliche Begleitpersonal verfügt, dem wird zu Recht der Vorwurf der Effekthascherei gemacht. Genau dies war bei fast allen internationalen Radsportveranstaltungen der letzten Wochen und Monate der Fall.

Der wirkliche Anti-Doping-Kampf, das sollen diese Hinweise zeigen, bedarf des langen Atems und einer fundierten fachlichen Kompetenz. Er bedarf aber vor allem auch der Kooperation zwischen Sport und Staat. Dabei ist auch eine besondere Bescheidenheit vonnöten. Er bedarf schließlich auch einer gegenseitigen Vertraulichkeit der beteiligten Partner. Nicht immer ist dabei Öffentlichkeit angesagt. Öffentlichkeit ist gerade im Anti-Doping-Kampf wohl ein demokratisches Gebot, doch sie hat zum richtigen Zeitpunkt zu erfolgen und sie hat den Schutz der Individuen zu gewährleisten. Auch dieser Rechtsanspruch besteht zu Recht in der Welt des Sports und er muss beachtet werden.

(2007)

Der Tibetkonflikt und die Rolle der Massenmedien

Die Berichterstattung in deutschen Massenmedien über den Tibetkonflikt und dessen Zusammenhang mit den Olympischen Spielen ist geprägt von Heuchelei. Sie geht einher mit einem Opportunismus, der nur noch vom Opportunismus der politischen Repräsentanten übertroffen wird. Bei den meisten Journalisten, die über den Tibetkonflikt bislang geschrieben haben, ist nicht zu erkennen, dass sie über ausreichende historische und politische Kenntnisse verfügen und über den Gegenstand, über den sie berichten, fundierte Recherchen angestellt haben. Vor allem ist nicht zu erkennen, welcher Moral sie selbst in Bezug auf die beschriebenen Konflikte verpflichtet sind.

Ein solches Urteil wird von den Betroffenen vermutlich als ungerecht empfunden. Um es auf den Prüfstand stellen zu können, müssen einige Aspekte dieser Berichterstattung etwas genauer hinterfragt werden. So stellt sich die Frage, warum sämtliche westliche Industrienationen keinen Zweifel an dem angeblich sinnvollen Konzept einer Ein-Chinapolitik aufkommen lassen? Stimmt dies, so stellt sich die Frage, welches Ziel man verfolgt, wenn die Idee einer autonomen Republik Tibet unterstützt wird?

Folgt man der bislang publizierten Berichterstattung, so wird von den in der Berichterstattung unterstützten Tibetern ein politisches Gemeinwesen angestrebt, bei dessen Führung die geistliche und weltliche Macht nicht getrennt werden. Der Dalai Lama wäre somit sowohl höchster politischer als auch höchster geistlicher Repräsentant eines autonomen Tibet. Auf der Grundlage welcher Argumente wird ein derartiges politisches Konzept unterstützt, nachdem spätestens seit der Aufklärung die Trennung von Kirche und Staat als ein wesentlicher zivilisatorischer Fortschritt bezeichnet werden kann und dieses Konzept sich in allen europäischen Nationen mittlerweile erfolgreich hat durchsetzen können? Vor welchem Hintergrund wird die Idee einer tibetischen Unabhängigkeit unterstützt, wenn Tibet territorial über mehr als tausend Jahre den chinesischen Kaiserdynastien zugehörte, es dann kurzfristig zu einer Unabhängigkeit kam und mittlerweile seit dieser Unabhängigkeit mehr als fünfzig Jahre vergangen sind?

Bezogen auf den aktuellen Tibetkonflikt stellt sich ferner die Frage, wie Gewalt und Gegengewalt ursächlich zusammenhängen. Ist es richtig, dass zu Beginn des Konflikts Tibeter chinesische Geschäfte geplündert haben, Chinesen angegriffen haben und die Hoheitssymbole des chinesischen Staats, d. h. die chinesische Flagge verbrannt haben? Nimmt die Berichterstattung die Schäden und Opfer dieser Taten zur Kenntnis? Warum musste Indien, das seit der Herrschaft von Nehru dem Dalai Lama politisches Exil gewährt, die eigene Polizei zum Einsatz bringen, um Protestzüge von Exiltibetern gewaltsam aufzulösen und warum wurden in Indien zahlreiche tibetische Demonstranten eingesperrt? Warum musste der Dalai Lama selbst seine eigenen Angehörigen zum Verzicht auf Gewalt aufrufen? Ganz offensichtlich hatte es sich bei den Aufständen von Lhasa nicht um einen gewaltlosen Widerstand tibetischer Mönche gehandelt. Stellen sich die Kritiker auch die Frage, wie in der Bundesrepublik Deutschland die staatliche Obrigkeit reagieren würde, wenn in einem Bundesland der so genannten neuen Länder in vergleichbarer Weise Geschäfte von Westdeutschen geplündert würden, Fahrzeuge mit westdeutschen Kennzeichen umgestürzt würden und wenn anstelle der Fahne der Bundesrepublik Deutschland die alte Fahne der DDR gehisst würde? Welche Erwartungen würden in diesem Zusammenhang an die nationale Regierung und an das staatliche Gewaltmonopol, insbesondere an die Polizei gerichtet werden?

In Bezug auf das kritisierte Verhalten der IOC-Führung und der nationalen Sportfunktionäre stellt sich noch eine ganze Reihe weiterer Fragen. Folgt man den Untersuchungen von Amnesty International, so finden nahezu in allen Staaten der Welt Menschenrechtsverletzungen statt. Dies gilt für viele EU-Mitgliedsnationen. Dies gilt für alle Staaten Nord- und Südamerikas und vor allem gilt es für afrikanische und asiatische Staaten. Osteuropa muss besonders beachtet werden. Sind diese Untersuchungen sachgemäß, so stellt sich die Frage, wie Menschenrechtsverletzungen zu bewerten sind. Gibt es Menschenrechte, die höherwertig und damit bedeutsamer sind, gibt es nachgeordnete Menschenrechte, deren Verletzung bei politischen Entscheidungen eher übergangen werden können? Meines Erachtens gibt es gute Gründe, von der Unteilbarkeit und der Unverletzlichkeit der Menschenwürde zu sprechen. Folgt man dieser Idee, so ist die Frage der Verletzung oder Einhaltung der Menschenrechte kaum ein geeignetes Kriterium, um darüber entscheiden zu können, was man in einer Kooperation mit einem Land politisch erreichen kann und was auf Grund der Verletzung von Menschrechten nicht zu erreichen ist. Für ein den Sport, der sich zunächst und vor allem selbst zu organisieren hat und dabei auch das Gelingen eines ständig stattfindenden internationalen Austauschs besonders gewichten muss, muss deshalb die Frage diskutiert werden, wie das Problem der Aufgabenstellung das Problem der Menschenrechte zu gewichten ist. Bezogen auf die aktuell geführte Debatte muss deshalb gefragt werden, in welchem Land die Olympischen Spiele der Neuzeit hätten stattfinden können, wenn das kritische Urteil von Amnesty International zutrifft?

Was die Diskussion über die von uns allen gewünschten mündigen Athleten betrifft, so ist zu fragen, warum in der Berichterstattung die Olympische Charta (das Regelbuch der Olympischen Spiele) in Frage gestellt wird? In ihr wird aus guten Gründen festgelegt, dass sich der politische Auftrag der olympischen Bewegung genau dadurch auszuzeichnen hat, dass sich jeder Teilnehmer während der Durchführung der Spiele politischer Äußerungen enthält. Was wäre der Fall, wenn diese Regel aufgehoben würde? Macht nicht auch die Regel Sinn, dass während der Spiele die Beteiligten keine Werbung machen dürfen und sich nicht bei Massenmedien verdingen können? Soll auch diese Regel abgeschafft werden?

Es ist auch zu fragen, warum die aktuellen Diskussionen nicht zu all jenen Zeitpunkten geführt wurden, bei denen sie in den letzten zehn Jahren bereits möglich gewesen wären? So haben verschiedene internationale Großereignisse in China stattgefunden, unter anderem die Universiade, Weltmeisterschaften und Weltmeisterschaftsturniere. Bei keiner dieser Ereignisse haben die Journalisten eine vergleichbare inhaltliche Diskussion geführt, wie sie nun aus Anlass der Olympischen Spiele als relevant empfunden wird.

Abschließend ist zu fragen, warum Sportjournalisten eine Partnerschaft mit opportunistischen Politikern eingehen, die es zugelassen haben, dass unsere Volkswirtschaft in weiten Teilen in eine Abhängigkeit zu China geraten ist? Diese Politiker befinden sich seit Jahrzehnten in einem politischen Austausch mit China, ohne auch nur annähernd einen Erfolg in Bezug auf die Menschenrechtsverletzungen in China aufweisen zu können. Wird von diesen Politikern nicht möglicherweise der Sport als Alibithema benutzt, obgleich es offensichtlich ist, dass die Frage der Menschenrechte keine vorrangige Frage der Sportpolitik, sondern der internationalen Politik sein muss?

Gewiss wurden von Seiten des Sports in den vergangenen Wochen manche Fehler gemacht. Auch ist manche Stellungnahme von Repräsentanten des internationalen Sports kaum nachvollziehbar. Es wurde zu lange geschwiegen und bloßes Reagieren wurde zu Recht in Frage gestellt. Das IOC hätte ohne Zweifel in aller Deutlichkeit zum Ausdruck bringen müssen, dass die chinesische Provinz Tibet genauso öffentlich zugänglich sein muss, wie dies für alle chinesischen Provinzen der Fall sein muss. Auch hätte das IOC einen internationalen Beobachterstatus für sich selbst einklagen müssen. Beauftrage des IOC sollten deshalb in Tibet anwesend sein, um sich authentisch ein eigenes Bild über die Verhältnisse verschaffen zu können. Vermutlich gibt es auch tatsächlich Funktionäre, die Angst davor haben, wenn Athleten sich als mündige Athleten artikulieren. Und ohne Zweifel könnten bereits heute außerhalb der olympischen Wettkämpfe Aktivitäten geplant werden, über die deutlich gemacht werden könnte, wie glaubwürdig man sich für die Durchsetzung der Menschenrechte in China einsetzen will. Es gibt auch ökonomische Gründe, die den Sport in einen Zwang gebracht haben, dass Olympische Spiele durchzuführen sind und dies oft um jeden Preis. Doch auch hier haben Massenmedien, Wirtschaft, Politik und Sport einen je sehr wirksamen anteiligen Part gespielt und es wäre verfehlt, würde man dabei nur zu einer einseitigen Schuldzuweisung kommen.

Die Entscheidung des IOC über die Olympischen Spiele von China unterscheidet sich von früheren Entscheidungen zugunsten Olympischer Spielen keineswegs. Die Olympischen Spiele hinterlassen vielfältige Wirkungen und wenn man die Entwicklungen der vergangenen zehn Jahre in China betrachtet, so hat sich die Entscheidung des IOC als eine hilfreiche Entscheidung zugunsten einer Internationalisierung und Öffnung der chinesischen Gesellschaft herausgestellt. Der Beitrag der olympischen Bewegung zu positiven Veränderungsprozessen wird dabei immer äußerst bescheiden sein. Doch es sind gerade diese bescheidenen Wirkungen, die die olympische Bewegung international legitimiert und die sie auch weiterhin als sinnvoll erscheinen lässt. Nicht zuletzt deshalb hat man sich um Reformen dieser Bewegung zu bemühen. Hierzu kann eine kritische, distanzierte, aber auch faire Berichterstattung einen wichtigen Beitrag leisten.

(2008)

Sportfunktionäre und Massenmedien

In der Diskussion über den Tibetkonflikt und die Olympischen Spiele in China wird einmal mehr in den Massenmedien das Klischee vom geistlosen und opportunistischen Sportfunktionär in besonders intensiver Weise gepflegt. Sportfunktionäre gelten als vergreist, ahnungslos, unpolitisch, wo man politisch sein müsste und vor allem als eigennützig. Athleten fühlen sich durch Sportfunktionäre bevormundet. Von der Sache haben die Sportfunktionäre selbst keine Ahnung. Wie stolze Hähne zeigen sie ein ausgeprägtes Revierverhalten und insgesamt schaden sie der guten Sache des Sports. 1993, als ich zum Präsidenten des Deutschen Leichtathletik Verbands gewählt wurde, wurde ich zu einem echten Sportfunktionär. Zuvor arbeitete ich bereits ehrenamtlich in vielen Gremien des Sports. Ich bemühte mich um die Belange von Bildung und Wissenschaft, und als Sportwissenschaftler hatte ich bereits verschiedene Verbände aus einer sportsoziologischen Perspektive beraten.

Nach 15-jähriger echter Funktionärstätigkeit ist es mir heute möglich, mich selbst im Spiegel des Klischees vom Sportfunktionär zu beobachten. Ich kann auf vielfältige Erfahrungen im Umgang mit anderen Sportfunktionären verweisen, und im Sinne einer teilnehmenden Beobachtung kann ich als Sportwissenschaftler Sachverhalte interpretieren, die in Verbindung mit dem Sportfunktionär beachtet werden sollten. Das massenmediale Bild, das von den Funktionären gezeichnet wird, betrifft vor allem jene Funktionäre, die sich an der Spitze der Funktionärspyramide befinden. Das Bild resultiert aus einem Spannungsverhältnis zwischen diesen Funktionären und den Journalisten der Massenmedien. Nirgendwo kann dies deutlicher gezeigt werden als in der Süddeutschen Zeitung, die über ihre Sportredakteure ein Freund-Feind-Verhältnis zu Funktionären aufgebaut hat, das seinesgleichen sucht.

Die Basis der Funktionärspyramide bilden allerdings die vielen ehrenamtlichen Funktionäre, die im wahrsten Sinne des Wortes nur um der „Ehre" willen sich in ihrer Freizeit um die Belange des Sports kümmern, die Jugendlichen betreuen, Mannschaften trainieren, Schatzmeister eines Vereins sind oder die Pressearbeit eines Verbandes erledigen. Sie sind nicht Teil der massenmedialen Öffentlichkeit. Ihr tägliches Arbeiten ist deshalb auch nicht für die Medien resonanzfähig. Sie bieten nur selten Skandale, sie sind so alltäglich wie der Alltag selbst. Deswegen lassen sie sich auch kaum dem Gebot der massenmedialen Skandalisierung unterwerfen.

Betrachten wir dagegen die Spitze der Pyramide und damit die nationalen und internationalen Funktionäre, so müssen wir erkennen, dass dabei nur wenige Funktionäre es schaffen, Gegenstand der Berichterstattung zu werden. Es handelt sich um Namen wie Samaranch, Rogge, Blatter, Bach, Zwanziger und Acosta. Die Liste der Personen könnte gewiss fortgeführt werden. Doch allein diese Liste macht bereits deutlich, dass es sich um eine sehr schillernde Auswahl von nationalen und internationalen Spitzenfunktionären handelt, die wohl kaum über einen Kamm geschert werden kann. Eines ist dabei jedoch zu erkennen: Hat man als internationaler Spitzenfunktionär mit seinem Handeln erreicht, dass man auf der internationalen Bühne der Massenmedien agieren kann, so ist eine Stereotypisierung des Funktionärs nahezu zwangsläufig. Geradezu gebetsmühlenhaft wird z.B. deshalb Samaranch mit der Etikette der spanischen Militärdiktatur versehen, Blatter wird als gewieftes Schlitzohr stilisiert, das zu jedem bösen Trick in der Lage ist, Bach ist der Knecht der deutschen Wirtschaft und verfolgt demnach vorrangig in seiner Funktionärsrolle Eigeninteressen und Rogge ist der Aufrichtige, der jedoch überfordert ist. Diese Stilisierungen kursieren unter Journalisten im Sinne von wiederholbaren Schablonen, wortgleich finden sie sich in den Berichten verschiedener Zeitungen am selben Erscheinungstag. Klischees haben die Eigenschaft, dass sie ohne jegliche Recherche innerhalb der Journalisten ausgetauscht und verwendet werden.

Betrachten wir die Berichterstattung über Thomas Bach noch etwas genauer, so müssen wir erkennen, dass die gesamte Journalistenschaft ihm eine verdeckte Strategie unterstellt, die nur eines zum Ziel hat, nämlich in wenigen Jahren IOC-Präsident zu sein. Die Frage, ob es im Interesse Deutschlands sein könnte, dass Bach zum IOC-Präsident gewählt wird, wird dabei so gut wie gar nicht gestellt. Auch die Frage, ob es legitim ist, dass Funktionäre Ehrgeiz haben, dass sie aufsteigen möchten, um zu beweisen, zu welchen Leistungen sie in der Lage sind, wird ausschließlich negativ diskutiert.

Das Problem zwischen den Massenmedien und den Spitzenfunktionären des Sports ist jedoch nicht ursächlich von den Medien selbst erzeugt. Die Sportfunktionäre selbst haben dieses Verhältnis in vieler Hinsicht mitbedingt. Zum einen ist ihre Kommunikationspolitik längst selektiv, Journalisten werden ausgewählt bevorzugt, andere ausgeblendet. Die Tendenz zur Zensur ist allenthalben in einigen internationalen Sportorganisationen zu beobachten. Zum anderen sind es die Umgangsformen der Funktionäre untereinander, aber auch die Frage der Rekrutierung des Spitzenpersonals im internationalen Sport, die diese vorurteilsbefangene Berichterstattung ausgelöst haben. Wie jedes Klischee hat auch das Klischee vom Sportfunktionär einen sachlichen Hintergrund. Die Frage, wer sich wie in internationalen Organisationen des Sports durchsetzen kann, ist keineswegs so einfach zu beantworten, dass man sich dabei auf demokratische Wahlen berufen könnte. Die internationale Funktionärswelt des Sports kann nur mit wenigen Ausnahmen darauf verweisen, dass die Frage der Besetzung von Positionen, die der Sport zu vergeben hat, mit der notwendigen Professionalität einher geht, die man für die zu erledigenden Aufgaben in diesen Positionen erwarten müsste. Fachliche, personale und soziale Kompetenz sind leider in vielen Sportorganisationen Fremdwörter. Häufig genügt sprachliche Kompetenz, d. h. Rhetorik, um sich zu profilieren. Dabei gibt es keinen gesicherten Zusammenhang zwischen der Fähigkeit, eine Fremdsprache zu sprechen und der Intelligenz, die man für die sportpolitische Arbeit voraussetzen müsste. Noch weniger hängt Intelligenz mit sportlichen Erfolgen zusammen. Ob jemand schnell gelaufen, besonders hoch gesprungen oder äußerst schnell schwimmen konnte, dies alles hat nur wenig oder gar nichts damit zu tun, ob jemand auch als Sportfunktionär über die notwendigen Fähigkeiten verfügt, die man für dieses Amt erwarten müsste.

Es kommt nicht von ungefähr, dass sich in den wichtigsten Gremien des internationalen Sports jene durchgesetzt haben, die neben einer sportlichen Sozialisation auch eine umfassende berufliche Qualifikation aufweisen können. Juristen spielen dabei eine besondere Rolle. Neben solchen Funktionären, die sich durch eine sehr fundierte fachliche Qualifikation auszeichnen, gibt es aber leider viel zu viele, die ihre exponierten Rollen in den Weltsportorganisationen in selbstdarstellerischer Arroganz ausüben. Unter den Weltpräsidenten gibt es welche, die zur Großmannsucht neigen, andere sind selbstherrliches Mittelmaß. Von solchen Merkmalen bleiben auch deutsche Repräsentanten leider nicht verschont. Sie planen in ihrem Übereifer die Wahl zum IOC-Mitglied. Die Gefahr, dass dabei Selbstzweifel aufkommen könnten, scheint nicht zu bestehen. Das teilweise sehr irritierende Profil, das uns die Sportfunktionäre von sich selbst offerieren, ist jedoch nicht als ein spezifisches Profil zu bezeichnen. Es findet sich bei den Repräsentanten der nationalen und internationalen Politik in gleicher Weise wie bei den Repräsentanten der nationalen und internationalen Wirtschaft. Es handelt sich viel mehr um das Profil von jenen, die aus der Sicht des kleinen Mannes als „Die da Oben" bezeichnet werden. Mit Blick auf seine Funktionäre ist der Sport also genauso wie die Gesellschaft. Sein Spitzenpersonal hat sich von der Basis genauso weit entfernt, wie dies in der Politik und in der Wirtschaft zu beobachten ist. Für die Verantwortlichen des Sports darf dies jedoch nicht missverstanden werden. Der Sport ist anders als die Politik, die Wirtschaft oder die Massenmedien. Er stellt ein kulturelles Gut unserer Gesellschaft dar, dessen Werte nicht zuletzt unter pädagogischen Gesichtspunkten nicht hoch genug veranschlagt werden können. Gesundheit und Wohlbefinden, Spaß und Freude, Leistung und Wetteifer, Zuversicht und Solidarität, Integration und Toleranz und allen voran Fair Play sind die Worte, die auf die Werte und Wirkweise des Sports hindeuten. Wenn die Elite jener, die den Sport zu verantworten haben, sich im Widerspruch zu dieser besonderen Qualität des Sports öffentlich zur Darstellung bringen, so ist die Gefahr, die damit verknüpft ist, offensichtlich.

(2008)

Sport und Wissenschaft – zwischen Schuld und Unschuld

Ganzheitliche Bildung – Schulsport zwischen Anspruch und Wirklichkeit

Die Frage nach der zukünftigen Bildung und Erziehung unserer Kinder und Jugendlichen ist in diesen Tagen allgegenwärtig. In Parlamenten, in Ministerien, in den Massenmedien und vor allem in den Schulen und Universitäten werden dabei über Inhalte, Methoden, Möglichkeiten und Grenzen schulischer Bildung und Erziehung Argumente ausgetauscht, Meinungen offenbart und Forderungen erhoben. Polemisch und sachkundig, naiv und durchdacht, verständnisvoll und arrogant, blauäugig und ängstlich erweisen sich dabei so manche dieser Debattanten.
Auffällig häufig wird dabei der Begriff der „ganzheitlichen Bildung und Erziehung" verwendet. Mit diesem Begriff weist man auf eine Vorstellung von Bildung und Erziehung hin, die offensichtlich den höchsten Konsens erzielen kann. Ganzheitlichkeit scheint ein Qualitätsmerkmal zu sein, dem niemand widerspricht und mit Hilfe dessen spätestens seit der Aufklärung die anmaßenden Erziehungshandlungen der Erwachsenen gegenüber den Kindern und jugendlichen Zöglingen beurteilt werden sollten. Mit dem Ganzen meint man dabei zumeist Teile, die zusammengefügt das Besondere von Bildung und Erziehung ausmachen. Leib, Geist und Seele, Körper und Geist, Kopf, Herz und Hand, so und ähnlich heißen die Teile, die miteinander zu verbinden sind, will man dem Postulat der Ganzheitlichkeit entsprechen.
Die pädagogische Vorstellung von Ganzheitlichkeit wurde in den vergangenen zwei Jahrhunderten auf vielfältige Weise fundiert. Rousseau hat in gewisser Weise den Anfang gemacht, die Philanthropen haben Möglichkeiten aufgezeigt, auch das deutsche Turnen hat einen wichtigen Beitrag in diese Debatte eingebracht. Die Theoretiker der Gymnastik, des englischen Sports und der deutschen Spielbewegung und vor allem die Reformpädagogen mit ihrer Landschulheimbewegung und mit der Konzeption des natürlichen Turnens haben Wege und Möglichkeiten eröffnet, wie man dem Postulat der Ganzheitlichkeit entsprechen könnte.
Doch ein Postulat ist die eine Seite, die erzieherische Praxis die andere. Betrachtet man die Geschichte der Schulen in den vergangenen zwei Jahrhunderten, so muss man erkennen, dass das Prinzip der Ganzheitlichkeit in der schulischen Praxis eher einem „Fetisch" gleichkommt. Es ist Teil einer legitimatorischen Rhetorik, niemand widerspricht dem Postulat, doch gleichzeitig wird nahezu täglich dagegen verstoßen.
Wer stimmt nicht der Forderung zu, dass Kinder möglichst täglich eine Sportstunde haben sollten? Wer teilt nicht die Empörung, wenn durch Untersuchungen öffentlich wird, dass ein Großteil der Kinder Haltungsschäden aufweist, in Bezug auf ihre Ausdauer kaum belastbar sind und Grundformen des Werfens, Springens und Laufens als Überforderung empfinden? Wer teilt nicht die Auffassung, dass zu einem modernen Schulleben ein vielfältiges Sportangebot gehört, dass zu einer schulischen Identität auch die sportlichen Erfolge ihrer Schüler und ihrer Schulmannschaften zählen? Wer würde es nicht begrüßen, wenn in den Schulen unseres Landes an einer „Wall of Fame" die besten sportlichen Leistungen der Schüler dieser Schulen verewigt würden?
Die schulische Realität zeigt sich uns leider auf eine andere Weise. So, wie früher die Leibesübungen eine Nebensache im öffentlichen Schulwesen gewesen sind, so ist es heute der

Sportunterricht. Manche Bundesländer sind nicht einmal in der Lage, die dritte Sportstunde zu sichern. In anderen ist dies wohl der Fall, doch die unterrichtliche Realität, d. h. die tatsächlich abgehaltenen Stunden sprechen eine andere Sprache. Der Unterricht selbst wird weder von den Lehrern noch von den Schülern, noch von den Eltern und leider auch viel zu oft von den Schulleitungen als so bedeutsam erachtet, wie dies für andere Unterrichtsfächer der Fall ist. Die pädagogische Reflexion erfolgt, wenn überhaupt, nur im Fachkollegium der Sportlehrer statt. Qualitätskontrollen zum Sportunterricht werden selten oder gar nicht durchgeführt und nirgendwo kann man den Stellenwert des Sportunterrichts genauer beobachten als bei einem Elternabend eines Gymnasiums. Sport bedarf dort fast so gut wie nie einer inhaltlichen Begründung oder einer kritischen Reflexion. Angesichts solch fragwürdiger Einordnung des Fachs in unseren Schulen kann es deshalb wohl auch kaum verwundern, dass an nicht wenigen Orten in Deutschland die Annahme noch verbreitet ist, man könne in der Grundschule dieses Fach auch fachfremd unterrichten.

„Sport in der Schule", das könnte ohne Zweifel ein bedeutsames Bildungs- und Erziehungsthema sein. Die Lehrpläne geben uns bei aller angebrachten Kritik einen durchaus interessanten und verantwortbaren Rahmen vor. „Sport in der Schule", das könnte einen interessanten Sportunterricht meinen und das könnten von Kindern und Jugendlichen gewünschte und teilweise von ihnen selbst organisierte Bewegungs-, Spiel- und Sportangebote außerhalb des Unterrichts sein. „Sport in der Schule", das könnte systematisches Lehren und Lernen ausgewählter Bewegungs-, Spiel- und Sportmuster sein. Das könnte aber auch der selbstinitiierte, von Schülertutoren betreute Sportnachmittag und die mit sportlichen Inhalten gefüllte Hohlstunde sein. Und gewiss sollte und könnte es auch die Zusammenarbeit mit dem außerschulischen Sport der Vereine sein. Das Rad muss dabei keineswegs neu erfunden werden. Es gibt genügend Grundlagen und Modelle, wie man eine interessante Lehre von Bewegung, Spiel und Sport initiieren kann.

Auch die Idee der Schülermentoren wurde längst entwickelt und eingeführt. Für eine wünschenswerte Kooperation mit außerschulischen Institutionen – allen voran mit den Sportvereinen – wurde längst der Weg bereitet. Die Rahmenbedingungen sind offensichtlich vorhanden, um der kognitiven Bildung die notwendige und wünschenswerte emotionale, soziale und vor allem auch körperliche Bildung hinzuzufügen, um sich dadurch die einmaligen erzieherischen und bildnerischen Möglichkeiten des Spiels, des Sports und ausgewählter Bewegungsaktivitäten zu Nutze zu machen.

Es ist ein Glück, dass man eine ganze Reihe von Schulen beobachten kann, in denen man dem Postulat der ganzheitlichen Erziehung im schulischen Alltag nahekommt. Ein lerntheoretisch begründeter, auf didaktisch begründete Ziele ausgerichteter Schulsport prägt dabei die Arbeit der Sportlehrer, die Schüler fühlen sich eingebunden, die Eltern und die Schulleitung tun ein übriges, dass der Sport das Schulleben dieser Schulen prägt und dass über den Sportunterricht und den außerunterrichtlichen Sport eine Brücke gebaut wird zur Gemeinde, zur Welt der Erwachsenen, aber auch zu jenen Kindern und Jugendlichen, die nicht die eigene Schule besuchen. Solche Schulen zeigen, dass eine ganzheitliche Bildung und Erziehung sich nicht notwendigerweise in einer rhetorischen Legitimation verirren muss. Sie zeigen aber auch, dass es auf die Eltern, die Schüler, die Lehrer, die Schulleitung und die Schulverwaltung ankommt, ob Ganzheitlichkeit in den Schulen gelebt wird und ob die Vorgaben genutzt werden, die eine verantwortungsvolle Bildungspolitik bereitgestellt hat.

(2002)

Zum Verhältnis von Wissenschaft und Hochleistungssport

Wissenschaftler, die sich mit Fragen des Sports beschäftigen, haben in diesen Tagen Konjunktur. Ihr Einfluss ist größer denn je. Die Beratungsleistungen, die Wissenschaftler in den nationalen Systemen des Sports erbringen, werden bedeutsamer. Wissenschaftliche Dienstleistungen werden vermehrt nachgefragt und in der öffentlichen Meinung werden sportliche Leistungen immer öfter auf Beratungsleistungen von Wissenschaftlern zurückgeführt. Ganz bestimmten Institutionen der Wissenschaft kommt dabei ebenfalls eine vermehrte Bedeutung zu. Dies gilt vor allem für zentrale, nationale sportwissenschaftliche Einrichtungen, die sich der direkten Beratung von Verbänden, Mannschaften und Athleten verpflichtet haben. Fast alle erfolgreichen Nationen im olympischen Leistungssport weisen solche zentralen Einrichtungen auf und in fast allen Schwellenländern wird auf die Einrichtung solch sportwissenschaftlicher Institutionen gesetzt, um auf diese Weise den Anschluss an die Weltspitze zu schaffen. Auch für Deutschland stellt sich die Frage, ob ein derartiges Institut des Hochleistungssports nicht zwingend erforderlich geworden ist, nachdem sich die föderalen Strukturen nur bedingt als zukunftsfähig erwiesen haben. Besonders eindrucksvoll konnte die neue Rolle der zentralen sportwissenschaftlichen Institute aus Anlass der Olympischen Spiele in Athen wahrgenommen werden. Der große Erfolg der japanischen Olympia-Mannschaft wurde direkt dem Japanischen Institut für Sportwissenschaft zugeschrieben, die Erfolge der chinesischen Athleten wurden ebenfalls mit den Beratungsleistungen chinesischer sportwissenschaftlicher Institute in Verbindung gebracht. Auch den schon seit längerem anhaltenden Erfolg Australiens im internationalen Hochleistungssport sieht man in einer direkten Verbindung mit dem „Australien Institute of Sport" in Canberra.
Betrachtet man den Sport in seinem Verhältnis zur Sportwissenschaft als Institution und zur Sportwissenschaft als einem Gefüge von Sportwissenschaftlern etwas genauer, so ist jedoch zu erkennen, dass sich dieses Verhältnis durch äußerst heterogene Merkmale auszeichnet. Dabei macht es kaum Unterschiede, ob man über das Verhältnis des Hochleistungssports zur Sportwissenschaft spricht oder ob das Verhältnis des Breiten- und Gesundheitssports in seiner Beziehung zur Sportwissenschaft betrachtet wird.
Setzt man sich mit dem Hochleistungssport und dessen Beziehungen zur Sportwissenschaft auseinander und geht dabei der Frage etwas genauer nach, wie sich uns dieses Verhältnis in diesen Tagen darstellt und wie es sich, sollte es Probleme in dieser wechselseitigen Beziehung geben, in der Zukunft optimieren lassen könnte, so ist auffällig, dass die Sportwissenschaft lediglich in der fragwürdigen Form sportwissenschaftlicher Technologien zum Tragen kommt, wenn sie sich dem Spitzensport zuwendet – und wenn sie umgekehrt von den Verantwortlichen des Spitzensports angefragt wird. Sportwissenschaft hat dabei instrumentellen Charakter und die Instrumente, die sie bereitstellt, sollen einen direkten Beitrag zur Leistungssteigerung leisten. Dass diese Art von Partnerschaft für beide Seiten eher unbefriedigend ist und dass sie darüber hinaus eine grundlegende Gefährdung für beide Partner darstellen kann, wird angesichts der ohne Zweifel aufzuweisenden Erfolge in der Regel großzügig übersehen. Ja, es scheint vielmehr so zu sein, dass die damit verbundenen Fragen deshalb nicht diskutiert werden können,

weil es sowohl im Sport als auch in der Sportwissenschaft an der notwendigen Sensibilität für eine entsprechende fachliche Diskussion mangelt. Dabei ist das Problem offensichtlich: Wird das sportwissenschaftliche Handeln auf das einer Technologie verkürzt und sind es externe Technologien, die ganz wesentlich den sportlichen Erfolg definieren, so siegt im sportlichen Wettkampf nicht mehr der Athlet allein, sondern immer der Athlet in Verbindung zu der ihm offerierten Erfolgstechnologie. Beim Radsport steht nicht nur der Athlet auf dem Siegerpodest, sondern der Ingenieur, der sein Rad konstruiert hat. Der Rodler ist nicht der alleinige Olympiasieger, ebenfalls zu ehren ist der Materialwissenschaftler, der die Kufen zu verantworten hat. Damit wird nicht nur die individuelle Leistung des Athleten in Frage gestellt, es wird vor allem auch das Fundament des Hochleistungssports verletzt, das sich über das Prinzip des Fair Play definiert. Dies wiederum ist auf das Engste an die Maxime der Chancengerechtigkeit gebunden. Genau diese wurde jedoch längst über Bord geworfen, seit man zulässt, dass Technologen in geheimwissenschaftlicher Mission Sportausrüstungen entwickeln, die den Konkurrenten vorenthalten werden, um auf diese Weise die Wettkämpfe entscheidend zu beeinflussen. Angesichts dieser Art von technologischer Beziehung zwischen Sportwissenschaft und Leistungssport kann es kaum überraschen, dass dabei nur ganz wenige wissenschaftliche Teildisziplinen der Sportwissenschaft angefragt werden und genau jene wiederum auch am direktesten in die Organisation des Sports eingebunden sind. Kommt es zu einer professionellen Beziehung, beschäftigen Sportorganisationen gar Sportwissenschaftler, so sind es in der Regel nur solche, die diesen Teildisziplinen verpflichtet sind. Die größte Bedeutung hat dabei die Sportmedizin, ihr folgt die Biomechanik, gefragt sind auch die Trainingswissenschaften, eine eher nachgeordnete Rolle spielt die Sportpsychologie. Disziplinen wie die Sportsoziologie, die Sportpädagogik, die Sportökonomie und die Philosophie des Sports spielen dabei gar keine oder nur eine sehr bescheidene Rolle am Rande der großen Bühne des Hochleistungssports. Sportwissenschaft wird somit dann rezipiert, wenn sie direkte Hilfestellungen anbieten kann, wenn ihre Rückmeldungen in relativ kurzfristiger Weise zu einer Anwendung führen können. Beispielhaft kann dies über die Biomechanik aufgezeigt werden. Athleten und Trainer, die auf die Dienste der Biomechanik hoffen, erwarten, dass Messungen im Training und im Wettkampf durchgeführt werden, dass dabei Flugkurven, Kraftverhältnisse, Anlaufgeschwindigkeiten, Kraft und Schnelligkeit in einer systematischen Weise erfasst und diese möglichst innerhalb weniger als einer halben Woche als relevante Daten für den Trainingsprozess an den Athleten und den Trainer rückgemeldet werden. An weiterführenden systematischen Ausführungen sind Athleten und Trainer nicht interessiert. Theoretische Fragen, die möglicherweise den Biomechaniker in diesem Zusammenhang selbst beschäftigen, können die Praxis nicht interessieren. Fühlen sich Athlet und Trainer selbst als Objekt in Versuchsreihen ausgenutzt, so stellen sie die Intervention der Sportwissenschaft sehr schnell in Frage.

Die Praxis, das wird an diesem Beispiel deutlich, ist offensichtlich nur an der halben Wissenschaft interessiert. So, wie der Biomechaniker über seine Leistungsdiagnostik direkt in die Praxis eingebunden werden sollte, so wird dies auch vom Sportmediziner, vom Trainingsexperten und vom praktizierenden Psychologen erwartet.

Aus der Sicht des Hochleistungssports ist diese Haltung nahe liegend und in vieler Hinsicht auch verständlich. Für den Hochleistungssport muss Wissenschaft instrumentellen Charakter haben. Man benutzt sie wie die anderen Instrumente, die zur Erbringung sportlicher Höchstleistungen im modernen Hochleistungssport erforderlich geworden sind. Kurzfristig scheint solch eine Haltung auch sinnvoll zu sein. Mittel- und langfristig wirft sie jedoch Fragen auf. Bei einer derart verkürzten Konzeption sportwissenschaftlicher Kooperation können die Probleme und Fehlentwicklungen kaum noch überraschen, die insbesondere durch solche Athleten hervorgerufen werden, für die ganz offensichtlich jedes Mittel angemessen ist, wenn damit der Sieg über den Gegner gesichert werden kann. Mit der Manipulation mittels pharmakologischer Substanzen wird nicht nur die Leistung des mündigen Athleten in Frage gestellt, auch die Arbeit und das Können eines Trainers wird damit in grundlegender Weise geschändet. Die problematischsten Rollen spielen dabei jedoch wissenschaftlich ausgebildete Experten, die mittels ihrer im Umfeld des Athleten erstellten Expertise die Grundlage für den kriminellen Betrug im Hochleistungssport schaffen. Biochemiker, Pharmakologen und Mediziner führen dabei ihre eigenen ethisch-moralischen Prinzipien ad absurdum, werden Teil eines kriminellen ökonomischen Kalküls und machen die Wissenschaft zur Hure der sportlichen Höchstleistung. Wissenschaft prostituiert sich dabei selbst. Dies tut sie meist für gutes Geld und sie zeigt dabei auf besonders drastische Weise, was aus ihr werden kann, wenn die wissenschaftliche Arbeit zu einer Technologie ohne Moral verkommt.

Das, was Wissenschaft als Beratungsleistungen erbringen kann, wird durch die heute in der Sportpraxis übliche und meist unreflektiert vorgenommene Reduktion auf die instrumentelle Seite ganz wesentlich verkürzt und eingeschränkt. Die eigentliche Qualität von wissenschaftlichen Beratungsleistungen – gerade auch unter instrumentellen Gesichtspunkten – kann damit aber nur bedingt jenen Ansprüchen genügen, durch die sich wissenschaftliche Beratung auszuzeichnen vermag. Erstarrt Wissenschaft zur Technologie, so hat sie überwiegend affirmative Bedeutung. Der Wissenschaftler handelt als Rädchen im Getriebe nach vorgegebenen Schemata und sein Handeln hat es dabei eigentlich nicht mehr verdient, mit dem Attribut „wissenschaftlich" ausgezeichnet zu werden. Der selbstreflexive Prozess, durch den sich der Wissenschaftler auszeichnen sollte, findet nur noch am Rande statt. Ein notwendiger Prozess der Theorieentwicklung ist nicht zu erkennen und der Austausch zwischen Anwendungsorientierung und grundlagentheoretischer Distanz kann keine Früchte tragen. Dabei bedarf die aktuelle und zukünftige Entwicklung des Hochleistungssports genau dieser besonderen qualitativen Begleitung. Die Fragen, die sich innerhalb des Hochleistungssports stellen, türmen sich und deren Beantwortung wird immer schwieriger. Es kann nicht überraschen, dass immer mehr die Frage nach der Psyche gestellt ist, wenn der menschliche Körper an die Grenze seiner Leistungsfähigkeiten gelangt. Es wird auch immer intensiver die Antwort auf die Frage nach dem geeigneten Organisationssystem sucht, wenn die Umweltbedingungen, in denen sich der Athlet mit seiner sportlichen Leistung befindet, immer komplexer und weniger durchschaubar werden. Dies alles gipfelt in der Frage nach den Möglichkeiten des humanen Leistens, wenn dieses Leisten an dem für den Hochleistungssport typischen Code „Sieg-Niederlage" ausgerichtet ist.

Bei der Suche nach geeigneten Antworten in Bezug auf diese alles entscheidende Frage über die Zukunft des Hochleistungssports lässt die Sportwissenschaft von heute den Hochleistungssport immer häufiger im Stich. Sportwissenschaft wird wohl an nahezu allen Universitäten in Deutschland gelehrt und geforscht. Der Gegenstand wissenschaftlicher Forschung und Lehre wird dabei nahezu willkürlich vervielfältigt und an Allgemeinheit kann die Sportwissenschaft kaum noch übertroffen werden. Die Institutionen, in denen die Wissenschaftler arbeiten, führen auch meist noch den Begriff des Sports in ihrem Namen, was nicht zuletzt darauf zurückzuführen ist, dass die institutionelle Entwicklung der Sportwissenschaft in Deutschland dem organisierten Sport zu verdanken ist. Der Sport selbst kommt jedoch, zumindest bei einigen Wissenschaftlern dieser Institute, sowohl in der Lehre als auch in der Forschung nur noch am Rande vor. Von der menschlichen Bewegung, vom Körper, von der Motorik, von der Gesundheit ist dabei die Rede und Sportwissenschaftler sehen sich eher als Bewegungs-, Gesundheits- und Körperwissenschaftler. Der institutionelle Sport und dabei vor allem der Hochleistungssport wird jedoch allenfalls aus einer kritischen Distanz beobachtet, ohne dass man dabei erkennen könnte, dass das Phänomen des Hochleistungssports den Sportwissenschaftlern auch nur annähernd vertraut ist. Der Hochleistungssport ist an den Ausbildungs- und Forschungseinrichtungen in Deutschland zu einem Fremdkörper geworden. Die wenigen, meist technologisch ausgerichteten Wissenschaftler beschäftigen sich als Außenseiter mit den Fragen des Hochleistungssports und aus der Sicht nicht weniger Sportwissenschaftler sind jene suspekt, die sich in einer engen Beziehung zu den Sportverbänden befinden. Bei all diesen Standortbestimmungen ist viel Heuchelei im Spiel. Neid und Missgunst sind dabei ebenso zu beobachten wie eine Bequemlichkeit, die nicht selten mit unwissender Ignoranz gepaart ist. Dabei könnte die Sportwissenschaft in vielerlei Hinsicht, sowohl als Institution als auch in Form von Lehr- und Forschungsleistungen einzelner Persönlichkeiten, eine wegweisende Hilfe für die Zukunft des Hochleistungssports in Deutschland sein. Die Problemstellungen des Hochleistungssports haben stellvertretende Relevanz für unsere Gesellschaft. Das wissenschaftliche Handeln in diesen Problemfeldern ist eine interessante Herausforderung für Forscher und Forschungseinrichtungen, die an den handelnden Menschen im Hochleistungssport interessiert sind und die mit ihrer Arbeit einen Beitrag zu einer humanen Weiterentwicklung des Sports in unserer Gesellschaft leisten möchten.

(2005)

Das Doping-Problem und die Verantwortung der Wissenschaft

Doping- und Medikamenten-Missbrauch hängen eng zusammen und beide haben eine lange Geschichte. Doping findet in den regelgeleiteten Sportarten des Hochleistungssports statt und ist als ein Verstoß gegen die in den jeweiligen Sportarten weltweit geltenden und kodifizierten Regeln zu definieren. Medikamenten-Missbrauch zeichnet sich dadurch aus, dass Medikamente nicht zu dem Zweck benutzt werden, wie er von jenen Pharmakologen vorgesehen wurde, die diese Medikamente entwickelt haben, nämlich zur Heilung von Krankheiten.

Medikamenten-Missbrauch findet sich in vielen Lebensbereichen, vorrangig jedoch bei der Arbeit und in der Freizeit. Mittels des Gebrauchs von Medikamenten versuchen Menschen ihren Körper zu formen. Sie versuchen einem Schönheitsideal zu folgen, das möglicherweise nur dadurch erreicht werden kann, wenn man sich missbräuchlich verschiedener Medikamente bedient. Künstler und Wissenschaftler können sich durch Medikamente zu künstlerischen und wissenschaftlichen Höchstleistungen stimulieren. Medikamente machen es möglich, dass wir unsere Arbeitskraft bis zur Erschöpfung ausnützen können. Mit Medikamenten kann die Regenerierungszeit nach anstrengenden Belastungen verkürzt werden. Auch Konzentration, Kreativität und Wahrnehmungsfähigkeit lassen sich mittels Medikamenten verbessern. Dies ist in unserer Gesellschaft üblich, weil es nicht verboten ist. Ja, der Gesetzgeber lässt es sogar zu, dass Menschen sich selbst zerstören: Selbstmordversuche sind nicht strafbar.

Der Doping-Betrug ist hingegen eine besondere Form des Medikamenten-Missbrauchs. Er bezieht sich nur auf das System des Leistungs- und Hochleistungssports und er ist an die Tatsache gebunden, dass in diesem System schriftlich fixierte Regeln herrschen, die auf einer Vereinbarung der Beteiligten beruhen. Doping-Betrug ist somit eine Betrugsform, die nur im System des Hochleistungssports anzutreffen ist, weil auch nur dieses System sich über schriftliche Festlegungen auf das Prinzip des Fair Play festgelegt und die Befolgung der Regeln zur Maxime des sportlichen Handelns erhoben hat. Zu diesen Regeln gehört das Verbot der Leistungsmanipulation durch Medikamente und andere unerlaubte Hilfsmittel.

Unterscheidet sich somit der Doping-Betrug vom Medikamenten-Missbrauch über die kodifizierten Regeln, so haben doch beide gesellschaftlichen Phänomene eine Gemeinsamkeit aufzuweisen. Ermöglicht, verstärkt und verursacht werden sie – insbesondere im 20. und 21. Jahrhundert – ganz wesentlich durch das Handlungssystem der Wissenschaft. Dabei spielten die Pharmakologie, die Chemie und die Medizin eine entscheidende Rolle. In ihnen werden die Substanzen, die dem Missbrauch zugrunde liegen, erforscht, entwickelt und anwendungsreif gemacht, zwar zu einem anderen Zweck, aber eben auch zum Doping-Betrug verwendbar.

Betrachten wir die Entwicklung der Wissenschaften in den vergangenen Jahrhunderten und beobachten wir dabei die Entwicklung der Naturwissenschaften etwas genauer, so können wir erkennen, dass es im 20. Jahrhundert zu einem „Take-off" der Naturwissenschaften, insbesondere der Biologie, der Chemie, der Physik und der Medizin gekommen ist. Wenn wir daher von Medikamenten reden, so sind Pharmakologie und Medizin zunehmend von besonderer Bedeutung. Ihr Einfluss auf die Gesellschaft wächst und mit dem Wachstum dieser Wissenschaften kommt es zu einem Wachstum ihrer Industrien, der pharmazeutischen Industrie und der Medizin-Industrie. Deren Erfolge können gewiss immer auch als Erfolge unseres Gesundheitssystems bilanziert werden: Neu entwickelte Medikamente ermöglichen die Heilung von Krankheiten, die zuvor als unheilbar gegolten haben. Mittels Medikamenten lassen sich viele Krankheiten präventiv abwenden. Medikamente mildern Beschwerden, die zuvor als unerträglich wahrgenommen wurden.

Doch der Erfolg der medizinischen und pharmazeutischen Industrie hat auch andere Seiten. Mit dem Wachstum und dem Erfolg wächst der Medikamenten-Missbrauch. In der Welt des Sports ist in der Tat zu erkennen, dass Umfang und Formen des Doping-Betrugs in direkter Beziehung zu den Fortschritten der medizinischen und pharmazeutischen Industrie stehen.

Betrachten wir das Problem des Doping-Betrugs im Hochleistungssport, so ist festzustellen, dass dieses Problem auf das Engste mit den naturwissenschaftlichen Disziplinen der Medizin und Pharmakologie verknüpft ist. Man könnte sogar behaupten, dass es ein modernes Doping-Problem, so wie es heute den Hochleistungssport belastet, ohne diese Disziplinen nicht geben würde. Natürlich sind es nicht alle Mediziner und Pharmakologen, die als Verursacher oder Mitverursacher des größten Problems zu gelten haben, das der Hochleistungssport hat und das ihn zutiefst in seinem Ansehen und seiner Glaubwürdigkeit beschädigt. Doch auch sie tragen eine Mitverantwortung für den Betrug im Hochleistungssport.

Mittlerweile stellt sich das Doping-Problem für die Organisationen des Sports als eine nahezu ausweglose tödliche Falle dar. Der Hochleistungssport ist längst zum „Skandalon" geworden. Nahezu täglich wird in den Massenmedien über einzelne Fälle des Doping-Betrugs berichtet. Immer häufiger verdächtigen sich Athleten gegenseitig. Fast sämtliche sportlichen Höchstleistungen werden unter Verdacht gestellt. Neuen Rekorden begegnen Experten und Zuschauer gleichermaßen mit Misstrauen. Funktionäre der Sportverbände werden immer öfter der Lächerlichkeit preisgegeben, wenn sie so unverständlich handeln, wie dies bei vielen Delikten der Fall ist. Sportärzte werden als Dealer überführt. Pharmakologen entwickeln Substanzen, mit denen Athleten ihre Leistung steigern können, ohne dass sie bei Doping-Kontrollen positiv getestet werden können. Immer mehr Staaten verabschieden gesetzliche Regelungen zur Bekämpfung des Doping-Betrugs, die sich jedoch meist als wirkungslos erweisen. Moralische Rhetorik hat Konjunktur.

Das Problem des Doping-Betrugs erweist sich dabei jedoch als äußerst komplex. Es ist in seiner Reichweite nicht definierbar, sein Ausmaß kann nur erahnt werden. Verlässliche Lösungen sind bis heute nicht in Sicht. Es ist nahe liegend, dass angesichts dieser Situation die Frage gestellt werden muss, welchen Beitrag jenes System zur Lösung dieses gravierenden gesellschaftlichen Problems erbringt, das sich in differenzierten Gesellschaften durch einen besonderen Auftrag auszeichnet. Zu fragen ist, welche Erkenntnisse, welches Wissen, welche Verfahren und im weitesten Sinne welche Problemlösungen das System der Wissenschaft zur Lösung des Doping-Problems derzeit anbietet, anbieten könnte und möglichst anbieten sollte. Aus nahe liegenden Gründen ist diese Frage vor allem an drei Wissenschaften zu richten. Zunächst muss die Pharmakologie und die Medizin gefragt werden, welchen Beitrag sie zur Lösung dieses komplexen Problems beisteuern. Es muss diese Frage aber auch an die Sportwissenschaft gerichtet werden; denn sie ist jene Wissenschaft, die sich dezidiert auf das System des Sports ausgerichtet hat bzw. ausgerichtet sein sollte und deshalb mit Blick auf die erwünschten Problemlösungen in diesem Zusammenhang gefordert sein muss; bloße Erklärungen reichen dazu nicht aus.

Es ist nicht das Ziel dieses Beitrags, die Forschungsleistungen der Biochemie, der Pharmakologie und der Medizin in Bezug auf das Doping-Problem einer kritischen Würdigung zu unterziehen. Es soll jedoch darauf hingewiesen werden, dass eine universitäre Erforschung des Doping-Problems durch die entsprechenden Institute medizinischer Fakultäten so gut wie nicht existiert. Aber auch die pharmazeutische Industrie mit ihren Forschungseinrichtungen und mit den dort tätigen Forschungsexperten hat sich an einer Erforschung des Problems bislang gar nicht oder nur in Ausnahmefällen beteiligt. Die Erforschung des Problems liegt somit fast ausschließlich in den Händen jener Experten, die in den vom IOC akkreditierten Labors als Biochemiker oder Pharmakologen arbeiten. Dabei sind durchaus beachtenswerte Ergebnisse erzielt worden. Dies gilt insbesondere für die Nachweismöglichkeiten von verbotenen Substanzen. Ein wesentlicher Beitrag zur grundlegenden Lösung des Problems ist jedoch von den Naturwissenschaften bisher nicht erbracht worden. Nach wie vor befinden sich vielmehr sowohl die Medizin als auch die Pharmakologie in dem Dilemma, dass es Mitglieder der eigenen „scientific community" sind, die den Doping-Betrug durch ethisch nicht fundiertes wissenschaftliches Handeln begünstigen und sich die Standesorganisationen dieser Wissenschaften als unfähig oder unwillig erwiesen haben, dieses Problem ernst zu nehmen und zu einer Lösung beizutragen.

Kaum erfreulicher muss uns die Bilanz erscheinen, wenn man nach dem Beitrag der Sportwissenschaft zur Lösung des Doping-Problems fragt. Die Sportwissenschaft hat sich wohl in ihrer organisierten Form mit zwei Erklärungen zum Doping-Problem zu Wort gemeldet; die sind jedoch in ihrer Allgemeinheit und Folgenlosigkeit kaum zu übertreffen. Ansonsten kann die Sportwissenschaft als Organisation und Institution in ihrer nunmehr nahezu 40-jährigen institutionellen Geschichte so gut wie keinen Beitrag aufweisen, den man als bedeutsam im Kampf gegen Doping bezeichnen müsste. Dies könnte als beklagenswert angesehen werden. Angesichts der Entwicklung der Sportwissenschaft ist dies jedoch nicht überraschend. Die Sportwissenschaft hat sich nämlich entgegen einer gut gemeinten Absicht ihrer Gründungsväter zu einer losen Sammlung von wissenschaftlichen Einzeldisziplinen entwickelt, deren Kommunikation untereinander nur sehr begrenzt stattfindet, und vermutlich wird dies auch zukünftig kaum anders sein. Will man die Frage, welchen Beitrag die Sportwissenschaft zur Lösung des Doping-Problems erbracht hat, genauer beantworten, so hat man deshalb auch die einzelnen Teildisziplinen zu überprüfen. Tut man dies, so muss man jedoch feststellen, dass die Bilanz nur unwesentlich positiver ist.

Die Bewegungswissenschaft und Biomechanik melden Fehlanzeige. Von der Sportpsychologie gibt es lediglich erste Skizzen, die darauf hinweisen, dass das Problem auch als psychisches Problem ein beachtliches Ausmaß angenommen hat. Die Pädagogik und Erziehungswissenschaft hat das Feld der Prävention noch nicht einmal in Anfängen betreten. Betrachtet man dabei die Institute für Sportwissenschaft der deutschen Universitäten, die ja doch in ihrem Zentrum einer sportpädagogischen Ausbildung verpflichtet sind, so wird das Thema in der Lehre nur am Rande und in der Forschung so gut wie gar nicht bearbeitet. In soziologischen Studien wurden Systemzwänge des Hochleistungssports offen gelegt, die der Hochleistungssport über seine Systemlogik aufgebaut hat. Sportökonomen übertragen theoretische Modelle, die sie in anderen Ökonomiefeldern angewandt haben, auf das Phänomen des Doping-Betrugs und versuchen damit Alternativen zum Kontrollsystem und zur Bestrafung anzubieten. Die philosophisch-ethische Diskussion wird von ethisch-theoretischen und philosophischen Beiträgen geprägt, die von einer Bagatellisierung des Problems bis zur entschiedenen moralischen Verurteilung reichen. Alle diese Beiträge erfolgen punktuell, sind abhängig von einzelnen Forschern, die sich aus Interesse dem Thema zuwenden, die jedoch genauso schnell zu ihren traditionellen Forschungsschwerpunkten zurückkehren. Auf diese Weise bleibt sowohl für den einzelnen Forscher als auch für die jeweilige Disziplin das Doping-Problem ein Randthema, das nicht systematisch bearbeitet wird.

Bilanziert man die mehr als 30-jährige sportwissenschaftliche Forschung im Hinblick auf das Doping-Problem, so kann man deshalb zu keinem anderen Ergebnis kommen, als dass die Sportwissenschaft über erste Ansätze der Problembeschreibung und -analyse bislang nicht hinausgekommen ist. Ein interdisziplinäres Vorgehen ist nicht zu erkennen, und so kann es kaum überraschen, dass in Bezug auf die dringend geforderten Problemlösungen der Beitrag der Sportwissenschaft als gering oder gar als nichtig zu bezeichnen ist. Über einige Zeitschriften, Handbuch- und Lexikonartikel ist die Sportwissenschaft in Bezug auf dieses Problem nicht hinausgekommen. Intelligente, originelle und vor allem praxisrelevante Lösungen sind bis heute nicht in Sicht.

Dabei stellt sich das Problem des Doping-Betrugs als eine Herausforderung dar, wie sie für die Sportwissenschaft kaum interessanter sein könnte. Der Staat, gemeinsam mit den Sportorganisationen, optimiert derzeit ein Kontrollsystem, wohl wissend, dass selbst das perfekteste Kontrollsystem von Betrügern unterlaufen werden kann. In den Labors bemüht man sich um Nachweismethoden. Hierzu werden enorme Forschungsmittel aufgewendet. Dabei kann man jedoch davon ausgehen, dass immer dann, wenn eine neue Methode entwickelt wurde, zwischenzeitlich neue Substanzen erfunden wurden, die mit dieser Methode nicht nachgewiesen werden können. In der ethischen Diskussion verlässt man sich auf medizinische Begründungen in Bezug auf die Gesundheit und das Wohlbefinden der Athleten, obwohl man wissen müsste, dass das Gesundheitsargument weder den modernen Sport legitimieren kann noch ein realistischer Maßstab für das Handeln von Athleten ist. Beim Verbot von leistungssteigernden Substanzen beruft man sich auf das Fair Play-Gebot, obwohl klar ist, dass durch den Einsatz und durch die Nutzung anderer Technologien ständig gegen das Fair Play-Prinzip verstoßen wird. Der Hochleistungssport als Materialschlacht und als ingenieursmanipulierte Technologieschau ist längst Realität geworden. Aus ethischen und medizinischen Erwägungen heraus wird „Substitution" als akzeptabel erwogen, obwohl die Grenzen zwischen Substitution und Manipulation systematisch nicht zu ziehen sind.

Hinzu kommt: Welche Strafen können bei Doping-Betrug z. B. als gerecht bezeichnet werden, wenn sich die Akteure des Betrugs sozial-strukturell und unter wirtschaftlichen Gesichtspunkten erheblich unterscheiden? Welche Abschreckungsmaßnahmen sind notwendig, wenn der Betrug sich in ganz unterschiedlicher Weise als lohnend erweist? Welche organisatorischen und institutionellen Vorkehrungen sind erforderlich, will man den Kampf gegen Doping globaler führen? Diese Art von Fragen könnte nahezu endlos fortgeführt werden. Doch bereits in ihrer begrenzten Darstellung verdeutlichen sie das Ausmaß des Problems.

Betrachtet man das Doping-Problem in seiner gesamten Komplexität, so lässt sich also erkennen, dass sich ethische, juristische, organisatorische, ökonomische, pädagogische, psychologische und soziologische Fragen geradezu auftürmen. Es gibt wohl kaum ein Problem, in dem es so offensichtlich ist wie beim Doping-Problem, dass verkürzte einzelwissenschaftliche Zugänge zur Problemlösung wohl eine notwendige Bedingung sein können; sie sind jedoch immer nur ein erster Anfang, will man das Problem auch nur annähernd in den Griff bekommen. Im Kampf gegen das Doping-Problem ist der „gordische Knoten" zu durchschlagen. Will hierzu die Wissenschaft einen Beitrag leisten, so kann dies nur in einem gemeinsamen Bemühen, in einer koordinierten Aktion, im Forschungsverbund und über herausragende Denkleistungen der Besten der jeweiligen Disziplinen geschehen. Kreativität und höchste Intelligenz sind notwendig, möchte man einen Schritt vorankommen.

Die aktuelle Situation ist vom Gegenteil geprägt: Redundante Wiederholung der immer gleichen Experimente, längst bekannte Aussagen und Erkenntnisse werden kopiert, ohne ihre Quellen zu nennen, Geschwätz, moralische Appelle und Ehrenerklärungen dokumentieren ein Bild von Hilflosigkeit, das kaum übertroffen werden kann. In Deutschland entstehen Eliteuniversitäten, Excellenzcluster und Graduiertenschulen werden gebildet. Doch niemand scheint bereit zu sein, dem größten Massenphänomen in unserer Gesellschaft, dem Hochleistungssport jene wissenschaftliche Referenz zu erweisen, die er dringend benötigt. Ohne eine umfassende wissenschaftliche Hilfe bleibt der olympische Hochleistungssport auf sich allein gestellt und es besteht die Gefahr, dass er den schon seit längerer Zeit beobachtbaren Weg seiner Selbstzerstörung weiter beschreitet.

(2007)

Sportorganisationen auf dem Prüfstand

Der Sport im Paragraphendschungel

„Längst ist der Sport auf die Juristen gekommen": Mit diesem Satz beginnt ein ansonsten sehr bemerkenswerter und sachkundiger Beitrag in der FAZ zum Doping aus verfassungsrechtlicher Sicht. Autor ist Professor Steiner, Ordinarius für öffentliches Recht und Richter am Bundesverfassungsgericht. Dieser Einschätzung von Herrn Steiner kann man auch widersprechen: Nicht der Sport ist auf die Juristen gekommen, sondern die Juristen auf den Sport. Sie sind schon seit längerer Zeit dabei, das System des Sports schleichend zu vereinnahmen. Das Recht und dessen institutionelle und personelle Vertretungen weisen quasi-imperialistische Züge auf. Das Recht ist jene gesellschaftliche Institution, die immer entschiedener andere gesellschaftliche Bereiche dominiert. Auf einen Nenner gebracht heißt dies: Es findet in unserer Gesellschaft ein Verrechtlichungsprozess statt, der weder planvoll gesteuert noch von rational nachvollziehbaren Intentionen geleitet wird.

Aus soziologischer Sicht hat die hier aufgestellte Behauptung kaum etwas Spektakuläres an sich. Betrachten wir den sozialen Wandel unserer Gesellschaft, insbesondere in den vergangenen 50 Jahren, so können wir einen kontinuierlichen Modernisierungsprozess beobachten, dessen Ende derzeit nicht absehbar ist. Das besondere Merkmal dieses Prozesses kann über das Konzept der funktionalen Ausdifferenzierung erläutert werden. Nach ihm ist davon auszugehen, dass sich Industriegesellschaften im Vergleich zu ihren Vorgängerinnen durch höhere Komplexität auszeichnen. Was einst zusammengehörte, musste im Interesse der Optimierung durch funktionale Ausdifferenzierung getrennt werden. Aus der Arbeit des Bauern wurde Fließbandarbeit, Wohnen und Arbeiten wurde ebenso getrennt wie Freizeit und Arbeit. Aus einfachem Recht wurde komplexes Recht, aus einfacher Politik wurde Spezialistenpolitik. Die Reihe der Beispiele könnte fortgeführt werden. Systeme neigen zu Teilsystembildungen und hat sich einmal ein eigenständiger Auftrag für ein System herausgebildet, so ist die Etablierung eines neuen Systems gelungen.

Aus soziologischer Sicht wurde der Modernisierungsprozess daher vor allem durch einige Antriebskräfte vorangetrieben, deren Wirkung sich als bedeutsame Veränderungsphänomene identifizieren lassen.

Ein erstes derartiges Phänomen kann in der Individualisierung gesehen werden. Dieses lässt sich vor allem dadurch kennzeichnen, dass die Individuen zunehmend ihre Schicksale selbst in die Hand nehmen und entsprechende Entscheidungen treffen müssen. Die Institutionen können dafür zunehmend weniger Sicherheitsgarantien bereitstellen. Es kommt dabei zu einer sukzessiven Erosion traditioneller Lebensgemeinschaften und zu einer Infragestellung von traditionellen, handlungsleitenden Mustern und kulturellen Normen. Tradiertes Wissen und Glaubensprinzipien wurden in Frage gestellt. Neuartige soziale Einbindungsformen in Reaktion auf die Auflösungstendenzen sind die Folgen.

Zum Zweiten ist eine immer intensivere Hinwendung zur Rationalität zu beobachten. Rationalität im Sinne einer Modernisierung von Gesellschaft zeigt sich vorrangig darin, dass die Handlungsgrundlagen des Subjekts sich von wertrationalen Entscheidungsstrukturen entfernen und sich zu zweckrationalen Entscheidungen hinwenden. Die Gesinnungsethik und Wertüberzeugungen werden nach und nach von funktionalistischen Effektivitätserwägungen abgelöst. Input-Output-Kalkulationen treten an die Stelle von Prinzipientreue und Wertorientierung.

Drittens ist eine vermehrte Ökonomisierung und Kommerzialisierung zu beachten, deren Reichweite und Einfluss wohl kaum noch unterschätzt werden darf. Im Zuge der Aufwertung der Zweckrationalität kommt es zu einem Ausbau der Vormachtstellung wirtschaftlicher Rationalität. Individualisierung und Zweckrationalität verschmelzen sich zu einem utilaristischen Individualismus, der eine persönliche Nutzen- und Vorteilsmaximierung als oberstes Gebot festlegt. Kosten-Nutzen-Kalküle werden zur Orientierungsbasis in nahezu allen Lebensbereichen. Immer mehr Bereiche des Alltagslebens werden durchkapitalisiert und vermarktet. Zunehmend betroffen sind dabei vor allem die Bereiche der Privatheit der Bürger und die Kinder- und Jugendzeit. Das Ausnutzen von Privilegien und damit der Auszug aus der Solidargemeinschaft wird zum gängigen Merkmal mancher Alltagspraxis.

Viertens ist ein Prozess der Mediatisierung hervorzuheben, der sich vor allem über eine Informationsüberflutung des menschlichen Lebens, ein beschleunigtes Wachstum der informationstechnischen Industrie, eine Symbiosenbildung von traditionellen und neuen Medien sowie globale Reichweiten durch neue Übertragungswege beobachten lässt. Ferner definieren Medien immer entschiedener, was relevant in unserer Gesellschaft ist und was nicht.

Schließlich ist jener Prozess zu beobachten, über das hier berichtet werden soll: das Phänomen der Verrechtlichung. Ein besonderes Kennzeichen der Moderne ist eine zunehmende Verrechtlichung der Hierarchie- und Gewaltsverhältnisse zwischen den gesellschaftlichen Mitgliedern. Es kommt zur Ausweitung des Rechtssystems. Die Verrechtlichung erreicht alle Lebensbereiche, insbesondere die privaten, sozialen und kulturellen Sektoren der Gesellschaft.

Merkmale der Verrechtlichung des Sports
Das Phänomen der Verrechtlichung hängt eng mit den skizzierten übrigen Phänomenen der Modernisierung zusammen, ist teilweise durch diese verursacht, wirkt aber auch auf diese zurück. Was den Sport betrifft, so findet eine Verrechtlichung schleichend, jedoch umso kontinuierlicher statt. Betrachtet man den Wandel des Systems des Sports über einen längeren Zeitraum hinweg, so können die entscheidenden Veränderungen, die durch die Verrechtlichung hervorgerufen worden sind etwas genauer beobachtet werden. Die Verrechtlichung zeigt sich dabei auf verschiedenen Gebieten: Da ist zunächst eine Verrechtlichung des Personals zu beobachten. War über lange Jahre die Parteibuchzugehörigkeit eine fragwürdige Eintrittsklausel für Führungsämter des Sports, so ist man heute ständig auf der Suche, Führungskräfte mit juristischer Kompetenz zu gewinnen. Auf ehrenamtlicher Seite zeigt sich dies in den Mitgliedschaften der Präsidien der Sportverbände, die sich immer häufiger durch ein juristisches Examen auszeichnen, auf hauptamtlicher Seite sind immer mehr Sportverbände genötigt, sich Rechtskompetenz einzukaufen. Entweder wird die Stelle des Justitiars geschaffen oder man bedient sich der anwaltlichen Hilfe.

Mit der Verrechtlichung des Personals geht eine Verrechtlichung der Kommunikation einher. Analysiert man die Tagesordnungen und die Sitzungsverläufe der Spitzenverbände, so kann man erkennen, dass viele Debatten sich durch juristische Qualitäten auszeichnen. Die präsidialen Laienmitglieder sind dabei kontinuierlich dem Fachjargon juristischer Experten ausgeliefert, ohne dass sie in der Lage wären, diese Debatte in ihrer inhaltlichen Qualität angemessen beurteilen zu können.

Nicht zu übersehen ist auch eine Verrechtlichung der Haushalte, d. h. der Finanzen. Dies wird schon zwangsläufig durch das neue juristische Personal bedingt, das Kosten erzeugt und das wie alles neue Personal darauf aus ist, sich selbst zu rechtfertigen und zu legitimieren und allein aufgrund dieser Tatsache zu einem kontinuierlichen Kostenfaktor wird. Bedeutsamer sind jedoch die wachsenden Kosten für juristische Verfahren, die in den Haushalten oft gar nicht vorgesehen waren. Sie können zu einem Nachtragshaushalt und zu Haushaltskürzungen in anderen Bereichen führen. Längst ist es deshalb üblich geworden, dass in einer verantwortungsvollen Haushaltsplanung ausreichende Kosten für mögliche Rechtsverfahren eingeplant werden.

Die Verrechtlichung zeigt sich auch in einer Ausweitung der Inhalte und Themen, die innerhalb der Sportrechtsdebatte selbst anstehen. Waren es in den 50er Jahren noch vorrangig Fragen, die den Wettkampf in den Sportverbänden betroffen haben und dabei wiederum fast ausschließlich Fragen des Vereinswechsels, so können heute immer mehr Fragen des Straf- und Zivilrechts und des internationalen Rechts zu sportrechtlichen Fragen werden.

Die Verrechtlichung des Sports zeigt sich ferner in der Professionalisierung und Spezialisierung der juristischen Debatten über den Sport, wie sie in Fachzeitschriften, in Monographien und sonstigen Publikationen zum Ausdruck kommen. Juristische Beiträge zum und über den Sport haben Hochkonjunktur. Die Zahl der Dissertationen und Habilitationen, die sich mit Fragen des Sportrechts beschäftigen, wächst ständig und die öffentliche Berichterstattung über Sportrechtsfragen nimmt mittlerweile einen beträchtlichen Raum in der Presse, teilweise auch im Hörfunk und im Fernsehen ein.

Schließlich ist auch im Zuge des Verrechtlichungsprozesses des Sports eine institutionelle Vermehrung zu erkennen. In regelmäßigen Abständen finden Symposien zu Sportrechtsfragen statt, Arbeitskreise zum Sportrecht bilden sich, Juristen geben sich ähnlich wie Mediziner die Zusatzbezeichnung Sportjurist und an Universitäten wird die Frage diskutiert, ob es eigene Bachelor- und Master-Studiengänge zu Fragen des Sportrechts geben soll. In den Organisationen des Sports sind die Resultate des Verrechtlichungsprozesses allenthalben zu beobachten: Vertrag zwischen Verband und Athlet, Vertrag zwischen Verband und Trainer, Vertrag zwischen Sponsoren und Verband, zwischen Fernsehsendern und Verband etc. Nominierungsrichtlinien, Regeln des Startrechts, Kaderaufnahmekriterien, Managerlizenzierungsverfahren und schließlich ein Doping-Kontroll- und Ahndungssystem sind die weiteren Inhalte der Verrechtlichung. Sie alle resultieren aus regelungsbedürftigen Problemen und erzeugen neue Probleme durch ihre Regelung.

Der Prozess der Ausdifferenzierung, wie er auf diese Weise sichtbar gemacht werden kann, scheint unter funktionalen Gesichtspunkten unaufhaltsam zu sein. Im Zuge einer fortschreitenden Modernisierung unserer Gesellschaft scheint der Verrechtlichungsprozess nahe liegend.

Der Begriff der Verrechtlichung dürfte überwiegend negativ besetzt sein. Gleichwohl ist keineswegs ausgemacht, dass ein Verrechtlichungsprozess einer Gesellschaft notwendigerweise zu deren Nachteil geraten muss. So wie der fortschreitende Prozess der Individualisierung für die Menschen vielfältige Chancen eröffnet, so ist ein Prozess der Verrechtlichung immer auch als ein chancenreicher Prozess zu denken, als ein Prozess, in dem sich für die demokratische Kommunikation der Bürger neue Möglichkeiten eröffnen. Die eigentliche Frage, die sich dabei stellt, ist jene, ob der derzeit stattfindende Verrechtlichungsprozess diese demokratischen Kommunikationsmöglichkeiten eröffnet, ob sich die Beteiligten der aktuellen Rechtsdebatten an den Maximen eines demokratischen Diskurses orientieren oder ob die stattfindenden Debatten durch Macht und Ohnmacht, durch asymmetrische Kommunikation und durch außerrechtliche Interessen geprägt sind. Aus soziologischer Sicht wäre bei einer Beurteilung dieses Prozesses neutrale Distanz angebracht. Es gibt noch kein abschließendes Urteil darüber, inwieweit der Verrechtlichungsprozess in unserer Gesellschaft, der mittlerweile in allen Lebensbereichen zu beobachten ist, möglicherweise positiver zu deuten ist, als dies dessen Kritiker wahrhaben wollen.

Problematische Folgen
Die Beobachtungen zur Verrechtlichung des Sports könnten noch fortgeführt werden. Juristen haben also mit vielfältigen Ideen und Vorschlägen das System des Sports beeinflusst. Diese Ideen lassen aber keine Koordination erkennen. Dieser „Ideenwettbewerb", der in den vergangenen Jahren stattgefunden hat, führte nicht zu einer geschlossenen juristischen Konzeption, sondern er ist geprägt von Versuch und Irrtum. Die Verbände sind dabei auf Gedeih und Verderb auf die Ideengeber in ihren Reihen angewiesen, die juristische Kompetenz beanspruchen. Und es ist nahe liegend, dass diese Ideengeber oft widersprüchliche Auffassungen vertreten. Einige Ideen setzen sich durch, andere werden abgelehnt. Die durchgesetzten Ideen verändern jedoch das System des Sports.
Die Verrechtlichung des Sports, so wie sie sich schon seit längerer Zeit ereignet, wird nicht vom monopolisierten Recht des Staats getragen. Vielmehr kommt ein dezentralisiertes und mikrologisiertes Recht zum Tragen und es wird dabei eine Vielzahl neuer Formen gebildet. Man könnte deshalb von einem Prozess der Tribunalisierung des Sports bzw. Advokatisierung der Rechtskultur sprechen, die den Sport erheblich tangiert. Das Recht tritt in diesem Verrechtlichungsprozess als der große Bruder auf, der vorgibt, seinen kleinen Schwestern, der Moral, der Ethik oder dem politischen Denken, an die Hand zu gehen. Er tritt dabei auf mit der Autorität der Justiz, die sich diese historisch erworben hat. Auffällig ist dabei, dass bei der derzeit stattfindenden Rechtsexplosion der Staat sich zurückzieht aus seiner vornehmsten Aufgabe, Recht zu setzen. In der aktuellen Doping-Debatte wird dies z. B. dadurch deutlich, dass sich das Justizministerium bis heute an der Debatte nicht beteiligt hat.
Mit den juristischen Interessen, die in den Sport hineingetragen werden, kamen und kommen allerdings auch erhebliche Eigeninteressen zum Tragen. Der Sport wird dabei zum juristischen Profilierungsfeld, aber er wurde auch zu einer ökonomischen Einnahmequelle für Juristen – so wie er auch für andere Beteiligten zum Big Business wurde. Neue juristische Strukturen wurden oft nicht um der Sache willen hinzugefügt, sondern weil es den Eigeninteressen nützt. Und

manche dieser Strukturen können auch deshalb nicht mehr beseitigt werden, weil jene, die sie beseitigen müssten, sich selbst beseitigen würden.

Gewiss gibt es auch diskursive Erörterungen zu Fragen des Sportrechts, die im wahrsten Sinne des Wortes das Qualitätsmerkmal „diskursiv" verdienen. Doch manches Beispiel aus der Sportpraxis macht deutlich, dass der juristische Dialog viel zu häufig durch Macht- und Eigeninteressen einiger Beteiligter gefährdet ist. Diese Beispiele zeigen vor allem auch, dass eine Laienorganisation mit Blick auf juristische Fragen, so wie sie die Organisation des Sports aufwirft, in hohem Maße gefährlichen Interventionen ausgeliefert ist, die die Beteiligten in ihrer Wirkung und Reichweite nicht beurteilen können. Nicht zuletzt deshalb ist es angebracht, die Frage nach der juristischen Verantwortung unserer Gesellschaft gegenüber dem System des Sports öffentlich zu stellen. Der hier aufgezeigte Verrechtlichungsprozess gefährdet für den Bereich des Sports dessen eigene Regelkompetenz. Die sportlichen Regeln haben gerade wegen ihres nichtgesetzlichen Charakters eine unvergleichliche autonome Stellung erreichen können. Heute werden die sportlichen Regeln zunehmend vom Gesetzesrecht überformt. Sie verlieren ihre spezifische Differenz gegenüber den Gesetzen und gleichen sich ihnen immer mehr an. Auf diese Weise beherrscht das Recht immer weitere Domänen im Bereich des Sports.

Das eigentliche Problem und damit auch die eigentliche Gefahr ist darin zu sehen, dass auf diese Weise jenes, für das der Sport zuständig ist, zunehmend an den Rand gedrängt wird. Das Proprium des Sports ist jedoch seine eigenständige Sportmoral und es wäre wünschenswert, wenn der systematische Unterschied zwischen Recht und Moral in angemessener Weise berücksichtigt wird. Dabei muss begriffen werden, dass der Sport für die Moral und nicht für das Recht zuständig ist. Das Recht sollte einen Rahmen geben sowie Möglichkeiten und Grenzen markieren. Doch letztendlich sollte das Recht selbst der Moral unterstehen.

Ausblick

Sucht man Abhilfe, so stellen sich uns in erster Linie standesethische Fragen. Diese Fragen hängen wiederum mit der Frage nach der juristischen Kompetenz zusammen. Die Zuwendung von Juristen zum System des Sports findet in der Regel höchst zufällig statt. Vielen Juristen ist das komplexe Phänomen des Sports nicht vertraut. Der Sachverhalt der Versportlichung unserer Gesellschaft, so wie er in den vergangenen Jahrzehnten zu beobachten war, wurde vom Ausbildungssystem der Juristen so gut wie nicht erfasst und die eher zufällige Beschäftigung mit Fragen des Sports kann sich allein deshalb nur durch semiprofessionelle Qualität auszeichnen. Moralische Defizite lassen sich weder durch Appelle noch durch Weiterbildungsmaßnahmen ausgleichen. Die Übernahme einer ethisch fundierten, individuellen Verantwortung kann wohl kaum durch Belehrung oder durch bloße Wissensvermittlung erreicht werden. Kurzfristige Verbesserungen sind deshalb höchst unwahrscheinlich.

Umso wichtiger ist es jedoch, dass man mittel- und langfristig die Weichen in die richtige Richtung stellt. Dazu gehört, dass die Frage der Verrechtlichung des Sports selbst zu einer Vermittlungsfrage wird, dass Rechtsfragen des Sports sich sowohl in ihrer Beantwortung durch juristische als auch durch sportfachliche Kompetenz auszeichnen und dass für beides Aus- und Weiterbildungsmöglichkeiten offeriert werden. Hier kann Grundlegendes getan werden. Die Universitäten mit ihren juristischen Fakultäten müssen diesbezüglich ebenso in die Pflicht genommen werden wie die Justizministerien und jene Eliten, die für das System des Sports in unserer Gesellschaft verantwortlich zeichnen. Dazu gehören vorrangig die Sportorganisationen mit ihren Führungsgremien selbst. Doch sind auch die verantwortlichen Sportpolitiker ebenso wie die Repräsentanten der deutschen Wirtschaft und der deutschen Massenmedien in diese Pflichtaufgabe einzubinden. Kommt es zu einer gemeinsamen Bearbeitung der Rechtsfragen des Sports, so ist der Prozess der Verrechtlichung des Systems des Sports nicht notwendigerweise eine Gefahr. Er könnte im Gegenteil zu einer Chance für die positive Zukunftsentwicklung des Sports – aber auch des Rechts – werden.

(2001)

Das Nationale Olympische Komitee für Deutschland bedarf dringend einer Reform

In diesen Tagen kann man beobachten, dass mangels einer verantwortungsvollen Führung das „Kulturgut Sport" in unserer Gesellschaft Schaden nimmt. Gäbe es nicht viele junge Athleten und engagierte Trainer, die mit ihren sportlichen Erfolgen auf wirkungsvolle Weise die deutsche Gesellschaft bei Olympischen Spielen, bei Weltmeisterschaften und Europameisterschaften repräsentieren, so müsste man den Zustand, in dem sich die Dachorganisationen des deutschen Sports derzeit befinden, als ärgerlich bezeichnen. Angesichts der großen Leistungen, die die deutschen Sportorganisationen in der letzten Hälfte des vergangenen Jahrhunderts für unsere Gesellschaft erbracht haben, ruft dies verständlicherweise öffentliche Kritik hervor und es muss deshalb die Frage gestellt werden, wie es zu solch einer Situation hat kommen können.

Die Ursache für diese missliche Situation ist nicht zuletzt in einem Führungskonflikt zwischen dem Nationalen Olympischen Komitee für Deutschland und dem Deutschen Sportbund zu sehen. Sie hängt deshalb auch mit Persönlichkeiten zusammen, die im letzten Jahrzehnt den deutschen Sport nach innen und nach außen repräsentiert haben. Betrachtet man dabei die beiden Dachorganisationen DSB und NOK in Bezug auf ihre Erfolge und Leistungen, die sie in den vergangenen zehn Jahren gegenüber der Gesellschaft aufzuweisen haben, so ergibt sich leider für beide Organisationen nahezu eine Fehlbilanz: Weder konnten zwingend notwendige Reformen auf den Weg gebracht noch konnten erfolgreich neue Projekte in die Gesellschaft hineingetragen werden. Unter gesellschafts-, kultur-, aber auch unter wissenschaftspolitischen Gesichtspunkten haben beide Organisationen kaum mehr eine Rolle gespielt und sie sind in Bezug auf ihre eigenen Strukturen und Institutionen teilweise sogar gefährdet. Das gilt für das Deutsche Olympische Institut des NOK gleichermaßen wie für die Akademien des DSB. Der Deutsche Sportbund wird von einem Präsidium geführt, das sich durchaus durch politisches Selbstbewusstsein auszeichnet, das sich sportpolitische Ziele vorgenommen hat, jedoch wenig von dem vorgenommenen aufgrund misslicher Strukturen in seiner eigenen Organisation hat erreichen können. Personalkonflikte, Rücknahme von Projekten, Aufgabe von Strukturen im Bereich des Marketing, dies sind Indizien, die darauf hinweisen, dass im Deutschen Sportbund eine Reform der Hauptamtlichkeit dringender denn je ist, dass aber auch die ehrenamtlichen Führungsgremien einer Evaluation bedürfen und dass der Deutsche Sportbund gut beraten wäre, wenn er Persönlichkeiten gewinnt, die mit neuen Ideen in ehrenamtlichen Funktionen den Sport in seiner Modernisierungsfähigkeit nach außen hin darstellen. Gerade in Bezug auf den DSB ist vor allem zu beklagen, dass die Kommunikation mit wichtigen Bereichen unserer Gesellschaft in den vergangenen Jahrzehnten nur bedingt gelungen ist. Die Vordenkerrolle ist dem DSB dabei abhanden gekommen, was auch in dem Abbau all jener wissenschaftlich gestützten Beratungsinstitutionen zu erkennen ist, die in den vergangenen Jahrzehnten den DSB als etwas Besonderes auszeichneten.

Nicht weniger problematisch ist die aktuelle Situation in der zweiten Dachorganisation des deutschen Sports, im NOK für Deutschland. Das NOK hat sich immer mehr zu einer Randorganisation in unserer Gesellschaft entwickelt. Ohne Visionen, ohne kreative Kommunikation und eher durch Retrospektiven gekennzeichnet, hat sich das NOK meist nur auf eine bürokratische Tätigkeit beschränkt, die sich im Wesentlichen auf die Steuerung der Teilnahme von Olympiamannschaften bei Olympischen Winter- und Sommerspielen beschränkte.

Eine einstmals durchaus als notwendig zu denkende Institution wie das Deutsche Olympische Institut wurde aufgrund einer Reihe von Fehlentscheidungen zum unbedeutenden Sitzungsort degradiert und personell und finanziell immer mehr in Frage gestellt. Die Willi-Daume-Stiftung wurde durch den DSB und NOK gleichermaßen bereits mit dem Tag ihrer Gründung sportpolitisch ins Abseits gestellt. Angesichts solcher Schwächen war es mehr als folgerichtig, dass die deutsche Wirtschaft vermehrt auf Distanz zum Nationalen Olympischen Komitee ging und deshalb die Rolle des NOK in Bezug auf dessen eigene Vermarktung als nachgeordnet bezeichnet werden muss. Es ist der Deutschen Sport Marketing GmbH zu verdanken, dass aus dieser misslichen Situation heute noch das Beste gemacht wird. Doch vergleicht man die Vermarktungserfolge der Olympischen Komitees vergleichbarer Sportnationen, so sieht man, auf welch bescheidenem Niveau sich das Nationale Olympische Komitee für Deutschland bewegt. Nicht weniger bescheiden ist der internationale Einfluss, der über das NOK ausgeübt wird. Gäbe es nicht das öffentlichkeitswirksame Engagement des deutschen IOC-Vizepräsidenten, so müsste fast von einer Degradierung Deutschlands die Rede sein. Das politische Handeln des NOK für Deutschland war viel zu oft durch Vertagen und Verdrängen der schwierigen Fragen geprägt, unbequeme Probleme wurden auf die lange Bank geschoben oder es wurde die Zuständigkeitsfrage gestellt. Deshalb ist es auch nicht überraschend, dass das NOK im Anti-Doping-Kampf in Deutschland nur eine nachgeordnete Rolle spielt. In Bezug auf die kulturelle Einordnung des olympischen Sports belässt man es bei einigen sportpädagogischen Maßnahmen, deren Wirkung jedoch kaum erkennbar ist.

Begleitet wird diese Politik von einer Diskussion hinter vorgehaltener Hand, dass es so eigentlich nicht weitergehen kann. Begegnen sich die beiden großen Institutionen des deutschen Sports, der DSB und das NOK, so sind die Kommunikationen von Ritualen geprägt, die man eher bei Hahnenkämpfen vermuten würde. Einerseits werden bissige Kommentare abgegeben und man versucht, die andere Seite bloßzustellen. Beide Seiten sind bereit, Sitzungen über entsprechende Koalitionen vorzubereiten. Andererseits bekundet zumindest die eine Seite öffentlich nach außen, dass man sich bestens versteht und dass selbstverständlich kein Konflikt zwischen den beiden Einrichtungen existiert. Es ist dabei eine besondere Meisterschaft in einer Kommunikationspolitik zu erkennen, die sich durch das Konzept „ein Schritt vor und zwei Schritte zurück" auszeichnet. Öffentliche Darstellungen werden als Missverständnisse gedeutet, immer sind es die Journalisten, die die Sache falsch darstellen und meist hat dies zur Folge, dass umständliche Briefe ausgetauscht werden, deren kommunikative Qualität eine eigene Sprache spricht. Der Repräsentant des DSB ist dabei in der Rolle des Angreifers, die Führung des NOK befindet sich hingegen in einem Zustand der Dauerverteidigung. Das Resultat dieser Art des Umgangs miteinander ist längst in der Starrheit beider Organisationen zu beobachten. Misstrauen prägt das tägliche Miteinander und hinter jeder Ecke wird ein Gegner vermutet.

Ökonomisch bewegen sich beide Institutionen angesichts solch lähmender Verhältnisse auf einem gefährlichen Pfad. Gäbe es nicht die engagierte Unterstützung durch den Staat, so hätten sich längst beide Institutionen selbst in Frage gestellt. Die Beziehungen zur Wirtschaft sind alles andere als erfolgreich zu bezeichnen, aber auch die Beziehungen zu wichtigen Bereichen unserer Gesellschaft, zu den Massenmedien, zur Arbeitswelt, zu den Kirchen, zum Wissenschafts-, Bildungs- und Erziehungssystem zeichnen sich schon längst nicht mehr durch einen besondere Qualität oder gar durch kreative Aktionen aus.

Gibt es einen Ausweg aus dieser erstarrten Situation? Worin könnten positive zukünftige Perspektiven für das Nationale Olympische Komitee, für den Deutschen Sportbund und damit für den deutschen Sport im weitesten Sinne liegen? Eine personelle Erneuerung, das ist mehr als deutlich zu erkennen, wird für jeden neuen Weg, den man zu gehen bereit ist, eine zwingend notwendige Bedingung sein. Wird die Kooperation zwischen DSB und NOK für vier weitere Jahre durch dasselbe Personal geprägt sein, so wird sich die derzeit zu beobachtenden Situation zur Eiseskälte weiterentwickeln und der Sport wird weiter Schaden nehmen, so wie ihm in den vergangenen Jahren und in diesen Tagen bereits Schaden zugefügt wurde. Ob die Erneuerung auch im DSB eine zwingende Notwendigkeit ist, haben die Delegierten des DSB-Bundestags zu entscheiden. Durch meine bisherige Verantwortung im Nationalen Olympischen Komitee kann sich mein Appell lediglich auf diese Organisation beziehen. Im NOK bedarf es einer programmatischen Erneuerung, es bedarf klarer Zielvorgaben, sowohl für die ehrenamtliche Führung als auch für die hauptamtliche Mitarbeit. Der deutsche Beitrag im Internationalen Olympischen Komitee bedarf einer inhaltlichen Präzisierung und die Organisation des NOK bedarf dringend einer Reform. Neue Mitgliedsstrukturen sind dabei ebenso zu diskutieren wie auch neue Mitgliedschaften gedacht werden sollten. Das Verhältnis zur Wirtschaft muss auf völlig neue Beine gestellt werden und die Arbeitsteilung mit dem Deutschen Sportbund bedarf einer Überprüfung. Bestimmte Themen dürfen dabei jedoch nicht zu Tabus erklärt werden, selbst eine Fusion beider Organisationen sollte nicht unter ein Denkverbot gestellt werden. Gesucht ist die beste Organisation im Interesse der Athleten, die bei Olympischen Spielen sich mit den Besten der Welt messen wollen. Gesucht ist aber auch eine Organisation, die gesellschaftspolitisch, sozialpolitisch und kulturell eine herausragende Rolle in unserer Gesellschaft einnimmt. Das, was über den olympischen Sport zum Ausdruck gebracht werden kann, kann kulturell durchaus höchste Anerkennung für sich in Anspruch nehmen. Will das NOK diesen Weg zur Erneuerung gehen, so sollten die Mitglieder, die darüber zu befinden haben, ihre Entscheidung von Kompetenzen und von Programmen abhängig machen. Sie sollten sich aber auch Persönlichkeiten wünschen, die das Unbequeme aussprechen, die die Probleme angehen und die bereit sind, auch Risiken einzugehen. Denn auf dem Weg, der neu zu gestalten ist, wird es sicher auch Rückschläge geben. Doch auch dazu muss den zukünftig für den Sport Verantwortlichen ein Mandat gegeben werden. Unverzichtbar wird es dabei sein, dass die Führungslast nicht auf eine Person allein ausgerichtet wird. Arbeitsteilige Strukturen sind dringend notwendig, das Ressortprinzip ist unersetzlich und eine effektive Kommunikation innerhalb einer neu zu schaffenden Exekutive muss auf Dauer gewährleistet sein.

Die Aufwertung der Hauptamtlichkeit, die oft nur Statistenfunktion in Sitzungen des NOK in der Vergangenheit einnehmen konnte, ist eine weitere notwendige Bedingung. Dies alles ist freilich nur dann möglich, wenn die Repräsentanten der Fachverbände in ihren Präsidien die olympische Politik begleiten, wenn die persönlichen Mitglieder und die weiteren Mitglieder in der NOK-Mitgliederversammlung sich auf der Grundlage eines kompetenten Urteils zu ihren Entscheidungen bekennen und wenn dabei Seilschaften und Klüngelkonstellationen tabuisiert sind. Nicht zuletzt die letzte Forderung lässt das Beschriebene als Utopie erscheinen. Sind die Mitglieder des NOK jedoch bereit, die Situation ihrer Organisation auf den Prüfstand stellen, so werden sie zumindest erkennen, dass die bevorstehende Wahl bei der NOK-Mitgliederversammlung in Nürnberg eine Chance darstellt und die Wahlen von wegweisender Bedeutung werden. Entscheidet man sich für das „weiter so", so entscheidet man sich für den lähmenden Führungskonflikt zwischen DSB und NOK, man entscheidet sich für die Starre innerhalb dieser Organisation. Entscheidet man sich für eine inhaltliche und personelle Erneuerung, so muss man sich auch des neuen Wegs bewusst sein, der zu gehen ist. Man sollte deshalb die Programme der beiden Kandidaten für das Präsidentenamt, aber auch die Absichten aller übrigen Kandidaten auf den Prüfstand stellen, die diese Neuerung möglich machen. In der Verantwortung für die Sache Sport, in der Verantwortung gegenüber den sporttreibenden Bürgern, in der Verantwortung gegenüber Athleten gibt es zu diesem Weg meines Erachtens keine Alternative.

(2002)

Der deutsche Sport nach Athen

Die Olympischen Spiele von Athen könnten sich für den deutschen Leistungssport als Zeitenwende erweisen. Nach Athen, so scheint es, ist alles anders geworden. Langjährige Tabus haben keine Gültigkeit mehr. Alte Beziehungsnetze tragen nur noch bedingt. Ein neues Personalkarussell scheint sich zu bewegen. Alte und neue Ideen werden auf dem Markt feilgeboten. Nach Athen, so scheint es, muss alles anders werden. Was ist geschehen? Die olympische Großmacht Deutschland wurde vom Sockel gestoßen, ohne dass man allerdings davon reden könnte, dass die deutsche Olympiamannschaft in Athen versagt hätte. Eher das Gegenteil ist der Fall. Mit wenigen Ausnahmen ist die Mannschaft vorbildlich aufgetreten. Sie hat viele Medaillen errungen und auch in den Endkämpfen haben sich Athleten hervorragend platziert. Das Abschneiden in einigen Sportarten war enttäuschend, in wenigen beschämend, insgesamt kann man mit den Erfolgen der deutschen Athleten aber durchaus zufrieden sein. Die Öffentlichkeit hat dennoch ganz andere Olympische Spiele erlebt. Sie waren beeinträchtigt von Doping-Enthüllungen. Das massenmediale Bild des deutschen Sports war geprägt von einer Erwartungshaltung, die zuvor mit einer uns Deutschen eigenen Dramatik aufgebaut wurde, die sich jedoch sehr schnell als brüchig erwies. Die Enttäuschungen standen deshalb im Mittelpunkt der Berichterstattung. Die Konflikte, die solche Enttäuschungen hervorrufen, wurden langatmig thematisiert und der Funktionärsstreit spielte dabei eine zentrale Rolle. Schon während der Spiele wurden Diskussionen geführt, wie sie eigentlich nur in Klausursitzungen erfolgen sollten. Manchem Funktionär lockten Mikrophone Stellungnahmen hervor, die dieser bereits unmittelbar danach bereut haben könnte. Unter sportlichen Gesichtspunkten ist dabei keineswegs Dramatisches passiert. China hat, wie dies schon längst in allen wissenschaftlichen Prognosen nachzulesen ist, jenen Rang eingenommen, der von dieser großen Nation zu erwarten war und China wird auch zukünftig den olympischen Sport beherrschen. Australien hat einmal mehr gezeigt, dass es die eigentliche Sportnation auf diesem Globus ist. Leistungssport als zentraler Ausdruck der australischen Kultur wird in diesem Land wie in keinem anderen gepflegt und gefördert. Die Wirtschaft ist dort bereit, den Hochleistungssport intensiv zu unterstützen, Gleiches gilt für das Bildungssystem. Die Erfolge werden deshalb auch in Zukunft nicht ausbleiben. Japan hat, ähnlich wie im Bereich der Wirtschaft, gezeigt, wie man mit Rückschlägen umzugehen, wie man sich neu zu justieren hat und welche Rolle dabei wissenschaftliche Beratung, Begleitung und Steuerung spielen kann. Auch diese Erfolge sind deshalb keine Überraschungen. Sie verweisen auf das komplexe System der sportlichen Höchstleistung, das heute professionell aufzubauen ist, will man im internationalen Hochleistungssport erfolgreich sein. Alle übrigen großen Sportnationen, die ja meist auch die großen Industrienationen sind, haben ihre „Ups" and „Downs" in der olympischen Entwicklung aufzuweisen. Auf Rückschläge wird reagiert, man ist bemüht, wieder Anschluss zu finden und dies gelingt in der Regel auch. Betrachten wir die Sportnationen Großbritannien, Frankreich und Italien, so sind dies tragfähige Beispiele für diese These.

Im Falle Deutschlands scheint die Sache jedoch etwas anders geartet zu sein. Deutschland ist während des Kalten Krieges und nicht zuletzt nach der Vereinigung zur stabilen sportlichen

Großnation aufgestiegen. Wie in kaum einem anderen Land der Welt wird der Hochleistungssport vom Staat intensiv finanziell unterstützt und er verweist auf Strukturen, die nahezu einmalig sind. Die Basis bilden mehr als 87.000 Sportvereine. Die Sportstätten sind nahezu vorbildlich. Es wurde ein komplexes Ausbildungswesen für Übungsleiter und Trainer aufgebaut und auch die Wettkampfstrukturen existieren in den meisten Sportarten nahezu ganzjährig, sodass genügend Trainings- und Wettkampfanreize für Athleten gegeben sind. Hinzu kommt, dass mittlerweile auch in Deutschland mit dem Leistungssport viel Geld zu verdienen ist, sodass der Hochleistungssport ein äußerst attraktives Konsumgut der deutschen Gesellschaft werden konnte. Der Erfolg und die Größe des deutschen Spitzensports können durchaus ihre guten Seiten aufweisen. Nicht weniger wahrscheinlich ist jedoch, dass daraus Selbstzufriedenheit, Überheblichkeit, ein Gefühl der Übersättigung und Bequemlichkeit folgen. Manche Anzeichen deuten darauf hin, dass der deutsche Sport in den vergangenen Jahren und in diesen Tagen von solch negativen Merkmalen geprägt wurde. Manche Sportart zeichnete sich in Athen durch Quantität und nicht durch Qualität aus. Das Auftreten einiger deutscher Gäste in Athen hatte eher imperialistische Züge, als dass das notwendige Maß an Bescheidenheit zum Ausdruck gebracht worden wäre, das in diesen Tagen angesichts der wirtschaftlichen Situation in Deutschland durchaus angebracht gewesen wäre. Zu viele deutsche Sportfunktionäre sehen Deutschland noch immer als etwas Besonderes, ohne zu erkennen, dass für viele andere Repräsentanten des Weltsports Deutschland ein Land unter vielen ist. Und in der Tat muss gefragt werden, warum ein NOK-Präsident aus Simbabwe Deutschland einen höheren Status zubilligen soll als Ägypten, Dänemark oder Kasachstan. Wer glaubt, dass deshalb, weil die deutsche Turn- und Sportbewegung einen besonderen Beitrag für die olympische Bewegung geleistet hat, das deutsche Turnen und die deutsche Leibeserziehung zum Modell vieler Länder werden konnte, Deutschland für immer und ewig von den kleinen Nationen dieser Welt geschätzt und gewürdigt werden soll, dem ist die Frage zu stellen, welche Würdigung von unserer Seite diesen Ländern entgegengebracht wird und warum es aus der Sicht einer jungen Nation angebracht sein könnte, Deutschland heute noch eine Sonderstellung zuzubilligen.

Deutschland ist mittlerweile in der Welt des Sports ein Land unter vielen geworden. Will Deutschland sich in dieser modernen Welt des Sports eine besondere Anerkennung erwerben, so wird dies nur über genau jene Tugenden zu erreichen sein, die man mit Deutschland in der Vergangenheit verbunden hat. Fleiß, Ordnung, Disziplin gehören hier ebenso dazu wie die saubere sportliche Höchstleistung, hervorgebracht durch kluges Training und durchdachte Wettkampfplanung, verantwortet von mündigen Athleten und Trainern.

Ein besonderes Problem des deutschen Spitzensports scheint deshalb dessen fatale Überhöhung, dessen problematische Selbstbewertung und die daraus resultierende Unfähigkeit zu sein, sich den Fakten zu stellen, aus gemachten Fehlern zu lernen und die notwendigen neuen Lösungen anzustreben. Dabei sind die Systemprobleme für jeden Mann und jede Frau offensichtlich. Das deutsche Leistungssportsystem leidet an bürokratischer Überfrachtung. Zu einer kontinuierlichen personellen Erneuerung ist es aus sich selbst heraus nur sehr bedingt in der Lage. Seine überwiegend männliche Führung ist meist viel zu lange im Amt und unter fachlichen

Gesichtspunkten sind erhebliche Kompetenzprobleme zu erkennen. Der Führungsverlust in den deutschen Sportorganisationen hat dazu geführt, dass zum ersten Mal in der Geschichte der Bundesrepublik von einem Sportminister gesprochen werden muss, der immer häufiger in die Belange des Sports eingreift und damit das Prinzip der Subsidiarität auf den Prüfstand stellt. Dass auch sein Auftreten mittlerweile dominante Züge annimmt, ist angesichts der Schwäche des Sports nahezu folgerichtig. Der Innenminister sieht sich als der größte Sponsor des Sports, wenngleich die Verwendung dieses Begriffes sich eigentlich von selbst verbieten müsste.

Die Dachorganisationen des Sports selbst zeichnen sich durch ein verwirrendes Personalgefüge aus. So sieht sich der Deutsche Sportbund für die Belange des Spitzensports zuständig, ohne dabei immer den Nachweis zu erbringen, dass er seine Aufgaben im Interesse der Athleten auch erfüllt. In seinem Präsidium sitzen Präsidenten der so genannten Spitzenverbände, die auch dem Präsidium des zweiten großen Steuerungsorgans, dem Präsidium des Nationalen Olympischen Komitees angehören. Und zu guter Letzt finden sich die nahezu selben Leute im Vorstand der Deutschen Sporthilfe wieder, dessen Vorsitzender ebenfalls für sich in Anspruch nimmt, eine Dachorganisation des deutschen Spitzensports zu führen. Die Dachorganisationen, die den Spitzensport in Deutschland verantworten, sind in ihrer Personalstruktur somit redundant.

Noch sehr viel mehr gilt dies für alle regionalen und kommunalen Strukturen. Einige Olympiastützpunkte zeichnen sich durch aufgeblähte Strukturen aus. Sie verweisen auf Erfolge von angeblich von ihnen betreuten Athleten. Es ist dabei jedoch nicht selten so, dass sich die Athleten dieser Betreuung nicht bewusst sind, manche sogar eine Betreuung durch die Olympiastützpunkte ablehnen. Betrachtet man dann noch die Landesausschüsse Leistungssport, die Leistungssportstiftungen in den einzelnen Bundesländern und die Förderstrukturen in den Kulturhoheiten der Länder, so wird, wenn man es wohlwollend meint, eine komplexe Vielfalt des deutschen Spitzensports sichtbar. Aus einer etwas anderen Perspektive betrachtet lässt sich dies jedoch als nicht steuerbares Organisationschaos beurteilen.

Die Forderung nach Vereinfachung der Führungsstrukturen ist deshalb nahe liegend und zwingend. Dazu gehört auch die Notwendigkeit der Definition klarer Verantwortlichkeiten, wobei Verantwortung immer nur auf Zeit übernommen werden sollte, sodass die Möglichkeit zur qualifizierten Verlängerung, aber auch zur personellen Trennung bei Misserfolg gegeben ist. Nicht weniger wichtig dürfte jedoch sein, dass es zu einer neuen Gewichtung der Prioritäten, zu einer Umverteilung der Mittel und zu einer Vereinfachung der Kommunikationsnetze und -wege kommt, damit eine möglichst optimale Unterstützung jener Athleten und Trainer erreicht wird, die bereit sind, ausgehend von einem hohen Leistungsniveau, sieben Tage in der Woche zu trainieren, um sich auf die nächsten Olympischen Spiele vorzubereiten. Entscheidend dürfte dabei sein, dass die Verantwortung für den sportlichen Erfolg bzw. Misserfolg klar definiert wird. Hier wird den Fachverbänden eine neue gewichtige Rolle zukommen müssen. Ob z. B. die deutschen Leichtathleten bei Olympischen Spielen erfolgreich sind, kann weder vom Innenminister noch vom Deutschen Sportbund, noch vom NOK verantwortet werden. Die alleinige Verantwortung für den Erfolg deutscher Leichtathleten hat der Deutsche Leichtathletik-Verband. Dies wiederum bedeutet, dass ihm alle Befugnisse zur Steuerung der deutschen

Leichtathletik zu überlassen sind und dass in den Fachverbänden selbst optimale Strukturen entstehen müssen, die es möglich machen, dass der Spitzenfachverband qualifiziert seiner Verantwortung nachkommen kann. Hierbei ist eine zentrale Steuerung unverzichtbar, die sich immer nur auf eine begrenzte Anzahl von Vertrags-Trainern und Vertrags-Athleten beziehen sollte. Für Sportarten wie die Leichtathletik bietet es sich deshalb an, das Geben und Nehmen zwischen dem Verband mit seinen Servicestrukturen und den Trainern und Athleten vor Ort in den Trainingszentren bzw. in den Vereinen auf eine klare vertragliche Basis zu stellen. Will man dabei den internationalen Qualitätsstandards entsprechen, so können sich solche Beziehungen nur auf Zeit definieren. Sie müssen an Leistungsvorgaben gebunden sein und es müssen hierzu auch geeignete Belohnungssysteme existieren. Ebenso muss es jedoch möglich sein, sich von Athleten und Trainern zu trennen, die sich nicht an die Vorgaben halten.

In der weiteren Reform des deutschen Spitzensports wird es deshalb darauf ankommen, dass man den Mut zum Risiko hat, dass man geeignete neue Modelle erprobt, um sie dann möglicherweise zur täglichen Praxis werden zu lassen, dass man sich der wissenschaftlichen Begleitung und Unterstützung bedient, wie sie heute weltweit im Hochleistungssport Standard geworden ist und dass man sich moderner Aus- und Weiterbildungssysteme bedient, die den wirklichen Belangen des Spitzensports gerecht werden. Hierzu gehört vor allem, dass zukünftig die Rolle der Trainer völlig neu zu definieren ist. Das deutsche Trainerwesen befindet sich schon seit Langem in der Krise. Weder wurden den Trainern geeignete Formen der Selbstorganisation eröffnet noch gibt es ein brauchbares Weiterbildungssystem, das Gewähr bietet, dass die Trainer sich an internationalen Standards ausrichten. Besonders problematisch ist jedoch die Honorierung der Arbeit der Trainer. Hier muss im Zuge der anzustrebenden Umverteilung der Mittel dem Berufsbild des Trainers höchste Aufmerksamkeit geschenkt werden. Nur wenn es gelingt, eine neue junge Trainergeneration an die Anforderungen des internationalen Hochleistungssports heranzuführen, wird es Deutschland gelingen, auch zukünftig zu den besten Sportnationen der Welt zu zählen.

Alle Reformbemühungen werden jedoch vergeblich sein, wenn es der deutschen Gesellschaft nicht gelingt, auch zukünftig das nahezu tägliche Trainieren und das Wetteifern um sportliche Spitzenleistungen als ein besonders bedeutsames kulturelles Gut wertzuschätzen. Angesichts der demographischen Entwicklung unserer Gesellschaft wird es zukünftig noch schwieriger sein, genügend junge Menschen zu finden, die bereit sind, sich einem meist sehr harten Training zu stellen und große Risiken auf sich zu nehmen, ohne eine optimale soziale Absicherung mit ihrem Handeln erreichen zu können. Will dies unsere Gesellschaft, so sind ganz andere Anstrengungen vonnöten, als dies bislang der Fall war.

Der Schulsport muss dabei völlig neu überdacht werden und es muss die Frage aufgeworfen werden, warum in Deutschland es möglich ist, dass wie in keinem anderen Land der Welt der sportliche Wettkampf, der Leistungsvergleich und das regelmäßige Üben und Trainieren von Sportarten von einflussreichen sportpädagogischen Meinungsbildnern in Frage gestellt wird.

Es muss auch die Frage aufgeworfen werden, welche Rolle die Wirtschaft wirklich bei der Unterstützung unserer Leistungssportkultur spielt. Heute beschränkt sich die Unterstützung der

Wirtschaft im Wesentlichen auf ein Nutzen bringendes Sponsoring. Von einer selbstlosen Hilfe der Wirtschaft zugunsten des Hochleistungssports kann in der deutschen Gesellschaft nicht die Rede sein.

Gesichert werden muss die Unterstützung der staatlichen Sicherheitsinstitutionen, der Bundeswehr, des Bundesgrenzschutzes und der Polizei, denn ohne deren Hilfe wäre heute eine qualifiziert vorbereitete Olympiamannschaft wohl kaum noch möglich. Doch es muss auch begriffen werden, dass diese Unterstützung nur eine unter mehreren sein darf.

Deshalb ist es mehr als angebracht, dass sich endlich auch das deutsche Hochschulwesen seiner Verantwortung in Bezug auf den Hochleistungssport in Deutschland bewusst wird. Derzeit ist dabei viel zu viel Rhetorik zu beobachten und nur selten kommt es zur wirklich praktischen Unterstützung jener Athleten, die sich als Studierende auf sportliche Großereignisse vorbereiten.

Hochleistungssport ist für junge Menschen in der Regel ein Geschäft auf Zeit. Nur wenige sind bei ihrem begrenzten zeitlichen Engagement in der Lage, materielle Gewinne zu erzielen, sich eine günstige berufliche Ausgangsposition zu verschaffen oder sich gar auf Dauer abzusichern. Das öffentliche Bild des Hochleistungssports wird zum Ärger vieler geprägt durch Stars, durch jene also, die die Gewinner des Systems sind. Das System selbst – und dies wird nirgendwo so deutlich wie bei den Olympischen Spielen – wird jedoch getragen von jenen jungen Menschen, die ohne öffentlichen Ruhm und Anerkennung Spitzenleistungen erbringen, in einer Hockeymannschaft als Namenlose eine Goldmedaille gewinnen, eine Silbermedaille im Speerwurf erlangen oder im Judo und im Dressurreiten um Gold kämpfen. Dabei haben sie nichts anderes im Blick als ihre persönliche Anerkennung einer langen sportlichen Karriere. Ist unsere Gesellschaft sich dessen bewusst, dass diese jungen Menschen die Träger einer nachahmenswerten Sportkultur sind, so scheinen die hier vorgeschlagenen Reformen dringender denn je zu sein.

(2004)

Sportorganisationen und das „Burnout-Syndrom"

Das Phänomen des „Burnout" ist hinlänglich aus der Welt der Arbeit bekannt. Als ausgebrannt gilt jemand, der sehr viel gearbeitet und sich dabei übernommen hat. Er ist mit seinen ihm gegebenen Ressourcen frevelhaft umgegangen. Er hat bei seinem Handeln Grenzen erreicht sie überschritten und dafür nun die biologisch angelegte Quittung erhalten. Mit dem „Burnout-Phänomen" wird in der Psychologie und in der Medizin eine Krankheit diagnostiziert, bei der es einen dringenden Therapiebedarf gibt. Dem Schweizer Wissenschaftler Zickler ist es zu verdanken, dass wir lernen müssen, dass nicht nur Menschen ausgebrannt sein können. Das „Burnout-Phänomen" lässt sich nämlich auch auf ganze Organisationen beziehen. Auch Sportorganisationen befinden sich in der Gefahr, von diesem Phänomen erfasst zu werden. Sind sie davon betroffen, so ist auch für diese Organisation dringend eine Therapie angebracht.

Übertragen wir das Bild vom „Burnout" vom Individuum auf Organisationen, so erkennen wir, dass Organisationen vergleichbare Merkmale aufweisen, wie dies beim ausgebrannten Menschen der Fall ist. Die Organisation ist erschöpft und befindet sich in der Gefahr, den Sinn ihres Tuns zu verlieren. An Stelle von Offenheit ist Selbstbezüglichkeit zu beobachten, die Organisation weist erhebliche Kommunikationsdefizite auf, Kurzatmigkeit prägt das Handeln, an Stelle des Agierens ist das Reagieren getreten, die alltägliche Arbeit ist in Routine erstarrt, ideologische Verklärung der Vergangenheit verhindert die notwendige Modernisierung.

Anders als beim Individuum wird das „Burnout-Syndrom" meist nicht von den Betroffenen selbst erkannt. Eine Organisation benötigt vielmehr dringend der Diagnose und Hilfe von außen, um das „Burnout-Syndrom" an sich selbst erkennen zu können. Sehr konkret ist ein derartiges „Burnout-Phänomen" in Sportorganisationen daran zu erkennen, dass ein Mitgliederwachstum seit Jahren nicht mehr vorhanden ist. Vermarktungserfolge sind eher rückläufig, die Führungsgremien tagen viel zu selten und wenn sie tagen, stellen sie sich als entmündigte Jasagerversammlungen heraus. Tauchen Probleme auf, so werden sie dadurch vertagt, indem sie an eine Kommission delegiert werden. Die Anzahl der an konkreten Projekten ausgerichteten Aktivitäten nimmt ab und die sportlichen Erfolge bei Olympischen Spielen, Welt- und Europameisterschaften weisen negative Tendenzen auf. Der Generationenvertrag innerhalb der Führungsgremien gelingt nicht mehr, d. h. die Organisation vergreist. Die Grundlage für das Auftauchen eines kollektiven „Burnout-Syndroms" bilden Entwicklungen in der Gesellschaft, in der Wirtschaft und in der Politik, vor allem aber auch Veränderungen im System des Sports sowohl auf nationaler als auch auf internationaler Ebene. Durch Phänomene wie nationaler und internationaler Wettbewerb mit anderen Sportorganisationen, durch kritische demographische Entwicklungen, durch Globalisierungsprozesse und durch Arbeitsmarktprobleme entsteht schon seit längerer Zeit auch für Sportorganisationen ein zunehmend schwierigeres Umfeld, in dem sich die betroffene Organisation nur noch mit viel Mühe behaupten kann. Auch Sportorganisationen befinden sich in einer weltweiten Konkurrenz um Exzellenz. Es geht darum, besser, leistungsfähiger und effizienter zu sein als die Konkurrenz. Nicht wenige Sportorganisationen haben damit ihre Schwierigkeiten. Aufgrund der permanenten Veränderungen werden nahezu täglich ihr

Selbstverständnis und damit ihre Identität in Frage gestellt. Auch die für intakte Organisationen üblichen Sicherheitsbedürfnisse werden oft gar nicht oder nur noch selten erfüllt. Der Druck in der Organisation nimmt ständig zu. Man ist ständig bemüht, Misserfolge zu vermeiden. Das Bemühen ist auf das Bestehende gerichtet, ohne zu merken, dass die Lernbereitschaft der Organisation abgenommen hat und die Innovationsbereitschaft immer mehr sinkt.

Die Frage, welche Sportorganisation sich in einem derartigen Zustand des „Burnout" derzeit befindet, bedarf einer sorgfältigen Fremd- und Selbstdiagnose. Doch gerade von jenen Menschen, die in der Welt der Arbeit vom „Burnout-Syndrom" betroffen sind, wissen wir, dass die Fähigkeit zur Selbstdiagnose nur selten gegeben ist und was die Beobachtung von ganzen Systemen betrifft, so wissen wir, dass man mit Selbstbeobachtung nur sehr begrenzt sein eigenes System erfassen kann, in dem man als Organisation agiert. Jedes System hat seine blinden Flecken und genau diese sieht man von innen in der Regel nicht. Der distanzierte Blick von außen hingegen macht sie offensichtlich. Der organisierte Sport und dabei allen voran der Deutsche Olympische Sportbund wäre deshalb gut beraten, wenn er seinen Mitgliedsorganisationen eine Expertise der Fremdbeobachtung bereitstellen würde, die fair, aber auch schonungslos die blinden Flecken aufzeigt, die die jeweiligen Mitglieder aus sich selbst heraus nicht erkennen können. Aber auch die Sportverbände selbst sind gefordert. Es muss in ihnen die Möglichkeit zur Selbstbeobachtung optimiert werden, neue Formen der evaluativen Beobachtung und des Controlling sind dabei einzusetzen. Tut man dies, so kann in einer kooperativen und aktiven Weise dem „Burnout-Syndrom" in Sportorganisationen begegnet werden. Denn auch hier gilt die für das Individuum beobachtete Erkenntnis: Erst mit Einsicht und mit der aktiven Bereitschaft des Patienten lässt sich das „Burnout-Syndrom" heilen.

(2006)

Zur Situation des Trainerberufs in Deutschland

Fragt man erfolgreiche Athleten, wem sie ihren Erfolg in erster Linie zu verdanken haben, so sind die Antworten nahezu übereinstimmend. Am Anfang und an erster Stelle des sportlichen Erfolges stehen die Angehörigen, an zweiter Stelle steht ohne jegliche Konkurrenz die bedeutsamste Funktionsrolle im System des Hochleistungssports, die Rolle des Trainers. Die Trainer, darüber sind sich alle Experten einig, sind das unverzichtbare Fundament sportlicher Höchstleistungen. Gewiss gibt es einige Athleten, die auch ohne Hilfe eines Trainers erfolgreich sein können. Dies gilt insbesondere für erfahrene Athleten, die nicht selten auf eine Trainerbetreuung gegen Ende ihrer Karriere verzichten. Dabei darf jedoch nicht verkannt werden, dass sie alles, was sie sind, letztlich und in erster Linie ihren Trainern zu verdanken haben.

Betrachten wir diese herausragende Rolle des Trainers im Funktionsgefüge des Hochleistungssports etwas genauer und vergleichen wir sie mit der Bedeutung, die dem Beruf des Trainers in der Arbeitswelt unserer Gesellschaft zukommt, so ist eine problematische Diskrepanz im System des Hochleistungssports unübersehbar. Das Berufsbild der Trainer ist unklar, ihre quasi-beruflichen Tätigkeiten sind äußerst riskant, die Honorierung der erbrachten Leistung ist nicht selten ungerecht und die Zukunft dieses Berufes ist höchst ungesichert. Innerhalb der Trainerschaft gibt es nur wenig Solidarität. Soziale Ungleichheit und Ungerechtigkeit kennzeichnen die sozialen Beziehungen der Trainer. Millionenverträge auf der Grundlage bescheidener fachlicher Kompetenz konkurrieren mit niedrigen Honorarverträgen – trotz umfassender wissenschaftlicher und fachpraktischer Ausbildung. Die Ausbildung zum Trainerberuf ist unter fachlichen Gesichtspunkten qualitativ so gut wie gar nicht abgesichert. Eine wirkliche akademische Anerkennung des Berufs des Trainers gibt es nicht und von einer systematischen Fortbildung kann schon gar nicht die Rede sein. Fragt man, welche deutschen Trainer international in einen fachlichen Dialog eingebunden sind, wieviel Trainer regelmäßig internationale Fachorgane zu den fachlichen Problemen ihrer Sportart lesen, welche Trainer trainingswissenschaftliche, biomechanische und sportmedizinische Basisliteratur zu den jeweiligen Anforderungsprofilen ihrer Sportart zur Kenntnis nehmen und welche Trainer internationale Trainerkongresse besuchen bzw. regelmäßig in nationale Fortbildungsprogramme eingebunden sind, so wird man sehr schnell erkennen, dass dabei nur von einer verschwindend kleinen Minderheit die Rede sein kann.

Angesichts dieser Sachverhalte kann es einen eigentlich kaum überraschen, dass bei Schulabsolventen und Abiturienten der Trainerberuf nicht zu ihren Zukunftserwartungen gehört. Fragt man Sportstudierende an deutschen Universitäten, so ist der Berufswunsch des Trainers so gut wie nicht existent.

Diese skizzenhafte Analyse zur aktuellen Situation des Trainerberufes könnte fortgesetzt werden. Sie müsste gewiss auch differenzierter sein. Dennoch kann das Urteil schon vorweg genommen werden. Die Situation des Trainerberufes in Deutschland ist äußerst kritisch geworden. In nahezu allen olympischen Sportverbänden existiert ein Trainerproblem, dessen Lösung dringend geworden ist. Der deutsche Sport ist in Bezug auf den Trainerberuf in eine Krise geraten. Wege aus der Krise sind dringend erwünscht.

Wer hierzu einen geeigneten Beitrag leisten möchte, der hat sich zuerst ein umfassendes Bild über das quantitative und qualitative Ausmaß der Krise des Trainerberufes zu verschaffen. Klarheit ist dabei vor allem vonnöten über den Begriff und die Tätigkeiten, die mit dem Gebrauch des Wortes Trainer gemeint sind. Klarheit benötigen wir auch in Bezug auf die Ungleichheiten, die innerhalb des Trainerberufs zu beobachten sind. Die finanziellen Verhältnisse der Trainer sind offen zu legen. Ebenso sind die sozialen Probleme zu benennen, die sie zu meistern haben. Auch die psychischen Probleme, die heute mit dem Trainerberuf häufig verknüpft sind, die zu erheblichen Belastungen und nicht selten zu Krankheiten führen, müssen klar benannt sein. Es müssen auch die Kommunikationsprobleme, die zwischen den Betroffenen, ihren Arbeitgebern, ihren Verbänden und ihren übergeordneten Institutionen bestehen, offen angesprochen werden.

Hat man sich des Problems versichert, ist man sich des Ausmaßes der Krise bewusst, weiß man wovon man redet, so ist es möglich, zu den angemessenen Lösungen zu kommen. Auch dabei ist Offenheit und Ehrlichkeit vonnöten. Die Probleme dürfen nicht verniedlicht werden. Es dürfen nicht falsche Prioritäten gesetzt werden. Vor allem darf man nicht in den üblichen Trott verfallen, indem lediglich Kommissionen gebildet werden und damit die Probleme auf die lange Bank geschoben werden. Wir benötigen auch keine Resolutionen, die folgenlos sind und die letztlich zu einer dauernden Vertagung der Schwierigkeiten führen. Kurz gesagt: Das Problem darf nicht auf dem Rücken der Betroffenen selbst ausgetragen werden. Die wünschenswerten Lösungen liegen dabei durchaus auf der Hand.

Zuallererst und vor allem muss begriffen werden, dass das Problem zunächst vorrangig und grundlegend über neue finanzielle Investitionen zu bearbeiten ist. Es müssen Mittel bereitgestellt werden, die dezidiert zugunsten der Trainer bewirtschaftet werden dürfen. Es muss zu einer Umverteilung der Mittel im System des Hochleistungssports kommen. Es muss eine Selbstverständlichkeit werden, dass die Leistungen der Trainer in vergleichbarer Weise angemessen honoriert werden, wie dies für Athleten, Manager, Funktionäre und weitere Beteiligte im System des Hochleistungssports die Regel ist.

Zum zweiten bedarf es einer klaren Definition der Profession des Trainers. Das Berufsbild des Trainers ist im gesellschaftlichen Gefüge der Berufe einzuordnen, zu bewerten und gemäß dieser Bewertung einer gesellschaftlichen Wertschätzung zuzuführen. Dabei bedarf es einer offenen Auseinandersetzung. Der Beruf des Trainers muss mit anderen Berufen verglichen werden und es muss die Frage nach der angemessenen und gerechten Bewertung gestellt sein. Auf der Grundlage dieser bewertenden Einordnung gehe ich davon aus, dass der Trainerberuf als akademischer Beruf zu definieren ist, der in seiner Dotierung den akademischen Berufen gleichzustellen ist. Er hat sich neben dem Beruf des Sportpädagogen zu etablieren und er sollte in gleicher Weise professionell organisiert sein.

Drittens sollte man sich einig sein, dass ein derartiger Trainerberuf eine Ausbildung an Hochschulen erforderlich macht, die sich durch eine Symbiose von wissenschaftlicher Fundierung und intensiver Praxisnähe auszeichnet.

Viertens benötigt der Trainerberuf Einübungsphasen, Probehandeln, Lernen am Vorbild, Sammeln von praktischer Erfahrung und Initiationsriten, die in den Beruf führen.

Fünftens bedarf es im Berufsfeld der Trainer einer inneren Differenzierung; es bedarf der Konkurrenz zwischen Trainern. Ein Trainer-Adward-System ist dabei unverzichtbar.

Sechstens gehört dazu, dass Trainer, die sich diesem Wettbewerb stellen wollen, eine qualifizierte Möglichkeit zur Weiterbildung erhalten, dass sie eingebunden werden in die internationale Kommunikation des Hochleistungssports, dass sie dafür offen sind, mittels der erfolgreichen Modelle der Gegner zu lernen.

Siebtens gehört zu diesen anzustrebenden Lösungswegen auch ein offener und mündiger Athlet, der die Rolle der Trainer zu schätzen weiß und der sich selbst für die Belange der Trainer einsetzt bis hin zur Überprüfung der finanziellen Beteiligungsmöglichkeiten, die Trainern zu gewähren sind.

Achtens müssen die Sportverbände lernen, dass Trainer ihre eigenen Interessen vertreten müssen und dabei auch ihre eigenen Interessen zu schützen haben. Gewerkschaftliche Vereinigungen von Trainern sollten deshalb nicht als ein Störfaktor oder als ein den Sport gefährdendes Element bewertet werden. Die Standesinteressenvertretung muss vielmehr zu einer Selbstverständlichkeit werden.

Bei all den hier nur skizzenhaft angebotenen Lösungen muss gesehen werden, dass dies nur Vorschläge sind. Sie können ergänzt und durch bessere ersetzt werden. Es gibt gewiss Alternativen und es lohnt sich, in einen Ideenwettbewerb einzutreten. Das Trainerproblem ist keineswegs nationaler Art. Viele der Hochleistungssportnationen beklagen in vergleichbarer Weise das Nachwuchsproblem und diskutieren in gleicher Weise über neue Möglichkeiten des Trainerberufes, so wie wir es in diesen Tagen in Deutschland tun. Deswegen lohnt es sich, über den Zaun hinauszublicken. Es lohnt sich, nach den Lösungsvorschlägen der Konkurrenten zu fragen und man muss auch bereit sein, von fremden Kulturen zu lernen, will man den zukünftigen Herausforderungen im Hochleistungssport gewachsen sein. Eines wird dabei allerdings auch in der weiteren Zukunft eine Selbstverständlichkeit für den Trainerberuf bleiben. Der Beruf des Trainers ist an die sportliche Spitzenleistung gebunden. Er ist so riskant wie die Karriere des Athleten. Bei ständigem Misserfolg ist der Beruf des Trainers in Frage gestellt. Bei andauerndem Erfolg lernt man die Sonnenseite des Hochleistungssports kennen, die Täler des Misserfolges bleiben einem guten Trainer jedoch in der Regel nicht erspart. Dennoch kann dieser Beruf attraktiv, interessant und schön sein. Dazu bedarf es jedoch eines neuen Berufsbilds und der Beruf des Trainers benötigt auch ein neues Image in Deutschland. Daran sollten wir gemeinsam arbeiten.

(2006)

Fußball WM 2006 – ein kritisches Lob

Im Fußballspiel ist vieles möglich und dieses Spiel ermöglicht vieles. Nicht zuletzt die Spiele der deutschen Nationalmannschaft können dies uns zeigen und eine Fußball-Weltmeisterschaft in Deutschland wird auf diese Weise zum besonderen Ereignis. Das Spiel fasziniert uns, weil Spannung und Langeweile sich dabei begegnen, wie in kaum einem anderen Sport. Vieles ist in ihm planbar und dennoch ist es gerade das Planlose, was die Zuschauer erregt, das Kalkül wird vom Überraschungsmoment in Frage gestellt. Das Spiel fasziniert jene, die es selbst spielen, die Kinder, die Jugendlichen, die Erwachsenen, die alten Herren und immer mehr auch die Frauen. Das Spiel fasziniert aber auch jene, die als Zuschauer im Stadion dem Spiel beiwohnen oder zuhause es vor dem Bildschirm betrachten. Mit der Fußball-Weltmeisterschaft der Männer erreicht das Spiel alle vier Jahre seinen Höhepunkt, es wird zum Kommunikationszentrum unserer Welt, erreicht alle Kulturkreise und fasziniert Milliarden von Menschen. Deutschland kann stolz und dankbar zugleich sein, dass es Gastgeber dieses besonderen Ereignisses war und dass, ganz gleich, aus welcher Perspektive betrachtet, dieses Ereignis in bester Weise gelungen ist. Die Organisatoren haben höchste Anerkennung verdient und jene, die dieses Ereignis sportpolitisch ermöglicht haben und die Rahmenbedingungen schufen, die Infrastrukturen bereitstellten und für die Sicherheit Gewähr boten, können in einem nötigen Selbstrespekt auf ihre beispielhaften Leistungen zurückschauen.

Wo es viel Sonne gibt, gibt es aber auch Schatten und es ist wünschenswert und notwendig, dass bei allem berechtigten euphorischen Lob Distanz und kritische Selbstbeobachtung ihren Platz haben. Der Fußballsport geht bei einer Weltmeisterschaft viele Symbiosen ein, teilweise selbst gesucht, teilweise unbeabsichtigt, teilweise werden sie ihm auch von Dritten auferlegt. Politik, Wirtschaft und Medien, sie alle bedienen sich dabei der Fußball-Weltmeisterschaft und in manchem gelungenen Interessensaustausch lassen sich auch fragwürdige Beziehungen beobachten.

Besonders problematisch scheint dabei die Beziehung zwischen den Massenmedien und dem Fußball zu sein. Die massenmediale Kommunikation über das Ereignis und über die Spiele hat eine Redundanz erreicht, die kaum noch erwünscht sein kann. So werden täglich sechs bis acht Seiten Fußballlektüre in den deutschen Tageszeitungen offeriert und damit wird sämtlicher sonstiger Sport, der sich ja in diesen Wochen auch noch ereignet, auf eine halbe oder ganze Seite reduziert. Hier stimmen die Proportionen wohl kaum. Bei der Überfülle der Fußballberichterstattung ist eine Leseverweigerung die verständliche Reaktion auf Seite der Rezipienten. Deshalb ist wohl auch kaum einer zu finden, der bereit war, täglich sechs Seiten Fußballlektüre zu konsumieren. Kaum anders verhält es sich bei der Radio- und Fernsehberichterstattung. Zuviel ist zuviel. Ganz gleich, welcher Inhalt dabei offeriert wird. Doch es war nicht nur die Quantität, die eine Grenze erreicht hat. Auch unter Qualitätsgesichtspunkten ist manches in Frage zu stellen. Ist es Aufgabe der Massenmedien, einen sich auf interessante Weise entwickelnden karnevalistischen Patriotismus zu forcieren, distanzlos zu unterstützen und direkt anzuleiten? Sind die Dialoge von Herrn Netzer und Herrn Delling wirklich unterhaltsam, sind die

Reportagen von Herrn Beckmann und Herrn Poschmann journalistisch akzeptabel und entspricht das gefundene Maß an Wiederholungen noch dem Prinzip der Relevanz und Informativität?

Vermutlich ist es unvermeidlich, dass Politik und Fußball eine Symbiose eingehen. Doch auch hier stellt sich die Frage nach einer angemessenen Beziehung. Sind die höchsten politischen Repräsentanten bei jedem Spiel der deutschen Nationalmannschaft präsent, so fragt man sich, welchen Respekt sie anderen Sportarten erweisen. Zu viele Auftritte von Politikern hatten anbiedernden Charakter und zu oft hatte man den Eindruck, dass engagiertes politisches Handeln mit medienwirksamer Präsenz verwechselt wird. Gerade von Seiten der Politik hätte man erwarten können, dass gläserne Verhältnisse in Bezug auf die Finanzierung der Fußball-Weltmeisterschaft geschaffen werden, dass Aufwendungen, Kosten und Nutzen dieser Weltmeisterschaft unter finanziellen Gesichtspunkten ungeschönt zur Darstellung gebracht werden. Bis heute ist dies leider noch immer nicht der Fall, dabei lassen sich die staatlichen Aufwendungen für diese Fußball-Weltmeisterschaft durchaus rechtfertigen. Eine empirisch begründete Rechtfertigung wäre jedoch Grundlage eines verantwortungsvollen politischen Handelns.

Jedes Fest hat vor allem dadurch eine besondere Qualität, dass es ein Ende findet. Dies gilt auch für die Fußball-Weltmeisterschaft. Wer glaubt, dass irgendetwas davon fortgeführt werden soll, der stellt das Besondere dieses Festes in Frage. Deshalb kann es wohl kaum wünschenswert sein, dass weiterhin deutsche PKW mit schwarz-rot-goldenen Fahnen geschmückt sind, dass wir uns bei der täglichen Arbeit mit den Nationalfarben schminken und dass wir uns nun bei jedem beliebigen Ereignis zum Public Viewing auf den zentralen Plätzen der großen Städte in Deutschland treffen. Den Verantwortlichen des Fußballsports kann vielmehr Selbstgenügsamkeit und Bescheidenheit empfohlen werden. Weniger kann mehr sein, wer weiteres Wachstum fördert, kann damit auch die Selbstzerstörung einleiten. Schon heute ist ein Zeitraum von vier Wochen für ein festliches Ereignis ein außergewöhnlich langer Zeitraum. Manches andere Kulturereignis wird dadurch unterdrückt, in Frage gestellt, unmöglich gemacht und der Fußball in seinem Verhältnis zu den übrigen Sportarten hat durch seine Weltmeisterschaft eine Dominanz erreicht, die in vieler Hinsicht für die weitere Entwicklung des gesamten Sports eher schädlich als förderlich ist. Dies gilt für die Vermarktung des Sports in gleicher Weise wie für die Frage, welche Zuschauer und Fans für die jeweiligen Sportarten zukünftig noch zu gewinnen sind.

Die Ungleichheit im Sport nimmt zu, dies gilt für das Verhältnis der Athleten untereinander in gleicher Weise wie für das Verhältnis der Sportarten. Der Fußball stellt dabei eine selige Insel der Reichen dar, die große Mehrheit der sonstigen Sportarten hat sich mit den Brosamen zu begnügen, die vom Tisch des Fußballs fallen. Auf Dauer kann eine derartige Entwicklung auch für den Fußballsport selbst kaum erwünscht sein. Die Welt war zu Gast bei Freunden und Freunde des Fußballs waren dabei fast alle, die in Deutschland wohnen: junge und alte Mitbürger, solche mit Migrationshintergrund, Gastarbeiter, in Deutschland lebende Türken, Russen und Asiaten, Afrikaner und Latino-Amerikaner. Aber auch Handballspieler, Turner und Leichtathleten, Gewichtheber, Hockeyspieler, Schwimmer oder Volleyballer waren Freunde des Fußballs. Man kann sich nur wünschen, dass diese Freundschaft auch künftig noch hält. Doch dazu gehört, dass immer beide Seiten bereit sind, gegenseitig füreinander Verständnis aufzubringen und sich zu helfen, wo es notwendig ist. Man darf gespannt sein, ob die Organisationen des Fußballsports dieser Aufgabe zukünftig gewachsen sind.

(2006)

Nicht die Strukturen, die Menschen sind das Problem

In relevanten Kreisen des deutschen Sports findet ein eigenartiger Wettbewerb statt. Experten überbieten sich mit Erklärungen, warum der deutsche Hochleistungssport derzeit und in der nächsten Zukunft nicht jene Erfolge aufzuweisen hat, wie man sie sich, nicht zuletzt auch von Seiten der Politik, wünscht. Der hauptamtliche Chef des deutschen Leistungssports verweist auf Befunde, dass Schüler der Eliteschulen des Sports nicht erfolgreicher sind wie solche Schüler, die über eine normale schulische Laufbahn zum olympischen Erfolg geführt werden. Andere Experten sehen in einem verfehlten Zentralismus die Ursache für die derzeitige Tendenz zum Misserfolg. Denen wiederum steht die Kritik jener gegenüber, die im ausufernden Föderalismus das zentrale Strukturproblem des deutschen Hochleistungssports erkennen. Einige Funktionäre sehen in einer unzureichenden Finanzausstattung die eigentliche Ursache, während hingegen nicht weniger häufig von einer anderen Expertengruppe die gesamte Gesellschaft als das eigentliche Übel erkannt wird. In einer Konsumgesellschaft, in der sich Kinder und Jugendliche bequem an einen reichlich gedeckten Tisch setzen und ihre Freizeitinhalte beliebig auswählen können, sich nur kurzfristig binden lassen und „Zapping" nicht nur beim Fernsehen stattfindet, scheint jene günstige gesellschaftliche Basis zu fehlen, die für ein erfolgreiches System des Hochleistungssports zwingend notwendig ist. Eine Gruppe von Sportwissenschaftlern sieht in der unzureichenden wissenschaftlichen Begleitung des Trainings und der Wettkämpfe die Ursache, Theorieabstinenz und die Theoriefeindlichkeit wird dabei den Praktikern vorgeworfen. Umgekehrt beklagen die Praktiker eine Sportwissenschaft, die sich im Elfenbeinturm befindet und nur sehr selten über die relevanten Erkenntnisse zugunsten des Hochleistungssports verfügt.

Der Wettbewerb über die beste Ursachenanalyse kann ganz offensichtlich sehr lange fortgeführt werden, ohne dass dabei ein möglicher Konsens zu erkennen wäre, ohne dass dabei die entscheidenden Schritte absehbar sind, die zu der dringend notwendigen Veränderung führen, die immerhin von allen, die sich an dieser Diskussion beteiligen, gefordert und gewünscht ist. Als Beteiligter und Beobachter dieser Diskussion stelle ich mir die Frage, ob nicht möglicherweise das diagnostizierte komplexe Problem auf ein sehr viel einfacheres Problem verweist, das wir uns nicht eingestehen und das wir nicht wahr haben wollen. Könnte es sein, dass dann, wenn man die Sicht auf das Problem vereinfacht, eine einfache Lösung des Problems gefunden werden kann? Bei meinem jüngsten Besuch bei einem Olympiastützpunkt war ich einmal mehr von der Arbeitsteilung beeindruckt, die mittlerweile den Hochleistungssport prägt. Die Türschilder der Büroräume sprechen dabei eine eindrucksvolle Sprache. Landestrainer Wurf, Landestrainer Sprung, Biomechanik, Leistungsdiagnostik, so und ähnlich lauten die Funktionsbeschreibungen, die man lesen kann, wenn man die Gänge entlang schreitet. Es ist 9.30 Uhr an einem Donnerstagmorgen, in keinem der Räume brennt Licht, in keinem der Räume wird gearbeitet. Was, wann und wo arbeitet ein Landestrainer im November an einem Donnerstag um 9.30 Uhr? Mit was beschäftigt sich der Biomechaniker um diese Zeit? Nur wenige Meter von diesen Räumen entfernt befindet sich eine Trainingshalle. Ich öffne die Tür, sie ist beleuchtet, aber leer. Um 10.00 Uhr treffe ich mich zu einer Sitzung mit Leitern verschiedener Olympiastützpunkte und im Vorgeplänkel der Sitzung erzähle ich von meinen Beobachtungen. Alle Beteiligten schmunzeln. Sie konstatieren, dass dies in der Tat ein Problem sei, dass man sich wünsche, dass jeder Landes- oder Bundestrainer zumindest Athleten vor Ort direkt zu trainieren habe und dass ich leider mit meiner Vermutung Recht hätte, dass im deutschen Hochleistungssport nur bedingt eine Bereitschaft zu erkennen ist, konsequent, systematisch und hart zu trainieren, um sich auf die sportlichen Höchstleistungen, die man bei Olympischen Spielen zu erbringen hat, vorzubereiten. Ich ergänze meine Ausführungen mit Beobachtungen, die ich in Bezug auf Kaderathleten an meinem Institut für Sportwissenschaft machen kann. Ich weise daraufhin, wie häufig das tatsächlich stattfindende Training im Widerspruch zu den Trainingsplänen steht, wie unzureichend die Organisation des Trainings ist, welch zweifelhafter Umgang mit der Gesundheit mancher Athleten zu beobachten ist und dass sich viel zu oft die Athleten einer konsequenten Leistungsdiagnostik entziehen. Bei allem stimmen mir die Experten der Praxis zu: Ja, darin läge das eigentliche Problem des deutschen Hochleistungssports. In den Tagebüchern und in den abgegebenen Berichten würde viel zu häufig über die Qualität und die Quantität des Trainings geschwindelt, über ein Controlling würde man nicht verfügen, zu vielen Athleten würde der notwendige Biss fehlen, zu schnell würden sie zu viel Geld verdienen, aber auch viel zu viele Trainer seien zu bequem, manche auch faul und wenige würden sich in angemessener Weise fortbilden, über den eigenen Tellerrand hinausschauen und sich an der internationalen Konkurrenz orientieren. So und ähnlich wird an den Stammtischen des Hochleistungssports in Deutschland diskutiert, dann, wenn in einem Glas Wein die angebliche oder tatsächliche Wahrheit liegt. Käme das, was hier beschrieben wurde, der Wahrheit gleich, so würde dies wohl bedeuten, dass wir in Deutschland unter strukturellen Gesichtspunkten im Hochleistungssport nur sehr wenig zu beklagen haben. Trainer und Athleten verfügen über exzellente Sportstätten. Ausreichende Ausbildungsstrukturen sind vorhanden und die notwendigen Finanzen zur Organisation von Training und Wettkampf werden bereitgestellt. Es gibt genügend Möglichkeiten, sich in nationalen und internationalen Wettkämpfen zu bewähren. Es existiert ein professionelles sportmedizinisches System zur Betreuung der Athleten. Auch die trainingswissenschaftliche und biomechanische Leistungsdiagnostik befindet sich in einem konkurrenzfähigen Zustand und das notwendige Wissen über eine angemessene pädagogische und psychologische Betreuung ist hinreichend vorhanden. Es gibt Olympiastützpunkte, es gibt Trainingszentren und so genannte geeignete Orte des Klimatrainings, es gibt die gezielte schulische Unterstützung für die jungen Athleten. Es gibt Spezialschulen, Polizei und Bundeswehr bieten strukturelle Hilfen. Auch die Universitäten sind vermehrt bereit, Athleten auf ihrem Weg zur Spitzenleistung zu begleiten.

Die Wahrheit, die möglicherweise nicht nur im Wein zu finden ist, macht somit deutlich, dass nicht die Strukturen das Problem des deutschen Hochleistungssports ausmachen. Es könnte vielmehr sein, dass es die Menschen selbst sind, die ihn betreiben: die Athleten, die Trainer und jene Betreuer und Funktionäre, die die Athleten und Trainer begleiten. Das Problem scheint deshalb auch kein quantitatives Problem zu sein. Es gibt nicht zu wenige Nachwuchsathleten.

Es gibt nicht zu wenige junge Menschen, die bereit sind, den Weg in den Hochleistungssport zu gehen und es gibt auch nicht zu wenige Trainer und Betreuer. Das Problem ist vielmehr ein Qualitätsproblem. Wie trainieren Athleten, die sich bereit erklärt haben, den Erfolg im Hochleistungssport zu suchen? Wie betreuen Trainer ihre Athleten, die sich auf den Hochleistungssport spezialisiert haben? Wie begleiten Pädagogen und Psychologen die Athleten auf ihrem Weg zur olympischen Spitze? Hat die Kommunikation der Praxis auch nur einen gewissen Wahrheitsgehalt, so scheint es angebracht zu sein, dass man sich vorrangig der Qualitätsfrage zu stellen hat. Wie kann es gelingen, dass Athleten härter trainieren, zuverlässiger trainieren, wahrhaftiger trainieren? Wie kann es gelingen, dass Trainer kompetent, mit den relevanten Erkenntnissen über ihre jeweilige Sportart ausgestattet, ihre Athleten betreuen, führen und motivieren? Wie kann es gelingen, dass die Leistungsdiagnostik regelmäßig und kontrolliert die professionelle Entwicklung der Athleten begleitet. Motivation könnte dabei das Schlüsselwort zur Lösung sein, doch Kontrolle wird vermutlich nicht weniger wichtig sein. Konsequenz, Selbstdisziplin und Ehrlichkeit gegenüber sich selbst und den anderen werden dabei auch zukünftig die wohl bedeutsamsten Tugenden sein, auf die es im Training und im Wettkampf des Hochleistungssports anzukommen hat. Diese Tugenden sind konsequent zu belohnen, nicht weniger konsequent sind jedoch Selbstbetrug, Schwindeleien, Bequemlichkeit und Nachlässigkeit zu sanktionieren. Das Problem scheint in der Tat ganz einfach zu sein. Auch heute ist man im Hochleistungssport nur dann erfolgreich, wenn man sich an jener Qualität orientiert, die sich auch in der Vergangenheit im Hochleistungssport bewährt hat. Das Rad ist nicht neu zu erfinden.

(2006)

Mitgliederwachstum im Verein oder Zahlen können trügerisch sein

Die Idee der freiwilligen Vereinigung weist wohl in keinem anderen Bereich unserer Gesellschaft eine vergleichbare Erfolgsgeschichte auf, wie dies im Sport der Fall ist. Nachdem sich im frühen 19. Jahrhundert Gleichgesinnte in so genannten Turngesellschaften zusammengeschlossen hatten, war eine Entwicklung in Gang gebracht worden, die bis heute andauert. Menschen mit gleichen Interessen gründen einen Verein, und in keiner Organisationsform gelingt es besser, gleichartige Interessen auf dem Gebiet des Sports zugunsten von Mitgliedern zu befriedigen, wie dies im Verein der Fall ist. Das historische Modell des Turnvereins hat deshalb viele Nachahmer gefunden und allein in der Zeit von 1950, als der Deutsche Sportbund gegründet wurde, bis heute konnte die Zahl der in Deutschland existierenden Vereine von ehemals 19.874 auf mehr als 90.000 Vereine anwachsen. Immer mehr Mitglieder sind den Vereinen beigetreten und so ist nicht nur ein Teil der Vereine langsam größer geworden, sondern die Gesamtmitgliederzahl jener Menschen, die sich in einem Verein über eine Mitgliedschaft einbinden lassen, ist von sechs auf über 27 Millionen angewachsen.

Mit diesem Wachstum haben sich auch die Vereine verändert. Mancher Verein ist heute längst nicht mehr das, was er noch vor wenigen Jahrzehnten gewesen ist. Wären die Turn- und Sportvereine in ihrem Handeln nur auf die Interessen ihrer Mitglieder ausgerichtet, so wären die Vereine weder an einem Wachstum ihrer Mitgliederzahlen orientiert noch müsste in ihnen eine Ausweitung ihrer Angebote notwendig sein. Ein Fußballverein könnte nach wie vor ein Fußballverein sein, in dem nur Gleichgesinnte Mitglieder sind, die gemeinsam Fußball spielen möchten. Doch die große Mehrzahl der Turn- und Sportvereine lässt sich in deren Entwicklung nicht nur von den Interessen der eigenen Mitglieder leiten. Die Vereine sind vielmehr in einen intensiven Austausch mit vielen relevanten Institutionen und Organisationen unserer Gesellschaft eingetreten und so werden heute an die Vereine Aufgaben herangetragen, die mit der eigentlichen Idee eines Vereins nur wenig oder gar nichts zu tun haben. Aufgaben, die einstmals wie selbstverständlich Pflichtaufgaben des Staates gewesen sind, werden zunehmend delegiert und die Vereine sind beliebte Adressaten für solche neuen Aufgabenstellungen. Prävention, Integration, Rehabilitation können die neuen Aufgabenstellungen lauten und immer bedient sich der Staat dabei der freiwilligen Vereinigungen.

Die Strukturen der Vereine verändern sich aber auch mit den Problemlagen der Mitglieder selbst und mit der veränderten Altersstruktur, die die Mitglieder aufweisen. Mit den dabei entstehenden neuen Interessen, die ergänzend oder an Stelle der alten Interessen getreten sind, verändert sich auch die Aufgabenstellung der Vereine und damit meistens die Angebote an die Mitglieder. So spielen Fußballspieler nach Beendigung ihrer aktiven Karriere Tennis in einer neu gegründeten Tennisabteilung, ehemalige Turnerinnen besuchen als ältere Hausfrauen eine Hausfrauengymnastik und da auch Vereinsmitglieder Rückenprobleme haben, ist es nahe liegend, dass man im Interesse der Mitglieder auch eine Rückensportgruppe eingerichtet hat. Vereine verändern sich somit aus sich selbst heraus, über die artikulierten Interessen der Mitglieder, vor allem aber auch aufgrund von immer aggressiver an die Vereine herangetragenen gesellschaftspolitischen Anliegen, was ebenfalls neue Strukturen und neue Mitgliedschaften für die Vereine zur Folge hat. Auf diese Weise kommt es zu Mitgliedergewinnen, die oft sehr langfristig und stabil sein können, aber keineswegs ist dies immer der Fall. Einige der neuen Interessen, die an und in die Vereine heran- bzw. hineingetragen werden, können auch eine Gefahr bedeuten, zumindest scheinen die dabei artikulierten Interessen nur bedingt den wirklichen Belangen einer verantwortungsvollen Vereinsarbeit zu entsprechen. Dies ist meist dann der Fall, wenn von außen versucht wird, die Geschicke des Vereins mit Macht oder mit Geld fremd zu bestimmen, wobei oft Macht und Geld auf das Engste miteinander einhergehen. In diesen Tagen lässt sich dies am Beispiel des Fußballs beobachten. Der Profi-Fußball bedient sich zwar nach wie vor der Idee des Vereins, wenngleich sich diese Vereine ganz wesentlich verändert haben. In einem Bundesligaverein hat deren Lizenzspielerabteilung längst den Charakter einer juristisch eigenständigen Institution. In gewisser Weise haben diese Vereine und deren Bundesligamannschaft nur noch den Namen gemein. Wohl gibt es aus steuerlichen Gründen noch eine Mitgliederversammlung des Vereins, die das Parlament für die Fußballabteilung darstellt und die Aufsichtsräte und Präsidien der Bundesligamannschaft sind nach wie vor gegenüber dieser Mitgliederversammlung rechenschaftspflichtig. Doch all dies geschieht vorrangig unter steuerlichen Maximen.

Diese formale Vereinsdemokratie ist in der Regel sehr tragfähig. Sie kann aber auch gewisse Gefahren in sich bergen. Will man im Lizenzfußball etwas beeinflussen, will man neue Konstellationen schaffen, so bedarf es der mehrheitlichen Unterstützung der Mitgliederversammlung. Einige Fans des Fußballs haben dies längst begriffen und so versuchen sie bei entsprechenden Konflikten sich dieser Einrichtung zu bedienen. In Freiburg war dies z. B. der Fall, als Fußballfans des FC Freiburg dessen Trainer beschützen wollten, nachdem die Vereinsführung die Beendigung des Arbeitsverhältnisses beschlossen hatte. Dieser Beschluss wurde von den Fans kritisiert und sie suchten einen Weg, diese Entscheidung rückgängig zu machen. Der Weg führte in die Mitgliederversammlung. Mit der Macht des Volkes ist es in dieser Versammlung möglich, die Entscheidung des Vorstands rückgängig zu machen. Damit es zu dieser Machtdemonstration des Volkes kommt, bedarf es jedoch einer Mehrheit. In Freiburg hätte dies nur dann erreicht werden können, wenn möglichst viele Fans in den Verein eintreten und mit ihrem Eintritt das Ziel verfolgen, die Mehrheit zugunsten des Trainers zu sichern.

Das Freiburger Beispiel verweist auf einen kritischen Sachverhalt: Im Fußballsport treten immer häufiger Mitglieder in die Fußballvereine ein, deren Anliegen es weder ist, Fußball zu spielen, noch sich anderweitig sportlich aktiv in diesen Vereinen zu betätigen. Handelt es sich beim FC Freiburg um ein spezifisches Mitgliederwachstum, ausgelöst durch einen konkreten Fall, so kann in der Fußball-Bundesliga schon seit längerem ein enormes Mitgliederwachstum beobachtet werden, ohne dass sich dabei das Aktivitätspotenzial in den Vereinen selbst erhöht. Vereine wie der VfB Stuttgart wuchsen im Jahr 2004 bis 2005 um 37%, die höchste Zuwachsrate von über 60% erreichte Werder Bremen im gleichen Jahr und ein Verein wie Bayern München weist heute bereits mehr als 100.000 Mitglieder auf, wobei die große Mehrheit dieser Mitglieder lediglich passive Fans der Fußballszene darstellen und keineswegs nur aus München oder

Bayern stammen. Allein die 18 Bundesligavereine haben durchschnittlich ein jährliches Wachstum von 60.000 Mitgliedern, ohne dass sich dadurch in den Vereinen, mit Ausnahme der erhöhten Einnahmen, strukturell etwas verändern würde.

Angesichts dieser Zahlen ist Vorsicht angebracht, wenn in diesen Tagen vom Wachstum des deutschen Sports die Rede ist. Es stellt sich sogar die Frage, ob sich möglicherweise die Mitgliederentwicklung in Bezug auf die aktiven Mitglieder in den Vereinen bereits rückläufig darstellt. Es könne sein, dass uns die absoluten Zahlen einen Mitgliederzuwachs vorgaukeln, der sich angesichts der passiven Fußballfans nur als ein Scheinwachstum erweist. Glücklicherweise ist davon zunächst nur der Fußballsport betroffen. Doch kann nicht ausgeschlossen werden, dass weitere Sportarten mit einer eigenständigen Fankultur eine ähnliche oder gleiche Entwicklung nehmen. Der im Fußball zu beobachtende neue Mitgliedertypus ist dabei keineswegs so harmlos, wie er auf den ersten Blick erscheint. Das Beispiel Freiburg zeigt die Wege auf, die diese neuen Mitglieder gehen können. Das Beispiel verweist auch auf Interessen, die eigentlich in der üblichen Vereinsarbeit eher als vereinsfremd zu bezeichnen sind. Mitgliederversammlungen, in denen dieser neue Typus von Vereinsmitglied die Mehrheit hat, haben diesen Versammlungen längst eine neue Qualität beschert, die für Massenmedien wohl spektakulär sein kann. Das, was eine wünschenswerte Vereinskultur auszeichnen soll, bleibt dabei jedoch oft genug auf der Strecke. Die Vereinsdemokratie hat sich immer öfter mit Problemen auseinanderzusetzen, die es zuvor in den Vereinen so noch nicht gegeben hat.

Deshalb muss gefragt werden, ob die bewährten demokratischen Prinzipien einer basisdemokratischen Vereinsarbeit über diese neuen Mitgliederstrukturen gefördert werden können oder ob diese möglicherweise das Vereinswesen in seiner Substanz gefährden. Dies gilt vor allem für den Schutz der Gemeinnützigkeit. Es stellt sich aber auch die Frage, ob jene neuen Versammlungsstrukturen dem entsprechen, was die Väter des Grundgesetzes gemeint haben, als sie dem Verein als der Einübungsstätte demokratischer Werte einen besonderen Schutz gewährten, als der Verein als Makler und Mittler zwischen Individuum und Gesellschaft von den Gründern unserer Republik auserkoren wurde.

(2007)

Olympische Herausforderungen

Zwischen Skepsis und Optimismus: Zur Zukunft der olympischen Bewegung

Wenn wir uns mit Fragen der Zukunft des Olympismus auseinandersetzen, müssen wir uns vor allem der bisherigen Entwicklung dieser besonderen Reformbewegung des Sports vergewissern. Wo hat der Olympismus seinen Ursprung? Welche Merkmale zeichnen seine Entwicklung aus? Was sind seine Ziele? Hat er diese erreicht? Solche und ähnliche Fragen sind zu beantworten. Wir haben uns aber auch der heutigen Situation des Olympismus zu stellen und nach den aktuellen Merkmalen des olympischen Sports zu fragen. Es müssen seine Stärken und Schwächen markiert und es sollten die Probleme offengelegt werden, die sich derzeit für die olympische Bewegung als eine besondere Herausforderung darstellen. Darauf aufbauend kann dann in einem dritten Schritt versucht werden, auf die Frage nach der Zukunft der olympischen Bewegung eine Antwort zu geben. Es ist dabei nicht nur die Frage nach den Möglichkeiten dieser Bewegung zu stellen, sondern auch nach den Werten und Sollensforderungen, die an sie gerichtet werden müssten. Es sollte auch die Frage gestellt werden, ob und welche Zukunft für diese Bewegung wünschenswert ist. Für die Lösung der aktuellen Probleme und für die Herausforderungen, in denen sich heute der moderne Olympismus befindet, bietet es sich schließlich an, die Frage nach vergleichbaren Ereignissen in der olympischen Geschichte zu stellen. Es könnte hilfreich sein, sich an den Niedergang der antiken Olympischen Spiele zu erinnern. Dieser Niedergang könnte eine Mahnung mit vielen Parallelen sein, denen man sich auch noch heute zu stellen hat.

Fragen wir nach der Herkunft der olympischen Bewegung, so können wir zunächst feststellen, dass die olympische Bewegung auf einem theoretischen Fundament basiert, das in seinen wesentlichen Elementen von Pierre de Coubertin errichtet wurde. Der moderne Olympismus im Sinne Coubertins basiert auf wissenschaftlicher Reflexion, wobei vor allem die Pädagogik, die Philosophie, die Geschichtswissenschaft und weitere Geistes- und Sozialwissenschaften als Legitimationsdisziplinen dienten. Im Zentrum dieser Reflexionen steht eine Konzeption des Individualismus: Die olympische Bewegung ist zunächst und vor allem auf das Individuum ausgerichtet. Der Sport wird dabei als Medium gedeutet, das dem Individuum einen Weg zur Selbsterkenntnis, ein Streben nach Selbstvollendung eröffnet und ihm eine Möglichkeit zur Selbstgestaltung bietet. Der Sporttreibende, der Athlet und in späteren Begründungen auch die Athletin, findet im Sport einen Weg, seine individuellen Möglichkeiten auszuschöpfen. Der olympische Athlet soll in einer Auseinandersetzung mit anderen, insbesondere in einer Konkurrenz des Wetteifers seinen eigenen Weg, seine eigenen Möglichkeiten finden, aber auch seine individuellen Grenzen erkennen. Der Wettbewerb nach Regeln ist das Vehikel, dessen man sich bedient, wenn man mittels Sport einen erwünschten Sozialisationsprozess und dabei vor allem einen Prozess der Individualisierung positiv beeinflussen möchte.

Ein weiteres Merkmal dieses modernen Olympismus ist die Ausrichtung an der Möglichkeit des Menschen zu außergewöhnlichen Leistungen, die Ausrichtung an der Höchstleistung. „Citius, altius, fortius" können dabei als Steigerungsimperative gedeutet werden, die sich jedoch sehr schnell als widersprüchlich und selbstgefährdend für die olympische Bewegung erweisen sollten. Geht man auf Distanz zu den Rekordmaximen und orientiert man das Handeln der Athleten lediglich an einem Prinzip des humanen Leistens, so geht es in einem am Individuum ausgerichteten pädagogisch orientierten Olympismus darum, dass dem Individuum aufgegeben ist, sein Bestes zu geben und dass die Auseinandersetzung um die persönliche Höchstleistung eingebunden ist in einen Geist des geregelten Wettbewerbs, in ein Prinzip der Humanität, was für den Sport vor allem bedeutet, dass er am Prinzip des Fair Play ausgerichtet sein muss. Höchstleistungen und Wettbewerb im Sport werden begrenzt durch den Respekt vor dem Gegner und den gemeinsam vereinbarten und schriftlich niedergelegten Regeln. Damit ist ein weiteres grundlegendes Merkmal des theoretischen Fundaments des Olympismus benannt.

Der moderne Olympismus verfolgt jedoch nicht nur eine Stärkung des Individuums, sondern er benutzt den Sport auch als ein pädagogisches Medium auf dem Weg zu einer höheren Menschlichkeit. Der moderne Olympismus ist immer auch auf die Gemeinschaft ausgerichtet. Deshalb wird der Sport in der philosophischen Konzeption des Olympismus als weltoffenes und globales Medium verstanden. Weltoffen bedeutet, dass er unabhängig sein muss von Staat, Rasse, Herkunft, Religion, Besitz und sonstigen möglichen Einflussfaktoren. Die Ausrichtung auf die Gemeinschaft bedeutet darüber hinaus, dass es ein Anliegen sein muss, mittels des Mediums des Sports den Weltfrieden zu fördern und sich auf diese Weise für den Aufbau einer besseren Gesellschaft zu engagieren.

Eine individualistische und auf Solidarität ausgerichtete Konzeptionierung des Olympismus beruht jedoch nicht nur auf dem Medium des Sports. Sport soll nicht isoliert gleichsam als abgegrenztes System in unserer Gesellschaft seinen Auftrag erfüllen, er sollte vielmehr eingebunden sein in eine außergewöhnliche gesellschaftliche Synthese, in der vor allem die Wissenschaft, die Kunst, die Musik, die Literatur und die Architektur eine Rolle spielen sollen.

Theorie und Praxis sind notwendigerweise zwei Seiten einer Medaille. Sie sind zusammengehörig und doch trennt sie vieles. Dies lässt sich auch – betrachten wir die Situation des Olympismus von heute – bei diesem besonderen Phänomen des Sports beobachten. Der Olympismus, so wie er theoretisch konzipiert wurde, die olympische Bewegung, so wie sie sich selbst versteht, deutet und sich auch organisiert hat, nimmt in den modernen Gesellschaften keine relevante Position ein. Die Theorie des Olympismus wird offensichtlich sehr viel häufiger ideologisch missbraucht. Sie wird zur Alibiargumentation, vor allem in Verbindung mit den Olympischen Spielen. Sie wird immer nur dann belebt, teilweise auch nur wiederbelebt, wenn Olympische Spiele stattfinden und sie gerät schnell in Vergessenheit, sobald das wichtigste Ereignis des Sports wieder der Vergangenheit angehört.

Die pädagogische Ausrichtung auf das Individuum ist mehr oder weniger stark durch Einflüsse von außen, die auf den modernen Athleten von heute wirken, gefährdet. Der Wettbewerbsgeist ist teilweise in Frage gestellt. Die Suche nach der Höchstleistung ist an ihre Grenzen gelangt. Das Prinzip des Fair Play wird nicht nur über den massenhaften Doping-Betrug in Frage gestellt. Dabei hat die Theorie der olympischen Bewegung vermutlich noch nie eine wirkliche Heimat in den Führungseliten der Sportorganisationen gehabt. Zumindest in der heutigen Zeit ist zu konstatieren, dass der großen Mehrheit der Funktionäre das theoretische Fundament des Olympismus, das u. a. auch in der Olympischen Charta und in der Schlusserklärung des IOC, die in Paris aus Anlass seines Jahrhundertkongresses verabschiedet wurde, fremd oder unbekannt ist oder allenfalls noch fragwürdigen Legitimationsversuchen dient. Bei einer zunehmend antiintellektuellen Führungselite, bei neuen und teilweise sehr erfolgreichen Symbiosen des olympischen Spitzensports mit den Massenmedien und der Wirtschaft, mit gesellschaftlichen Teilsystemen also, für die der Olympismus keine wesentliche Rolle spielen darf, ist dies auch nicht überraschend.

Die Theorie des Olympismus hat aber auch keine Heimat mehr in den Wissenschaften selbst. In den Universitäten spielt diese Theorie keine Rolle, entsprechende Lehrstühle gab es nicht und an den sportwissenschaftlichen Instituten grenzt dieses Thema in seiner Betrachtungsweise an zweitklassige Esoterik. Relevante Forschung findet nur noch im Ausnahmefall statt. Dort, wo die Intellektualität zu Hause sein sollte, hat die olympische Bewegung keinen Ort.

Blicken wir aus dieser Situationsbeschreibung heraus auf morgen, versuchen wir die Zukunft der olympischen Bewegung zu konzipieren, so ist Skepsis angebracht. Einerseits, so scheint es, sind die Prinzipien des modernen Olympismus so modern, wie zu jener Zeit, als sie für die europäische Gesellschaft konzipiert wurden. Eine ganzheitliche Erziehung von Körper und Geist, eine Werteerziehung, eine Ausrichtung auf die Selbstgestaltung der Individuen, auf die Notwendigkeit, seine eigenen Grenzen zu erkennen, auf den Wettbewerbsgeist, eine Erziehung zur geregelten und nicht manipulierten Höchstleistung, zum Respekt vor dem Gegner, all dies sind Aspekte einer Werteerziehung, wie sie heute dringender denn je erscheint. Die Ausrichtung an einem humanen Menschenbild unabhängig von Rasse, Religion und Herkunft, die Offenheit des Sports gegenüber jedem Mann und jeder Frau, die Hinwendung zu einer friedlichen Weltgesellschaft, der Aufbau einer besseren Welt – dies sind Ziele, die vermutlich von niemandem in Frage gestellt werden.

Sehr viel schwerer fällt es jedoch, diese Ziele mit dem modernen Sport zu verbinden, mit dem Berufssport, mit der Kommerzialisierung, mit der Hinwendung des Sports zum Medienspektakel, mit einer Ausrichtung der Leistung auf den Sieg um jeden Preis. Sind dies die dominanten Merkmale des olympischen Spitzensports, dann hat sich die Praxis von der Theorie getrennt. Sie wird, so scheint es, von einer anderen Theorie gesteuert. Die Praxis wird mit einem neuen Sinn verbunden. Gewinn und Verlust ist nunmehr der dominante Code, der heute den olympischen Sport prägt. Das olympische Ideengut kann allenfalls noch in der Form des Legitimationshelfers, als Sanierungsinstrument oder als Fassadenverschönerung auftreten, ohne dabei jedoch Glaubwürdigkeit zu zeigen.

Trotz dieser Skepsis wollen wir über die Zukunft der olympischen Bewegung sprechen. Möglicherweise gibt es einen berechtigten Optimismus. Dieser ist an jener Minderheit festzumachen, die sich um die Durchsetzung und Anerkennung der olympischen Prinzipien bemüht. Er kann an Personen abgelesen werden, die wie Willi Daume und Jacques Rogge auf ein Lebenswerk verweisen, das an der Idee des Olympismus ausgerichtet war bzw. heute noch ist. Und der Optimismus muss auch an einigen strukturellen Entscheidungen des Internationalen

Olympischen Komitees festgemacht werden, die zumindest in die richtige Richtung verweisen. Fortschritte im Anti-Doping-Kampf sind dabei ebenso ermutigend wie die Selbstbegrenzungsbemühungen, denen sich das IOC heute stellt. Die Entscheidungen der Ethikkommission der vergangenen Jahre sind ebenso ermutigend wie die neuen Mitbestimmungsmöglichkeiten und das Mitbestimmungsverlangen einer mündigen Athletenschaft.

Dieser Optimismus kann allerdings die Skepsis nicht überwiegen. Der Olympismus hat im olympischen Sport von heute kein echtes Fundament. Allenfalls sind ihm einige kleine Nischen zugewiesen, in denen er sich entwickeln kann. Angesichts dieser Situation bleibt nur die Hoffnung, dass aus Nischen Domänen werden, dass jene, die in ihnen handeln, an Einfluss und Entscheidungsbefugnis gewinnen.

(2005)

Risiken Olympischer Spiele für Jugendliche

Eine gute Idee wirft schwierige Fragen auf
Die Idee, weltweit eine Initiative ins Leben zu rufen, mit der Kinder und Jugendliche möglichst nachhaltig an den Sport und an die Werte des fairen Wettkampfs gebunden werden, ist prinzipiell unterstützenswert. Gesellschaftlicher Wandel, sich verändernde Einstellungen und Werte, neue Konsumgewohnheiten, Veränderungen der Welt der Freizeit und nicht zuletzt auch umfassender demographischer Wandel in der Weltbevölkerung legen es nahe, dass sich die Weltorganisationen des Sports für eine nachhaltige Bindung Jugendlicher an die Basisorganisation des Sports einsetzen. Bieten sich der Verwirklichung dieses Anliegens mehrere Möglichkeiten, trifft der Plan der Etablierung Olympischer Jugendspiele eine eindeutige Entscheidung zugunsten globaler Maßnahmen, ohne die Alternativen der Etablierung kontinentaler oder der Stärkung nationaler Strukturen abzuwägen.

Ein zentrales Anliegen der geplanten Olympischen Spiele für Jugendliche ist geknüpft an die Idee einer olympischen Erziehung. Insofern es dabei im Wesentlichen um Werteerziehung geht, muss dabei die Frage beantwortet werden, in welchem Verhältnis diese Werteerziehung zum eigentlichen sportlichen Wettkampf stehen soll. Dabei muss jedoch bedacht sein, dass eine Werteerziehung prinzipiell nur dann gelingen kann, wenn sie nicht nur an Personen ansetzt und versucht, Mentalitäten zu verändern, sondern wenn auch bestehende bzw. zu verändernde Strukturen im Blick sind, um auf diese Weise Werteerziehung erst erfolgswahrscheinlich werden zu lassen. Vor diesem Hintergrund sind die Bemühungen, Olympische Spiele für Jugendliche in Partnerschaft mit den Medien und der Wirtschaft durchzuführen, sehr genau zu bedenken. Beide Akteure, die Medien ebenso wie die Sponsoringpartner, werden vermutlich für eine Werteerziehung kaum zu gewinnen sein. Das Publikumsinteresse an Spitzensport und damit das Interesse von Medien und Wirtschaft beruht vielmehr vor allem auf der Spannung und dem Leistungsniveau sportlicher Wettkämpfe.

Gefahren der Selbstzerstörung
Für die Lösung des Anliegens gibt es in grundsätzlicher Weise mindestens zwei Möglichkeiten. Einerseits können nationale Strukturen zugunsten des Sports gestärkt und zur Verfügung stehende finanzielle Ressourcen auf die Mitgliedsorganisationen der internationalen Sportverbände ausgerichtet werden.

Andererseits bieten sich internationale Maßnahmen an, wobei globale gegenüber kontinentalen Maßnahmen abzuwägen sind.

Innerhalb des internationalen Hochleistungssports gibt es schon seit längerer Zeit gefährliche Prozesse, die die Gefahr der Selbstzerstörung in sich bergen. Dazu gehört das Doping-Problem ebenso wie die ständige Bedrohung und Gefährdung der Ressource Athlet, die Zunahme von Betrug und Gewalt und eine maßlose Kommerzialisierung. Ein weiterer Prozess der Ausdifferenzierung des internationalen Hochleistungssports birgt erhebliche Gefahren in sich. Trotz guter Absichten, die dem Projekt „Olympische Jugendspiele" zugrunde liegen, ist es wahrscheinlich, dass gefährliche Nebenwirkungen zum Tragen kommen, die nicht mehr gesteuert werden können. Bei jeder neu hinzugekommen zeitlichen Belastung innerhalb des Organisationskalenders des Sports muss deshalb überprüft werden, inwiefern dadurch der bestehende Sportkalender belastet wird, was und wer auf diese Weise gefährdet werden kann und ob eine weitere Ausweitung mit Blick auf Kommerzialisierung und Kooperation mit den Massenmedien verantwortbar ist.

Gegen die Durchführung Olympischer Jugendspiele lassen sich deshalb vielfältige Bedenken äußern. Das IOC, das sich für die Einführung der neuen Spiele entschieden hat, sollte solche Bedenken nicht als überflüssig erachten. Im Folgenden werden sie beispielhaft skizziert. Sie können einen Beitrag zum Gelingen der geplanten Spiele darstellen.

Die Terminabstimmung für zukünftige Olympische Spiele für Jugendliche wird dann vor allem Schwierigkeiten bereiten, wenn an diesen Spielen vorrangig Jugendliche teilnehmen werden, die gleichzeitig noch dem öffentlichen Schulwesen angehören. Wenn man wirklich will, dass die duale Karriere Schule/Leistungssport gelingen soll, müsste der Termin mit Ferienkalendern weltweit abgestimmt werden, was jedoch kaum machbar zu sein scheint. Wenn die Spiele selbst während der großen Ferien der Schüler stattfinden, wird man nur bedingt das jugendliche Publikum antreffen können, das ja die eigentliche Zielgruppe für diese Spiele sein soll, denn ein Großteil dieses jugendlichen Publikums wird sich gemeinsam mit deren Familien in den Ferien befinden.

Bei der Planung zukünftiger Olympischer Spiele für Jugendliche muss auch vorbeugend die Frage diskutiert werden, welchen Imageschaden es für die gesamte olympische Bewegung bedeuten würde, wenn die ersten Doping- und „Sportkrüppelfälle" im Kontext dieser Spiele ruchbar werden.

Die entscheidende Frage in Bezug auf die Einführung Olympischer Jugendspiele ist darin zu sehen, durch welche Qualität sich diese auszeichnen sollen. Dabei sind bei einer derartigen Veranstaltung sportliche von nichtsportlichen Inhalten zu unterscheiden und es stellt sich die Frage, in welcher Relation sich die beiden Inhalte zueinander befinden.

Steht das gemeinsame Begegnen, das Gespräch, die interkulturelle Verständigung im Mittelpunkt und bildet der sportliche Wettkampf nur eine Begleitfunktion, so wäre dies wünschenswert. Betrachtet man jedoch die Interessenslage von Jugendlichen im Alter von 14 bis 18 Jahren, so erscheint eine derartige Gewichtung aus Sicht der Jugend höchst unwahrscheinlich zu sein. Jene Jugendlichen, die an den geplanten Olympischen Spielen für Jugendliche teilnehmen, werden sich vielmehr durch ein hohes Leistungsmotiv auszeichnen. Sie haben sich bereits auf kommunaler, regionaler und nationaler Ebene in Wettkämpfen bewährt und sie zeichnen sich vor allem dadurch aus, dass sie sich in der von ihnen ausgeübten Sportart anspruchsvolle Ziele gesetzt haben. Doch selbst wenn die Prioritätensetzung der interkulturellen Verständigung von den Jugendlichen akzeptiert würde, wären Olympische Jugendspiele mit dieser Ausrichtung eine äußerst anspruchsvolle organisatorische Herausforderung. Sollen solche Spiele nicht Alibihandlungen werden, bedarf es kreativer Konzepte, die vor allem das Problem der sprachlichen Verständigung lösen. Die Anzahl der Jugendlichen, die sich dabei treffen, müsste zwangsläufig äußerst begrenzt sein, was notwendigerweise ein erhöhtes Auswahlproblem zur Folge hat. Sollte dennoch eine derartige Ausrichtung erwünscht sein, ist zu empfehlen, einen Ideenwettbewerb unter Beteiligung der besten Universitäten der Welt auszuschreiben, um auf diese Weise möglichst genau den vorgegebenen Zielen entsprechen zu können.

Haben die sportlichen Inhalte Priorität, stellt sich die Frage nach den Inhalten selbst. Hier bieten sich zwei Möglichkeiten an. Entweder werden bewusst solche Inhalte bei diesen Jugendspielen angeboten, die bislang nicht Inhalt bei Olympischen Spielen sind, dabei käme es zu einer Dominanz so genannter jugendlicher Trend-Sportarten, oder es werden die Sportarten jener internationalen Verbände angeboten, die bis heute die Olympischen Spiele der Erwachsenen prägen.

Würde der erste Weg gewählt, würde dieser notwendigerweise den Widerstand der internationalen Fachverbände hervorrufen, denn auf diese Weise würden die internationalen Sportfachverbände ihre eigene Zukunft gefährden.

Wird der zweite Weg gewählt, sind die Olympischen Spiele für Jugendliche notwendigerweise eine kleine Kopie der Erwachsenenspiele. Unter innovatorischen Gesichtspunkten werden sie deshalb kaum eine bedeutsame Rolle spielen. Dieses Argument könnte jedoch von den internationalen Verbänden dadurch abgeschwächt werden, indem sie sich festlegen, dass bei den Olympischen Spielen für Jugendliche nur solche Disziplinen angeboten werden, die bei den Erwachsenenspielen nicht stattfinden (z. B. gemischte Staffel, 300-m-Lauf anstelle des 400-m-Laufs). Der Innovationswert wäre dabei freilich äußerst gering.

Würden nicht-olympische Sportaktivitäten der zentrale Inhalt Olympischer Spiele für Jugendliche sein, würde die Gefahr bestehen, dass solche Spiele lediglich zu einem Marktforum für neue Sportgeräte und Sportaktivitäten würden. Denn es ist davon auszugehen, dass dabei von Olympiade zu Olympiade jeweils spektakuläre Neuerungen hinzukommen würden. Die olympische Bewegung würde auf diese Weise selbst dem Gesetz der Mode unterworfen, die durch schnellen Wechsel geprägt ist. Die Idee herausragender menschlicher Leistungen ebenso wie die Idee des Fair Play würde in einer derartigen Entwicklung zwangsläufig erheblich belastet.

Die vom IOC bisher definierten Rahmenbedingungen für Olympische Spiele für Jugendliche zeichnen sich dadurch aus, dass man Limitierungen setzen möchte, um eine Entwicklung zu verhindern, von der man ausgeht, dass sie zukünftigen Olympischen Spielen für Jugendliche schaden könnte. So wird die Teilnehmerzahl auf 3.500 begrenzt, die Kommerzialisierung soll auf bestehende Partner ausgerichtet sein und die massenmediale Multiplikation soll limitiert und kontrolliert werden. Solche Absichten sind wohl verständlich, doch mit Blick auf Prozesse, wie sie in komplexen Systemen üblicherweise stattfinden, muss darauf hingewiesen werden, dass diese Absichten kaum realistisch sind und deshalb dringend einer Überprüfung bedürfen.

Folgt man der bestehenden Konzeption, so haben die internationalen Verbände zu entscheiden, welche Wettkämpfe innerhalb der jeweiligen Sportart ausgetragen werden und welche Altersgruppe dabei aus der Altersgruppe der 14- bis 18-jährigen eingeladen wird. Mit dieser Vorgabe geraten die internationalen Verbände sehr schnell in erhebliche Legitimationsschwierigkeiten.

Werden in der einen Sportart 16-jährige Jugendliche eingeladen, definiert die andere Sportart die Teilnehmer über die Altersgruppe U-18 und eine dritte Sportart legt sich fest, 14-jährige pubertierende Jugendliche einzuladen. Für alle Altersgruppen in jeder Sportart, die nicht eingeladen werden, stellt sich immer die Frage, warum ihre Altersgruppe in einer anderen Sportart bei Olympischen Spielen starten darf, sie hingegen nicht. Dieser Legitimationsdruck wird mittel- und langfristig zwangsläufig eine Angleichung erforderlich machen, will man die Frage nach Gerechtigkeit beantworten.

Diese Frage stellt sich auch in Bezug auf die Wettkämpfe innerhalb der jeweiligen Sportarten. Entscheidet sich z. B. die Leichtathletik, aus welchen Gründen auch immer, für den Weitsprung und werden Hochspringer nicht eingeladen, so ist dies aus Sicht der Athleten äußerst ungerecht. Jeder Leichtathlet möchte bei Olympischen Spielen für Jugendliche teilnehmen, ganz gleich, welche Disziplin er betreibt. Deshalb wird es auch in Bezug auf diese Frage notwendigerweise mittel- und langfristig zu einer Angleichung der Wettkämpfe zwischen Erwachsenen und Jugendlichen kommen, da Jugendliche in sehr vielen Ländern diese Wettkämpfe bereits heute regelmäßig betreiben, es sei denn, es gäbe medizinische oder entwicklungspsychologische Gründe, dass solche Disziplinen grundsätzlich verboten sind.

Versucht man diesem Problem möglicherweise dadurch gerecht zu werden, dass man jeder olympischen Sportart das gleiche Kontingent an Sportlern zuweist, die bei Olympischen Spielen teilnehmen dürfen, wird es angesichts der Unterschiedlichkeit der Sportarten, insbesondere Mannschaftssportarten im Vergleich zu Einzeldisziplinen, sehr schnell zu ungerechten Bedingungen kommen, die von den internationalen Fachverbänden in Frage gestellt würden. Hinzu kommt, dass sich für jeden internationalen Fachverband ein erhebliches Auswahlproblem stellt. Würden Weltmeisterschaften jeweils im Jahr vor Olympischen Jugendspielen der Auswahlort sein, an dem sich Jugendliche für die Olympischen Jugendspiele qualifizieren können, wäre die Elitebildung innerhalb der Olympischen Jugendspiele zwangsläufig die Folge. Medaillen, die bei diesen Spielen erreicht werden, hätten sehr schnell eine ähnliche Bedeutung wie jene Medaillen, die bei den Erwachsenenspielen angestrebt sind.

Würden bei den Olympischen Spielen für Jugendliche von den internationalen Fachverbänden nur solche Wettkämpfe ausgetragen, die bislang bei den Erwachsenen nicht stattfinden, hätte dieser Wettbewerb einen Laborcharakter, in dem man neue Events der jeweiligen Sportart erprobt; auch hier würde sich das Auswahlproblem in gleicher Weise stellen. Die Frage, welche Athleten sich mit welchen Leistungen für solche Spiele qualifizieren können, würde für die internationalen Verbände in ihrer Beantwortung jedoch äußerst schwierig sein. Es besteht dabei die Gefahr, dass auf kontinentaler und nationaler Ebene die entsprechenden Wettkämpfe notwendigerweise als Wettkämpfe eingeführt sein müssen, will man bei diesen Olympischen Spielen dem Gebot der Spitzenleistung gerecht werden. Auf diese Weise würde sich z. B. die Jugend-Leichtathletik von der Erwachsenen-Leichtathletik notwendigerweise ablösen und sie würde nicht mehr die wünschenswerte Brücke hin zum Erwachsenensport bilden.

Die in Bezug auf die Begrenzung der Teilnehmerzahlen gemachten Anmerkungen deuten darauf hin, dass es sich bei Olympischen Jugendspielen zwangsläufig um ein Großereignis des Weltsports handeln wird. Mittel- und langfristig wird es sich über einen Zeitraum von zwei bis drei Wochen erstrecken müssen, wenn die dabei absehbaren Organisationsprobleme angemessen gelöst sein sollen. Die Teilnehmerzahlen können dabei äußerst dynamisch wachsen, wenn man unter Gewährung fairer Wettkämpfe die Altersklassen voneinander trennt. In manchen Sportarten würde dies bedeuten, dass für jede Altersgruppe ein eigenes Wettkampfreglement und -arrangement bestehen müsste. Die Zahl der Kampfrichter und Betreuer muss in einer Größenordnung mit bedacht werden, wie dies für Erwachsenenspiele üblich ist, zumal unter Betreuungsgesichtspunkten für Jugendliche diesbezüglich sehr viel mehr Bedarf existiert, als dies bei Erwachsenen der Fall ist. Dies gilt vor allem dann, wenn das pädagogisch und sozialpolitisch bedeutsame Ziel der Begegnung und Verständigung im Mittelpunkt zu stehen hat.

All diese Hinweise machen deutlich, dass Olympische Spiele für Jugendliche in dieser Größenordnung vermutlich nur in Städten ausgerichtet werden können, die sich auch für Olympische Spiele der Erwachsenen beworben oder diese bisher ausgerichtet haben. Man benötigt Infrastrukturen in einer vergleichbaren Größenordnung und für die ausrichtenden Städte werden sich vergleichbare ökonomische Chancen und Risiken ergeben, wie dies für die Olympischen Spiele der Erwachsenen der Fall ist.

Der Verzicht auf den Neubau von Wettkampfstätten bei gleichzeitiger Wahrung bestimmender Standards im Hinblick auf die Wettkampfstätten selbst und in Bezug auf die Unterbringung wird zur Folge haben, dass viele Länder und Städte als mögliche Austragungsorte ausgeschlossen werden. Dies lässt sich allerdings kaum mit den Idealen der olympischen Bewegung vereinbaren.

Damit wird jedoch auch deutlich, dass solche Olympischen Jugendspiele zumindest aus nationaler Perspektive äußerst bedeutsame Großveranstaltungen darstellen werden, die zwangsläufig und notwendigerweise massenmedial zu begleiten sind. Mittelfristig werden solche Spiele auch ein Zuschauerinteresse hervorrufen, es sei denn, man würde diese Spiele dadurch als etwas Besonderes definieren, dass sie unter Ausschluss des Publikums stattfinden, d. h., dass keine Eintrittskarten vertrieben werden. Angesichts der Bedeutung und der herausragenden sportlichen Leistungen, die bei solchen Spielen zu erwarten sind, ist dies jedoch höchst unwahrscheinlich und auch gegenüber der Öffentlichkeit nicht legitimierbar. Hinzu kommt insbesondere, dass die Jugendlichen selbst ihre sportlichen Leistungen einer Öffentlichkeit präsentieren möchten.

Deshalb werden solche Spiele zwangsläufig insbesondere unter nationalen Gesichtspunkten live vom Fernsehen übertragen und werden zumindest eine kontinentale Medienresonanz erhalten.

Dies hat wiederum zur Folge, dass dieses Ereignis unter Vermarktungsgesichtspunkten eine mittlere bis große Resonanz erhalten wird und mittel- und langfristig zu den größten Sportereignissen aus ökonomischer Sicht zählen wird. Aus der Sicht des IOC könnte dies wünschenswert sein, allerdings ist dabei die Gefahr zu beachten, dass man sich mit diesem Ereignis eine eigene Konkurrenzveranstaltung schafft, die den Wert der Olympischen Erwachsenenspiele mehr begrenzt als befördert.

Prinzipiell stellt sich dabei die Frage nach der Sättigung des Markts im Unterhaltungsbereich. Einige Tendenzen deuten darauf hin, dass bereits heute im Bereich von Freizeit und Unterhaltung weltweit Sättigungsgrenzen erreicht werden. Es stellt sich somit die Frage, ob davon auch Sportgroßveranstaltungen betroffen sind. Dies hängt vor allem auch vom Verhältnis des Sports zu anderen kulturellen Bereichen in unserer Gesellschaft ab. Ob dabei eine weitere Ausweitung des Sports wünschenswert ist, wird von Gesellschaft zu Gesellschaft unterschiedlich beantwortet.

Genauer hingegen kann man bereits heute die Auswirkungen beschreiben, die sich für die olympischen Fachverbände durch einen derartigen Erfolg ergeben würden. Jede Stärkung globaler sportlicher Großveranstaltungen führt zwangsläufig zu einer Minderung des Interesses an den Einzelereignissen der olympischen Sportarten. Hier ist schon seit längerem zu erkennen, dass die Existenz einiger olympischer Sportarten ganz wesentlich an die finanzielle Unterstützung des IOC gebunden ist. Diese problematische Entwicklung würde durch die Einführung von Olympischen Spielen für Jugendliche zwangsläufig beschleunigt.

Für viele Sportarten können aus trainingswissenschaftlicher und medizinischer Sicht, aber auch unter entwicklungspsychologischen Gesichtspunkten Olympische Jugendspiele gar nicht oder nur sehr bedingt verantwortet werden. Ein olympischer Wettkampf hat zwangsläufig zur Folge, dass sich Athleten mittels enormer Trainingspensen im Vorfeld solcher Spiele vorbereiten. Auf diese Weise kommt es zu einer Vorverlegung des Leistungsalters in fast allen olympischen Sportarten. Dies steht im Widerspruch zu einem trainingswissenschaftlichen Konsens, der sich dadurch auszeichnet, dass man auf möglichst frühe Spezialisierungen in fast allen olympischen Sportarten zukünftig verzichten sollte. Angesichts der Doping-Problematik, von der fast alle Sportarten intensiv betroffen sind, wäre eine solche Vorverlegung geradezu fatal. In manchen olympischen Sportarten besteht gar die Gefahr, dass von Jugendlichen zu erzielende Leistungen als höher zu bewerten sind als jene der Erwachsenen. Auf diese Weise käme es zu einer Abwertung der olympischen Medaillen der Erwachsenen, was nicht im Interesse des IOC liegen kann.

Ausblick

Die Einführung Olympischer Jugendspiele weist ohne Zweifel wichtige Chancen auf. Die Olympischen Spiele für Jugendliche werden zu einer Begegnungsstätte für die Jugend der Welt. Im Mittelpunkt stehen dabei olympische Ideale, die überzeitlich sind und deren Anerkennung über Jugendliche gesichert werden kann. Olympische Spiele können auch Stimulanz für Jugendliche sein, sich in der Welt des Sports zu engagieren; sie bieten anspruchsvolle Ziele, für die es sich lohnt, dass sich Jugendliche an ihnen ausrichten. Olympische Jugendspiele können aber auch große Risiken in sich bergen und es scheint so, dass die Risiken im Vergleich zu den Chancen stärker zu gewichten sind. Bereits bestehende Prozesse der Selbstzerstörung im System des Sports können dadurch beschleunigt werden, beabsichtigte positive Wirkungen werden durch viele unbeabsichtigte Nebeneffekte konterkariert, eine ohnehin kaum kontrollierbare Wachstumsspirale innerhalb des Sports wird beschleunigt und eine gut gemeinte Veranstaltung wird unter Organisationsgesichtspunkten unkontrollierbar.

Im Jahr 2010 werden die ersten Olympischen Spiele für Jugendliche in Singapur stattfinden. Vermutlich werden diese Spiele noch relativ klein sein, doch es werden erste Anzeichen zu erkennen sein, die auf Differenzierung und Vergrößerung hinweisen. Dem IOC ist deshalb zu empfehlen, sich sehr differenziert mit den organisatorischen Aspekten dieser Spiele auseinanderzusetzen. Hierzu ist zu empfehlen, ein Forschungsvorhaben auszuloben, in dem Vorbereitung und Durchführung der ersten Olympischen Spiele für Jugendliche begleitend untersucht wird, um auf diese Weise qualitativ anspruchsvolle Steuerungselemente zu erhalten, mit denen zukünftig die Entwicklung dieser Spiele verantwortungsvoll gemeistert werden kann.

(2007)

Olympische Spiele für Jugendliche – ein Thema von hoher Dringlichkeit und großer Diskussionsbedürftigkeit

Immer häufiger schreiben Journalisten über Sachverhalte, von denen sie selbst wenig verstehen. Zumindest haben sie sich nicht ausreichend mit der Materie vertraut gemacht, um kompetent über sie schreiben zu können. Bei der Berichterstattung über das Doping-Problem ist dies schon seit Längerem zu beklagen. Kaum kompetenter wird in jüngster Zeit über die vom IOC beschlossenen Olympischen Jugendspiele berichtet. Selbst das offizielle Organ des DOSB wird von solch unzureichender Berichterstattung nicht verschont. Die Olympischen Jugendspiele wurden keineswegs, wie es in diesem Organ von einem der DOSB-Repräsentanten behauptet wird, sorgfältig vorbereitet und inhaltlich in den internationalen Verbänden ausreichend diskutiert, sodass man wissen könnte, über was man überhaupt spricht, wenn zukünftig diese Spiele veranstaltet werden sollten.

Die Idee der Spiele, die mit ihnen zu verfolgenden Ziele, die möglichen Inhalte, die Rahmenbedingungen, ihre Finanzierung und ihr Modus, all dies liegt gerade erst seit zwölf Monaten in schriftlicher Form vor; aus nahe liegenden Gründen müsste solch ein großes Vorhaben jedoch berechtigte Fragen wenigstens einiger Beteiligten und Beobachter hervorrufen. Doch das war bislang kaum der Fall.

Das höchste Gremium des IOC hat sich mittlerweile allerdings entschieden. Wie in internationalen Sportorganisationen üblich, wurde der Beschluss einstimmig gefasst: Die Olympischen Jugendspiele werden zum ersten Mal bereits im Jahr 2010 stattfinden. Ihre Rahmenbedingungen sollen in der Olympischen Charta verankert werden. Auf diese Weise sollen die Jugendspiele vor einigen Entwicklungen geschützt werden, die sie gefährden könnten. Ihre Größe könnte damit begrenzt, die Teilnehmerzahl klein gehalten, das Programm ausgewählt und verbindlich festgelegt und die finanziellen Bedingungen vernünftig definiert werden. Immerhin benötigt man eine Zweidrittelmehrheit, wenn man die Regularien der Olympischen Charta ändern möchte. Der vom IOC-Präsidenten Jacques Rogge dabei eingeschlagene Weg zur Durchsetzung eines seiner wichtigsten Anliegen ist deshalb durchaus zu begrüßen und benötigt dringend Unterstützung.

Die Fragen, die im Vorfeld des IOC-Beschlusses von Guatemala gestellt wurden, haben damit jedoch nicht ihre Berechtigung verloren und Bedenken gegenüber diesen Spielen sind deshalb auch nicht zurückzustellen. Viele Fragen sind nach wie vor unbeantwortet. Doch zu ihrer Beantwortung ist nunmehr Eile geboten. Denn bereits im September haben sich die Kandidatenstädte für die Olympischen Jugendspiele in Lausanne getroffen. Eine Expertengruppe bearbeitet ihre technischen Aspekte. Eine weitere Gruppe soll sich mit der inhaltlichen Gestaltung der Spiele selbst auseinandersetzen. Bis Ende Oktober sind die endgültigen Bewerbungen der Bewerberstädte einzubringen. Sie sollen bis zum 13. November begutachtet sein. Eine Expertengruppe wird dann jene Städte empfehlen, die als die engere Wahl zu gelten haben. Die engere Wahl bedarf dann einer sorgfältigen Evaluierung, wobei zu klären ist, ob der Evaluierungsprozess in Qualität und Form jenem bei den Olympischen Spielen entspricht oder ob man eine Kurzform der Evaluierung als geeignet erachtet. Bereits Ende Januar muss dann ein Abschlussbericht dem Exekutivkomitee des IOC vorgelegt werden. Die Entscheidung über die Vergabe der Spiele wird Ende Februar 2008 erfolgen.

Dies ist ein anspruchsvoller, aber auch äußerst knapp bemessener Zeitplan. In wenigen Monaten ist dabei viel zu leisten. Das Wichtigste wird dabei allerdings sein, dass man – in äußerst kurzer Zeit – eine Antwort auf die Frage findet: „Welche Art von Spielen ist gewollt, mit welchen Inhalten soll die ausgewählte Stadt im Jahr 2010 im Auftrag des IOC diese Spiele organisieren?".

Man hätte sich gewünscht, dass diese Frage vor dem Bewerbungsverfahren beantwortet wird, doch dem war nicht so. Dabei müssten die Bewerberstädte eigentlich wissen, für welche Spiele sie sich bewerben, welches Produkt von ihnen erwartet wird und durch welche Qualitätsmerkmale man sich dabei auszeichnen muss. Im Nachhinein ist diese Voraussetzung nicht mehr zu korrigieren.

Auf was es nunmehr vor allem noch ankommen kann, ist die Herausforderung, dass in wenigen Wochen und Monaten eine intelligente inhaltliche Füllung des vom IOC beschlossenen Rahmens erfolgt, der durch die Beschlüsse fest vorgegeben ist. Welche Art von Wettkämpfen in den olympischen Sommer- bzw. Wintersportarten findet bei diesen Spielen statt? Sind es lediglich Weltmeisterschaften der Verbände im verkleinerten Format oder werden ganz neue Wettkampfformate entwickelt? Bleiben die Geschlechter getrennt oder gibt es neue gemeinsame Wettbewerbe? Welche Qualität haben diese Wettkämpfe? Wie qualifizieren sich die Athleten für diese Wettkämpfe? Welche Rolle spielen dabei die Kontinente? Wie sind die Wettkämpfe eingebunden in ein Ereignis der Begegnung, in dem die von Dr. Jacques Rogge formulierten Ziele angestrebt werden können? Wird auf Hymnen und Fahnen verzichtet? Sucht man neue Formen zur Ehrung der Sieger oder verzichtet man völlig auf sie? Wie findet der kulturelle Austausch der Jugendlichen angesichts der polyglotten Situation ihrer Teilnehmer statt, die aus den verschiedenen Ländern mit unterschiedlichen Kulturen und Religionen kommen und deren Alter äußerst unterschiedlich sein kann? Was wird dabei ausgetauscht? Will und vor allem kann man, wie angestrebt wird, tatsächlich bei diesen Spielen junge Menschen erziehen? Soll die Erziehung im Sinne von „intentionalen" Akten erfolgen, bei denen die Erziehungsprozesse und -ergebnisse auch einer Kontrolle zu unterliegen haben und sie dann als gelungen zu bezeichnen sind, wenn die Ziele erreicht sind? Oder geht es lediglich um eine Atmosphäre der Aufklärung und der Wissensvermittlung? Wie kann das nahe liegende individuelle Ziel der Athleten, besser zu sein als die Gegner und möglichst Olympiasieger zu werden, mit den anspruchsvollen Zielen der olympischen Bewegung – Fairness, gegenseitiger Respekt, Völkerverständigung, Frieden – verknüpft werden. Diese Jugendspiele dürfen ganz gewiss nicht eine Kopie olympischer Erwachsenenspiele im kleineren Format sein. All diese Fragen bedürfen intensiven Nachdenkens, kreativer Ideen und verschiedener Planspiele.

Diese Fragen darf man nicht nur einzelnen offiziellen Repräsentanten überlassen, deren fachliche Kompetenz darüber hinaus meist fragwürdig und aus nahe liegenden Gründen kaum ausreichend sein dürfte. Wer die Bedenken ausräumen möchte, die Pädagogen, Sport- und Trainingswissenschaftler gegen diese Wettkämpfe formuliert haben, wer sicherstellen möchte, dass nicht auch diese Wettkämpfe am Ende von Doping-Betrug, Unfairness und nationalem Prestigedenken beeinträchtigt werden, wer will, dass diese Spiele sich durch eine neue kulturelle Qualität auszeichnen, der muss seine Ideen zur Diskussion stellen und zulassen, dass auch er sich selbst auf dem Prüfstand stellt. Deshalb muss auch vom DOSB erwartet werden, dass er am kritischen Dialog interessiert ist.

Aus diesem Grunde wäre es wünschenswert, dass sich alle im DOSB organisierten olympischen Sportverbände an dieser Diskussion beteiligen. Es sollten Ideen eingereicht werden und Foren gegründet werden, um möglichst schnell das Bestmögliche aus dem zu machen, was uns als Rahmen vorgegeben ist. Zu Recht könnte hierbei nach der Rolle und Aufgabe der neu gegründeten Deutschen Olympischen Akademie gefragt werden. Warum hat sie sich bislang zu all diesen und anderen olympischen Fragen nicht geäußert? Sicherlich können diese Olympischen Jugendspiele für die olympische Bewegung eine große Chance sein und für die Jugendlichen der Welt, die an ihnen im Jahr 2010 teilnehmen werden, können diese Spiele über den Sport hinaus schöne Erlebnisse, wichtige Erinnerungen und wegweisende und damit nachhaltige Erfahrungen ermöglichen. Damit sie diesem Anspruch genügen, müssen jedoch kritische Fragen erlaubt sein und die Spiele selbst müssen im wahrsten Sinne des Wortes ein Forum der Begegnung, des Dialogs, des Gesprächs, des kulturellen Austauschs und der Solidarität mit den Teilnehmern aus den armen Ländern dieser Welt mit ihren für den Jugendsport meist völlig unzureichenden Möglichkeiten sein. Dann erst würden sie auch dem Grundsatz Coubertins gerecht, dass die Olympische Idee eine pädagogische Idee ist; ein Grundsatz, der in der Olympischen Charta fest verankert ist. Es geht deshalb um die konstruktive Ausgestaltung dessen, was das IOC mit seinem Beschluss von Guatemala vorgegeben hat. Plattitüden, hohle Worte und Phrasen sollten dabei keinen Platz haben.

(2007)

Menschenrechte und olympischer Sport

„Die Würde des Menschen ist unantastbar" – diese Maxime ist das Fundament, auf dem die Gründungsväter der Bundesrepublik Deutschland eine neue deutsche Gesellschaft gebaut sehen wollten. Mit diesem Satz wird auf die humanitäre Katastrophe verwiesen, die der Nationalsozialismus in Deutschland und weit über Deutschland hinaus ausgelöst hatte. Mit dieser Feststellung wird eine Leitlinie angeboten, die es uns möglich macht, dass aus der menschenverachtenden Politik der Vergangenheit gelernt werden kann, dass sich unsere Gesellschaft zukünftig durch Humanität und Würde auszeichnen kann. Damit ist uns Deutschen aber auch ein Auftrag mit auf den Weg gegeben, wo immer die Menschenwürde angetastet wird. Wo immer Menschenrechte in dieser Welt verletzt werden, sind diese anzuklagen und ist dagegen anzugehen. Wir alle haben uns dafür einzusetzen, dass es zu einer Achtung der Würde des Menschen kommt. Deshalb ist jeder Vollzug einer Todesstrafe ein Vollzug zuviel, jede Bestrafung eines angeblich Schuldigen ohne ein Urteil eine Bestrafung zuviel, jede präventive Verhaftung eine zuviel und jede Verweigerung des Dialogs mit Andersdenkenden eine Verweigerung zuviel. Grundsätzlich muss für uns alle gelten, dass jede Verletzung der Menschenwürde eine zuviel ist. Dies gilt für unser eigenes Land. Dies gilt für Demokratien. Dies gilt vor allem aber auch für autoritäre oder totalitäre Staaten, so z. B. für Russland und nicht zuletzt für China. Wenn wir von Menschenrechten reden, so sollten sie allen Menschen gewährt werden und wir haben uns deshalb auch in aller Entschiedenheit gegen eine Relativierung der Menschenrechte einzusetzen. Menschenrechte sind universell, wo immer Menschen leben, haben sie Gültigkeit. Frauen wie Männer haben einen Anspruch auf Gleichberechtigung, Kinder benötigen den Schutz der Erwachsenen, Minderheiten sind von der Mehrheit zu respektieren, Religionsfreiheit ist zu gewähren, jeder Mensch hat das Recht auf ein würdiges Leben.

Wenn in diesen Tagen aus Anlass der Olympischen Spiele in Peking vermehrt der Fokus auf China gerichtet ist, wenn die Frage nach der Einhaltung der Menschenrechte in einer totalitären Gesellschaft gestellt wird, so ist dies angesichts der Menschenrechtsverletzungen, die nach wie vor in China alltäglich sind, notwendig, nahe liegend und bedarf einer sorgfältigen Würdigung. Der olympische Sport, allen voran das IOC, hat sich an dieser Diskussion zu beteiligen. Es darf dabei jedoch nicht vergessen werden, dass Menschenrechtsverletzungen nicht nur in Diktaturen vorkommen. Auch in Demokratien wird noch die Todesstrafe vollstreckt. Präventive Verhaftungen sind auch in nordamerikanischen und europäischen Staaten immer häufiger auf der Tagesordnung und die Verweigerung des Dialogs mit Andersdenkenden zeichnet nicht nur die autoritären Regime dieser Welt aus. Auch kann der Hinweis gemacht werden, dass in China nicht erst in jüngster Zeit Menschenrechtsverletzungen zu beobachten sind, ja, dass sich die Situation in Bezug auf die Menschenrechte seit der marktwirtschaftlichen Öffnung eher positiv entwickelt hat. Dieser relativierende Hinweis geht meist mit dem Vorwurf einer, dass sich die Verfechter der Menschenrechte der populären Olympischen Spiele bedienen würden, um auf diese Weise eine interessierte Öffentlichkeit zu erhalten.

Gewiss können solche Fragen aufgeworfen und diskutiert werden. Es kann auch der Hinweis gemacht werden, dass zuvor bereits Großereignisse des Sports in China stattgefunden haben, ohne dass sie eine entsprechende Menschenrechtsdiskussion ausgelöst haben. Die Organisationen des Sports werden zu Recht auch darauf hinweisen, dass in den Ländern, in denen bislang Olympischen Spiele ausgerichtet wurden, keineswegs eine Situation anzutreffen war, die unter Menschenrechtsgesichtspunkten alle zufrieden stellen konnte. Solche Hinweise sind verständlich und solche Fragen sollten diskutiert werden. Bezogen auf das Problem, das es zu lösen gilt, sind sie jedoch nicht weiterführend.

Es ist notwendig, angemessen und gerade auch für die olympische Bewegung bedeutsam, dass sie sich aus Anlass der Olympischen Spiele in China den Fragen nach der Würde des Menschen und den Fragen nach dem Vollzug der Menschenrechte stellt. Doch die Antworten auf diese Fragen sind keineswegs so einfach zu finden, wie es üblicherweise angenommen wird. Wir alle beklagen die Verletzung der Menschenrechte, wir alle wehren uns, wenn die Würde des Menschen angetastet wird, wir alle nehmen für uns eine bestimmte Moral in Anspruch, um auf das Unrecht hinzuweisen, das mit Menschen an den verschiedensten Orten dieser Welt geschieht. Die Frage, die sich in Bezug auf die Menschenrechtsverletzungen in China und anderswo auf dieser Welt jedoch stellt, ist jene nach der Verantwortung. Wer übernimmt Verantwortung, wenn Menschenrechte verletzt werden, welche Verantwortung gibt es aus einer nationalen, aus einer bilateralen, aus einer internationalen Perspektive? Sucht man eine Antwort auf diese Frage, so müssen wir ein Dilemma erkennen.

Die Wirtschaft versucht die Verantwortung in dieser Frage weit von sich zu weisen, sie verweist auf das Politiksystem. Deshalb werden beste Geschäfte mit China gemacht und deshalb gibt es auch bei Verhandlungen über zukünftige Wirtschaftsbeziehungen nur am Rande oder gar keinen Menschenrechtsdialog. Die Wissenschaft trifft sich mit den Organisationen der Wissenschaft in den betreffenden Ländern, in denen Menschenrechtsverletzungen stattfinden. Sie erforscht vielleicht sogar die Situation der Menschenrechte in China. Eine Verantwortung für den Vollzug der Menschenrechte übernimmt sie jedoch nicht. Die Kultur befindet sich längst in einem internationalen Austausch, auch dabei können durchaus Menschenrechte thematisiert werden, doch die Verantwortung wird auf Dritte abgeschoben. Gleiches gilt für den Sport. Auch er befindet sich seit Langem in einem internationalen Austausch. Doch eine Verantwortung für die Menschenrechtsproblematik kann und will er nicht übernehmen. Bleibt also nur die Politik. Alle anderen Teilsysteme verweisen auf ihre Nichtzuständigkeit in Bezug auf das Problem. Betrachten wir die Politik etwas genauer, so müssen wir jedoch erkennen, dass sie sich in Bezug auf die Bearbeitung dieser Thematik als nicht besonders glaubwürdig erweist. Zum einen stehen die politischen Behüter der Menschenrechte in der Gefahr, in ihren eigenen politischen Gefilden Menschenrechte zu verletzen. Zum anderen wird vor dem Hintergrund vielfältiger politischer Interessen der Dialog über die Menschenrechte in der internationalen Tagesordnung immer weit nach hinten verschoben.

Will man einen Ausweg aus diesem aufgezeigten Dilemma finden, scheint es so zu sein, dass die Lösung nur im Menschen selbst, bei jedem einzelnen Bürger zu suchen ist. Den Menschenrechtsdialog hat somit jeder von uns zu führen. Jeder ist aufgefordert, sich am Schutz der Menschenrechte zu beteiligen: der Sportler, der Funktionär, der Journalist, der Partner aus der Wirtschaft, der Wissenschaftler.

Jene, die dabei dem Bereich des Sports zugehören, sollten sich dabei jedoch eher durch Bescheidenheit auszeichnen. Der Beitrag des Sports, den er zugunsten einer positiven Menschenrechtsentwicklung erbringen kann, ist eher ein indirekter Beitrag. Auch dieser Beitrag kann durchaus seine Wirkungen zeigen. Dies lässt sich in China seit seiner Öffnung, seit der Entscheidung zugunsten der chinesischen Olympischen Spiele in vielfältiger Weise beobachten. Der Sport ist ohne Zweifel ein Anlass für umfassende Lernprozesse. Der Sport ist auch ein Anlass für einen Wissensaustausch im Sport selbst und weit über den Sport hinaus. Schließlich ist der Sport vor allem auch ein Anlass der persönlichen Begegnung und des persönlichen Gesprächs, in dem Menschen Vertrauen aufbauen, Bindungen eingehen, Verantwortung übernehmen. Seit der Vergabe der Olympischen Spiele zugunsten von Peking haben in China unzählige Begegnungen, Wettkämpfe, Gespräche, Kongresse, Symposien, Workshops und Beratungen stattgefunden. Der Sport war dabei ein Vehikel zur Internationalisierung des chinesischen Sports und damit immer auch zur Internationalisierung der chinesischen Gesellschaft. Zumindest Teile, insbesondere die urbanen Regionen der chinesischen Gesellschaft, wurden dadurch geöffnet. Deshalb war die Entscheidung des IOC, die 29. Olympischen Spiele nach China zu vergeben, eine sinnvolle und wegweisende Entscheidung. Und deshalb wäre ein Boykott der Spiele, so wie ihn manche Menschenrechtsorganisationen und einzelne Repräsentanten gefordert haben, der falsche Weg. Doch nicht nur Internationalisierung ist dabei eine durchaus wünschenswerte Folge, die Sportbegegnungen ermöglicht haben. Der internationale Sport kann auch ein demokratisches Modell anbieten, das einer sich wandelnden chinesischen Gesellschaft durchaus ein Vorbild sein kann. Die chinesische Gesellschaft befindet sich auf dem Weg zu einer Zivilgesellschaft und benötigt dabei strukturelle Hilfen. Die Idee des olympischen Sports und die Werte des Olympismus, der Verzicht auf jegliche Diskriminierung, das Ideal der Chancengleichheit und nicht zuletzt das Prinzip des Fair Play können dabei durchaus eine wichtige Hilfe sein. Dennoch hat sich der Sport dabei durch Bescheidenheit auszuzeichnen. Denn vor allem ist Glaubwürdigkeit vonnöten. Wenn der Sport selbst die Würde des Menschen antastet, wie dies beim Doping-Betrug der Fall ist, wenn der Sport sich durch Korruption auszeichnet, wie dies in jüngster Zeit vermehrt der Fall war, wenn Gewalt im Sport angetroffen werden kann, wenn somit im Sport selbst sein ureigenstes Prinzip, das Prinzip des Fair Play mit Füßen getreten wird, so ist allerdings kaum anzunehmen, dass der Sport den ihm angestammten Beitrag zum Schutz der Würde des Menschen erbringen kann.

(2008)

Pingpongspiel der Heuchelei

Politiker haben in diesen Tagen einen eigenartigen politischen Wettkampf ausgerufen. Moralische Heuchelei und unverschämter Opportunismus heißen dabei die Wettkämpfe und immer mehr Politiker versuchen sich gegenseitig darin zu überbieten, den deutschen Sport zu belehren und die Autonomie des Sports in Frage zu stellen. Ohne ausreichende sachliche Kenntnis, ohne Möglichkeiten zur direkten Beurteilung der Lage, abhängig von Presseberichten, die nicht selten journalistisch fragwürdig, weil einseitig sind und meist unter einem Mangel an Information leiden, sympathisieren die Politiker mit einer tibetischen Unabhängigkeitsbewegung, erwarten Boykottmaßnahmen des DOSB und empfehlen die Nichtteilnahme politischer Repräsentanten bei der Eröffnungsfeier. Sie stellen die Olympische Charta in Frage, ohne diese auch nur annähernd im Detail zur Kenntnis genommen zu haben. Sie unterstützen einseitig politische Meinungsäußerungen von Athleten und kritisieren nicht weniger einseitig Funktionäre, die angeblich autoritär, starrköpfig, vergreist und inkompetent sind. Sämtliche Vorurteile der in Deutschland üblichen Funktionärschelte werden dabei gebetsmühlenhaft wiederholt. Diese Art der Kritik kann der Aufmerksamkeit von Medien sicher sein, Massenmedien und Politik spielen ein Pingpong-Spiel der moralischen Heuchelei und des politischen Opportunismus.
Angesichts dieser Situation scheint es angebracht, dass man zunächst und vor allem die Fakten sprechen lässt. Dabei muss wohl zuerst über die Fakten des olympischen Sports gesprochen werden, damit jene, die offensichtlich von diesem zu wenig oder nichts verstehen, etwas genauer nachvollziehen können, über was zu sprechen ist.
Zu allererst muss dabei festgestellt werden, dass Olympische Spiele an Städte vergeben werden, die sich gemeinsam mit ihren Nationalen Olympischen Komitees beim IOC für die Ausrichtung der Spiele beworben haben. Die Vergabe der Spiele ist dabei nicht an eine Überprüfung der Menschenrechtssituation in den Bewerberländern gebunden. Dies ist durchaus im Sinne von Pierre de Coubertin. Würde man die Einhaltung der Menschenrechte zur Bedingung machen, so gäbe es diese Spiele nicht. Weder hätten jemals Olympische Spiele in den Vereinigten Staaten stattfinden können, noch hätte man die Olympischen Spiele in der ehemaligen Sowjetunion oder in Japan ausrichten dürfen. Folgt man den Erkenntnissen von Amnesty International, so gibt es überhaupt nur wenige Länder in der Welt, in denen die Menschenrechte konsequent zur Anwendung kommen. Die Verletzung von Menschenrechten ist in fast allen Nationen dieser Welt zu beobachten. Der Wunsch, dass in allen Gesellschaften der Welt die Menschenrechte zu beachten sind, hat deshalb durchaus eine aktuelle Relevanz. Wichtig ist allerdings in diesem Zusammenhang, dass die Menschenrechte dabei nicht gegeneinander ausgespielt werden sollten. Die Menschenwürde ist unantastbar, sie ist in gewisser Weise aber auch nicht teilbar. Der Vollzug der Todesstrafe in einem Land ist deshalb nicht weniger gewichtig als die eingeschränkte Meinungsfreiheit oder die Religionsfreiheit in einem anderen Land.
Die Planung, Vergabe und Durchführung Olympischer Spiele sollten dennoch im Zusammenhang mit der Menschenrechtssituation gesehen werden. Im Sinne Coubertins sollte es dabei darum gehen, mit den Olympischen Spielen eine Situation zu erzeugen, in der der internatio-

nalen Öffentlichkeit die Menschenrechtslage in dem jeweiligen Gastgeberland offengelegt wird. Dabei sollten die Olympischen Spiele möglichst so ausgerichtet werden, dass sie zu einer Verbesserung der Lage jener Menschen beitragen, die unterdrückt werden und deren Menschenrechte bedroht sind. Betrachten wir vor dem Hintergrund dieser Sichtweise die Situation Chinas und die Vergabe der Spiele an die Olympiastadt Peking, so können wir erkennen, dass die Entscheidung des IOCs zugunsten von Peking und für die Durchführung der Olympischen Spiele im August genau diesen Beitrag geleistet hat und leistet, den Coubertin gewünscht hat. Ohne die Vergabe der Spiele an die Stadt Peking gäbe es die aktuelle Diskussion über den Tibetkonflikt nicht, ohne die Vergabe der Spiele hätten die chinesischen Minderheiten und das buddhistische Tibet keinen Bezugspunkt, mittels dessen die aktuelle Diskussion erst ermöglicht wurde. Über das Vehikel der Olympischen Spiele ist in China eine interne Diskussion entstanden, die in ihrer Reichweite heute noch gar nicht zu beurteilen ist. Allein die Tatsache der Vergabe der Spiele hat bereits in den vergangenen acht Jahren eine Internationalisierung innerhalb der chinesischen Bevölkerung, insbesondere in den Großstädten, erbracht, die ihresgleichen sucht. Für die erwünschten Demokratisierungsprozesse in China ist dieser Sachverhalt ausgesprochen bedeutsam. Durch die Schulungsprogramme aus Anlass der Olympischen Spiele hat sich die Verständigungsmöglichkeit der Chinesen ganz wesentlich verbessert, Fremdsprachenkenntnisse wurden erweitert, die internationale politische Kompetenz hat sich erhöht. Der Austausch mit den vielen internationalen Beratern hat ein Übriges geleistet.

Nicht weniger wichtig ist ein zweiter Aspekt der olympischen Idee, so wie sie Pierre de Coubertin geschaffen hat. Olympische Spiele sind nach seinem Verständnis ein Politikum ganz besonderer Art: Es geht dabei um die Realisierung einer friedenspolitischen Idee. Im Gefüge der Weltpolitik haben die Olympischen Spiele ihre politische Funktion darin zu erfüllen, dass sie sich selbst jeder politischen Äußerung im engeren Sinne enthalten und sich als eine Institution auf Zeit definieren, in der alle Beteiligten sich während der 16-tägigen Dauer der Spiele jeder politischen, religiösen und rassistischen Äußerungen enthalten. Schelsky sprach in diesem Zusammenhang vom „Frieden auf Zeit". Es werden damit die Voraussetzungen geschaffen, dass sich Athleten und Athletinnen aus der Welt kennenlernen und sich gegenseitig achten. Dies alles hat ausdrücklich ohne jede Gewalt zu geschehen. Diese Idee mag aus der heutigen Sicht belächelt werden und doch ist diese Idee nach wie vor das konstitutive Merkmal der Olympischen Spiele der Neuzeit. Wer diese Idee verletzt, der gefährdet die Olympischen Spiele und stellt sie in Frage. Deshalb ist es wichtig, dass die Regeln, wie sie über die Charta vorgegeben werden, nach wie vor ihre Gültigkeit haben und von allen Beteiligten eingehalten werden. Wie es für alle übrigen Regeln des Sports gilt, wird zur Teilnahme an den Olympischen Spielen niemand gezwungen. Wer jedoch daran teilnimmt, verspricht, dass er jene Regeln beachtet, die man gemeinsam vereinbart hat. Deshalb können politische Äußerungen während der Wettkämpfe nicht erlaubt sein, deshalb müssen rassistische Artikulationen unterbunden werden, deshalb können religiöse Bekundungen keinen Platz bei den Olympischen Spielen finden. Damit wird keineswegs die freie Meinungsäußerung der Athleten, Trainer und Funktionäre in Frage gestellt. Jeder kann als Individuum seine Meinung äußern, jeder ist mündiger Bürger und kann sich in seiner Mündigkeit sich parteipolitisch artikulieren, Ideologien verfolgen oder für religiöse Minderheiten einsetzen. Dieses Engagement ist jedoch nur außerhalb des olympischen Dorfes und nur außerhalb der olympischen Sportstätten möglich. Es kann vor, nach und während der Wettkämpfe stattfinden. Es ist jedoch territorial von der olympischen Stätte zu trennen, in der die Olympischen Spiele veranstaltet werden. Aus gutem Grund ist es deshalb auch verboten, dass teilnehmende Funktionäre, Betreuer, Trainer und Athleten während der Olympischen Spiele für Massenmedien tätig sind, und aus ebenso gutem Grunde sind die olympischen Sportstätten eine werbefreie Zone und ist die Werbung am Körper des Athleten mit Ausnahme der Logos der Ausrüster limitiert. All diese Regeln sind nicht Resultat geistloser Funktionärsentscheidungen, sie wurden vielmehr in einem 100-jährigen Regel-Entwicklungsprozess zwischen allen Beteiligten ausgehandelt. Athleten, Trainer und Funktionäre haben sich auf diese Regeln verständigt und dabei vereinbart, dass Verstöße zu sanktionieren sind.

Aus der Sicht des Sports ist allerdings nicht nur die besondere politische Qualität der Olympischen Spiele herauszustellen, wenngleich dies die vorrangige Aufgabe des Sports selbst ist. Diesbezüglich sind in den vergangenen Wochen und Monaten ohne Zweifel Versäumnisse zu beklagen. Zum politischen Mandat des Sports gehört, dass er sich aus einer autonomen Haltung heraus auch zu den politischen Fragen äußert, die außerhalb der Olympischen Spiele diskutiert werden und die Spiele direkt oder indirekt betreffen. Bezogen auf die Olympischen Spiele von Peking müssen damit alle Konflikte angesprochen werden, die in Bezug auf die Spiele derzeit zu beobachten sind. Es muss dabei der Darfour-Konflikt zur Sprache kommen, das Verhältnis von Taiwan zu China ist kritisch zu bewerten und die problematische Menschenrechtssituation in allen Provinzen Chinas steht auf dem Prüfstand. Nicht zuletzt muss über den Tibetkonflikt gesprochen werden. Auffällig ist, dass die allgemeine politische Diskussion dabei nur noch den Tibetkonflikt im Zentrum hat. Alle anderen Konfliktlagen und übrigen Menschenrechtsprobleme in dieser Welt, wie sie beispielsweise in Afrika, in Palästina, Israel, im Kosovo oder in Afghanistan anzutreffen sind, werden ausgeklammert und von jenen Politikern als weniger bedeutsam erachtet. Zumindest ist nicht ein vergleichbares Engagement zu erkennen. Leider hat der Sport selbst in der Vergangenheit und auch in diesen Tagen bei all diesen Fragen selten sein politisches Mandat in Anspruch genommen, das er durchaus als autonomes Partnersystem des Staates in Anspruch nehmen darf.

Nimmt man in Bezug auf den Tibetkonflikt dieses Mandat in Anspruch, so sollte der Sport die Politik fragen, warum sich die Politik in Bezug auf die Menschenrechtspolitik in China ausgerechnet des Sports bedient, das eigene politische System hingegen selbst bislang auf diesem Gebiet eher versagt hat und meist wirkungslos geblieben ist. Zu fragen ist auch, warum nicht die anderen wichtigen gesellschaftlichen Bereiche, wie z. B. die Wissenschaft, die Wirtschaft, die Kultur in vergleichbarer Weise beansprucht werden, wenn es um die Durchsetzung der Menschenrechte in China geht. In Bezug auf den Tibetkonflikt ist zu fragen, ob der Deutsche Bundestag, die Bundesregierung und jene Repräsentanten der politischen Parteien, die sich zugunsten Tibets zu Wort gemeldet haben, das Ziel eines unabhängigen Tibets verfolgen, obgleich sie damit die Ein-China-Politik in Frage stellen, die sie selbst bislang unterstützt haben.

Es muss auch gefragt werden, welche zusätzlichen Schritte sie selbst dabei tun, um dieses Ziel zu erreichen. Denn es darf wohl angenommen werden, dass lediglich durch einen Boykott der Olympischen Spiele dieses Ziel nicht erreicht werden kann.

In Bezug auf Tibet sind die Politiker ferner zu fragen, warum und mit welcher Zielsetzung sie die politische Konzeption des Dalai Lama unterstützen, bei der in einem autonomen Tibet die staatliche Führung gleichzeitig das religiöse Oberhaupt wäre. Kirche und Staat sind dabei nicht in jener Weise getrennt, wie dies für alle EU-Staaten üblich ist.

Vielleicht muss der Sport auch die Frage aufwerfen, welches Verhältnis zur Gewalt jene erkennen lassen, die die Proteste zugunsten eines autonomen Tibets unterstützen, die politischen Bekundungen während des Fackellaufes begrüßen und sich dafür einsetzen, dass auch bei den Spielen selbst politische Bekundungen erlaubt sind. Die Frage des Verhältnisses zwischen Gewalt und Gegengewalt spielt in der Beurteilung der aktuellen politischen Lage in Tibet derzeit eine entscheidende Rolle. Ohne Zweifel handelt es sich bei China um einen autoritären Staat, dessen Staatsgewalt gegen Minderheiten eingesetzt wird. Das Massaker auf dem „Platz des himmlischen Friedens" spricht eine eigene Sprache. Inner- und außerhalb Tibets ist jedoch schon längere Zeit eine buddhistische Gewalt zu beobachten, die zu Recht auf die Ablehnung des Dalai Lama stößt. Muss diese Gewalt nicht im gleichen Maße als religiös bedingte Gewalt verurteilt werden, wie dies zu Recht gegenüber islamistischer Gewalt geschieht.

Der Sport könnte gewiss noch viele Fragen an die Politik in diesem Zusammenhang richten. Eines wird dabei deutlich: Die derzeit in der Öffentlichkeit über die Olympischen Spiele geführte Diskussion wird von gefährlichen Vorurteilen, Missverständnissen und Unwissen geprägt. Es wird eine opportunistische Moraldebatte geführt, die von Heuchelei geprägt ist und deren eigentliche Ziele nicht offengelegt werden. Gleichzeitig wurde dadurch eine Krise innerhalb der olympischen Bewegung hervorgerufen, die eine Bestandsgefährdung der Olympischen Spiele bedeutet. Ohne oder wider besseres Wissen wird dabei eine wichtige gesellschaftliche Institution in einer globalen Welt in Frage gestellt, für die es gute Gründe gibt, dass man sie auch zukünftig erhält. Die Spiele werden meines Erachtens dringender denn je benötigt.

(2008)

Olympische Spiele 2028

Wir schreiben das Jahr 2028. Eine Vision hat uns in dieses, für den olympischen Sport äußerst interessante Jahr geführt und wir können mit kritischer Distanz auf vergangene Jahrzehnte und dabei auch auf das Jahr 2008 zurückblicken.

Die 29. Olympischen Spiele fanden in diesem Jahr in Peking statt. Gastgeber war ein Nationales Olympisches Komitee, das sich in direkter Abhängigkeit zu einem autoritären Staat befand. In China wurden in dieser Zeit die Menschenrechte noch immer mit Füßen getreten, Religionsfreiheit wurde nur in einem begrenzten Ausmaß gewährt, politische Minderheiten fühlten sich bedroht und die große Mehrheit der Gesellschaft befand sich in einem Kommerzialisierungsprozess, der seinesgleichen in der Welt suchte. Nicht zuletzt deshalb war der Gastgeber in der Lage, perfekte Spiele zu organisieren. Seine Athleten hatten sich besonders sorgfältig auf die Spiele im eigenen Land vorbereitet. Die Erfolge sind deshalb auch nicht ausgeblieben. Die Sportstätten waren vorbildlich. Das Athletendorf genügte den Ansprüchen des IOC. Aber auch die Infrastruktur in der Gastgeberstadt Peking wurde in einem einmaligen Modernisierungsprozess auf ein Niveau gehoben, das höchsten internationalen Ansprüchen genügte.

Die Spiele des Jahres 2008 waren jedoch keine besonderen Spiele. Sie hatten ihre Vorläufer. Sie folgten einer ideologischen Konzeption, wie sie schon lange durch das IOC vorgegeben war und sie wiesen dieselben Widersprüche auf, wie sie bereits in Athen, Sydney oder Atlanta zu beobachten waren. Coubertins olympische Ideale wurden wohl innerhalb der olympischen Familie in mehr oder weniger gelungener Rhetorik gepflegt, sobald sie sich jedoch in der Praxis zu bewähren hatten, traten Widerstände auf, wurden sie in Frage gestellt und teilweise ins Gegenteil verkehrt. Korruption und Bestechung prägten das Qualifikationsturnier für den olympischen Handballwettbewerb. Mit dem Radsport gab es eine olympische Disziplin, deren Doping-Problem nahezu als unlösbar betrachtet wurde. Die finanzielle Gewichtung eines Goldmedaillenerfolges bei Olympischen Spielen reichte bei einigen teilnehmenden Nationalen Olympischen Komitees ins Unermessliche, andere hatten sich mit der fremdfinanzierten bescheidenen Teilnahme zu begnügen. Die große Mehrzahl der olympischen Sportarten war angesichts des Steigerungsimperativs „höher, weiter, schneller" längst an Grenzen gestoßen. Das Gebot der Unversehrtheit der Athleten wurde deshalb immer häufiger mit Füßen getreten. Die Führung des Internationalen Olympischen Komitees war zwar bemüht, einen Prozess der Demokratisierung voran zu treiben, dennoch wurde die Zusammensetzung der Funktionärselite des Weltsports von „echtem" Adel, selbstgefälligem Geldadel, fragwürdigen Politikern und prestigesüchtigen Verbandsfunktionären geprägt. Angesichts dieser Situation stellte sich die Frage, welchen Weg die olympische Bewegung zukünftig gehen sollte, zu welchen Veränderungsprozessen die Führungsgremien des Weltsports in der Lage sind, welches Leitbild sie dabei vor Augen haben, welche Visionen und Utopien von ihnen bedacht werden, um neuen Herausforderungen und Gefährdungen gewappnet zu sein.

Wir springen zurück in das Jahr 2028, das eben begonnen hat und wir dürfen uns freuen, dass in diesem Jahr zu unserer aller Überraschung eine äußerst pluralistische Weltgesellschaft einmal mehr die Olympischen Spiele feiern wird. Die 33. Olympischen Spiele finden in Jakarta, der Hauptstadt Indonesiens statt. Zum ersten Mal werden sie in diesem Land ausgerichtet, das nach vielen Jahrzehnten kolonialer Abhängigkeit und korrupter diktatorischer Regierungen seit zehn Jahren endlich den Weg zu einer pluralistischen Demokratie hat finden können. Indonesien ist mittlerweile ein Land, das weder Entwicklungsland noch Industrienation darstellt, das weder ein Billiglohnland für westliche Großunternehmen ist, noch von einem einseitigen Agrarmonopol geprägt wird. Vielmehr hat die indonesische Wirtschaft von jedem etwas aufzuweisen, hat Anschluss an die wirtschaftlichen Riesen Asiens finden können, und indonesische Universitäten haben einen guten Ruf in der Welt. Auch in der Kunst und in der Literatur spielt Indonesien auf der internationalen Bühne eine beachtliche Rolle. Gleiches gilt für den Sport, und so konnte es nicht überraschen, dass Indonesien bei dem Bewerberwettkampf für die Ausrichtung der Spiele im Jahr 2028 unter den letzten fünf Nationen den Zuschlag erhalten hat.

Verglichen mit den Spielen im Jahr 2008, also 20 Jahre zuvor, sind die Spiele nicht gewachsen, ja, sie haben sich verkleinert. Die Teilnehmerzahl ist auf 8.000 Teilnehmer limitiert, lediglich 24 Sportarten werden angeboten und innerhalb der verschiedenen Sportarten ist es zu einer erheblichen Reduktion der Entscheidungen gekommen. Davon sind vor allem das Schwimmen und die Leichtathletik betroffen. Auch die Sportarten sind nicht dieselben geblieben, neue sind hinzugekommen. Andere wurden aus dem Programm genommen. Aber auch innerhalb der Sportarten lassen sich vielfältige Veränderungen beobachten. Gemischte Wettkämpfe werden von den Zuschauern begeistert aufgenommen, so die gemischten Staffeln beim Schwimmen und in der Leichtathletik. Nationen übergreifende Mannschaftsbildungen sind möglich, und seit 2020 hat das IOC beschlossen, dass bei jedem neuen Ereignis der Olympischen Spiele zwei neue Sportarten vom Gastgeber ausgewählt werden können. In Indonesien findet deshalb ein olympisches „Sepak Takraw Turnier" und ein „Pencak Silat" Wettkampf statt. Nord- und Südamerikaner ebenso wie Europäer wurden mit speziellen Entwicklungshilfeprogrammen auf diese Wettkämpfe vorbereitet.

Bei den sportlichen Wettbewerben fällt auf, dass die Athleten die Zuschauer mit ihren sportlichen Leistungen faszinieren können, ohne dass die Erwartungshaltung der Zuschauer auf Rekorde ausgerichtet ist. Von den Ansagern werden olympische Rekorde nicht mehr erwähnt, auch auf den Videoscreens und in den Programmheften werden diese Informationen nicht mehr als wichtig erachtet. Die Siegerehrungen haben ebenfalls eine ganz neue Qualität. Anstelle der Nationalhymne wird für den Sieger die olympische Hymne gespielt, den Medaillengewinnern werden die Medaillen durch die Platzierten des Finalwettbewerbs überreicht und jeder Finalist erhält ein besonderes Kunstwerk von Künstlern überreicht, die sich im olympischen Kunstwettbewerb ausgezeichnet haben.

Was als besonders mutig zu bezeichnen ist, ist der Sachverhalt, dass zum ersten Mal seit mehreren Jahrzehnten bei den Olympischen Spielen von Jakarta keine Doping-Kontrollen durchgeführt werden. Weder haben die Athleten sich einer Urinkontrolle noch einer Blutkontrolle zu stellen. Sie haben sich vielmehr als glaubwürdige Olympioniken zu bewähren. Die Verantwortlichen der olympischen Wettkämpfe vertrauen ihren Athleten, wohl wissend, dass es dennoch einige schwarze Schafe dabei geben kann. Ein bis dahin weltweit praktiziertes Kontrollsystem wurde vor zwei Jahren eingestellt, nach dem man einsehen musste, dass mit Kontrollmaßnahmen der Kampf gegen das Doping-Unwesen nicht gewonnen werden kann. Dieser Schritt war deshalb möglich, da in immer mehr Sportarten die Athleten selbst erkannt hatten, dass ein Sportsystem, das auf den Betrug aufbaut, sich auf Dauer nicht lohnen kann. Die Würde des Athleten wird dabei in Frage gestellt und seine Gesundheit wird gefährdet. Deshalb haben viele Olympioniken in den verschiedensten Sportarten eine Stiftung zur Selbsthilfe gegründet, die im Wesentlichen auf eine wirkungsvolle Prävention ausgerichtet ist und Aufklärungsarbeit gegenüber jüngeren Athleten leistet. Ergänzt wurde die Maßnahme durch ein globales Präventionsprogramm der UNESCO, auf das sich die internationalen Sportverbände und die staatlichen Bildungsinstitutionen im Jahr 2018 selbst verpflichtet hatten. Das Prinzip des Fair Play, das konstitutiv für den olympischen Sport ist, konnte auf diese Weise stabilisiert werden. In einigen Sportarten musste es teilweise auch neu begründet werden.

Eine neue Qualität hat auch die Medienberichterstattung über die 33. Olympischen Spiele von Jakarta aufzuweisen. Fortbildungsprogramme haben dazu beigetragen, dass die journalistische Qualität der Berichterstattung erheblich gesteigert werden konnte. Insbesondere bei den Fernsehberichten wird auf tiefgründige Weise das jeweils Besondere der verschiedenen Sportarten unterhaltsam zur Darstellung gebracht. De Moderatoren und Journalisten bleiben bescheiden im Hintergrund. Sie sind kritische und fachlich kompetente Begleiter. Die Sendezeiten wurden reduziert, sodass während der Olympischen Spiele auch noch andere Themen der Medienberichterstattung den notwendigen Raum erhalten können. Die Teams der großen Fernsehsender wurden verkleinert, ARD und ZDF arbeiten zum ersten Mal in einem gemeinsamen Team.

Die digitale Übertragungstechnik, die es schon längere Zeit gibt, ermöglicht es den Zuschauern in aller Welt, live bei verschiedenen Wettkämpfen gleichzeitig zu sein. Der Zuschauer trifft jeweils selbst die Entscheidung, bei welchen Wettkämpfen er dabei sein möchte. Aber auch zeitversetzte Reproduktionen sind für ihn zugänglich. Das Internet und das Fernsehen sind dabei für die Zuschauer schon seit einigen Jahren eine komfortable Einheit geworden. Die Berichterstattung ist aber nicht nur auf die sportlichen Ereignisse ausgerichtet. Das Gastgeberland mit seiner vielfältigen Kultur und seinen geografischen und natürlichen Besonderheiten wird in einer Vielfalt von Sendeformaten in informativer und unterhaltsamer Weise zur Darstellung gebracht.

Die bedeutendste Innovation zugunsten der olympischen Bewegung lässt sich bei den Spielen von Jakarta im olympischen Dorf beobachten. Das olympische Dorf gleicht einem globalen Welttheater. Grundsätzlich besteht dabei für alle Teilnehmer die Pflicht, im olympischen Dorf zu wohnen. Von den Organisatoren wurden vorweg gemeinsame An- und Abreisetage festgelegt. Auf diese Weise ist es allen Teilnehmern möglich, sich an vielfältigen kulturellen Aktivitäten im Dorf zu beteiligen. Der Zeitplan für die olympischen Sportarten wurde dabei so gestaltet, dass jeder jedem Athleten mindestens zwei Ruhetage zur Verfügung stehen, sodass nicht nur die Möglichkeit besteht, die Wettkämpfe verschiedener Sportarten zu besuchen. Ein wichtiges Ziel der Spiele ist es vielmehr, dass die Athleten aktiv in die Programmgestaltung des so genannten

„Olympischen Theaters" eingebunden sind. Der im Vorfeld der Spiele organisierte olympische Kunstwettbewerb findet sein Finale im olympischen Dorf. Gleiches gilt für einen internationalen Lyrik- und Musikwettbewerb. Ein besonderer Höhepunkt ist der Wettbewerb um den „Olympic Innovation Award". Experientelle Wissenschaften und der olympische Sport haben dabei eine faszinierende Symbiose erreicht.

Auch bei den 33. Olympischen Spielen ist das IOC auf die enge Kooperation mit Wirtschaftspartnern angewiesen. Dabei hat das IOC allen Verlockungen widerstehen können, die von Seiten der Wirtschaft an es herangetragen worden waren. Die Olympischen Spiele zeichnen sich nach wie vor durch ein besonderes Alleinstellungsmerkmal aus. Alle Stadien, Hallen und Sportstätten sind werbefreie Zonen und nach wie vor gibt es bei den Spielen weder Antrittsgelder noch Siegprämien. Das Engagement der olympischen Partner ist vielmehr vor allem auf die eigenen Unternehmen ausgerichtet. Über die Partnerschaft mit dem IOC wird ihnen die Möglichkeit eröffnet, als Zuschauer und Gäste an den Spielen teilzunehmen. Gemeinsam mit dem IOC haben dabei die großen Wirtschaftspartner die Olympischen Spiele zu einem globalen Forum weiterentwickelt, bei dem es zu einem intensiven Austausch der Arbeitnehmer mit ihren Arbeitgebern aus aller Welt kommt. So wie die Athleten sich im olympischen Dorf als Repräsentanten einer globalen Gesellschaft erweisen, so findet allabendlich auf der gesperrten Hauptstraße Jakartas, der „Jalan Thamrin" ein Weltwirtschaftsforum mit Plenumsdiskussionen, Filmvorführungen, kulturellen Veranstaltungen und besonderen Feierlichkeiten statt, bei denen die Belegschaften der olympischen Wirtschaftspartner privilegierte Gäste sind.

Die 33. Olympischen Spiele von Jakarta sind etwas Besonderes. Sie sind ein großartiger Erfolg für die olympische Bewegung. Sie zeigen, wie modern und lebendig die olympischen Ideale Coubertins sein können und wie entwicklungsfähig sich die olympische Bewegung in der jüngsten Zeit erweisen konnte. Angesichts der Situation der olympischen Bewegung um die Jahrtausendwende, angesichts der Probleme, die noch bei den Spielen in Athen und in Peking zu beobachten waren, kommt diese neue Qualität der olympischen Bewegung einem Wunder gleich. Ohne Zweifel ist dies dem konsequenten Reformwillen des IOC-Präsidenten Jacques Rogge zu verdanken, der die entscheidenden Weichen während der größten Krise der olympischen Bewegung in besonderer Weise stellte. Es ist aber auch seinem Nachfolger zuzuschreiben, der dem neugewählten Weg der gesellschaftlichen und kulturellen Offenheit folgte und der sich in aller Entschiedenheit auf die Seite der sauberen Athleten stellte, die Betrüger konsequent bestrafte und den Prozess auf die Widerbesinnung der olympischen Ideale Pierre de Coubertins intensivierte. Es kann als ein Glück bezeichnet werden, dass sich das IOC von korrupten Politikern distanzierte, sich endlich auch von einer Millionärsclique verabschiedete, die ohne jegliche Fachkenntnisse die Geschicke des Olympismus zu beeinflussen versuchten.

Es war die richtige Entscheidung, die Vergabe der Spiele nicht mehr in der Hand der IOC-Mitgliederversammlung zu belassen, sondern sie einem ausgewählten Fachgremium zuzuweisen, das sich dadurch auszeichnet, dass es mit der Tradition der olympischen Bewegung verbunden ist, über notwendige Innovationskraft verfügt und sich als unabhängig gegenüber Einflüssen von außen erweist. Es kann auch als klug bezeichnet werden, dass es Dr. Rogge war, der den

Mut hatte, das Rekrutierungsverfahren in die Gremien des IOC mit neuer demokratischer Qualität zu beleben, wodurch vor allem eine größere weibliche Beteiligung in relativ kurzer Zeit erreicht werden konnte. All diese Veränderungen und die damit erreichten neuen Qualitäten machen deutlich, dass auch die weitere Entwicklung der olympischen Bewegung von ihrer jeweiligen Führung abhängig sein wird. Ist sie den olympischen Idealen Coubertins verpflichtet, ist sie gleichzeitig aber auch in der Lage, die jeweils notwendigen Modernisierungsprozesse einzuleiten und eine zeitgemäße Interpretation der Ideale zu finden, dann braucht man sich um die Zukunft der olympischen Bewegung auch nach dem Jahr 2028 kaum Sorgen zu machen. Die Olympischen Spiele in der Antike sind mindestens 800 Jahre alt geworden.

(2008)

Hochleistungssport als Chance

Über die Zukunft des Spitzensports und die Macht der Solidargemeinschaft

Fragt man nach Faktoren, die für die weitere Entwicklung des Hochleistungssports in der Bundesrepublik von Bedeutung sind, so können relativ sichere Antworten lediglich in Bezug auf solche Sachverhalte gegeben werden, die sich bereits heute über harte Zahlen beschreiben lassen. Daneben wird die Entwicklung aber von vielschichtigen Sachverhalten beeinflusst werden, über deren Einfluss nur mehr oder weniger plausibel diskutiert werden kann. Berücksichtigt man die heute jeweils erkennbaren und absehbaren Quantitäten, so kann mit einigem Recht die Behauptung aufgestellt werden, dass der Hochleistungssport in der Bundesrepublik auch weiterhin positive Perspektiven hat. Trotz eines noch immer anhaltenden Bevölkerungsrückgangs wird es auch in den nächsten Jahrzehnten genügend Athleten geben, die bereit sind, sich im Spitzensport zu engagieren. Das Rekrutierungsproblem von Athleten wird sich zwar stellen, es wird sich aber als lösbar erweisen. Trainer und hauptamtliche Funktionäre wird man auch zukünftig in genügender Zahl zur Verfügung haben, die bereit sind, Athleten auf professionellem Niveau bei ihrem Sport zu unterstützen. Sportstätten, technisch perfekt ausgestattet, werden auch in Zukunft im Hochleistungssport zur Verfügung stehen. Zuschauer werden vermutlich noch mehr als heute Interesse gegenüber dem Phänomen des Hochleistungssports aufbringen, was wiederum zu gesteigertem Engagement der Massenmedien im Bereich des Spitzensports führen könnte. Eine Folge dieses Interesses wiederum könnte eine vermehrte Sponsorenaktivität sein. Da der Staat bei einem solch bedeutsamen öffentlichen Ereignis nicht zurückstehen kann, wird staatliches Mäzenatentum zugunsten des Spitzensports auch weiterhin zu erwarten sein. Schließlich wird es auch genug Technologen und Wissenschaftler geben, die bereit sind, hinter der Bühne des „Sporttheaters" dem Hochleistungssportler und dem Trainer die erforderliche Unterstützung zu gewähren. Das alles wird gesichert durch einen Grundsatz, nach dem etwas sich weiter entwickelt, wenn jeder von jedem profitiert. Doch genau diese Ausgangsposition will erarbeitet sein.

Einige Forderungen warten dabei in den Vereinen und Verbänden auf Erfüllung. Sie sollten demnach künftig von Funktionären, Athleten und Trainern als Wegweiser beachtet werden:

Die Verbände müssen sich offen zur Verberuflichung des Athleten bekennen. Es darf nicht als anrüchig gelten, wenn Athleten mit Sport Geld verdienen. Der Sport darf nicht mehr Teil einer halbkriminellen Schattenwirtschaft sein. D. h. aber auch, dass der Sport Steuern zahlen muss, wenn er Gewinne macht.

Die Professionalisierung des Athleten ist die konsequente Folge einer umfassenden gesellschaftlichen Inanspruchnahme des Hochleistungssports. Der Athlet bedarf dabei einer besonderen sozialen Absicherung. Diese müssen die Sportverbände finanzieren und organisieren. Das darf weder dem Staat noch der Wirtschaft überlassen werden.

Zur sozialen Absicherung bedarf es der kollektiven Interessenvertretung von Athleten. Es ist ein quasi-gewerkschaftlicher Sportler-Zusammenschluss einzurichten. Solch ein Zusammenschluss ist für das Überleben des Sportsystems ebenso von Nutzen wie für den einzelnen Athleten.

Die Verbände müssen Bezahlungssysteme für ihre Athleten entwickeln, die im Vergleich zur Bezahlung der vergleichbaren Arbeitsleistungen akzeptabel sind und die zu einem Ausgleich zwischen jungen Athleten, Siegern, Verlierern und ausgeschiedenen Sportlern führen.

Die Verbände müssen sich, wollen sie gegenüber Staat und Wirtschaft starke Vertragspartner sein, gegenseitige praktische Solidarität erweisen. Starke Verbände müssen schwache Verbände finanziell unterstützen. Dazu sind praktikable vertragliche Abgaberegeln auszuarbeiten.

Der Sport muss sich darauf besinnen, dass seine Macht darin liegt, dass er sich autonom Regeln setzen kann. Dies gilt für die Frage der Grenzen der sportlichen Höchstleistung ebenso wie für die Frage der Kommerzialisierung.

Der Sport muss den Mut zu klaren Sanktionen haben. Er benötigt dazu ein fundiertes Kontroll-System und er benötigt wirksame Strafen, d. h. der Sport muss sich damit abfinden, dass er weiter verrechtlicht wird. Die Athleten müssen begreifen, dass sie in ihrer Zukunft auf die Kontrollen des Verbands angewiesen sind. In der Beziehung zwischen Athlet und Verband kommt es deshalb darauf an, dass der Athlet erkennt, dass die Sanktionen des Sports – d. h. die Macht, die der Sport besitzt – im Interesse der Gemeinschaft der Athleten eingesetzt werden.

Es muss akzeptiert werden, wenn Vereine und Verbände neue Formen zur Finanzierung ihrer Arbeit suchen. Es muss dabei aber erkannt werden, dass bei der Suche nach neuen Formen der Finanzierung auch Abhängigkeiten entstehen. Wichtig ist deshalb, dass der organisierte Sport den Zugang zu seiner Ware, zur Ware des Hochleistungssports, für die er Geld bekommt, monopolisiert. Diesem Monopol müssen sich auch die Athleten unterordnen. Das Recht auf den Zugang zu sportlichen Wettkämpfen darf nur dem Sport selbst gehören. Hat der Sport dieses Monopol, so ist die Frage der Fremdbestimmung weitgehend gelöst. Der Sport verfügt dann über genügend Sanktionspotenziale, die er gegen unerwünschte Einmischungen einsetzen kann. Übertragungsrechte können verweigert, die Reklame mittels Sport kann verhindert werden, Athleten können Startverbote auferlegt bekommen und jene Ärzte können lebenslänglich gesperrt werden, die sich gegen die ethischen Maximen des Sports verhalten. Nur auf diese Weise kann gesichert werden, dass der Leistungssport auch in der Zukunft ein symbolisches Beispiel mit erzieherischer Wirkung für andere Lebensgebiete ist.

Der Sportfachverband darf also nicht Privatagenturen oder gar dem Athleten selbst das Austauschverhältnis mit der Wirtschaft überlassen. Er darf aber auch nicht verkennen, dass er letztlich seine Basis im Verein selbst hat. Der Verband muss deshalb darauf achten, dass er zur Durchsetzung seiner eigenen Interessen jene Personen als verantwortliche Funktionäre einsetzt, die die Welt der Wirtschaft kennen, d. h. ökonomisch zu handeln gelernt haben, sich in ihren Entscheidungen jedoch von sportlichen Interessen leiten lassen.

Unsere Gesellschaft ist angewiesen auf Eigenmotivation und Leistungsbereitschaft. Beide Eigenschaften müssen in unserer Gesellschaft nachdrücklich gefördert werden. Im Hochleistungssport können diese Eigenschaften symbolisch zur Darstellung kommen. Sie können aber ebenso diskreditiert werden. Dies ist heute nicht selten der Fall. Sportethische Fragen werden deshalb die Zukunftsperspektiven des Hochleistungssports ganz wesentlich mit beeinflussen. Die Probleme der Anwendung und Durchsetzung ethischer und humaner Grundsätze stellen das Hauptproblem des Hochleistungssports dar. Sie sind eine Herausforderung für die Athleten ebenso wie für die Trainer und Funktionäre. Aus erzieherischen und ethischen Gründen benötigen wir deshalb einen Hochleistungssport, der das vernünftige Maßhalten gelernt hat, der nicht zugunsten der Faszination der Höchstleistung seine Prinzipien aufgibt. Dazu sind Übungsleiter, Trainer und Athleten notwendig, die sich einem sportlichen Ethos verpflichtet fühlen und ihren Einfluss geltend machen, verantwortungsbewusst zu arbeiten, um im Hochleistungssport jene Erfahrungen zu ermöglichen, die für die weitere Entwicklung unserer Gesellschaft bedeutsam sein könnten.

(1988)

Die Krise des Leistungssports – eine Chance zum Neuanfang

Symptome einer Krise sind für das System des Hochleistungssports schon seit längerer Zeit zu beobachten. Von der Mehrheit jener, die die Verantwortung für die Organisation und Weiterentwicklung des Hochleistungssports tragen, wurden diese Symptome jedoch lange Zeit nicht ernst genommen. Eine an kurzfristigen Erfolgen orientierte Sportpolitik machte es unmöglich, die grundlegenden Fragen zur Weiterentwicklung des Hochleistungssports zu stellen und geeignete Antworten zu suchen. Der Zusammenbruch der DDR hat diesbezüglich eine neue Situation geschaffen. Vor dem Hintergrund einer für weite Kreise der deutschen Bevölkerung neuen Sichtweise der sportlichen Erfolge des ehemaligen DDR-Sportsystems, insbesondere mit Blick auf die dort übliche systematische Manipulation sportlicher Höchstleistungen, die im Widerspruch zum Prinzip der Chancengleichheit und des Fair Play steht, ist es nunmehr möglich, eine schonungslos offene Standortbestimmung des Hochleistungssports vorzunehmen, um darauf aufbauend Wege für einen besseren Hochleistungssport zu finden. Vieles deutet jedoch darauf hin, dass nur wenige führende Funktionäre in den Verbänden des deutschen Sports zu einer derartigen Standortbestimmung bereit sind. Deshalb sind auch zum jetzigen Zeitpunkt kaum Ansätze zu erkennen, wie aus den Fehlern der Vergangenheit für die weitere Entwicklung des Hochleistungssports gelernt werden soll. Dennoch soll hier der Versuch unternommen werden, Inhalte für eine derartige Standortbestimmung festzulegen und einige Anregungen für den künftigen Weg zu geben.

Will man die derzeit dominierende öffentliche Meinung über den organisierten Sport wiedergeben, so sind Attribute wie „unglaubwürdig", „halbherzig", „heuchlerisch", „verlogen", „unfähig" zu zitieren, wobei in erster Linie damit Funktionäre, Trainer, Mediziner und Wissenschaftler gemeint sind. Das noch immer ungelöste Doping-Problem hat die positive Bewertung, die weit verbreitete Zustimmung zum Sport und dessen gesellschaftspolitische Wertschätzung in Frage gestellt. Der im Deutschen Sportbund (DSB) organisierte Sport hat für große Teile der Bevölkerung seine Glaubwürdigkeiten verloren. Zunächst wurde das totalitäre Sportsystem der ehemaligen DDR entlarvt. Dessen inhumane Konzeption wurde offen gelegt und was von vielen Sportfunktionären, Sportpolitikern, Trainern und Athleten der ehemaligen Bundesrepublik als nachahmenswerte Sporterfolge bewundert wurde, muss nun als fataler Misserfolg interpretiert werden.

Das Sportsystem der alten Bundesrepublik steht aber nicht weniger in Verdacht, Prinzipien eines humanen Leistungssports nur auf dem Papier in Sonntagsreden zu verfechten, in der Praxis jedoch eben jenes zuzulassen (allerdings weniger gekonnt), was in der DDR gang und gäbe war.

Die öffentliche Meinung ist in ihrer Bewertung der beiden deutschen Sportsysteme gewiss von Vorurteilen geprägt und pharisäerhafte Meinungen zeichnen dabei vor allem die Sportberichterstattung der jüngsten Wochen und Monate aus. Aber auch Vorurteile basieren zumeist auf einem realen Sachverhalt. Gerade deshalb muss in den Verbänden des deutschen Sports an einer klärenden Diskussion, an einer Offenlegung der Erkenntnisse über Verstöße und Versäumnisse und an einer konstruktiven Kritik ein Interesse bestehen. Welche Einsichten sind dabei vonnöten? Was könnte empfehlenswert sein?

Zunächst könnte es hilfreich und notwendig sein, dass die Bilanz der vergangenen 40 Jahre über den Wettbewerb der beiden deutschen Leistungssportsysteme neu vollzogen wird. Dazu gehört vor allem, dass die Sportfunktionäre und Sportpolitiker des Westens begreifen, dass das angeblich unterlegene System des Hochleistungssports der alten Bundesländer sich im Nachhinein in allen Belangen als das bessere erwiesen hat und dass das Sportsystem der DDR als vergleichsweise mangelhaft zu bezeichnen ist. Vergleicht man die Sportartenvielfalt in der alten Bundesrepublik (mehr als 100 verschiedene Sportarten), den geringen personellen Aufwand zur Förderung und Durchführung des Leistungssports und den finanziellen Aufwand zur Ermöglichung sportlicher Höchstleistungen mit der Sportarteneinfalt in der ehemaligen DDR (Verbot jener Sportarten, die nicht zur Ideologie passten), mit der nahezu 50-fachen personellen DDR-Ausstattung und mit der asozialen und ökonomisch verbrecherischen Finanzierung der Sporterfolge zu Lasten der DDR-Bevölkerung, so wird die Überlegenheit des westlichen Systems sichtbar. Wobei noch hinzukommt, dass in der alten Bundesrepublik parallel zum Leistungssport eine Breitensportbewegung entstand, die ihresgleichen in der Welt sowohl unter qualitativen als auch unter quantitativen Gesichtspunkten sucht, die gleichzeitig aber immer weniger als Rekrutierungsbasis für den Leistungssport zu betrachten ist.

Wenn diese Bilanz angemessen ist, so wird hoffentlich nur wenig, möglichst sogar gar nichts vom ehemaligen Sportsystem der DDR in die neu zu schaffende Sportordnung des neuen Deutschland übernommen. Für das Sportsystem der ehemaligen DDR kann es auch im Nachhinein keine Legitimation geben. Es ist Teil eines ideologischen Wahnsystems gewesen, das kennzeichnend für die zweite deutsche Diktatur war. Dies gilt für die Verbandsstrukturen ebenso wie für die Sportförderkonzeptionen der ehemaligen DDR. Dies gilt aber auch für die einzelnen Sportinstitutionen und Einrichtungen. Wer glaubt, es ließen sich die Rosinen aus dem missratenen Kuchen der ehemaligen DDR herauspicken, wie dies seit der Vereinigung unentwegt von Vertretern des Bundesinnenministeriums und einigen Sportorganisationen versucht wird, der wird immer wieder von Neuem erkennen müssen, dass gesellschaftliche Systeme prägende Kraft besitzen und selbst die Rosinen von einer Ideologie getränkt sind, deren Wirkung sich durch einen bloßen Transfer kaum beseitigen lässt. Gewiss ist diese Bilanz für Betroffene aus der ehemaligen DDR demütigend und sie mag auch als anmaßend empfunden werden. Wir müssen uns aber damit abfinden, dass in einem demokratischen Sportwesen, wie es für die Bundesrepublik wünschenswert und wie es auch zu erhalten ist, vom ehemaligen Sportsystem der DDR nichts verwendet werden kann. Was kurzfristig bleibt, sind die Erfolge der Athleten.

Die Nachwirkungen des ehemaligen DDR-Sportsystems werden uns allen in Albertville und Barcelona einige Goldmedaillen bescheren. Danach wird der DDR-Sport hoffentlich nur ein historisches Lehrstück dafür sein, wie man den Sport politisch nicht missbrauchen darf.

Die Bilanz ist jedoch nicht allein auf den Osten der Republik zu richten. Wollen die Verantwortlichen im organisierten Sport, allen voran im DSB und NOK, ihre Glaubwürdigkeit als grundlegende Basis für ihr zukünftiges Handeln im Sport zurückgewinnen, so sind noch sehr viel schwierigere Aufgaben zu lösen. Ein wichtiger vorbereitender Schritt müsste in dem bereits geforderten offenen Schuldbekenntnis der Spitzenfunktionäre des organisierten Sports liegen. Dabei darf nicht nur an jene gedacht werden, die durch Betrug sportliche Erfolge erzielt haben. Vielmehr muss man sich all jener erinnern, die gerade deshalb keine Rekorde und Erfolge erzielt haben, weil sie die Regeln eingehalten haben. Eine mehr oder weniger große Schuld der Sportfunktionäre besteht seit jenem Zeitpunkt, bei dem erste Verstöße gegen die Doping-Regeln sowohl in der ehemaligen DDR als auch in der ehemaligen Bundesrepublik bekannt wurden. Es müsste nun der Bevölkerung in einem freimütigen Bekenntnis klargemacht werden, dass man Fehler, die in der Vergangenheit gemacht wurden, erkannt hat, dass man sich zu seinen Versäumnissen bekennt, dass man offen zugibt, dass man selbst die deutlichsten Warnsignale überhört hat (so z. B. den Fall „Luftblase" in Montreal und den Fall „Dressel") und dass es bis heute leider nicht gelungen ist, mit angemessenen juristischen, verbandsrechtlichen und pädagogischen Instrumenten dem Problem der unerlaubten Manipulation im Sport zu begegnen. Dazu muss auch der Hinweis gehören, dass die bislang ergriffene Fair Play-Initiative in dieser Hinsicht keine Abhilfe geschaffen hat.

Ein offenes Schuldbekenntnis sollte nicht mit einer unglaubwürdigen Vergangenheitsbewältigung gleichgesetzt werden. Es ist vielmehr mit einer sorgfältigen Fehleranalyse zu verbinden. Aufklärung über das, was in der Vergangenheit an Versäumnissen passiert ist, über menschenverachtende Doping-Manipulationen im Osten wie im Westen darf nicht verhindert werden. Will man aus Fehlern lernen, so ist eine Analyse der Verfehlungen zwingend notwendig. Diese Analyse darf jedoch nicht vom Motiv der Rache, der Abrechnung und des moralisierenden Besserwissens geprägt sein. Zusammenarbeit, nicht Rivalität ist gefragt. Vertrauensfördernde Innovationen sind notwendig. Und jene, die Schuld auf sich geladen haben, benötigen Hilfe. Es muss dabei u. a. auch darum gehen, dass jene Menschen, die im untergegangenen totalitären DDR-System Opfer, Täter, Mitläufer oder auch nur Angehörige einer schweigenden Mehrheit waren, in unsere freiheitlich-rechtsstaatliche Ordnung integriert werden.

Glaubwürdigkeit erringt man nach den Versäumnissen der Vergangenheit in erster Linie dadurch, dass man vor dem Hintergrund eines Lernprozesses, auf der Basis relevanten Wissens und eindeutiger Moralvorstellungen nunmehr beweist, dass man bereit ist, mit allen geeigneten Mitteln aktuellen Fragen und zukünftigen Fällen der Manipulation im Leistungssport zu begegnen. Dazu gehören verlässliche Doping-Kontrollen im Training und bei Wettkämpfen. DSB und NOK und einige Spitzenverbände haben hierbei glaubwürdige und entscheidende Schritte getan. Dazu gehört aber auch eine neue Verbandsstruktur ebenso wie ein den neuen Ansprüchen genügendes Verbandspersonal. Neue Satzungen sind zu schaffen. Funktionäre, Trainer, Wissenschaftler und Athleten sind konsequent auf die neuen Maximen einzustimmen. Vor allem muss glaubwürdig gezeigt werden, dass bei Fällen, die gegen die neuen Maximen verstoßen, mit scharfen Sanktionen jedem zukünftigen Verlust an Glaubwürdigkeit begegnet wird. Was die Bewältigung der DDR-Vergangenheit betrifft, so muss auch für den Bereich des Sports bezweifelt werden, dass wir über eine angemessene Strafjustiz verfügen, die auch den Opfern gerecht wird. Ist dies der Fall, so kommt der personalpolitischen Aufarbeitung eine umso größere Bedeutung zu. Das Vertrauen der Bevölkerung in die Organisationen des Sports wird empfindlich beeinträchtigt, wenn diese sich der alten Funktionsträger bedienen, wenn es um die Besetzung führender Positionen geht. Eine deutliche Zurückstufung ist das legitime Anliegen jener, für die für unseren Rechtsstaat kennzeichnend ist, dass man als Bürger auf die Wiederherstellung von Gerechtigkeit vertrauen darf. Der Mehrheit der Verbände des deutschen Sports ist dies gelungen, wenngleich offensichtlich ist, dass bestimmte Personengruppen aus eigennützigen Motiven wohlwollend behandelt werden (Trainer, Wissenschaftler, Athleten), die eher zu der Gruppe der Täter als zu den Opfern der DDR-Diktatur gehören.

Will man diese Glaubwürdigkeit erreichen, so ist aber auch ein neues Selbstbewusstsein für die autonomen Sportorganisationen erforderlich. Die Sportorganisationen müssen sich wirklich autonom und selbstbewusst gegenüber dem Staat artikulieren. Gleiches gilt in ihrer Auseinandersetzung mit dem Bereich der Wirtschaft und den Massenmedien. Duckmäuserei, Feigheit und Pseudomoral kann bei dieser Art von Selbstbewusstsein keinen Platz haben. Der Sport hat sich jenen Pseudomoralisten aus Staat und Wirtschaft entgegenzusetzen, die auf ihn mit dem Finger zeigen, selbst aber an den Verfehlungen der Vergangenheit einen großen Anteil an Schuld zu tragen haben. Das neue Selbstbewusstsein, das nunmehr erforderlich ist, muss gepaart sein mit dem Mut zu unpopulären Entscheidungen, mit dem Mut zu unpopulären Wegen, die zu gehen sind. Nur über eine perspektivische Sportpolitik der Verbände kann die Glaubwürdigkeit des Sports gegenüber der Bevölkerung zurückgewonnen werden. Dazu kann vielerlei gehören. Der Sport hat sich zu Doping-Kontrollen zu bekennen, er muss aber darauf hinweisen, dass auch zukünftig Doping-Verstöße nicht auszuschließen sind. Ein totalitäres Kontrollsystem stellt einen freiheitlichen Sport in Frage. Der Sport muss abschreckende Strafen einführen, er muss dabei aber auch dem Prinzip der Reue und der Möglichkeit zur Einstellungsänderung bei den Betroffenen gerecht werden. Deshalb ist zu empfehlen, dass in allen Fällen, in denen Schuld bzw. Versäumnisse für die Zeit vor der deutschen Vereinigung nachgewiesen werden, mangels rechtlicher Grundlagen eine Bestrafung jedoch nicht möglich ist, den Betroffenen Bewährung zur Erfüllung neuer Aufgaben gewährt wird. Bewährungsverträge auf Zeit für hauptamtliches Personal sind dabei der angemessene Weg. Aber auch ehrenamtliche Funktionsträger müssen vor einer erneuten Wahl den Nachweis der erfüllten Bewährung erbringen. Der Sport muss ferner bereit sein, eine konsequente Aufklärung aller Betroffenen zu erreichen, wohl wissend, dass Aufklärung das Problem der Manipulation im Leistungssport kaum lösen wird.

In vielen Verbänden wird es nicht weniger wichtig sein, die Organisationsstruktur der Verbandsarbeit den neuen Anforderungen anzupassen. Viele Versäumnisse der Vergangenheit, gerade auch im Zusammenhang mit dem Doping-Problem, sind auf das ungeklärte Verhältnis zwischen Haupt- und Ehrenamt zurückzuführen. Aufgaben, die in diesen Fragen Ehrenamtliche zu bewältigen haben, so z. B. wenn sie die Steuerung des Leistungssports als ihren zentralen Aufgabenbereich zu verantworten haben, lassen sich mittel- und langfristig nur noch in hauptamtlicher Professionalität lösen.

Nicht weniger problematisch ist die Öffentlichkeitsarbeit der Verbände, die angesichts des neuen Wegs zu einem besseren Leistungssport gewiss nicht nur aus reaktiven Tätigkeiten bestehen darf. Perspektivische Öffentlichkeitsarbeit setzt jedoch Professionalität voraus, die bis heute in fast keinem der Sportverbände anzutreffen ist. Perspektivische Arbeit ist nach wie vor für die Mehrheit der deutschen Sportfunktionäre ein Fremdwort. Gerade deshalb werden die Funktionäre und deren sportpolitisches Handeln in regelmäßigen Abständen mit überraschenden Situationen konfrontiert, denen sie mit ihrem amateurhaften Steuerungshandeln nicht begegnen können. Eine kontinuierliche Perspektivplanung, die für einen modernen Hochleistungssport zwingend erforderlich wäre, hat nur wenige Verbände erreicht und findet dort meist nur in nebengeordneten Kommissionen statt. Die Präsidien selbst, insbesondere die Präsidenten der Fachverbände, handeln dessen ungeachtet „von der Hand in den Mund", d. h. von einem Wettkampfereignis zum nächsten. Nicht zuletzt deshalb sind sie resistent für zwingende Neuerungen und neigen zu Feuerwehrmaßnahmen in der Regel immer erst dann, wenn es bereits zu spät ist.

Geht es um die Planung der zukünftigen Perspektiven eines besseren Leistungssports, so kommt es vor allem darauf an, die Wettkampfkultur neu zu gestalten. Es wird eine Wettkampfphilosophie benötigt, in der der Athlet im Mittelpunkt steht und bei der die sich immer stärker auf den Athleten hin orientierten Umfeldmechanismen (wie Medizin, Technologie, Trainingswissenschaft, Wirtschaft, Politik) zurückgedrängt werden. Zu überdenken ist dabei die Rolle der Wissenschaft als unterstützendes System für die sportliche Leistung, die Rolle der Technologie und insbesondere die Organisation der Wettkampfereignisse selbst. Sportliche Erfolge müssen dabei in erster Linie dem Athleten zuzuschreiben sein. Die noch immer wachsende Bedeutung, die Ärzte, Ingenieure, Physiotherapeuten, Biomechaniker, Trainingswissenschaftler und Psychologen am sportlichen Erfolg haben, muss eingedämmt werden. Wer glaubhaft dem Prinzip des Fair Play in seiner Wettkampfkultur entsprechen will, darf nicht zulassen, dass der Ingenieur im Windkanal über den Gewinn einer Goldmedaille entscheidet, dass der Arzt verantwortlich zeichnet für das Überbieten eines Weltrekords und dass die Geheimproduktion von Geräten und Medikamenten letztendlich Ursache für den sportlichen Erfolg sind. Zu einer neuen Wettkampfkultur, in der die Leistung des Athleten im Mittelpunkt steht, gehört auch die Forderung, dass zukünftig die Anzahl der internationalen Wettkämpfe zu reduzieren ist. Nur so kann dem dringenden Regenerierungsanspruch der Athleten entsprochen und der Gefahr der künstlichen Manipulation des Regenerierungsbedürfnisses begegnet werden. Die Wettkämpfe selbst müssen eine neue Dramaturgie erhalten. Diese muss in erster Linie jenen gerecht werden, die authentisch am Wettkampf teilnehmen, den Zuschauern im Stadion und den Athleten. Wer während Europacup-Wettbewerben per Videowand den Zuschauer verleitet, nicht mehr den 400-m-Lauf auf der Bahn zu verfolgen, sondern den Videofilm auf der Projektionswand zu betrachten, ihn damit zwingt, sich an olympischen Rekorden, Europarekorden und Weltrekorden zu orientieren, der darf sich nicht wundern, dass bei einer derartigen Rekordorientierung das Wettkampfereignis selbst auf der Strecke bleibt und eine ausschließlich an Rekorden orientierte Leichtathletik zwangsläufig die Gefahr der Manipulation der sportlichen Leistung in sich birgt. Schließlich müsste auch von jenen viel gepriesenen neuen Sportmanagern (was man meist dadurch wird, dass man sich selbst so bezeichnet), aber auch von jenen (zu jeder opportunistischen Anpassung bereiten) alten Sportfunktionären begriffen werden, dass zukünftiger Leitungssport ohne einen pädagogisch verantwortbaren Kinder- und Jugendsport nicht gedacht werden kann. Nicht nur organisatorische und ökonomische Überlegungen legen diese Annahme nahe. Es sind vor allem kulturelle und sozialpolitische Sachverhalte, die diese Position notwendig machen. Wer den bequemen Weg geht und den Leistungssport als grenzenlosen „Zirkussport" akzeptiert, der gibt verantwortungslos die wichtige Idee der Einheit des Sports auf, ohne eine tragfähige Alternative für die Zukunft des Leistungssports zu benennen.

Die hier vorgelegte Reihe von Anregungen bedarf der dringenden Ergänzung, das Angeregte selbst bedarf der Kritik. Es ist zwingend erforderlich, dass eine Neubesinnung über den Hochleistungssport beginnt. Systematische Nachdenklichkeit sämtlicher im Sport verfügbarer Experten ist angeraten. Intensive Forschungsarbeiten sind vonnöten. Modellhafte Erprobung zukünftiger Sportpraxis ist zu empfehlen. Nur dann kann die Suche nach einem besseren Hochleistungssport erfolgreich sein. Es bedarf somit völlig neuer Wege, die nur mit Vorsicht zu gehen sind.

(1991)

Athletenorientierte Sportförderung

Ein solides, differenziertes Wissen über die Realität des Spitzensports in der Bundesrepublik Deutschland ist bei jenen, die den Spitzensport steuern bzw. die ihn zu verantworten haben, so gut wie nicht mehr vorhanden. Dies gilt für die Politiker und die Führungseliten in der deutschen Wirtschaft gleichermaßen. Teilweise gilt dies auch für die Sportfunktionäre. Ja, selbst viele Sportwissenschaftler haben einen durch Vorurteile verstellten Blick bezogen auf den Leistungssport. Das Wissen über den Spitzensport in Deutschland ist manipuliert, ist verkürztes Wissen, ist orientiert an wenigen Stars, an horrenden Gagen, an verzerrten TV-Präsentationen. Das Wissen bezieht sich auf die Aspekte des Showbusiness und der Unterhaltungsindustrie, die es im modernen Sport ohne Zweifel gibt. Die alltägliche kulturelle Praxis des Sports wird dadurch jedoch verdeckt, sie ist für die Mehrheit unserer Bevölkerung nicht mehr zugänglich.

Vor diesem Hintergrund sollen hier nun sieben Orientierungspunkte vorgestellt werden, an denen sich eine athletenorientierte Sportförderung ausrichten könnte.

Orientierungspunkt 1: Mündiger Athlet
Ziel jeder Sportförderung sollte der mündige Athlet sein. Der mündige Athlet ist dabei der Repräsentant einer kulturell erwünschten und gesellschaftspolitisch bedeutsamen Leistung. Diese Leistung muss in erster Linie als individuelle Leistung betrachtet werden. Sie ist aber immer auch in eine gemeinschaftliche Leistung eingebunden. Das von Richard Merton in der Wissenschaft angewandte Bild kann auf den Sport übertragen werden. Jeder Sieger ist Sieger auf den Schultern von Riesen. Dieses Bild verweist auf die Notwendigkeit, dass ein mündiger Athlet in ein Wertekonzept unserer Gesellschaft eingebunden sein muss. Er muss sich diesem Konzept auch verpflichtet fühlen. Dazu gehört das Prinzip des Fair Play, dazu gehören die Regeln seiner Sportart und dazu gehören vor allem auch die Grundwerte unserer Gesellschaft. Die Idee vom mündigen Athleten kann nie losgelöst von unserer Gesellschaft gesehen werden. Deshalb muss der mündige Athlet seinen Sport als einen Teilbereich unserer Gesellschaft betrachten. Er muss sich der komplexen Umwelt seines Sports bewusst sein. Ein mündiger Athlet ist immer auch Staatsbürger und nicht nur Athlet. Nicht weniger wichtig ist es, dass sich der mündige Athlet der zeitlichen Begrenztheit seines Tuns bewusst ist; er ist immer mehr als nur ein Athlet. Es gibt immer ein „Danach".

Orientierungspunkt 2: Subsidiarität – Hilfe zur Selbsthilfe
Eine athletenorientierte Sportförderung stellt die individuelle Verantwortung des Athleten in das Zentrum der Förderkonzeption. Hilfe durch andere kann immer nur eine teilweise Hilfe sein. Eigenbeiträge des Athleten sind zwingend erforderlich. Vor allem muss der Athlet sich der Risiken seines Hochleistungssports und seines Tuns bewusst sein. Er muss begreifen, dass subsidiäre Hilfe immer nur eine Teilhilfe sein kann, die nicht entlastet von der Übernahme eigener Verantwortung.

Orientierungspunkt 3: Solidarität
Der mündige Athlet hat seine Leistung als Resultat einer komplexen Sportförderung zu begreifen, die in vieler Hinsicht auch anderen Institutionen und Personen zu verdanken ist. Er sieht sich eingebunden in die Basis des Sports, in den Verein, in die Unterstützung seiner Übungsleiter und Trainer. Er sieht seine sportliche Leistung als Resultat solidarischer Unterstützung. Vor diesem Hintergrund ist es nahe liegend, dass der mündige Athlet selbst zur solidarischen Unterstützung jener bereit sein muss, die nach ihm den Weg des Leistungssports gehen. Der erfolgreiche Spitzensportler muss notwendige Voraussetzungen für eine erfolgreiche Nachwuchskonzeption in seiner Sportart mit auf den Weg bringen. Sportförderung sollte deshalb zumindest teilweise auch Darlehenscharakter haben. Es geht nicht an, dass die sportliche Höchstleistung genossenschaftlich produziert wird, hingegen die erfolgreiche Leistung kapitalistisch-privatwirtschaftlich ausschließlich zum Nutzen des erfolgreichen Athleten verwendet wird. Die derzeit vom Sport propagierte soziale Offensive kann nur glaubwürdig sein, wenn die soziale Dimension auch auf der Ebene des Hochleistungssports zum Tragen kommt. Dabei ist eine Konzeption des Altruismus – dem Wohl des Mitmenschen verpflichtet – zwingend erforderlich.

Orientierungspunkt 4: Optimales Training
Eine Gesellschaft, die die Idee des mündigen Athleten als förderungswürdig empfindet, hat die Voraussetzungen zu bieten, dass mündige Athleten erfolgreich in ihrem leistungssportlichen Handeln diese Idee repräsentieren können. Dazu gehört vor allem eine optimale personelle Unterstützung durch Trainer, Physiotherapeuten, Ärzte, Trainingswissenschaftler etc. Die vom Bundesausschuss Leistungssport des Deutschen Sportbundes (BA-L) gesteuerten Olympia-Stützpunkte sind diesbezüglich eine geeignete Grundlage und bedürfen einer konsequenten Förderung. Ferner benötigt der Athlet optimale Trainingsstätten und Trainingsmaterialien; auch hierzu bedarf es materieller und finanzieller Unterstützung. Wichtig ist aber auch, dass man den Athleten Freiräume eröffnet, um ihnen optimale Trainingszeiten zu gewährleisten. Nicht nur optimales Training und optimaler Wettkampf sind jedoch eine notwendige Voraussetzung für den erfolgreichen mündigen Athleten, es gehört auch die Bereitstellung von optimalen Lebensbedingungen dazu. Bis hinein in den Bereich der spezifischen Ernährung bedarf es dabei der Unterstützung durch die öffentliche Hand. Besonders wichtig ist angesichts der heute üblichen intensiven Trainingsbelastungen, dass dem Athleten auch eine optimale Möglichkeit zur Regenerierung nach sportlichen Leistungen eröffnet wird.

Orientierungspunkt 5: Optimales Wettkampfwesen
Nachhaltige Wettkampferlebnisse sind grundlegende Bedingung für den Weg zum mündigen Athleten. Heute ist die Wettkampfsituation häufig dadurch gekennzeichnet, dass durch zu frühe Wettkämpfe und zu viele Wettkampfbelastungen für den Athleten eine Situation entsteht, die seine Mündigkeit in Frage stellt. Deshalb wäre nicht zuletzt für den Kinderbereich zu empfehlen, dass auf nationale und internationale Wettkämpfe für diese Altersgruppe verzichtet wird,

dass im Erwachsenenbereich der Wettkampfkalender sorgfältig gestaltet und darüber hinaus der Charakter der Wettkämpfe neu geprägt wird, sodass es zu intensiveren Wettkampferlebnissen kommt, als dies in den letzten Jahren der Fall war.

Orientierungspunkt 6: Optimale Sozialisation
Wird akzeptiert, dass „Athlet sein" immer ein „Athlet sein auf Zeit" bedeutet, so bedarf es einer sorgfältigen Planung jener Lebensphase, in der der Athlet intensive Belastungen einzugehen hat. Deshalb muss dem Athleten die Gewährleistung einer ganzheitlichen Persönlichkeitsentwicklung eröffnet werden. Schulische Ausbildung ist dabei besonders zu beachten. Die berufliche Ausbildung ist im Blick zu behalten, sodass eine private und soziale Absicherung für den Athleten möglich wird. Eine einseitige Persönlichkeitsentwicklung, die durch intensives Training zwangsläufig nahegelegt ist, muss kompensatorisch ausgeglichen werden.

Orientierungspunkt 7: Die Zeit danach
Sämtliches Handeln einer optimalen athletenorientierten Sportförderung muss die Zeit nach der Beendigung der Karriere im Blick haben. Das drop-out-Problem während der aktiven Zeit bedarf ständiger Begleitung. Verletzte Athleten bedürfen einer speziellen Betreuung. Es ist gerade auf diesem Gebiet zwingend angesagt, dass die bisher existierenden Lösungen verbessert werden. Wichtiger noch ist jedoch, dass nach Beendigung der Karriere dem Athleten auf eine verantwortungsvolle Weise der Übergang in die Arbeitsgesellschaft ermöglicht wird. Die Laufbahnberatung in den Olympia-Stützpunkten ist hierzu eine willkommene Einrichtung. Ihre Arbeit muss intensiviert werden, insbesondere muss noch gezielter die Zeit danach in den Blick der verantwortlichen Institutionen rücken.

Ausblick
Die sieben Orientierungspunkte können allenfalls als Denkanstöße verstanden werden, um in der Diskussion über die athletenorientierte Sportförderung einen kleinen Schritt voranzukommen. Viele Fragen sind in dieser Diskussion offen und es finden sich nur wenige gute Antworten. So ist nach wie vor ungeklärt, ob jede Sportart in vergleichbarer Weise förderungswürdig ist. Gibt es konsensfähige Kriterien, um die Förderungswürdigkeit einer Sportart zu bewerten? Wie stellt sich das Problem der Förderungswürdigkeit der Sportarten angesichts der noch immer stattfindenden dynamischen Ausdifferenzierung des Sportsystems, angesichts der Vervielfältigung der Sportarten? Aber auch die Frage nach den Leistungsnormen, an die die Sportförderung gebunden sein sollte, ist neu zu stellen. Welche Leistungsnormen sind angemessen angesichts eines konsequenten und glaubhaften Kampfs gegen Doping und Manipulation? In diesem Zusammenhang stellt sich auch die Frage, ob wir nicht neue Maßstäbe zur kulturellen Bewertung einzelner Sportarten einführen müssen. Sind Sportarten mit fairen Regelsystemen förderungswürdiger als solche Sportarten, die über ihre Regelvorgaben ungleiche Wettkämpfe nahelegen? Ist es sinnvoll, dass Sportarten gefördert werden, in denen die technologische Entwicklung der Sportgeräte für den Erfolg des Athleten von entscheidender Bedeutung ist?

Wie verträgt sich diese Entwicklung mit dem Prinzip der Chancengleichheit, insbesondere gegenüber den Ländern der Dritten Welt? Wäre es nicht wünschenswerter, dass nur solche Sportarten gefördert werden, in denen die Sportgeräte allen Athleten in gleicher Weise zur Verfügung stehen? Aber auch die Frage nach dem angemessenen Verhältnis zwischen dem Leistungssport für Behinderte und dem traditionellen Leistungssport bedarf einer Diskussion. Ist der letztere förderungswürdiger als der Leistungssport der Behinderten? Wie verhält es sich mit den olympischen Sportarten und den nicht-olympischen Sportarten? Auf all diese Fragen gibt es keine schnellen Antworten. Sie bedürfen einer sorgfältigen Diskussion.

Soll abschließend die Situation der Sportförderung bilanziert werden, so kann diese Bilanz nur bruchstückhaft aussehen. Angesichts der sich abzeichnenden ökonomischen Schwierigkeiten unserer Wirtschaft in Deutschland, angesichts der nachlassenden öffentlichen Unterstützung für die Belange des Hochleistungssports, vor dem Hintergrund der Beendigung der ideologischen Auseinandersetzung zwischen Ost und West auf dem Ersatzkriegsschauplatz des Sports stellt sich eine athletenorientierte Sportförderung unter gesellschaftspolitischen Gesichtspunkten als neue Herausforderung dar.

Viele Fragen sind offen, sie bedürfen einer fundierten Aufarbeitung und Beantwortung. Zu suchen sind trag- und konsensfähige Kompromisse in einem immer pluralistischer werdenden Sportsystem. Es wäre zu wünschen, dass die Diskussion, insbesondere mit den Athleten selbst, erste Lösungen auf diesem Gebiet bringen könnte.

(1993)

Management des Erfolgs im Spitzensport

Erfolg und Leistung hängen in der Regel auf das Engste zusammen. Dies gilt für die Arbeitswelt ebenso wie für die Welt des Sports. Gewiss gibt es auch viele zufällige Erfolge, die mittels unerlaubter Methoden erreicht wurden bzw. die man anderen zu verdanken hat. Nichts ist jedoch ein besserer Garant für den Erfolg als die gekonnte menschliche Leistung. Nirgendwo wird dies deutlicher als im Leistungssport. Sportliche Leistungen sind die Grundlage für sportlichen Erfolg. Gewiss kann nicht jede sportliche Leistung zum Erfolg führen, doch ohne sportliche Leistungen ist an Erfolg im Sport auf Dauer nicht zu denken.

Leistungen im Sport sind wie alle menschlichen Leistungen von jenen Menschen abhängig, die diese Leistungen erbringen – von den Athleten. Will man Erfolg im Sport planen und durchführen, so müssen die sportlichen Leistungen der Athleten gesichert sein. Der Nukleus des Erfolgs ist die Spitzenleistung des Athleten. Die Herausforderung des Managements des Erfolgs im Sport stellt sich somit über die kontinuierliche Gewährleistung von Spitzenleistungen durch Athleten. Eine Organisation des Spitzensports ist deshalb immer nur dann erfolgreich, wenn sie sich dieser Herausforderung stellt und sich in dieser Herausforderung bewährt. Ist das Zentrum des Systems des Spitzensports die sportliche Leistung des Athleten, so hat im Mittelpunkt des Managements dieser Leistung die Planung, Organisation und Gewährleistung von Bedingungen zu stehen, die es dem Athleten auf möglichst optimale Weise ermöglicht, sportliche Höchstleistungen zu erbringen. Dazu gehört vorrangig eine gesellschaftspolitisch akzeptierte Legitimation des sportlichen Leistungshandelns. Unverzichtbare und nicht in Frage zu stellende Eckpunkte dieser Legitimation müssen dabei anerkannte ethisch-moralische Prinzipien einer Gesellschaft und die den Sport konstituierenden Regeln und Prinzipien darstellen. Ist diese Legitimation gesichert, so ist darauf aufbauend eine intelligente Talentfindung und eine behutsame Talentbewahrung, eine optimale Trainingsarbeit in allen Leistungsklassen und eine erfolgreiche Wettkampftätigkeit in einem möglichst weit gefächerten Wettkampfsystem erforderlich. Ein optimales Training ist dann gewährleistet, wenn Athleten über jene Zeit verfügen, die zum Training sportlicher Spitzenleistungen erforderlich ist, wenn ihnen jene Trainer zur Seite gestellt werden, die sie verantwortungsvoll beim Training betreuen können, wenn Trainingsstätten bereitgestellt werden, die den internationalen Leistungsansprüchen genügen und wenn ihnen eine wissenschaftliche Begleitung gewährt wird, die ein intelligentes Training wahrscheinlich macht. Eine optimale Wettkampftätigkeit zeichnet sich dadurch aus, dass Athleten auf die wichtigsten Wettkämpfe verantwortungsvoll vorbereitet sind, sich bei den Wettkämpfen durch Erfolgszuversicht und Selbstsicherheit auszeichnen, während der Wettkämpfe durch Trainer, Physiotherapeuten und Sportmediziner qualifiziert betreut werden und über die Wettkämpfe hinaus in der aktiven Bewältigung des sportlichen Erfolgs die notwendige Unterstützung durch ihre Organisation erhalten.

Grundlage dieser wichtigen Bestandteile eines erfolgreichen Managements zugunsten des sportlichen Erfolgs bildet eine zielorientierte Verbandspolitik mit klar definierten Aufgabenstellungen und Verantwortlichkeiten sowie eine Finanzwirtschaft des Verbands, die sich durch eine solide Einnahmen- und Ausgabenpolitik auszeichnet und die ihre finanziellen Leistungen in erster Linie an den Interessen der Athleten orientiert. Die Beziehung zu den Athleten sollte dabei durch ein klar definiertes Geben und Nehmen gekennzeichnet sein. Eine juristisch fundierte Partnerschaft, z. B. mittels einer Athletenvereinbarung, ist dabei das wohl zuverlässigste Medium. Erfolgsmanagement im Leistungssport heißt aber immer auch, den Athleten nicht nur über seine erfolgreiche sportliche Leistung im Blick zu behalten. Dauerhafter Erfolg im Leistungssport ist nur dann erreichbar, wenn die Athleten auch in ihren Niederlagen betreut werden, wenn Athleten als Persönlichkeiten gesehen werden, die ihr Leben nicht nur im Sport leben. Deshalb gehört die Regeneration der Athleten nicht weniger zum Verantwortungsbereich der Sportorganisationen wie die Kommunikation mit der unmittelbaren Nahumwelt der Athleten. Der Kommunikation mit den so genannten Athletenmanagern kommt dabei eine zentrale Bedeutung zu. Grundlage dieser Kommunikation sollte dabei eine juristisch abgesicherte Managervereinbarung sein.

Athleten betreiben Hochleistungssport allenfalls im Sinne eines Berufs auf Zeit. Meist gehen sie Risiken ein, die von den einzelnen Athleten kaum zu verantworten sind. Deshalb hat das Management des Erfolges im Hochleistungssport immer auch die aktuelle und zukünftige Umwelt des Athleten zu berücksichtigen. Die soziale Absicherung bei Verletzung und Krankheit, der enge Kontakt zur Familie, die Frage nach dem erfolgreichen Schulabschluss, nach einem erfolgreichen Studium, die Frage nach einer angemessenen Beteiligung des Athleten bei den zu erwirtschaftenden Gewinnen, all dies muss bedacht werden, wenn langfristig sportlicher Erfolg gesichert werden soll. Angesichts der Bedeutung, die heute die Massenmedien für den sportlichen Erfolg haben, ist es auch nahe liegend, dass zum Erfolgsmanagement im Hochleistungssport auch ein professioneller Umgang mit den Massenmedien gehört. Zum modernen Hochleistungssport gehört die Aktion der Leistenden gleichermaßen wie die Präsentation der Leistung. Mit gutem Grund wird deshalb in der Sportsoziologie bezogen auf die sportliche Leistung zwischen einer Aktions- und Präsentationsleistung unterschieden. Je besser es dem Athleten gelingt, die Aktionsleistung in eine Präsentationsleistung zu überführen, desto eher kann mit den erbrachten sportlichen Leistungen ein wirtschaftlicher Erfolg erzielt werden. Nirgendwo wird dies so deutlich wie im Umgang mit den Medien. Deshalb ist es eine weitere Notwendigkeit eines erfolgreichen Managements, sich dieser Herausforderung zu stellen, die Athleten auf einen professionellen Umgang mit den Medien vorzubereiten, ihnen jene Präsentations-Kompetenz zu vermitteln, die sie benötigen, um in der Kooperation bzw. in der Konkurrenz mit den Medien zu bestehen.

Das hier dargestellte Anforderungsprofil für ein erfolgreiches Management des sportlichen Erfolgs legt es nahe, dass ein solches Management auf das Engste an hauptamtliche und ehrenamtliche Professionalität gebunden ist. Sportorganisationen, die den sportlichen Erfolg gewährleisten möchten, benötigen ausreichende fachliche Kompetenz, lebenslanges Lernen, Leistungswirtschaft anstelle von Vetternwirtschaft sowie verantwortungsvolle Entscheidungsfreude anstelle von Beamtenmentalität. Die Organisationsmanager des sportlichen Erfolgs müssen deshalb auf das Engste mit dem sportlichen Erfolg verknüpft sein. So wie der Erfolg für die Athleten sich lohnt, so muss er sich auch für die Organisatoren lohnen. Bei Misserfolg müssen aber auch die notwendigen Konsequenzen gezogen werden. Will man das Problem des erfolgreichen Managements zugunsten des sportlichen Erfolges auf einen Nenner bringen, so kann dieser vermutlich nur so lauten: Für Manager in den Sportorganisationen muss Gleiches gelten wie für Athleten. Wer beste Leistungen erbringt, erhält höchste Belohnungen, wer verliert, befindet sich in der Gefahr, sich aus der Rangliste zu verabschieden.

(1997)

Über die Motive des Leistungsstrebens im Spitzensport

Es gibt gute Gründe, zwischen Handeln und Verhalten zu differenzieren. Mit dem Begriff des Verhaltens lassen sich all jene Erscheinungsweisen, Tätigkeiten und Aktivitäten beschreiben, die sich bei Lebewesen beobachten lassen. Das Verhalten von Tieren ist dabei vom Verhalten des Menschen zu unterscheiden. Der Begriff des Handelns bleibt nur der Beschreibung von Äußerungsformen des Menschen vorbehalten. Er verweist auf solche beobachtbaren Verhaltensweisen, denen Intentionen zugrunde liegen, über die sprachlich Auskunft gegeben werden kann, die somit auf das Engste an das Sprach- und Denkvermögen des Menschen geknüpft sind. Über Handeln kann der Mensch selbst nachdenken, seine Handlungen liegen Denkprozesse zu Grunde und kaum eine Metapher ist besser geeignet als die der Kybernetik, um dieses Handeln zu kennzeichnen. Für das Handeln lassen sich somit Beweggründe, Motive, Ursachen von Handeln, das Handeln selbst und die Resultate, die Konsequenzen und Folgen des Handelns unterscheiden. Prozesse, die das Handeln bedingen, beeinflussen auch dessen Konsequenzen und umgekehrt.

All diese allgemeinen Beschreibungen sind von Bedeutung, will man die Beweggründe für den Spitzensport, die Beweggründe von Athleten beschreiben, die Menschen es nahelegen, sportliche Höchstleistungen in freiwilliger Weise zu erbringen. Der entscheidende Informant ist somit der Athlet selbst, wenngleich dieser Informant möglicherweise nicht immer sehr zuverlässig ist. Spricht man über die Beweggründe des eigenen Handelns, so kann nicht notwendigerweise vorausgesetzt werden, dass alle Beweggründe verbalisiert werden und ein ausreichendes Reflexions- und Sprachvermögen existiert, das Aufschluss über den erwünschten Sachverhalt gibt. Hinzu kommt, dass Spitzensportler – ähnlich wie alle Menschen es für ihr Handeln in vergleichbaren Befragungen tun – immer mehrere Gründe benennen, warum sie den Weg in den Spitzensport gegangen sind, warum sie aktuell Spitzensport betreiben, warum sie beabsichtigen, weiterhin sich am Spitzensport zu beteiligen. Dies ist ein Indiz dafür, dass für den Spitzensport kein ausschließliches Motiv existiert. Es ist vielmehr ein bestimmtes Set von Motiven erwartbar, das sich durch eine eigenständige Struktur auszeichnet, die sich wiederum von Athlet zu Athlet erheblich unterscheiden kann. Es ist ferner zu vermuten, dass sich selbst dabei Unterschiede von Gesellschaft zu Gesellschaft, von Kultur zu Kultur ergeben können. Soziale Herkunft, Religionszugehörigkeit, geographisch-ökologische Bedingungen, ethnische Herkunft, Geschlechter, Alter, ja selbst die biologische Konstitution des Athleten können dabei als bedingende Faktoren angenommen werden.

Bereits bei einem ersten Versuch zu Beantwortung der Frage nach den Beweggründen des Spitzensports wird deutlich, dass all diese Vermutungen ihre Bedeutung haben. Da gibt es zunächst die stereotypen Antworten der Athleten, die uns allen aus Interviews in den Medien bekannt sind: „Wenn die Sache mir nicht Spaß machen würde, würde ich keinen Spitzensport betreiben", „natürlich will ich auch Geld verdienen, doch dies ist nachgeordnet", „sich mit anderen Menschen zu messen ist eine faszinierende Sache", „der Spitzensport ermöglicht mir Reisen, die mir sonst nicht möglich wären", „die Freude am Sieg ist der schönste Lohn für die harten Strapazen des Trainings". Vergleicht man diese Antworten mit den systematischen Deutungen von Wissenschaftlern, die diese bis heute zum Handeln der Spitzensportler vorgelegt haben, so gibt es große Gemeinsamkeiten. Ohne ein gut profiliertes Leistungsmotiv ist Handeln im Spitzensport kaum möglich. Dabei scheint es erstrebenswert zu sein, dass es zu einer ausgewogenen Balance zwischen einer Hoffnung auf Erfolg und der nicht ausschließbaren Angst vor dem Misserfolg kommt. Verfügt ein Athlet über dieses Motiv, so ist es möglich, über viele Jahre intensiv zu trainieren, seine sportlichen Erfolge systematisch zu steigern und damit sein Motiv, das diesem Handeln zugrunde liegt, zu bestätigen und in gewisser Weise zugunsten neuer Erfolge weiterzuentwickeln. Die Bereitschaft zur Leistung und Leistungssteigerung ist vermutlich jedoch auch auf das Engste mit einem Bedürfnis nach Lust verbunden. Leistung und Lust müssen dabei eine enge Symbiose bilden, wenn sich ein Spitzensportler auf Dauer in leistungsthematische Situationen des Spitzensports begibt. Die Lust an der Leistung kommt über die Begriffe „Spaß" und „Freude" zum Ausdruck, die in der Regel verwendet werden, wenn Athleten über das sprechen, was sie beim Spitzensport erleben. Leistung ohne Lust scheint somit undenkbar zu sein und es kann deshalb kaum überraschen, dass dann, wenn Athleten den Zusammenhang von Lust und Leistung nicht mehr als gesichert betrachten, sie in der Regel ihre Karriere als Spitzensportler beenden. „Ich habe keine Lust mehr", lautet die Antwort gegenüber dem Journalisten, der am Ende der Karriere den Athleten befragt, warum er nun seine Karriere als Spitzenathlet beenden möchte. Lust ist im Leistungssport aber nicht nur auf das Engste mit der Leistung verbunden, sondern auch mit dem Erfolg, der sich durch die erbrachte Leistung eröffnet. Erfolge, Leistung und Lust sind somit die zentrale Triade, die gegenseitig das Handeln im Hochleistungssport bedingen. Im modernen Hochleistungssport ist daraus freilich schon längst ein Quartett geworden. Leistung, Lust, Erfolg sind immer häufiger nur dann erfahrbar, wenn auch eine Belohnung zuteil wird. Gehalt, Aufwandsentschädigung, Prämie, Preisgeld, Sponsorenvertrag sind die Namen des vierten Faktors, der immer bedeutsamer geworden ist, will man die Beweggründe für das Handeln im Spitzensport kennzeichnen. Dieses Quartett unterliegt fortlaufenden Veränderungen. Für einen jugendlichen Wettkämpfer hat es andere Ausprägungen als für einen Olympiasieger, der sich auf seinen nächsten Erfolg bei den für ihn bevorstehenden zweiten Olympischen Spielen vorbereitet. Das Gefüge von Leistung, Lust, Erfolg und Geld verändert sich aber auch in der Biografie eines Athleten selbst. Sozialisationseinflüsse von Elternhaus, Schule und der übrigen bedeutsamen Umwelt für das Handeln im Hochleistungssport bedingen eigene Entwicklungsprofile. Unterschiede von Sportart zu Sportart sind wahrscheinlich. Vor allem aber der Professionalisierungsgrad einer Sportart und deren Einbindung in die sich sehr schnell entwickelnde Ökonomie des Sports werden von Bedeutung sein. Hochleistungssport ist immer häufiger Berufssport, zumindest zeichnet er sich durch die Ausübung einer quasi-beruflichen Tätigkeit auf Zeit aus. Dabei wird es immer offensichtlicher, dass Karrieren früh beginnen können, aber nicht notwendigerweise früh enden müssen, wie dies im 19. und 20. Jahrhundert für den Hochleistungssport prägend war. Die letzten 20 Jahre des zu Ende gegangenen Jahrhunderts haben gezeigt, dass dem menschlichen Leistungsvermögen im Bereich des Spitzensports wohl Grenzen gesetzt sind, dass aber die Möglichkeit zu sportlichen Spitzenleistungen auch Athleten gegeben ist, die das einstmals als Grenzwert definierte Lebensalter um eine immer noch wachsende Vielzahl an Jahren überschritten haben. Leichtathletische Karrieren können bis in das 40. Lebensjahr hineinreichen und in einigen olympischen Sportarten sind gar Senioren in der Lage, sich mit sportlichen Spitzenleistungen von Jüngeren zu messen. Solange solche Berufe auf Zeit den Athleten Verdienstmöglichkeiten eröffnen, die bei einer entsprechenden Alternative nicht erkennbar sind, ist es nahe liegend, dass Athleten diesen Beruf ausüben. Der Vorgang der Verberuflichung des Spitzensportlers verändert aus nahe liegenden Gründen auch das Motivgefüge, das seinem Handeln zu Grunde liegt. Wie in jedem Beruf wird das berufliche Handeln einem Kosten-Nutzen-Kalkül unterworfen, die ökonomische Seite gewinnt zwangsläufig an Einfluss und wie mancher Berufstätige muss auch ein Spitzenathlet seinen Beruf ausüben, auch dann, wenn die wünschenswerte Lust, der Erfolg und die Freude nur noch bedingt oder gar nicht vorhanden sind.

Leistungshandeln im Spitzensport – das soll dieser Essay zeigen – unterscheidet sich somit nur graduell vom Leistungshandeln in anderen Bereichen unserer Gesellschaft. Es zeichnet sich wohl durch spezifische Bedingungen aus und weist dennoch übergreifende allgemeine Merkmale auf. Es ändert sich im Kontext eines allgemeinen Wandels, es ist das globale Merkmal zur Kennzeichnung eines Weltsports und es ist das spezifische Merkmal zur Beschreibung der individuellen Qualität eines jeden einzelnen Spitzenathleten.

(2002)

Sport als Kulturgut hat gute Perspektiven

Im Spiegel der politischen Rhetorik scheint der Sachverhalt klar zu sein: Sport ist Sport und Kultur ist Kultur. Beide haben wenig oder gar nichts miteinander zu tun. Spricht der Staatsminister für Kultur in Berlin über sein Ressort, so redet er von der Museumspolitik, es geht um die Frage des Erhalts und der Entwicklung der Theater; Kunst und höhere Literatur sind seine Themen. Vom Sport war und ist dabei nie die Rede. Redet der für Sportfragen zuständige Minister des Innern in Berlin über sein Ressort, so geht es um Fragen der Leistungssportförderung, der zukünftige Sportstättenbau steht zur Disposition und es geht um die subsidiäre Förderung jener Organisationen, die sich selbst als Sportorganisationen definiert haben. Das gleiche Verständnis lässt sich auf landes- und kommunalpolitischer Ebene beobachten.

Das gleiche Verständnis vom Zusammenhang zwischen Sport und Kultur lässt sich zur großen Überraschung bei der Dachorganisation des deutschen Sports beobachten, wenn man die jüngsten Äußerungen des Deutschen Olympischen Sportbunds zu dieser Thematik verfolgt. Bei der Frage, wie es gelingen könnte, den Sport im Grundgesetz der Bundesrepublik Deutschland zu verankern, wird vom DOSB die Antwort darin gesucht, dass man die Forderung erhebt, den Sport neben der Kultur als eigenständigen förderungswürdigen Inhalt zukünftig im Grundgesetz zu verankern.

Angesichts dessen, wie sich uns der Sport selbst als gesellschaftliches Phänomen präsentiert, muss dieser überraschende Konsens zwischen Politik und Sport als fragwürdig erscheinen, ja, es muss die Frage aufgeworfen werden, ob ein derartiges Verhältnis zwischen Kultur und Sport sowohl der Kultur als auch dem Sport gerecht wird. Sport war und ist immer dann ein bedeutsames Gut der Kultur, wenn er sich an bestimmten Normen orientiert, allen voran am Prinzip des Fair Play, und auf bestimmte Ziele ausgerichtet ist, die für unsere Gesellschaft relevant sind. Besonders deutlich wird dies über die pädagogische Bedeutung des Sports in unserem Schulwesen zum Ausdruck gebracht. Dieser Sachverhalt zeigt sich uns, wenn wir den Sport in seinen vielfältigen Erscheinungsformen etwas genauer betrachten. Sport ist zunächst und vor allem Sportkultur und dabei repräsentiert er eine in vieler Hinsicht einmalige Kultur des Leistens. Sport ist aber auch Spiel-, Bewegungs- und Körperkultur. Der Sport ist dabei immer ein Versuch zur Vervollkommnung des Menschen, der sich über vielfältige Erscheinungsformen artikuliert. Es geht dabei um Können und Kunst, es geht um Technik und Ästhetik, es geht um Leistung und Vervollkommnung, es geht um gemeinsames Erleben und individuellen Ausdruck. Diese Vielfalt zeigt sich uns im leichtathletischen Wettkampf, im Spiel mit dem Ball, im Kunstlauf auf dem Eis, in der Präzision des Schützen, in der Partnerschaft auf dem Tennis-Court, beim Flug in der Luft und bei der strategischen Meisterleistung in einem mathematisch anmutenden Schachduell. Der Sport ist dabei Hochkultur und Alltagskultur zugleich, er ist vor allem aber Kultur in jenem Sinne des Wortes, wie das Wort von Philosophen, Kulturanthropologen, Pädagogen, Soziologen und allen übrigen Wissenschaftlern gebraucht wird. Der Begriff der Kultur verweist auf die zivilisatorischen Errungenschaften zwischenmenschlicher Leistungen. Diese Leistungen beziehen sich auf physische Dinge ebenso wie auf die von Menschen hervorgerufenen Veränderungen der Natur. Dazu gehören die geistigen Errungenschaften ebenso wie die sozialen Organisationsformen, in denen Menschen zusammenleben. Zum Begriff der Kultur gehört dabei „cultura" und „cultus" gleichermaßen und auch in einer Kultur des Sports müssen „Pflege" und „Kult" als die beiden Seiten einer Medaille betrachtet werden. Deshalb gehört zu dieser Form der Sportkultur auch die Reflexion über den Sport selbst. Genau dies hat Coubertin im Blick gehabt, als er uns den modernen Olympismus als ein zu pflegendes Erbe übergeben hat. Die künstlerische, die musikalische und die wissenschaftliche Reflexion des Sports hat er deshalb zu konstitutiven Merkmalen des modernen Sports erhoben. In diesen Reflexionen zeigt sich die ganze Vielfalt, die der Sport durch seine nahezu unendlichen Erscheinungsformen aufzuweisen hat. Deswegen gehört heute die Wissenschaft aus guten Gründen zum modernen Sport. Deshalb artikuliert sich der Sport über herausragende Werke der Architektur. Deswegen finden regelmäßig Ausstellungen im Haus des Deutschen Sports statt. Deswegen pflegt man seine Geschichte in Sportmuseen. Deswegen organisieren die Sportverbände Symposien und Kongresse. Deshalb ist Sport in der Lyrik, Sport als Essay, Sport im Spielfilm und Sport als Dokumentarereignis in gleicher Weise ein pflegenswertes Gut wie der praktische Sport selbst.

Dem Sport steht eine interessante Zukunft bevor. Neue Herausforderungen gilt es zu meistern und ein enormer Bedeutungszuwachs, der dadurch dem Sport zukommt, wird verantwortungsvoll einzuordnen sein. Die dem Sport bevorstehende interessante Zukunft ist jedoch immer auch eine riskante, bedeutungsoffene Zukunft. Die Antwort auf die Frage, wo der Weg hingeht, ist nicht schicksalhaft vorgegeben. Über den angemessenen Weg muss vielmehr entschieden werden. Die Entscheidungen sollten dabei über demokratische Verfahren gefunden werden und sie sollten am Gemeinwohl aller Sporttreibenden ausgerichtet sein. Der Weg kann im Voraus durchdacht, geplant und konsequent gegangen sein. Er kann aber auch über Umwege, in Einbahnstraßen und in Sackgassen führen.

Heute prägt den Sport eine sich schon seit längerer Zeit entwickelnde Komplexität seiner Strukturen. Die Tätigkeiten, die mit dem Begriff Sport gefasst werden, haben sich vermehrt. Die Motive, die dem Handeln im Sport zu Grunde liegen bzw. der Sinn, der von den Sporttreibenden gesucht wird, sind nicht weniger vielfältig geworden. Auch die Funktionen, die der Sport für unsere Gesellschaft erfüllen soll, sind in einer kaum noch kontrollierbaren Weise angewachsen. Spitzensport, Breitensport, Schulsport, Betriebssport, Gesundheitssport, Sport als Arbeit, Sport in der Freizeit, Rehabilitation und Prävention, nationale Identifikation, Erziehung und Bildung im und durch Sport – das Wortspiel, das uns das System des Sports eröffnet, scheint unermesslich zu sein. Vieles spricht dafür, dass der Sport in seiner Komplexität noch weiter wachsen wird, dass er auch zukünftig an gesellschaftspolitischer Bedeutung zunimmt, dass er noch intensiver auf die sozialen Problemlagen unserer Gesellschaft ausgerichtet wird und dass er gefordert wird, seine Funktionen offen zu legen, die er stellvertretend für das gesellschaftliche Gemeinwesen erbringen möchte. Er wird aber auch den Nachweis erbringen müssen, dass er zu den erwünschten Leistungen fähig ist.

Es wird sich dabei zeigen, dass der Sport nicht alles kann, was er vorgibt bzw. was ihm von vielen Seiten auferlegt wird. Es wird sich dabei auch zeigen, dass er vieles leistet, das bislang nur unzureichend oder gar nicht gewürdigt wurde. Verteilungskämpfe innerhalb der Organisationen des Sports auf der einen und zwischen dem Sport in seiner Gesamtheit und anderen gesellschaftlichen Teilsystemen auf der anderen Seite sind angesichts solch eines Weges wahrscheinlich und Konflikte sind dabei durchzustehen. Immer häufiger werden deshalb auch heute gegenüber dem organisierten Sport Lösungen angemahnt. Dabei werden intelligente Lösungen erforderlich sein. Den Verbänden des Sports wird es gelingen, diesen Weg verantwortungsvoll zu gehen und die für unsere Gesellschaft besten Lösungen zu finden, wenn sie sich ihrer Sache sicher sind, wenn sie wissen, warum sie ihren Weg zu welchem Ziel hin gehen und wenn sie sich im Sinne eines gemeinsamen Leitbildes auch ihrer ethisch-moralischen Grundlagen vergewissert haben. Es müssen dabei jene Werte im Blick bleiben, die den Sport gesellschafts- und sozialpolitisch als ein bedeutsames Kulturgut legitimieren. Die Zukunft des internationalen Spitzensports und die Frage, welche Rolle Deutschland dabei spielen möchte, könnte sich für die Verantwortlichen des neu gegründeten Deutschen Olympischen Sportbunds als die größte Herausforderung darstellen. Den Schutz des sauberen Athleten mit der höchsten Priorität zu versehen, verantwortbare Leistungssportkarrieren in allen olympischen Sportarten zu ermöglichen, die besten Trainings- und Wettkampfmöglichkeiten zugunsten einer internationalen Konkurrenzfähigkeit bereitzustellen, diese Postulate werden unter anderem jene Faktoren sein, an denen eine verantwortbare Sportpolitik zu messen ist. Aber auch der Sport von jedermann bedarf der besonderen Pflege. Er entfaltet seine positiven Wirkungen nur, wenn bestimmte Bedingungen erfüllt werden und wenn sich der organisierte Sport an einer sich ständig wandelnden Gesellschaft orientiert.

Der Sport ist und wäre gut beraten, wenn er heute und auch zukünftig seine Beziehungen zur Architektur, zu den Wissenschaften, zur Literatur, zur Musik und zur Kunst pflegt. Der Sport ist und wäre auch gut beraten, wenn er weiterhin seine eigenen medialen Organe pflegt, seine verbalen und visuellen Ausdrucksmittel weiter entwickelt, um damit mit Nachdruck zum Ausdruck zu bringen, dass Sport ein Kernstück des kulturellen Lebens darstellt, das unersetzbar geworden ist und das den Menschen in vieler Hinsicht eine sinnstiftende Bereicherung und eine Lebenshilfe sein kann. Teilt man diese Auffassung über das Phänomen des Sports und über dessen kulturelle Einordnung, so sind jene, die heute über die Zukunft des Sports zu befinden haben, gut beraten, wenn sie sich gerade auch angesichts knapper finanzieller Möglichkeiten auf die kulturelle Präsentation des Sports konzentrieren und das Erbe pflegen, das ihnen der Sport als Kulturgut abverlangt.

(2006)